Aprecieri pentru *Povestea ta adevărată*

„Tatăl meu a scris bine-cunoscuta afirmație că Dumnezeu este mereu la lucru în jurul tău. Sarcina care-ți revine ție este să vezi unde anume lucrează El și să I te alături. Susan Freese este o persoană care a experimentat acest lucru în mod nemijlocit! Când ea i-a povestit tatălui meu lucrurile extraordinare pe care le face Dumnezeu în viața ei, el a îndemnat-o să le scrie într-o carte, pentru ca mulți alții să poată fi binecuvântați prin călătoria ei. Ceea ce ții în mână este rezultatul. Știu că va fi o sursă de încurajare pentru tine. Dumnezeu este la lucru și în jurul vieții tale. Dacă I te vei alătura, El te va duce într-o călătorie extraordinară!"

Dr. Richard Blackaby, președinte al Blackaby Ministries International, coautor al cărții *Experiencing God.*

„Serioasă, atentă, logică și adecvată – aceste cuvinte descriu abordarea lui Susan Freese cu privire la pregătirea noilor ucenici ai lui Cristos pentru viața care Îl cinstește pe Dumnezeu. Ar mai trebui adăugate și alte cuvinte de laudă: practică, informativă și erudită. Prin urmare, *Povestea ta adevărată* îi va conduce cu blândețe pe toți credincioșii să se angreneze în viața creștină și îi va echipa pentru acest lucru. Am convingerea că acest manual îi va ajuta pe cei care cred în Cristos, atât pe cei noi în credință, cât și pe cei cu experiență, să împlinească mandatul alcătuit din cinci componente din Deuteronom 10:12: să se teamă, să umble, să iubească, să slujească și să păzească (să asculte de)... Domnul Dumnezeul tău. Prin urmare, indiscutabil, fiecare ucenic al lui Isus ar trebui să citească această carte!"

Dr. Archie England, profesor de studii biblice la Seminarul Teologic Baptist din New Orleans

„În calitate de lider al lucrării cu femeile, sunt întotdeauna în căutarea unei unelte de ucenicizare cuprinzătoare, ușor de înțeles și care să conțină o teologie sănătoasă, pe care să o folosesc pentru persoanele care sunt noi sau tinere în credință. Aceasta este acea unealtă. Am privilegiul de a sluji alături de Susan Freese de mai mulți ani. Datorită înțelegerii sale temeinice a Scripturii, ascultării sale de călăuzirea Duhului Sfânt și pasiunii sale pentru ucenicizarea femeilor, multe vieți au fost transformate. Ea are convingerea fermă că noi putem schimba lumea echipându-i pe alții ca să fie ucenici care la rândul lor fac ucenici. Acesta este lucrul pe care cartea ei reușește să-l realizeze într-un mod atât de clar."

Kelley Hastings, lider al lucrării cu femeile la Biserica Chets Creek

„*Povestea ta adevărată* este o carte potrivită pentru toate vremurile, precum și pentru toate vârstele. Capacitatea lui Dr. Susan Freese de a da dovadă de sinergie între practic și inspirațional este unică. *Povestea ta adevărată* va ajuta generații de creștini indiferent unde se află ei în călătoria lor spirituală. Aceia dintre noi care învață prin practică vor aprecia în mod special această «hartă» concepută cu grijă așa încât să ne ajute să ne scriem propria poveste adevărată. Este o lectură indispensabilă pentru noii creștini și totuși provocatoare pentru cei mai maturi creștini."

Mac D. Heavener Jr., rector al Colegiului Baptist Trinity

„Una dintre cele mai bune unelte de ucenicizare pe care le-am citit. Este ușor de citit și totuși îți dă de gândit și este directă. Acest ghid practic și zilnic va fi un bun de preț pentru creșterea spirituală a oricui, fie că este vorba de cineva care se întreabă cum arată credința în Isus, fie de cineva care este un ucenic al lui Cristos de multă vreme. Este adaptabil pentru oamenii din orice cultură sau regiune geografică de pe planetă. Aceasta va fi o unealtă de ucenicizare esențială în cutia mea cu unelte pentru lucrarea de slujire de acum înainte. Acesta este genul de carte care va avea impact asupra lumii generații la rând!"

Chris Price, pastor al Bisericii Chets Creek din Nocatee, fost pastor cu misiunea

„*Povestea ta adevărată* este o resursă excelentă pentru cei care doresc să descopere designul lor divin. Este un studiu profund care va răspunde multora dintre întrebările pe care le ai despre călătoria ta spirituală. În calitate de lider în lucrarea cu femeile, îmi este pusă frecvent întrebarea: «De unde pot să încep dacă vreau să am o relație personală cu Isus?» «Cum pot să înțeleg mesajul pe care îl are Biblia pentru mine?» *Povestea ta adevărată* va răspunde acestor întrebări și te va călăuzi spre o înțelegere mai profundă a noii tale vieți cu Isus."

Betzaida Vargas, fondator și director executiv al Samaritana del Pozo

„Frumusețea și puterea cărții *Povestea ta adevărată* stă în dedicarea lui Susan de a întrețese o teologie plină de semnificație a uceniciei din Evanghelie și un ghid transferabil de ucenicizare. Pe de-o parte, această carte este atât fascinantă, cât și ușor de citit; pe de altă parte, claritatea ei dă naștere unei viziuni pentru o mișcare mondială de ucenicizare."

Bob Bumgarner, strateg principal de misiune în cadrul Asociației Baptiste din Jacksonville

„Am avut ocazia să o văd pe Susan învățându-i pe alții și punând în practică principiile pe câmpul de misiune. Dorința inimii ei este să-L vadă pe Dumnezeu glorificat, pe noii credincioși crescând și biserica extinzându-se. Aceste pasiuni sunt evidente în *Povestea ta adevărată*, care pune laolaltă elementele de bază ale credinței într-o călătorie care schimbă vieți. Vei cunoaște dragostea lui Dumnezeu într-un mod mai profund și îi vei ajuta și pe alții să o descopere."

Scott Ray, director de evaluare și repartizare în cadrul Comitetului de Misiune Internațională

„Susan Freese are de multă vreme o dorință implacabilă ca toți oamenii să-L cunoască și să-L iubească pe Dumnezeu într-un mod profund. *Povestea ta adevărată* este lucrarea plină de pasiune a lui Susan de a produce o resursă care să-i poată ajuta pe toți oamenii să aibă o credință mai profundă în Dumnezeu. Stilul ei de a scrie este suficient de simplu și direct încât să fie bine primit de oricine, dar suficient de complex încât să provoace fiecare cititor la autoexaminare și reflecție sinceră. Concentrându-se în mod direct asupra adevărurilor Scripturii, această resursă examinează și explică modul în care Dumnezeu a inițiat o relație cu noi și răspunsul nostru corect de relaționare față de El. *Povestea ta adevărată* servește drept resursă fundamentală eficientă și extrem de plăcută pentru cei care sunt noi pe calea credinței creștine sau pentru cei care Îl urmează pe Dumnezeu de multă vreme – și pentru toți ceilalți care se regăsesc undeva între aceste două categorii."

Christy Price, soție de pastor și lider al lucrării cu femeile la Biserica Chets Creek din Nocatee

„Această carte te va călăuzi ca să știi cine ești în calitate de adevărat închinător și ucenic al lui Cristos. Când îți găsești adevărata identitate, un lucru este sigur – totul se schimbă! Vei descoperi propria poveste prinzând viață prin intermediul acestei scrieri intime și inspirate. Aș încuraja fiecare ucenic nou și matur al lui Cristos să se dedice timp de 50 de zile pentru a citi cuvintele acestei cărți și a medita asupra lor. Pot să promit un lucru: puterea lui Dumnezeu va fi revelată și experimentată în moduri care vor avea impact nu doar asupra ta, ci și asupra sferei de influență pe care a așezat-o Dumnezeu în jurul tău, până când nu va mai rămâne niciun loc fără Evanghelie."

Dr. Jeffery L. Crick, lider catalitic pentru Mișcările de Ucenicizare „Niciun Loc fără Evanghelie"

„Susan Freese este o slujitoare credincioasă a lui Cristos. Sunt sigură că adevărul conținut în acest studiu va fi folosit de Duhul Sfânt pentru a conduce mulți oameni ca să-L CUNOASCĂ pe Isus ca Mântuitor, să-L IUBEASCĂ pe Isus ca Domn și să-L SLUJEASCĂ pe Isus în ascultare de Biblie. Totul spre slava lui Dumnezeu."

Ginger Soud, reprezentanta comitetului Partidului Republican din Florida

„Susan și echipa sa au dezvoltat un ghid minunat pentru noii ucenici ai lui Isus Cristos, care îi pregătește pentru a-și trăi viața descrisă în Efeseni 2:10. *Povestea ta adevărată* îi va echipa pe toți credincioșii cu informațiile, resursele și uneltele necesare pentru a trăi o viață care să împlinească Marea Trimitere, făcând ucenici care la rândul lor fac ucenici."

Bob Shallow, președinte al organizației C12

„În calitate de creștini, adesea devenim comozi în viața noastră de credință și presupunem că alții știu în mod automat cum să își dezvolte credința și să manevreze viața creștină odată ce L-au cunoscut pe Isus. Susan Freese nu face această presupoziție și oferă cu înțelepciune *Povestea ta adevărată* ca o călătorie de consolidare a credinței și de urmare a lui Cristos. Este o lectură indispensabilă pentru fiecare credincios și poate fi folosită în orice moment al poveștii sale."

Lauren Crews, autoare a cărții premiate, *Strength of a Woman: Why You Are Proverbs 31*

„Este o onoare pentru mine să fiu pastorul lui Susan și Brett Freese și să-ți recomand din toată inima cartea ei, *Povestea ta adevărată*. Am avut privilegiul de o vedea pe Susan crescând în relația ei cu Cristos și de a fi prezent atunci când Dumnezeu a chemat-o să se implice cu totul în lucrarea de slujire. De la acel pas al credinței pe care l-a făcut, renunțând la o funcție prestigioasă în cadrul unei companii, la faptul de a studia la un seminar teologic și a echipa femei din întreaga lume, ea a ales să facă totul cu excelență. Dumnezeu a folosit-o cu multă putere, iar cartea aceasta este următorul pas în călătoria sa de a face o diferență în viața

altora. Abia aștept să folosesc această resursă minunată în biserica noastră și sper că o vei folosi și tu."
Spike Hogan, pastor principal al Bisericii Chets Creek

„*Povestea ta adevărată* este o hartă foarte utilă pentru orice persoană, indiferent dacă se află la începutul călătoriei sale spirituale sau la un nou început. Dacă cititorul îmbrățișează cu adevărat această călătorie de 50 de zile înrădăcinată în Scriptură, va fi transformat «prin înnoirea minții [sale]... ca să [poată] deosebi bine voia lui Dumnezeu» (Rom. 12:2)."
Tammie McClafferty, director executiv al organizației Lifework First Coast

„Fiind în lucrarea pastorală de 35 de ani și conducând un program de formare pastorală în Rusia și India timp de 22 de ani, am descoperit că există o nevoie universală care se evidențiază în întreaga lume – nevoia de a reproduce ucenici autentici. Ucenici autentici care sunt adânc ancorați în relația lor cu Cristos și Cuvântul Său și tânjesc să ducă la îndeplinire mandatul din partea Lui în ariile lor de responsabilitate geografică, familială și socială. Prietena mea vizionară, Susan Freese, a simțit intens această nevoie și a acționat în această direcție. Manualul său, *Povestea ta adevărată*, conduce participantul într-o călătorie a unei relații consecvente și zilnice cu Cristos prin Cuvântul Său și rugăciune, în puterea Duhului Sfânt. Țelul ei este să-i ajute pe credincioși să înțeleagă cine este Dumnezeu și cine sunt ei în Cristos și să împlinească tot mai mult scopul lui Dumnezeu pentru viața lor. O unealtă de o asemenea importanță va produce transformare în bisericile din întreaga lume. Dumnezeu să facă așa încât această unealtă să ajungă la multe națiuni!"
Wes Slough, instructor de formare pastorală în cadrul alianței Saturation Church Planting

„*Povestea ta adevărată* este o resursă neprețuită. Conține multe informații și totuși, după părerea mea, nici măcar un singur cuvânt nu este irosit. Vei aprecia modul clar și logic în care este organizat conținutul, incluzând explicații ample, analogii de mare impact și pași practici care pot fi făcuți. Fiecare zi abundă în învățătura Scripturii, iar cele patru secțiuni de aplicații zilnice te vor ajuta nu doar să crești, ci să fii transformat. Am convingerea că această călătorie de 50 de zile a credinței va fi o experiență care se va repeta din nou și din nou ca o referință pentru tine însuți și o unealtă pentru ucenicizarea altora. Eu nu am găsit niciodată un ghid mai detaliat care să îi îndrume pe toți credincioșii și îl recomand cu tărie. Ia această carte, invită câțiva prieteni și porniți în această călătorie de 50 de zile. Va MERITA cu siguranță!"
Riann Boyd, formator de ucenici și lider în lucrarea de slujire

POVESTEA

TA

ADEVĂRATĂ

Această carte Îi este dedicată lui Isus –
Eroul poveștii noastre.

POVESTEA

TA

ADEVĂRATĂ

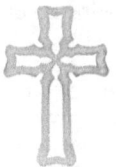

**GHIDUL ESENȚIAL DE 50 DE ZILE
SPRE NOUA TA VIAȚĂ CU ISUS**

SUSAN FREESE

Profitul net obținut din vânzarea acestei cărți în proporție de 100% va sprijini organizații care ajută femei și copii marginalizați din lumea întreagă.

Publicată în Jacksonville, Florida, de All In Ministries Books.

Titlurile publicate de All In Ministries Books pot fi cumpărate angro pentru utilizare în scop educațional, de afaceri, strângeri de fonduri sau vânzări promoționale. Pentru informații, te rugăm să trimiți un e-mail la adresa: contact@allinmin.org.

Orice adresă de internet, organizație, companie sau informații despre un produs, menționate în această carte sunt oferite ca o resursă și nu se intenționează în vreun fel ca ele să reprezinte sau să sugereze vreo promovare din partea All In Ministries International. All In Ministries International de asemenea nu își asumă responsabilitatea pentru existența, conținutul sau serviciile acelor site-uri, companii sau produse în afara scopului acestei cărți.

Dacă nu este specificată o altă versiune, citatele biblice sunt luate din *Sfânta Scriptură*, traducerea D. Cornilescu, revizuită ortografic. Citatele biblice notate ESV provin din traducerea *English Standard Version*. Citatele biblice notate NASB provin din traducerea *New American Standard Bible*. Citatele biblice notate NIV provin din traducerea *New International Version*. Citatele biblice notate NLT provin din traducerea *New Living Translation*.

Coordonare proiect: Editura Poarta Bucuriei
Traducere: Emanuela Bora
Editare: Alina Sîrbu
Tehnoredactare: Paula Iulia Cionca
Design copertă: Danita Brooks

Numărul de control al Bibliotecii Congresului: 2021900138
ISBN: 978-1-958535-11-0 (carte tipărită), 978-1-958535-12-7 (e-book)

Cuprins

Bun-venit! xi

Publicul mondial xiii

Călătorie de-a lungul Bibliei xiv

Angajament xv

PARTEA ÎNTÂI: Descoperă povestea ta cu Dumnezeu 1

Săptămâna întâi: Povestea lui Dumnezeu
Ziua 1   Ești invitat 6
Ziua 2   Creația perfectă a lui Dumnezeu arată slava Sa 11
Ziua 3   Păcatul distruge totul 16
Ziua 4   Isus ne salvează, ne iartă și ne conduce 21
Ziua 5   Dumnezeu face toate lucrurile noi: recrearea 26
Ziua 6   Viață după moarte 31
Ziua 7   Povestea lui Dumnezeu – concentrează-te asupra lui Isus ... 37
Primește-L astăzi pe Isus 39
Întrebări pentru discuție din Săptămâna 1 41

Săptămâna a doua: Povestea ta, identitatea ta
Ziua 8   Ești ales 44
Ziua 9   Ești un închinător 48
Ziua 10   Ești iertat și înnoit 54
Ziua 11   Ești înfiat 60
Ziua 12   Nu ești niciodată singur 65
Ziua 13   Ești sfânt 70
Ziua 14   Îi aparții lui Dumnezeu 75
Întrebări pentru discuție din Săptămâna 2 79

Săptămâna a treia: Povestea ta, scopul tău
Ziua 15   Acceptă noul tău scop 82
Ziua 16   Fii ambasadorul lui Isus Cristos 88
Ziua 17   Privește în jos ca să ucenicizezi generațiile 93
Ziua 18   Privește în jur ca să ajungi la vecinii tăi și la națiuni 99
Ziua 19   Privește în sus ca să-L glorifici pe Dumnezeu 106
Ziua 20   Glorifică-L pe Dumnezeu în închinare 112
Ziua 21   Închină-te lui Dumnezeu în mijlocul durerii tale 118
Întrebări pentru discuție din Săptămâna 3 123

PARTEA A DOUA: Trăiește povestea ta cu Dumnezeu 125

Săptămâna a patra: Rămâi în El – stai lângă Dumnezeu
Ziua 22   Cunoaște-L pe Dumnezeu ca prieten al tău 130
Ziua 23   Odihnește-te în Dumnezeu, bizuie-te pe El și
           încredințează-I Lui totul 135
Ziua 24   Primește de la Dumnezeu – dezvoltă rădăcini adânci 141

Ziua 25 Adu rod pe măsură ce rămâi în El 146
Ziua 26 Împotrivește-te ispitei 152
Ziua 27 Luptă îmbrăcat cu armura lui Dumnezeu 157
Ziua 28 Intră în odihna lui Dumnezeu prin Cuvântul
         lui Dumnezeu 163
Întrebări pentru discuție din Săptămâna 4 168

Săptămâna a cincea: Cuvântul lui Dumnezeu – ascultă cuvintele Autorului vieții
Ziua 29 Prețuiește Cuvântul lui Dumnezeu........................ 170
Ziua 30 Primește Cuvântul lui Dumnezeu – pilda semințelor
         și a solului 176
Ziua 31 Încrede-te în Cuvântul lui Dumnezeu – motive pentru
         a crede 181
Ziua 32 Fă un tur al Bibliei – carte cu carte.......................188
Ziua 33 Studiază Biblia – pas cu pas..................................195
Ziua 34 Memorează Cuvântul lui Dumnezeu 203
Ziua 35 Recapitulează și pune în aplicare – Cuvântul lui Dumnezeu.... 210
Întrebări pentru discuție din Săptămâna 5 216

Săptămâna a șasea: Rugăciunea – conversație cu Autorul vieții
Ziua 36 Vorbește cu Dumnezeu, schimbă-ți inima 218
Ziua 37 Roagă-te și ascultă..223
Ziua 38 Evită piedicile care stau în calea rugăciunii 228
Ziua 39 Stai în post și rugăciune.......................................234
Ziua 40 Roagă-te Cuvântul lui Dumnezeu, descoperă voia lui
         Dumnezeu 241
Ziua 41 Roagă-te pentru alții – marea putere a mijlocirii 246
Ziua 42 Roagă-te mai întâi de toate. Roagă-te întotdeauna.
         Roagă-te acum 251
Întrebări pentru discuție din Săptămâna 6 256

Săptămâna a șaptea: Duhul Sfânt – trăiește-ți povestea prin puterea lui Dumnezeu
Ziua 43 Cunoaște puterea lui Dumnezeu în tine 258
Ziua 44 Fii plin de Duhul Sfânt – predă-te Lui 264
Ziua 45 Fii curățit pentru o viață a învierii – sfințire 271
Ziua 46 Crește în Duhul – slujește......................................278
Ziua 47 Crește în Duhul – împărtășește..............................285
Ziua 48 Crește în Duhul – suferă..292
Ziua 49 Trezește-te, veghează, lucrează – Isus Cristos vine 299
Ziua 50 Celebrează povestea ta adevărată 306
Întrebări pentru discuție din Săptămâna 7 313

Mulțumiri 314

Schița întâlnirilor săptămânale 315

Anexă: Unelte pentru a-ți împărtăși credința 316

Bibliografie 319

Bun-venit!

Această carte se adresează celor care doresc o relație mai apropiată cu Isus. Se adresează celor care doresc să aplice în viața lor o viață întreagă de adevăruri sacre – fără să le trebuiască o viață întreagă ca să le învețe pe toate. Se adresează celor care *nu* își doresc o credință banală, religioasă și învechită, doar o zi pe săptămână.

Paginile acestei cărți conțin comori însuflețitoare, învăluite în cuvinte care așteaptă să fie deschise. Mi-au trebuit aproape 50 de ani ca să adun aceste comori, să trăiesc aceste lecții, iar acum să ți le împărtășesc ție. Indiferent dacă te afli la începutul unei relații cu Isus sau dacă te afli la un nou început, te invit să faci această călătorie a credinței, o călătorie de 50 de zile care să călăuzească următorii tăi pași alături de El. *Nu* vei auzi povești personale (cu excepția unor povești adevărate din Cuvântul lui Dumnezeu) pentru că aici nu este vorba de călătoria credinței altcuiva. Este călătoria credinței *tale*.

În fiecare săptămână vei învăța mai mult din narațiunea țesută în paginile Bibliei. Partea întâi începe cu o privire de ansamblu asupra poveștii cuprinzătoare a lui Dumnezeu. Apoi ne vom focaliza asupra locului și scopului tău în Povestea lui Dumnezeu. Această temelie transformatoare va stabiliza elementele de bază ale credinței, prezentate în a doua parte a călătoriei. În acest punct, Partea a doua de asemenea devine un ghid util la care te poți întoarce atunci când te confrunți cu împrejurări neașteptate ale vieții. Vei descoperi secrete ale vieții creștine, cum ar fi: cum să rămâi în Cristos, să depășești problema îndoielilor, să te împotrivești ispitei și să te închini lui Dumnezeu în perioadele de suferință. Vei învăța de asemenea modalități practice de a studia Biblia, a-ți împărtăși credința cu alții și a te ruga. Dacă nu ai început o relație cu Isus, vei avea ocazia să faci acest pas. Rugăciunea mea când împărtășesc aceste lecții de viață este să întâlnești dragostea lui Dumnezeu, să accepți partea ta din Povestea lui Dumnezeu și *să înveți din greșelile mele*.

Când eram copil, mi-am pus încrederea în Isus ca să-mi ierte păcatele, însă nu am știut să-L urmez în calitate de conducător al vieții mele. Acea ignoranță m-a costat, având ca rezultat umblarea după lucruri lumești, o gândire nesănătoasă și o viață egoistă. Deși Îl iubeam pe Isus, înțelegerea mea incompletă a rolului Său în viața mea mă făcea să fiu neliniștită și lipsită de bucurie. Cariera mea îmi distrăgea atenția de la El, iar credința mea superficială mă ținea flămândă din punct de vedere spiritual.

Însă de-a lungul acelei perioade de rătăcire prin pustiu, Dumnezeu mi-a fost alături și mi-a dezvăluit ce îmi lipsise toată viața: o relație zilnică cu El... dar mai mult decât atât, o prietenie intimă cu El.

Mi-aș dori să-ți pot spune că m-am predat atunci Lui cu totul și că am început să-mi pun încrederea în Isus nu doar pentru mântuirea mea, ci de asemenea în fiecare părticică din viața mea – însă am ezitat. Îmi era teamă de ce avea să se întâmple cu copiii mei dacă Îi dădeam lui Dumnezeu conducerea asupra vieții mele. Aveau să sufere copiii mei în urma predării mele? Aveau ei să fie luați de lângă mine dacă Îi ofeream lui Dumnezeu totul? Apoi o femeie de la biserică mi-a împărtășit cu blândețe că Dumnezeu îi iubește pe fiii mei mai mult decât aș putea să-i iubesc eu vreodată. Mi-am dat seama că cea mai mare responsabilitate a mea ca mamă (sau în orice alt rol din viața mea) este să-L iubesc pe Dumnezeu cu toată inima mea, cu tot sufletul meu, cu tot cugetul meu și cu toată puterea mea (Mc. 12:30) – să-I dau Lui tot ce am pentru că *El mi-a dat mie tot ce a avut*.

Totul s-a schimbat atunci când L-am invitat pe Dumnezeu la cârma vieții mele. Nu îmi mai vedeam viața printr-o lentilă întunecată a îngrijorării sau a ambiției egoiste, ci prin ochii credinței. Acei pași ai ascultării și ai încrederii m-au adus mai aproape de Dumnezeu. Îl doream pe El tot mai mult și îmi doream ca eu să fiu tot mai mult a *Lui*. Prin această călătorie, am descoperit cine este Dumnezeu, de ce am fost creată și cum să trăiesc bine. Am găsit povestea *mea* în Povestea adevărată a lui Dumnezeu.

Pe măsură ce povestea mea a continuat, Dumnezeu m-a condus să mă implic cu totul în lucrarea de slujire și să studiez la un seminar teologic. El mi-a dat oportunități de a împărtăși ceea ce învățam în diverse contexte și țări. Indiferent unde slujeam, nevoia era aceeași – o relație autentică cu Isus. Prin harul lui Dumnezeu, rezultatele de asemenea erau aceleași – vieți transformate în chip minunat. Cu încurajarea soțului meu și a pastorilor mei, s-a născut All In Ministries International și a crescut. Biserici locale și misionari au cerut materialul în formă scrisă. Însă eu am ezitat din nou. Dumnezeu a folosit o conversație cu Dr. Henry Blackaby[1] pentru a mă încuraja să fac

---

1 Dr. Blackaby este pastor și autor cunoscut la nivel internațional și fondator al Blackaby Ministries International. Este cunoscut în mod deosebit pentru studiul său biblic intitulat *Experiencing God* [în limba română: *Să umblăm cu Dumnezeu*, Peregrinul, Cluj-Napoca, 2014].

pasul acesta de a scrie – de a aşterne într-o carte tot ceea ce mi-aş fi dorit să ştiu atunci când am pornit la drum alături de Isus. Rugăciunile mele după ajutor au primit răspuns la fiecare pas pentru a crea *Povestea ta adevărată*. Această carte nu se vrea a fi exhaustivă, însă conţine adevăruri însufleţitoare care au schimbat viaţa mea şi viaţa a nenumărate alte persoane.

Acum este rândul tău. Te invit să mă însoţeşti în această călătorie de-a lungul cărţii *Povestea ta adevărată* în 50 de lecturi zilnice – un capitol ales cu grijă din Povestea lui Dumnezeu şi în curând din povestea ta, mă rog eu. Nu va fi întotdeauna uşor sau nedureros, dar să trăieşti povestea ta adevărată merită efortul. Schimbarea este inconfortabilă şi ai ocazia să alegi cum vei reacţiona la ea. Încrede-te în Dumnezeu în aceşti paşi care vor urma; altminteri vei rămâne aşa cum eşti.

Pe măsură ce alegi să te încrezi în Dumnezeu de-a lungul acestor scurte capitole, vei experimenta o dragoste intensă, o bucurie incredibilă şi o pace supranaturală. Această transformare te va ajuta să trăieşti în fiecare zi în unitate cu Dumnezeu şi te va pregăti pentru veşnicie. În cele din urmă, vei cunoaşte povestea *ta* adevărată ca parte a Poveştii adevărate a lui Dumnezeu.

Apoi mă rog să fii asemenea acelei femei de la biserică ce mi-a împărtăşit cu blândeţe adevărul. Mă rog ca şi tu să inviţi cu blândeţe pe altcineva şi apoi pe altcineva şi apoi pe altcineva într-o călătorie de descoperire a dragostei măreţe a lui Dumnezeu şi a planului Său măreţ pentru creaţia Sa. În felul acesta a conceput Dumnezeu viaţa noastră: să *fim* schimbaţi şi să *aducem* schimbare în viaţa altora.

Slava lui Dumnezeu este răsplata noastră,
Susan Freese
Ioan 3:30

Publicul mondial

Această resursă pentru ucenicizare este pentru toţi oamenii din toate comunităţile de credinţă creştină din întreaga lume. Deşi stilurile noastre de închinare sunt diverse, noi suntem uniţi în convingerile noastre: Isus Cristos este Domnul, întreaga Biblie este întru totul adevărată şi fiecare credincios are o parte importantă în Povestea lui Dumnezeu. Acest studiu completează atelierele de formare a ucenicilor oferite de All In Ministries International. Pentru mai multe informații și unelte gratuite, vizitează www.allinmin.org.

Călătorie de-a lungul Bibliei

Studiul acesta va prezenta un tur al Bibliei și cum să studiezi Biblia în Săptămâna 5. Folosim mai multe traduceri de încredere pentru a te ajuta să vezi clar adevărul lui Dumnezeu. Îți va fi util să ai o Biblie pregătită pentru studiul fiecărei zile.

Când ne referim la pasaje biblice, mai întâi este notată cartea din Biblie, urmată de numărul capitolului și apoi de versetul/versetele din acel capitol. De exemplu, Ioan 3:16 se referă la Evanghelia după Ioan din Noul Testament (a nu se confunda cu 1 Ioan), capitolul 3, versetul 16.

Ioan (carte) 3 (capitol): 16 (verset)

Cărțile Vechiului Testament și abrevierile lor:

Geneza (Gen.)
Exodul (Ex.)
Leviticul (Lev.)
Numerii (Num.)
Deuteronomul (Deut.)
Iosua (Ios.)
Judecătorii (Jud.)
Rut
1 Samuel (1 Sam.)
2 Samuel (2 Sam.)
1 Împărați (1 Împ.)
2 Împărați (2 Împ.)
1 Cronici (1 Cron.)
2 Cronici (2 Cron.)
Ezra
Neemia (Neem.)
Estera (Est.)
Iov
Psalmii (Ps.)
Proverbele (Prov.)

Eclesiastul (Ecl.)
Cântarea cântărilor (Cânt.)
Isaia (Is.)
Ieremia (Ier.)
Plângerile lui Ieremia (Plâng.)
Ezechiel (Ezec.)
Daniel (Dan.)
Osea
Ioel
Amos
Obadia (Obad.)
Iona
Mica
Naum
Habacuc (Hab.)
Țefania (Țef.)
Hagai (Hag.)
Zaharia (Zah.)
Maleahi (Mal.)

Cărțile Noului Testament și abrevierile lor:

Matei (Mt.)
Marcu (Mc.)
Luca (Lc.)
Ioan
Faptele apostolilor (Fapte)
Romani (Rom.)
1 Corinteni (1 Cor.)
2 Corinteni (2 Cor.)
Galateni (Gal.)
Efeseni (Ef.)
Filipeni (Flp.)
Coloseni (Col.)
1 Tesaloniceni (1 Tes.)

2 Tesaloniceni (2 Tes.)
1 Timotei (1 Tim.)
2 Timotei (2 Tim.)
Tit
Filimon (Flm.)
Evrei (Ev.)
Iacov (Iac.)
1 Petru (1 Pet.)
2 Petru (2 Pet.)
1 Ioan
2 Ioan
3 Ioan
Iuda
Apocalipsa (Apoc.)

Angajament

Viața ta se poate schimba în 50 de zile, în special dacă ești dedicat acestei călătorii. Înainte de a începe, aș vrea să te îndemn să nu ratezi nici măcar lectura unei singure zile. Șansele de reușită sunt mai mari atunci când programezi o întâlnire pe calendarul tău. Prin faptul că îți scrii numele și stabilești un timp, arăți seriozitatea angajamentului tău, iar rezultatele se îmbunătățesc considerabil.

Cu ajutorul lui Dumnezeu, dedic următoarele 50 de zile din viața mea pentru a descoperi povestea mea în Povestea adevărată a lui Dumnezeu.

Numele tău

Stabilește un timp (se recomandă 30 de minute) și un loc zilnic pentru a citi câte un capitol în fiecare zi și a răspunde la el:

Invită-ți prietenii

Călătoriile sunt mai plăcute atunci când suntem împreună cu prietenii. Vei avea beneficii maxime de la această călătorie a credinței și vei consolida relațiile de prietenie dacă ți se vor alătura și alte persoane. Fapt este că Îl urmăm cel mai bine pe Dumnezeu împreună cu alții. Dumnezeu ne dă o familie a credinței – biserica – care să pășească alături de noi în timp ce noi umblăm cu Dumnezeu. El nu a intenționat niciodată ca noi să fim singuri (Gen. 2:18). Un om înțelept spunea odată: „Mai bine doi decât unul, căci iau o plată cu atât mai bună pentru munca lor. Căci, dacă se întâmplă să cadă, se ridică unul pe altul. Dar vai de cine este singur și cade fără să aibă pe altul care să-l ridice!" (Ecl. 4:9-10). Hai să nu fim persoane care cad fără să aibă pe cineva care să le ridice!

Roagă-te și cere-I lui Dumnezeu să te conducă spre persoanele care pot să ți se alăture pe parcursul acestui studiu și după aceea. Sugerez să vă întâlniți o dată pe săptămână pentru a discuta ceea ce învățați. Puteți folosi întrebările pentru discuția de grup de la finalul fiecărei săptămâni ca ghid pentru întâlnirea voastră. Enumeră mai jos numele persoanelor pe care te-a călăuzit Dumnezeu să le inviți în călătoria ta:

_____   _____

_____   _____

Stabiliți o zi, o oră și un loc pentru a vă întâlni săptămânal în mod fizic sau online:

_____

PARTEA I:

DESCOPERĂ POVESTEA TA CU DUMNEZEU

Când nu eram decât un plod fără chip, ochii Tăi mă vedeau
și în cartea Ta erau scrise toate zilele care-mi erau rânduite,
mai înainte de a fi fost vreuna din ele.
Cât de nepătrunse mi se par gândurile Tale, Dumnezeule,
și cât de mare este numărul lor!
Psalmul 139:16–17

Cum ar fi dacă aș spune: „Tu ești motivul pentru care a fost scrisă această carte"? Dacă ți-aș spune că ai o întâlnire cu Dumnezeu chiar acum? Poate că ai avea îndoieli că este adevărat sau te-ai întreba de ce te-a ales Dumnezeu pe tine. Dar uită-te în jur – citește altcineva această carte? Poate că nu; așa că de ce tu? Pentru că Dumnezeu dorește să știi că El te-a scris în Povestea Sa. Probabil că ai de făcut o călătorie extraordinară pentru a-L cunoaște pe El. Sau poate că există o altă persoană care caută răspunsuri la tine. Indiferent cum ar sta lucrurile, Dumnezeu a plănuit acest moment – în acest timp, în acest loc – pentru ca tu să descoperi povestea ta adevărată ca parte a Poveștii adevărate a lui Dumnezeu.

Indiferent unde te afli sau unde locuiești, **singurul Dumnezeu adevărat te iubește în acest moment. El are un scop important pentru viața ta.** Poate că te întrebi: Cum mă iubește El? De ce este importantă viața mea? Cum ar trebui să răspund? Toate acestea sunt întrebări bune. Te invităm să faci această călătorie a credinței de 50 de zile pentru a începe să răspunzi la ele. De ce 50 de zile? Dumnezeu a pus deoparte 50 de zile în Biblie pentru un scop special. Odată ce poporul evreu a început să sărbătorească Paștele (vom studia despre acest lucru în Săptămâna 7), Dumnezeu i-a dat o altă sărbătoare, intitulată Sărbătoarea Săptămânilor, numită mai târziu Cincizecime.[1] Celebrarea de o zi avea loc la șapte săptămâni și o zi (50 de zile) după Paște. Cincizecimea era o zi de celebrare și revelație. Ea comemorează momentul când Tora (primele cinci cărți ale Bibliei) i-a fost dată lui Moise pe muntele Sinai. După ce Isus Și-a încheiat timpul petrecut pe pământ, El le-a dat darul Duhului Sfânt ucenicilor din Ierusalim în Ziua Cincizecimii. Este semnificativ faptul că Dumnezeu a ales tot cea de-a cincizecea zi atât în Vechiul Testament, cât și în Noul Testament, pentru a da darul Cuvântului și darul Duhului. Cuvântul și Duhul se îmbină pentru a ne aduce o mai mare revelație.

Dumnezeu poate să folosească și aceste 50 de zile din viața ta într-un mod special. De ce să depui acest efort? Pentru că **viața ta contează, iar povestea vieții tale face o diferență**. Creatorul nostru te-a creat în mod voit, pentru un scop. El a scris o poveste pentru tine – o poveste plină de semnificație, care are impact asupra veșniciei. Însă pentru a-ți înțelege scopul – povestea ta adevărată – trebuie să-L cunoști pe Autorul ei. Trebuie să-L întâlnești pe singurul Dumnezeu adevărat.

Cum este Dumnezeu? De ce m-a creat Dumnezeu? Cum pot să-L cunosc pe Dumnezeu?

Mulți dintre noi și-au pus aceste întrebări. Nu le ignora pentru că te temi că nu vei găsi răspunsurile sau de teamă că nu-ți vor plăcea răspunsurile pe care le găsești. Dumnezeu a sădit aceste întrebări în inima ta pentru a te aduce mai aproape de inima Sa printr-o călătorie a credinței. Așadar, pune-ți aceste întrebări.

Vei găsi răspunsurile în Biblie – cunoscută de asemenea sub numele de Cuvântul lui Dumnezeu sau Scriptura (2 Tim. 3:16).[2] Însă mai mult decât niște răspunsuri, Îl vei găsi pe Dumnezeu Însuși. Una din rugăciunile mele este ca de-a lungul celor 50 de zile să simți faptul că **Dumnezeu este real și Biblia este adevărată**. Împreună vom răspunde la unele din întrebările tale cu adevărul din Cuvântul lui Dumnezeu. Indiferent dacă îl citești pentru prima dată sau dacă îl studiezi de mai mulți ani, Cuvântul lui Dumnezeu este întotdeauna desăvârșit și proaspăt.

---

1 „Cincizecime" vine dintr-un cuvânt grecesc care înseamnă „al cincizecilea." Sărbătoarea se numește în limba ebraică *Șavuot*, care înseamnă „săptămâni" și este de asemenea cunoscută sub numele de Sărbătoarea Secerișului.

2 Poți să găsești Biblia online pe multe site-uri diferite.

Studiul acesta citează intens Scriptura și îți dă referințe biblice (conține peste 1.400 de referințe), astfel încât Cuvântul lui Dumnezeu să poată vorbi el însuși. Îți sugerez să pui deoparte 30 de minute în fiecare zi, cu o Biblie deschisă, pentru a te întâlni cu Dumnezeu în timp ce parcurgi aceste scurte capitole. Roagă-te înainte de a începe pentru a-L invita pe Dumnezeu să ți Se descopere. Fă însemnări pe paginile cărții după cum dorești și scrie-ți gândurile pe marginea paginilor. **Citește câte un capitol pe zi, astfel încât să poți să te gândești la ceea ce citești și să acționezi în consecință.**

Pe măsură ce învățăm să-L iubim pe Dumnezeu cu toată inima noastră, cu tot sufletul nostru, cu tot cugetul nostru și cu toată puterea noastră (Mc. 12:30), ne vom apropia de această călătorie a credinței având în minte porunca lui Isus. La finalul fiecărei zile, vei găsi patru pași pe care să-i faci:

1. Citește versete din Scriptură corespunzătoare subiectului zilei în „Lasă Biblia să vorbească".
2. Răspunde la întrebări pentru a procesa ceea ce citești în „Lasă-ți mintea să gândească".
3. Începe-ți conversația cu Dumnezeu în „Lasă-ți sufletul să se roage".
4. Notează pașii pe care te cheamă Dumnezeu să-i faci în „Lasă-ți inima să dea ascultare".[1]

Te rog să parcurgi acești patru pași pentru a asimila și a aplica lecția fiecărei zile. Acest lucru este important. **Cunoașterea unor informații noi nu ne va transforma viața, însă aplicarea adevărului biblic cu ajutorul lui Dumnezeu o va transforma.**

Să ne uităm în avans la călătoria aferentă Părții întâi:

Mai întâi, în Săptămâna 1, vei învăța despre Dumnezeu și despre Povestea Sa adevărată și cuprinzătoare. Povestea lui Dumnezeu influențează toate celelalte povești. Nu putem să acoperim într-o săptămână tot ceea ce poate că ai vrea să știi despre Dumnezeu. Totuși, acest rezumat te va ajuta să înțelegi contextul existenței tale, al veșniciei tale și al poveștii tale ca parte a Poveștii lui Dumnezeu. Chiar dacă ești credincios de ceva vreme, poate că vei descoperi unele aspecte ale Poveștii lui Dumnezeu despre care nu

---

1   Biblia vorbește uneori de ascultare sau de o decizie ca fiind o expresie a inimii (Ios. 24:23, Ioel 2:13; Rom. 10:9-10).

se discută foarte mult. Vei dobândi o mai bună înțelegere a întregii Povești a lui Dumnezeu.

Apoi, în Săptămânile 2-3, vei învăța despre partea ta în Povestea lui Dumnezeu. În cea de-a doua săptămână, îți vei descoperi identitatea în Cristos (cine ești), iar în cea de-a treia săptămână, îți vei găsi scopul în Cristos (ceea ce faci).

Ești pregătit să începi? Mai întâi, oprește-te și cercetează-ți inima. Îl cauți tu pe Dumnezeu cu sinceritate? În Ieremia 29:13, Dumnezeu spune: „Mă veți căuta, și Mă veți găsi dacă Mă veți căuta cu toată inima." Ia-ți câteva momente de rugăciune și

- decide acum să-L cauți pe Dumnezeu din toată inima ta și din tot sufletul tău (Deut. 4:29);
- decide să accepți ceea ce descoperi despre El, despre Povestea Sa și despre modul în care îți găsești locul în ea, chiar dacă unele lucruri pe care le afli te surprind sau te deranjează în vreun fel;
- roagă-te și cere-I lui Dumnezeu să-ți pregătească inima pentru călătoria care-ți stă înainte și să-ți dea prieteni care să te însoțească.[1]

Împreună, căutați adevărul – căutați-L pe Dumnezeu – cu o inimă deschisă. Și în timp ce-L căutați, veți descoperi că El v-a căutat dintotdeauna, chiar dintotdeauna.

---

1 Vezi angajamentul de la pagina xv.

SĂPTĂMÂNA ÎNTÂI

POVESTEA LUI DUMNEZEU

Ești invitat

*Fiindcă atât de mult a iubit Dumnezeu lumea, că
a dat pe singurul Lui Fiu, pentru ca oricine crede
în El să nu piară, ci să aibă viața veșnică.*
Ioan 3:16

Cum te simți atunci când primești o invitație specială? Ceva profund se petrece înăuntrul tău. Faptul că știi că cineva s-a gândit la tine schimbă felul în care te vezi pe tine însuți. Cineva s-a gândit la tine, iar prezența ta este dorită. Realitatea este că Dumnezeu Se gândește la tine, iar Biblia este invitația Sa scrisă. Prin intermediul paginilor Scripturii, Dumnezeu te invită să te încrezi în El cu întreaga ta viață. Invitația Sa pătrunde pe fiecare continent, în fiecare cultură, fiecare eră, iar singura ei limitare este abilitatea noastră de a asculta și a răspunde.[1]

Deși scrisă cu mult timp în urmă, această poveste din Biblie este relevantă *acum*. Ea definește și explorează lumea noastră. Ea explică de ce suferim durere și nedreptate și promite că într-o zi Dumnezeu va îndrepta din nou toate lucrurile. Biblia îl descrie pe poporul Israel și relația sa cu Dumnezeu pe tot cuprinsul Vechiului Testament. Însă povestea aceasta nu este numai pentru poporul Israel. Această poveste a răscumpărării și a relației este pentru întreaga lume – inclusiv pentru tine. **Vei vrea să asculți cu atenție ceea ce spune Dumnezeu pentru că El ți Se adresează ție.**

Când citești cu atenție, vei descoperi povestea ta adevărată. Da, **povestea ta este scrisă în Biblie**. Dumnezeu te-a creat ca să-L cunoști și să fii schimbat de El ca parte a planului Său măreț (Ier. 9:23-24). El are un scop divin pentru viața ta. Însă vei descoperi chemarea unică a lui Dumnezeu pentru tine doar dacă vei studia Cuvântul Său și îl vei aplica în viața ta – cu ajutorul Său. În Povestea lui Dumnezeu,

---

1 Cheryl Hauer, „God's Invitations", Bridges for Peace, 21 noiembrie 2017, https://www.bridges forpeace.com/letter/gods-invitations/.

vei găsi semnificația poveștii tale și a fiecărei povești din lume – din trecut, prezent și viitor.

Chiar dacă Biblia este completă, Povestea lui Dumnezeu încă este în desfășurare pretutindeni în jurul nostru. Ultima carte a Bibliei, Apocalipsa, ne arată ce se va întâmpla la sfârșitul vremurilor. Ea însă de asemenea dezvăluie faptul că Povestea lui Dumnezeu nu are sfârșit. Dumnezeu ne invită la viață veșnică prin Isus – acum și pentru totdeauna (Ioan 3:16). Viața veșnică înseamnă prietenie nesfârșită cu Dumnezeu și încrederea că El va scrie povestea noastră ca parte a Poveștii Sale adevărate (Ioan 17:3; Ev. 12:2).

În următoarele câteva momente, scrie cum a fost povestea ta până acum. Cum Îl cunoști tu pe Dumnezeu?

Așa cum o carte este alcătuită din multe capitole ce relatează o poveste, Biblia este o colecție de cărți care ne revelează Povestea lui Dumnezeu. Fiecare carte – cu capitolele și versetele din ea – lucrează împreună cu toate celelalte pentru a-L revela pe Dumnezeu și relația Sa cu noi. Povestea lui Dumnezeu ne conduce la Cel care ne-a creat, la Cel care a venit la noi în persoana lui Isus Cristos. Întreaga poveste se bazează pe El. Întreaga Biblie arată spre El.

Acum când începem această călătorie împreună, tu și eu trebuie să avem o viziune mai amplă asupra Poveștii lui Dumnezeu ca întreg. Ea poate fi împărțită în patru părți principale: (1) creația, (2) păcatul, (3) Isus și (4) recrearea – creația lui Dumnezeu restaurată. Vechiul Testament (primele treizeci și nouă de cărți ale Bibliei) ne spune despre creație și păcat (și despre Salvatorul care avea să vină). Noul Testament (ultimele douăzeci și șapte de cărți ale Bibliei) ne spune despre Isus (Salvatorul) și recreare. Aceste patru părți ne oferă un cadru pentru a înțelege toate poveștile Bibliei – și semnificația vieții noastre.

PARTEA ÎNTÂI: CREAŢIA
Dumnezeu ne-a creat şi doreşte să aibă o relaţie apropiată cu noi.

Vechiul Testament începe cu povestea creaţiei. Dumnezeu a creat totul din nimic şi a numit toate lucrurile „bune", cu o singură excepţie (Gen. 1). Când Dumnezeu i-a creat pe oameni, El ne-a creat după chipul Său şi apoi a numit toate lucrurile „foarte bune." El a manifestat o atenţie deosebită atunci când ne-a creat, deoarece a dorit să aibă o relaţie apropiată cu noi. Realitatea este că Dumnezeu nu avea nevoie să ne creeze. El trăia deja într-o comunitate perfectă. Biblia ne dezvăluie faptul că **este un singur Dumnezeu, care există în trei persoane: Tatăl, Fiul (Isus) şi Duhul Sfânt**. Lui Dumnezeu I-a făcut plăcere să ne creeze. Cel mai bun lucru dintre toate este însă faptul că noi avem plăcerea de a-L cunoaşte pe El (Col. 1:10). Primii noştri strămoşi, Adam şi Eva, au trăit, au lucrat şi au umblat cu Dumnezeu în desăvârşita Grădină a Edenului. Viaţa lor de copii ai lui Dumnezeu era plină de bucurie şi pace.

PARTEA A DOUA: PĂCATUL
Pentru că păcatul ne desparte de Dumnezeu, avem nevoie de un Salvator.

Totul s-a schimbat atunci când şarpele (Satan, duşmanul) a intrat în poveste. El a răstălmăcit cuvintele lui Dumnezeu pentru a-i amăgi pe Adam şi pe Eva. Amăgirea a dus la nemulţumire, care a dus la neascultare. În loc să se încreadă în Dumnezeu, ei au crezut minciuna lui Satan şi s-au întors împotriva lui Dumnezeu. Au mâncat fructul pe care Dumnezeu îl interzisese. Asta înseamnă **păcatul** –

> **Păcat:**
> A întoarce spatele voii lui Dumnezeu în atitudinile sau acţiunile noastre.

a întoarce spatele voii lui Dumnezeu în atitudinile sau acţiunile noastre. Păcatul a stricat creaţia cea bună a lui Dumnezeu şi totul s-a deteriorat. Răzvrătirea i-a despărţit pe Adam şi pe Eva de Dumnezeu. Răzvrătirea aceasta a adus în lume consecinţele păcatului: moartea, lăcomia, boala, violenţa şi durerea. Devenind duşmani ai lui Dumnezeu, viaţa lor era acum plină de întuneric (Rom. 5:10). Restul Vechiului Testament relatează povestea problemelor oamenilor datorate păcatului, neascultării de poruncile lui Dumnezeu şi neglijării prezenţei Lui – în ciuda chemării profeţilor de a se pocăi şi a se întoarce la El. Mai important decât atât, Vechiul Testament prevesteşte povestea planului lui Dumnezeu de salvare. Lumea avea nevoie de un Mântuitor, de un Salvator.

PARTEA A TREIA: ISUS
Isus ne salvează din păcatul nostru şi restaurează relaţia noastră cu Dumnezeu.

Noul Testament ni-L descoperă pe Salvatorul nostru: Isus Cristos, Fiul lui Dumnezeu. El a venit ca să ne elibereze din mâna duşmanului şi să restaureze relaţia noastră cu Tatăl nostru ceresc. Misiunea Sa: să caute şi să mântuiască ce era pierdut (Lc. 19:10). Începutul Noului Testament ne învaţă despre viaţa lui Isus şi ne relatează cum ne-a salvat El. Dumnezeu este drept, iar păcatul nostru merită judecata Sa şi pedeapsa cu moartea. Datorită dragostei măreţe a lui Dumnezeu, Isus a luat pedeapsa noastră asupra Lui, luând locul nostru – murind pe o cruce pentru noi. Acela nu a fost sfârşitul, ci începutul unei noi vieţi. Isus a înfrânt moartea şi a înviat din mormânt pentru a Se asigura că păcatul nu ne va mai putea despărţi vreodată de El. El a învins păcatul şi moartea o dată pentru totdeauna!

PARTEA A PATRA: RECREAREA – CREAŢIA LUI DUMNEZEU RESTAURATĂ
Dumnezeu va înnoi toate lucrurile, începând cu noi.

Un nou capitol al Poveştii lui Dumnezeu a început odată cu mormântul gol al lui Isus. Noi ne găsim astăzi în acest capitol: Isus pregăteşte un loc în cer pentru cei care se încred în El. El le-a dat credincioşilor un nou scop pe pământ şi a promis că Se va întoarce ca să ne ia cu El. Restul Noului Testament ne învaţă despre faptul că planul de salvare se răspândeşte în toate naţiunile şi schimbă inimi şi vieţi pentru întreaga veşnicie. Chiar şi acum, creaţia se pregăteşte pentru întoarcerea lui Isus. Când Se va întoarce, El va face toate lucrurile noi. Nu va mai exista suferinţă. Isus va crea un cer nou şi un pământ nou, perfecte şi neatinse de păcat. Apoi credincioşii se vor închina lui Dumnezeu şi se vor bucura de El pentru totdeauna în noua Sa creaţie.

Dumnezeu ne face invitaţia de ne încrede în El în fiecare parte a Poveştii Sale. În restul acestei săptămâni, ne vom uita în detaliu la fiecare parte. Vom descoperi cum Dumnezeu Îşi arată dragostea faţă de fiecare naţiune şi fiecare persoană (Ioan 3:16). **Tu şi eu şi toţi ceilalţi – cu toţii am fost creaţi prin dragostea Sa, pentru dragostea Sa şi ca să împărtăşim dragostea Sa.** Invitaţia lui Dumnezeu ne aşteaptă.

ZIUA 1

Lasă Biblia să vorbească:
Citește Geneza 1 (Opțional: Romani 5:12-21)

Lasă-ți mintea să gândească:
1. Ce îți spune Geneza 1 despre Dumnezeu?

2. Cum te simți știind că povestea ta este parte a Poveștii lui Dumnezeu?

3. În ce fel faptul că știi că Dumnezeu iubește pe toată lumea schimbă modul în care Îl vezi pe Dumnezeu, pe tine însuți și pe alții?

Lasă-ți sufletul să se roage:
Doamne, Îți mulțumesc că mi-ai descoperit Povestea Ta prin intermediul Bibliei și că mă inviți să mă încred în Tine. Ajută-mă să Te caut. Înmoaie-mi inima și deschide-mi ochii ca să văd adevărul Tău acum, când încep această călătorie a credinței. Vreau să Te cunosc pe Tine și să-mi cunosc locul în Povestea Ta... În numele lui Isus mă rog, amin.

Lasă-ți inima să dea ascultare:
(Ce te călăuzește Dumnezeu să știi, să prețuiești sau să faci?)

ZIUA

2

Creația perfectă a lui Dumnezeu arată slava Sa

La început, Dumnezeu a făcut cerurile și pământul... Dumnezeu
S-a uitat la tot ce făcuse și iată că erau foarte bune.
Geneza 1:1, 31

Date fiind dimensiunea mare a Bibliei și limbile și culturile sale stră-
vechi, multor oameni li se poate părea intimidant să o citească. Unii
oameni cred că Biblia este prea voluminoasă ca să o citească într-o
viață. Însă de fapt, dacă o citim timp de o oră pe zi, am putea-o
parcurge în întregime în aproximativ optzeci de zile. Alții cred că
Biblia este prea complicată și că este nevoie de studii de specialitate
pentru a o înțelege. Însă revelația lui Dumnezeu este pur și simplu
atât – revelația Sa. El dorește să fie cunoscut. Chiar dacă nu înțele-
gem totul, Dumnezeu ne ajută să învățăm multe din adevărurile Sale
eterne. Uneori oamenii presupun despre Cuvântul lui Dumnezeu că
este o carte de reguli, care ne dă o listă de lucruri pe care să le fa-
cem și pe care să nu le facem. Însă atunci când o citim, descoperim
cea mai extraordinară narațiune a izbăvirii și a libertății din istoria
lumii. Este Povestea lui Dumnezeu.

Așa cum am învățat ieri, Biblia începe cu crearea tuturor lucru-
rilor și se încheie cu recrearea. Ea este pentru întreaga lume, dar
este de asemenea personală. Povestea lui Dumnezeu celebrează
minunea întocmirii fiecărei persoane, inclusiv a ta (Ps. 139). Tu nu
ai ales contextul în care aveai să te naști, dar Biblia ne dezvăluie că
Dumnezeu l-a ales. Acesta este punctul de pornire pe cărarea lui
Dumnezeu spre destinul tău (Fapte 17:26-27). Însă pentru a înțelege
Povestea lui Dumnezeu și locul tău în ea, trebuie să înțelegi mai în-
tâi că **Povestea lui Dumnezeu nu ne are pe noi în centru. Povestea**

lui Dumnezeu Îl are în centru pe Dumnezeu şi slava Sa. Toate lucrurile există pentru a lăuda măreţia *Sa*. Vei descoperi în curând de ce este aşa, dar deocamdată să începem de la începutul vremii.

Dumnezeu a creat totul – absolut fiecare lucru – pentru slava Sa, inclusiv pe tine şi pe mine. El a poruncit cu putere întregii creaţii să ia fiinţă: lumina, uscatul, marea, plantele şi animalele. Întreaga creaţie Îl slăveşte pe Dumnezeu, arătând „puterea Lui veşnică şi dumnezeirea Lui" (Rom. 1:20). Chiar şi „cerurile spun slava lui Dumnezeu, şi întinderea lor vesteşte lucrarea mâinilor Lui" (Ps. 19:1). De la stelele de pe cer până la părţile cele mai tainice ale trupului nostru, întreaga creaţie

> **Slavă:**
>
> Unul dintre cuvintele ebraice folosite pentru slavă (*cabod*) se traduce ad litteram „greu" şi „cu greutate", indicând vrednicie. Răspunsul nostru faţă de cineva a cărui prezenţă este resimţită intens este cinstea şi respectul.
>
> A-L *slăvi* pe Dumnezeu înseamnă a te gândi, a acţiona, a vorbi şi a sluji în moduri ce reflectă măreţia lui Dumnezeu. Acesta este scopul vieţii noastre.
>
> Sursă: Ludwig Koehler et al., *The Hebrew and Aramaic Lexicon of the Old Testament*, E.J. Brill, Leiden, 1994-2000, p. 456.

vorbeşte despre strălucirea şi bunătatea lui Dumnezeu. Bărbaţii, femeile şi copiii de asemenea spun slava lui Dumnezeu. Asemenea lunii, care reflectă lumina de la soare, noi Îl reflectăm pe Dumnezeu lumii. Motivul existenţei noastre – spre slava Sa (Is. 43:7).

Dumnezeu Îşi arată slava cel mai frumos prin marea Sa dragoste pentru noi. Dumnezeu a dorit o relaţie apropiată cu omenirea, aşa că ne-a creat cu deosebită atenţie – după chipul Său şi cu suflarea Sa. „Dumnezeu a zis: «Să facem om după chipul Nostru, după asemănarea Noastră»... Domnul Dumnezeu a făcut pe om din ţărâna pământului, i-a suflat în nări suflare de viaţă, şi omul s-a făcut astfel un suflet viu" (Gen. 1:26; 2:7). Dumnezeul universului a făcut fiinţe umane din ţărâna pământului. La fel cum un olar modelează lutul, Dumnezeu ne-a modelat cu mare grijă. El nu a păstrat distanţa faţă de Adam şi Eva atunci când i-a creat la început şi nu păstrează distanţa nici faţă de tine acum. **El doreşte să fie aproape de tine.**

Dumnezeu de asemenea ne-a creat ca să ne bucurăm de relaţii unii cu alţii. De la bun început, Dumnezeu a spus: „Nu este bine ca omul să fie singur" (Gen. 2:18). Aşa că Dumnezeu a creat-o pe Eva ca parteneră a lui Adam.[1] În acest rol, Dumnezeu a creat-o pe Eva ca pereche esențială și egală a lui Adam ca să împlinească scopurile lui Dumnezeu pentru omenire. Această primă căsnicie ne oferă un exemplu al celei mai apropiate relații omenești. Mai important decât atât, ea slujește drept tablou al relației noastre cu Dumnezeu. Cum ar trebui să fie căsnicia? Dragoste altruistă. Prietenie intimă. Muncă împreună. Scop divin. Prezență credincioasă. În felul acesta ar trebui să abordăm relația noastră cu Dumnezeu pentru că El Își găsește plăcerea în noi. „Cum se bucură mirele de mireasa lui, așa Se va bucura Dumnezeul tău de tine" (Is. 62:5). Indiferent care este starea ta civilă, ține minte că legătura profundă pe care o ai cu Creatorul tău este mult mai valoroasă decât orice căsnicie omenească. „Făcătorul tău este bărbatul tău" (Is. 54:5). **Dumnezeu te cunoaște îndeaproape și El este credincios.** El îi numește pe cei care sunt ai Săi „mireasa" lui Cristos, pe deplin cunoscută și pe deplin iubită (Apoc. 19:7-9; vezi și Ef. 5:25-27). Chiar și cea mai bună căsnicie de pe pământ este o umbră a profunzimii dragostei pe care Dumnezeu o revarsă în relația ta cu El.

Poate că înțelegem mai bine dragostea extraordinară și altruistă a lui Dumnezeu dacă avem și noi copii la rândul nostru. Poate că din acest motiv **Dumnezeu ne-a creat așa încât să avem relații apropiate cu copiii noștri.** El le-a poruncit lui Adam și Evei să crească și să se înmulțească (Gen. 1:28) pentru ca ei să poată să le împărtășească copiilor lor binecuvântările și învățăturile lui Dumnezeu (Deut. 6:5-7). Viața de părinți ne poate ajuta să înțelegem mai bine cum anume putem noi, în calitate de copii ai lui Dumnezeu, să ne raportăm la El ca Tată al nostru din cer. Gândește-te cum un copilaș urcă în poala mamei sale și se odihnește în brațele ei. În siguranță. Iubit. Aproape de ea. Să abordăm și noi relația noastră cu Dumnezeu în felul acesta. Odihnindu-ne în credință. Împărtășindu-I cum a decurs ziua. Ascultând vocea Sa. Încrezându-ne în El. Ascultând de El. Indiferent

---

1   Potrivit *The Hebrew Aramaic Lexicon of the Old Testament*, de L. Koehler și W. Baumgartner, sunt mai multe exemple în Vechiul Testament ale utilizării acestui cuvânt cu sensul de pereche (partener) care ne ajută decât cu celălalt sens pe care îl are uneori, și anume „tărie". În lumina acestui fapt, Dr. Archie England, profesor de Vechiul Testament și limba ebraică la Seminarul Teologic Baptist din New Orleans, sugera că termenul folosit în original, în limba ebraică, pentru „partener", *ezer kenegdo*, se traduce mai bine în acest context prin „perechea sa", însemnând „cea de lângă el care îl ajută". Dr. England de asemenea sugera că rolul Evei ca pereche a lui Adam nu înseamnă că există o ierarhie. Rolul Evei nu este unul de servitoare, ci de parteneră. Fiind alături de soțul ei, Eva îl ajută să aibă reușită.

dacă ai sau nu ai copii biologici, Dumnezeu te-a creat ca să te înmulțești. Atunci când transmiți credința ta generației următoare, ai copii spirituali – relații binecuvântate care vor dura veșnic. Dumnezeu ne-a creat în așa fel încât să fim părinți și El să ne fie Părinte.

Relațiile noastre se extind la restul creației. Încă de la începutul cărții Geneza, Îl vedem pe Dumnezeu la lucru, creând pământul. Apoi El ne încredințează nouă pământul ca să-l lucrăm și să-l păzim (Gen. 2:15). Dumnezeu a lucrat ca să-l creeze, iar noi muncim ca să-l menținem. Chiar la începutul vremurilor, descoperim conceptul biblic al chemării, al vocației și al muncii. Aflăm că Dumnezeu dorește să ne bucurăm de lumea naturală și ne permite să o administrăm pentru El prin munca noastră. Există multe vocații și cu toții avem diferite pasiuni și talente. Poate că nu ne place tot timpul munca pe care o facem, însă putem alege să fim recunoscători. Indiferent ce facem, putem să Îi dăm slavă lui Dumnezeu în munca noastră pentru că Dumnezeu ne-a creat pentru ea (1 Cor. 10:31).

Primele două capitole din Biblie dezvăluie mult cu privire la Povestea lui Dumnezeu. Astăzi am învățat că (1) Povestea lui Dumnezeu Îl are în centru pe Dumnezeu și slava Sa și (2) El a creat toate lucrurile, inclusiv munca, pentru a-Și arăta slava. Dumnezeu ne iubește și dorește să avem o relație apropiată cu El. El de asemenea ne binecuvântează cu creația, ne ajută să creăm și ne invită să fim administratori ai creației Sale. Noi suntem creați ca să-L reflectăm pe Dumnezeul nostru creativ.

Lasă Biblia să vorbească:
Citește Geneza 2 (Opțional: Psalmul 148)

Lasă-ți mintea să gândească:
1. Ce te poate învăța creația despre Creatorul tău?

2. Singurul Dumnezeu adevărat ne-a creat ca să-L cunoaștem. Nicio altă religie nu are o asemenea percepție asupra dumnezeului său/dumnezeilor săi. De ce este important să-L cunoaștem pe Dumnezeu în mod personal?

3. Cum îți schimbă percepția asupra lui Dumnezeu faptul că Îl vezi ca pe partenerul tău de viață și părintele tău?

Lasă-ți sufletul să se roage:
Doamne, Tu ești vrednic „să primești slava, cinstea și puterea, căci Tu ai făcut toate lucrurile și prin voia Ta stau în ființă și au fost făcute" (Apoc. 4:11). Îți mulțumesc pentru creația Ta desăvârșită. Pe măsură ce mă bucur de slava Ta arătată în lumea frumoasă din jurul meu, adu-mi aminte că slava Ta este arătată și mai frumos în dragostea Ta pentru mine. Te rog să crești relația mea cu Tine... În numele lui Isus mă rog, amin.

Lasă-ți inima să dea ascultare:
(Ce te călăuzește Dumnezeu să știi, să prețuiești sau să faci?)

ZIUA 3

Păcatul distruge totul

Toți au păcătuit și sunt lipsiți de slava lui Dumnezeu.
Romani 3:23

În timp ce vântul adia, un sunet familiar în Grădina Edenului a stârnit un sentiment nefamiliar. Inima lui Adam și a Evei au fost cuprinse de o teamă ciudată. Dumnezeu era acolo pentru a petrece timp cu cei dragi Lui, creați după chipul Său. Însă în loc să umble cu Dumnezeu, ei s-au ascuns de El printre copaci. În acea zi păcatul a distrus totul.

Am ajuns abia la capitolul 3 din Geneza și vedem cum se desfășoară această poveste. Dumnezeu S-a uitat la întreaga creație, atât la cea văzută, cât și la cea nevăzută, și toate erau „foarte bune" (Gen. 1:31). Oamenii și îngerii aveau o relație perfectă cu Dumnezeu. El împlinea toate nevoile și dorințele lor cu prisosință. Ei de asemenea aveau de făcut o alegere – o alegere de a-L iubi pe Dumnezeu și a se încrede în El sau de a se răzvrăti. Ei au ales să se răzvrătească.

Însă ei nu au fost primii care s-au răzvrătit. Nu, ci a existat un „heruvim ocrotitor" care a fost „fără prihană" *până când* s-a găsit nelegiuirea în el (Ezec. 28:14-15). Satan, cunoscut pe atunci drept Lucifer, era frumos și deosebit de inteligent, iar el știa acest lucru. Inima lui s-a umplut de atâta mândrie încât și-a dorit să devină la fel ca Dumnezeu (Is. 14:12-14). El a convins chiar și o treime din îngeri să se răzvrătească împreună cu el (Apoc. 12:4-9).

Ca urmare a acestui rău înfăptuit, Dumnezeu – care este atât iubitor, *cât și drept* – l-a pedepsit pe Satan, aruncându-l jos din cer (Ezec. 28:14-18). Satan Îl ura pe Dumnezeu, așa că obiectivul lui era să distrugă ceea ce iubea Dumnezeu cel mai mult: pe cei dragi Lui, **creați după chipul Său**. Adică pe tine și pe mine.

Ceea ce a început ca o răzvrătire în lumea nevăzută a dus la amăgire în lumea noastră văzută. Satan a venit în grădină sub înfățișarea unui șarpe, ispitindu-i pe Adam și pe Eva să se răzvrătească împotriva lui Dumnezeu. El i-a amăgit punând sub semnul întrebării cuvintele pe care li le spusese Dumnezeu. Satan a întrebat: „Oare a zis

Dumnezeu cu adevărat...?" (Gen. 3:1). Apoi a sugerat că porunca lui Dumnezeu de a nu mânca dintr-unul din copacii din mijlocul grădinii îi priva pe Adam și pe Eva de ceva bun: „Hotărât că nu veți muri... veți fi ca Dumnezeu" (Gen. 3:4-5). În loc să creadă în dragostea, bunătatea și bogata purtare de grijă a lui Dumnezeu pentru ei, Adam și Eva au început să pună la îndoială poruncile și promisiunile lui Dumnezeu față de ei.

Satan a creat îndoiala, iar această îndoială a dus la neascultare. Satan încă ne amăgește și astăzi, la fel cum i-a amăgit pe Adam și pe Eva. El ne păcălește astfel încât să punem la îndoială Cuvântul lui Dumnezeu și bunătatea lui Dumnezeu. El stârnește nemulțumire în inima noastră și ne ispitește să nu ascultăm de Dumnezeu, la fel cum a făcut atunci când a sădit semințe de îndoială în inima lui Adam și a Evei. În consecință, ei *amândoi* nu au ascultat de Dumnezeu, iar păcatul a intrat în lume (Gen. 3:6).

Păcatul a distrus totul. Din cauza păcatului, întreaga creație suspină (Rom. 8:22, NLT). Împreună cu păcatul a venit și moartea, durerea, rușinea, boala, violența, teama, depresia și toate relele. Prezența păcatului a corupt până și modul de funcționare a trupului nostru. Nașterea a devenit mai dureroasă. Munca a devenit grea. Pământul a suferit din pricina dezastrelor naturale distructive, a animalelor otrăvitoare și a spinilor care făceau dificilă cultivarea pământului. Păcatul a afectat chiar și cele mai mici detalii ale creației, la fel cum păcatul afectează cele mai mici detalii ale vieții noastre. **Relațiile perfecte pe care le instituise Dumnezeu – prin căsătorie, parenting și muncă – toate s-au spulberat.** Și cel mai grav dintre toate, păcatul a distrus cea mai importantă relație a noastră: relația cu Dumnezeu.

Noi creăm o despărțire de Dumnezeu nocivă atunci când facem lucrurile în felul nostru și nu în felul Lui. După cum probabil îți aduci aminte, asta **înseamnă păcatul: a întoarce spatele voii lui Dumnezeu în atitudinile sau acțiunile noastre.** Păcatul le-a provocat lui Adam și Evei moarte spirituală numaidecât și moarte fizică în cele din urmă.

După ce au mâncat din fructul interzis, Adam și Eva au conștientizat faptul că erau goi, deoarece **păcatul este urmat de rușine.** Atunci când păcătuim, ne simțim murdari și dezgoliți pentru că L-am trădat pe Creatorul nostru. În păcatul nostru, ne răzvrătim împotriva Celui

> **Creați după chipul Său:**
>
> Spre deosebire de îngeri sau animale, oamenii – atât bărbații, cât și femeile – sunt creați după chipul lui Dumnezeu (Gen. 1:27). Noi gândim, inventăm, plănuim, simțim, creăm, distingem între bine și rău, avem amintiri și idei și dăm naștere unei noi vieți. Mai important decât toate însă, noi putem să ne închinăm lui Dumnezeu, să-L cunoaștem și să-L iubim pe El.

după chipul căruia am fost creați. Devenim confuzi cu privire la iden-
titatea noastră. Dezorientați și rușinați, adesea facem același lucru pe
care l-au făcut Adam și Eva: ne ascundem de Dumnezeu (Ioan 3:20).

Adam și Eva au cusut laolaltă frunze de smochin pentru a-și acoperi
rușinea (Gen. 3:7). Și noi încercăm să ne acoperim păcatul și rușinea,
însă nu ne folosim de frunze de smochin. În schimb, poate că mințim
pentru a ne acoperi greșelile sau facem mai multe fapte bune pentru a
compensa eșecurile noastre. Niciunul dintre aceste eforturi nu durea-
ză mult, deoarece **încercările noastre de a ne acoperi păcatele sunt la
fel de fragile precum îmbrăcămintea din frunze de smochin**. Adam și
Eva știau că frunzele lor de smochin nu le acoperă păcatul, și cu toate
acestea s-au ascuns de Dumnezeu atunci când L-au auzit strigându-i
în grădină.

Înainte de a afla care a fost reacția lui Dumnezeu față de păcatul
lui Adam și al Evei, să ne amintim că nu putem să-i învinuim pe Adam
și pe Eva pentru păcatul *nostru. Cu toții* încălcăm regulile lui Dumne-
zeu. „Nu este niciun om neprihănit, niciunul măcar" (Rom. 3:10). Cele
zece porunci (Ex. 20:2-17) ne învață să-L iubim și să-L slujim numai pe
Dumnezeu, să respectăm numele lui Dumnezeu, să ne cinstim părinții
și să ne odihnim în Dumnezeu. Ele de asemenea ne învață să nu uci-
dem, să nu comitem adulter, să nu furăm, să nu mințim și să nu poftim
ceea ce au alții. Isus a făcut aceste reguli chiar și mai greu de urmat. El
a spus că mânia persistentă este la fel de rea precum crima și că pofta
trupească intenționată este la fel de rea precum adulterul (Mt. 5:21-
22, 28). **Lui Dumnezeu Îi pasă de inima noastră la fel de mult cum Îi
pasă de acțiunile noastre.** Asta înseamnă că chiar și atunci când facem
lucruri bune din motive greșite, păcătuim. Dumnezeu ne poruncește:
„Fiți sfinți, căci Eu sunt sfânt" (Lev. 11:44-45). *Imposibil*, ne gândim noi.
Prin urmare, păcătuim, simțim rușine și ne ascundem de Dumnezeu, la
fel cum au făcut Adam și Eva.

Însă Dumnezeu nu i-a abandonat pe Adam și pe Eva și nu ne aban-
donează nici pe noi. Dumnezeu a venit să-i caute, la fel cum vine să ne
caute și pe noi. „Unde ești?" a întrebat El (Gen. 3:9). Întrebarea aceasta
nu se referea la locația lor fizică, ci la locația lor în relația cu Dum-
nezeu.[1] Noi toți trebuie să ne punem aceeași întrebare. Adam și Eva
și-au recunoscut neascultarea, dar s-au folosit de scuze și învinuire
pentru justificarea comportamentului lor. Atunci când păcătuim, une-
ori găsim scuze și îi învinuim pe alții, însă nu există scuze pentru pă-
cat. Amăgirea nu scuză păcatul. **Rănile noastre nu ne dau dreptul să-i**

---

1 Ian Jones, *The Counsel of Heaven on Earth: Foundations for Biblical Christian Counseling*,
Broadman & Holman Publishers, Nashville, 2006, p. 31-32.

rănim pe alții. Adam și Eva ar fi putut să vină înapoi la Dumnezeu cu întrebările lor, iar noi de asemenea putem să-L căutăm cu întrebările noastre. Pentru că standardele lui Dumnezeu sunt desăvârșite și El Se uită la inimă, El nu a acceptat mărturisirile lui Adam și ale Evei în care ei pasau vina. Păcatul este întotdeauna o faptă gravă. Răul a fost făcut. În dreptatea perfectă a lui Dumnezeu, trebuia plătită o pedeapsă cu moartea pentru acel păcat. Viața este în sânge (Lev. 17:11), iar sângele lor era acum poluat cu păcat din punct de vedere spiritual.

Dumnezeu nu a intenționat niciodată ca preaiubiții Săi, creați după chipul Său, să plătească pedeapsa pentru păcatul lor. Așa că El Și-a revelat imediat planul de salvare, un plan care avea să ia de la noi povara păcatului și să o pună asupra singurului Fiu al lui Dumnezeu, Isus Cristos. După ce S-a adresat lui Adam și Evei, Dumnezeu S-a întors spre adevăratul dușman, Satan, și i-a spus: „Vrăjmășie voi pune între tine și femeie, între sămânța ta și sămânța ei. Aceasta îți va zdrobi capul, și tu îi vei zdrobi călcâiul" (Gen. 3:15). Lui Satan avea să i se permită să-L lovească pe Salvator și să-I provoace durere. Însă în cele din urmă, Salvatorul avea să reușească să-l *zdrobească* pe dușmanul care caută „să fure, să înjunghie și să prăpădească", astfel încât noi să putem „să [avem] viață, și s-o [avem] din belșug" (Ioan 10:10).

Înainte ca Dumnezeu să-i izgonească pe Adam și pe Eva din grădină, El a omorât un animal și a înlocuit frunzele lor de smochin ofilite cu o îmbrăcăminte durabilă, din piele. Acest lucru prefigura numeroasele jertfe care aveau să fie făcute pentru a acoperi păcatul omenirii până la jertfa completă și finală a lui Isus (Lev. 1-7).[1]

Da, Isus avea să moară în locul nostru pentru a plăti datoria noastră. De neconceput, dar adevărat. Dumnezeu ne oferă un mod de a acoperi – *a ispăși* – păcatul nostru și a restaura viața noastră spirituală. Prin jertfele de sânge – mai întâi de la anumite animale și în cele din urmă de la Isus, Mielul lui Dumnezeu – relația noastră cu El poate fi restaurată (Ev. 9:26; 10:4). Un sânge curat care să acopere un sânge necurat. Moartea lui Isus în locul nostru a fost o jertfă completă și finală care nu mai trebuie să se repete niciodată.[2]

Chiar și în această vreme întunecată când păcatul a intrat în lume, dragostea plină de tandrețe a lui Dumnezeu a strălucit chiar și mai tare. **El a venit să ne caute. El ne-a acoperit și a promis că ne va salva.** O, cu câtă înflăcărare ne iubește El!

---

1 Wayne Grudem, *Teologie sistematică: Introducere în doctrinele biblice*, Editura Făclia și Editura Universității Emanuel, Oradea, 2004, p. 658.
2 Norman Geisler, *Systematic Theology: In One Volume*, Bethany House Publishers, Bloomington, MN, 2002, p. 801.

ZIUA 3

Lasă Biblia să vorbească:
Citește Geneza 3 (Opțional: Psalmul 51)

Lasă-ți mintea să gândească:
1.   Dacă Dumnezeu te-ar întreba: „Unde ești?", ce ai spune?

2.   Te ascunzi tu de Dumnezeu în vreun fel? Dacă da, explică.

3.   Cum te simți când știi că Dumnezeu te caută (Ezec. 34:11-16; Lc. 19:10)?

Lasă-ți sufletul să se roage:
Doamne, „Tu ești ocrotirea mea, Tu mă scoți din necaz" (Ps. 32:7). Ajută-mă să nu mă ascund niciodată de Tine, ci în schimb să mă ascund în Tine, știind că Tu mă vei ierta și mă vei ocroti... În numele lui Isus, amin.

Lasă-ți inima să dea ascultare:
(Ce te călăuzește Dumnezeu să știi, să prețuiești sau să faci?)

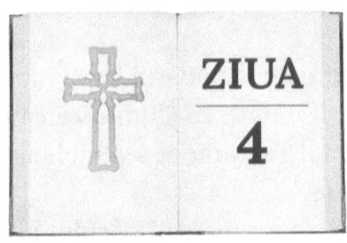

ZIUA 4

Isus ne salvează, ne iartă și ne conduce

Cristos... a suferit o dată pentru păcate, El, Cel neprihănit, pentru cei nelegiuiți, ca să ne aducă la Dumnezeu.
1 Petru 3:18

Chiar dacă Povestea lui Dumnezeu cuprinde mai multe genuri literare – istorie, poezie, profeție, epistole – misterul nu face parte dintre ele. Însă timp de mii de ani, probabil că poporul lui Dumnezeu a simțit că sunt prea multe necunoscute. Dumnezeu a promis că va trimite un Salvator – „sămânța" care avea să-l zdrobească pe dușman (Gen. 3:15). Și Scriptura a oferit sute de profeții pentru ca Salvatorul să poată fi recunoscut și crezut. Au avut loc războaie și rătăciri prin pustiu pentru a proteja sămânța lui Dumnezeu. Însă detaliile planului lui Dumnezeu de salvare rămâneau ascunse, lucru care ridica numeroase întrebări: Cine ne-ar putea salva din suferința noastră și din lumea aceasta contaminată de păcat? Cum ar putea fi potolită mânia lui Dumnezeu împotriva păcatului? Cum am putea noi să scăpăm vreodată de pedeapsa pe care o merităm?

Biblia avertizează că urmarea pentru păcatele noastre – atitudinile sau acțiunile noastre care contravin poruncilor lui Dumnezeu – este separarea totală de Dumnezeu. Pentru totdeauna. Însă Dumnezeu nu a intenționat niciodată ca povestea noastră să se încheie în felul acesta. **Despărțirea de Dumnezeu avea să însemne despărțire de tot ce este bun, minunat, înțelept, curat, frumos, eroic și adevărat.** Orice lucru bun care Îl reflectă pe Dumnezeu avea să dispară din existența noastră.

Pentru o vreme îndelungată, părea că și cuvintele lui Dumnezeu au dispărut. Vechiul Testament vorbea despre Salvatorul care avea să vină – Mesia, Izbăvitorul promis de Dumnezeu. Vreme de sute de ani, profeții i-au spus poporului lui Dumnezeu să se pregătească pentru Salvator prin **pocăință** (întoarcere de la păcatul lor și întoarcere la Dumnezeu). Însă apoi se pare că Dumnezeu a încetat să mai vorbească. Vechiul Testament s-a încheiat.

> **Pocăință:**
> Întoarcere de la păcat și întoarcere la Dumnezeu.

Tăcere... și așteptare.

Până într-o zi când, la momentul perfect și în modul perfect, *a venit un Salvator perfect* (Gal. 4:4). Dumnezeu a rupt tăcerea, ne-a descoperit taina voii Sale (Ef. 1:9) și ne-a vorbit în mod direct prin Fiul Său, Isus (Ev. 1:2). Cel care a adus la viață creația prin cuvântul Său S-a arătat *în creație* pentru a ne vorbi. El a fost pe deplin om și pe deplin Dumnezeu. Isus a fost numit Emanuel, care înseamnă „Dumnezeu este cu noi" (Is. 7:14; Mt. 1:23). Cuvântul lui Dumnezeu a venit, nu în formă scrisă, ci în formă omenească (Ioan 1:14). Ce avea să spună Cuvântul lui Dumnezeu?

Nimic la început, deoarece El S-a născut ca un copilaș – un bebeluș fragil, a cărui naștere o sărbătorim în ziua numită acum Crăciun. În loc să aleagă o moașă și să pregătească cu grijă lucrurile necesare unui bebeluș, mama lui Isus, Maria, a petrecut perioada finală și extenuantă a sarcinii sale călătorind pe drumuri anevoioase și prăfuite. Când ea și soțul ei, Iosif, au ajuns în cele din urmă în Betleem ca să fie numărați în cadrul unui recensământ roman, micul oraș era atât de aglomerat încât nu au putut să găsească un loc de găzduire. Așa că Maria L-a născut pe Fiul ei într-un grajd și L-a culcat într-o iesle (Lc. 2).

Inimaginabil. Însă Isus, Regele universului, S-a născut sărac cu un motiv.

Măreața dragoste a lui Dumnezeu pentru creație L-a determinat să lase deoparte privilegiile regale care Îi aparțineau de drept. „Cu toate că era Dumnezeu... a renunțat la privilegiile Sale divine... și S-a născut ca ființă umană" (Flp. 2:6-7, NLT). **El a devenit sărac pentru ca noi să putem deveni bogați în mila și harul lui Dumnezeu (2 Cor. 8:9).**

În loc ca anunțul unei nașteri regale să fie făcut unor persoane bogate, îngerii au anunțat venirea pe lume a copilașului Isus unor păstori – cei mai săraci dintre cei săraci. Chiar și creația a proclamat slava lui Dumnezeu în timp ce o nouă stea L-a descoperit magilor – cei mai înțelepți dintre cei înțelepți – pe Regele regilor. Supranaturalul și naturalul au vestit venirea Lui întregii lumi, celor însemnați și celor neînsemnați, celor bogați și celor săraci. **Cuvântul lui Dumnezeu a venit pentru toți.**

De ce a venit Salvatorul în felul acesta? Isus S-a smerit și a devenit unul dintre noi ca să poată face pentru noi ceea ce noi nu am putea să

Cristos:
„Unsul" lui
Dumnezeu.
Este traducerea
greacească a
cuvântului ebraic
Mesia.

facem niciodată pentru noi înșine. **„Pe Cel ce n-a cunoscut niciun păcat, El L-a făcut păcat pentru noi, ca noi să fim neprihănirea lui Dumnezeu în El" (2 Cor. 5:21).** Acesta este mesajul **Evangheliei** – vestea bună – într-un singur verset. Ia-ți câteva clipe ca să-l citești din nou.

În expresia supremă a dragostei, Dumnezeu L-a trimis pe singurul Său Fiu, Isus, ca să trăiască o viață perfectă și să sufere pedeapsa pentru păcatele noastre. El a fost acuzat pe nedrept, bătut cu brutalitate și țintuit pe o cruce. În realitate, **noi ar fi trebuit să fim pe acea cruce**, însă „El era străpuns pentru păcatele noastre, zdrobit pentru fărădelegile noastre. Pedeapsa care ne dă pacea a căzut peste El, și prin rănile Lui suntem tămăduiți... Domnul a făcut să cadă asupra Lui nelegiuirea noastră, a tuturor" (Is. 53:5-6). Isus a suferit toată pedeapsa pentru toate păcatele noastre „și nu numai pentru ale noastre, ci pentru ale întregii lumi" (1 Ioan 2:2). **El a luat locul *nostru* pe acea cruce.** Noi ne aducem aminte de sacrificiul suprem al lui Isus în Vinerea Mare, în fiecare an. Cu peste două mii de ani mai târziu,

Evanghelie:
„Vestea bună." Acest lucru se referă la vestea bună că moartea lui Isus a achitat întreaga plată pentru păcat și oricine se întoarce la Isus cel viu și își pune toată încrederea în El pentru mântuire este iertat, este înnoit și are viață veșnică.

încă vorbim despre acel eveniment – și încă sunt martirizați oameni pentru că vorbesc despre el. Însă slavă lui Dumnezeu că Povestea Lui nu s-a încheiat acolo!

Trei zile mai târziu, totul s-a schimbat. Tragedia s-a transformat în victorie! Moartea a fost înfrântă, iar Isus Cristos a înviat din morți! El S-a arătat la peste cinci sute de persoane, le-a dat învățătură și putere celor care Îl urmau și S-a înălțat la cer. El nu numai că a adus împăcare în relațiile Sale pe pământ, ci a făcut și o cale ca noi să fim cu El în cer pentru totdeauna. Chiar dacă ne pierdem trupul fizic prin moarte și descompunere ca urmare a faptului că trăim într-o lume căzută, totuși duhul/sufletul nostru va trăi pentru totdeauna pentru că Isus a învins moartea și ne dă viață veșnică prin credința în El.

Victoria lui Isus asupra morții ne dă victorie asupra păcatului. Victoria Sa este ceea ce sărbătorim noi la Paște – Duminica Învierii. Dumnezeu de asemenea sărbătorește! **Împăcarea** noastră Îi aduce o mare bucurie datorită dragostei Sale mărețe pentru noi. „Și dragostea stă nu în faptul că noi am iubit pe Dumnezeu, ci în faptul că El ne-a iubit pe noi și a trimis pe Fiul Său ca jertfă de ispășire pentru păcatele noastre" (1 Ioan 4:10).

> **Împăcare:**
> Relație reparată sau restaurată.

Dumnezeu ne oferă un dar neprețuit în Isus Cristos. „Plata păcatului este moartea, dar darul fără plată al lui Dumnezeu este viața veșnică în Isus Cristos, Domnul nostru" (Rom. 6:23). Așa cum în cazul oricărui dar, cineva se poate bucura de el doar dacă îl primește și îl deschide, **și noi trebuie să *primim* darul fără plată al unei relații restaurate cu Dumnezeu.** Cum? Întorcându-ne spre Isus și întorcându-ne de la păcatele noastre. Îi cerem iertare lui Dumnezeu și Îl urmăm pe Isus în calitate de Conducător al nostru.

În mod devastator, mulți oameni refuză darul. Unii nu cred că păcatele lor merită pedeapsa. Unii depun eforturi să devină **neprihăniți** de unii singuri. Însă Biblia este clară: „Nu este niciun om neprihănit, niciunul măcar" (Rom. 3:10). Nimeni nu este suficient

> **Neprihănit:**
> Drept, cinstit, nevinovat, fără cusur, fără vină.

de bun pentru că „toți au păcătuit și sunt lipsiți de slava lui Dumnezeu" (Rom. 3:23). Alții Îl resping pe Isus pentru că ei cred că există multe căi spre cer. Cu toate acestea, Biblia este clară: „În nimeni altul nu este mântuire, căci nu este sub cer niciun alt Nume dat oamenilor în care trebuie să fim mântuiți" (Fapte 4:12). Isus Însuși a spus: „Eu sunt Calea, Adevărul și Viața. Nimeni nu vine la Tatăl decât prin Mine" (Ioan 14:6). Chiar și Isus L-a întrebat pe Tatăl dacă mai exista vreo altă cale pentru a ne salva în afară de moartea Sa pe cruce (Mt. 26:39-42). **Însă nu exista nicio altă cale.** Isus a trebuit să moară. Numai prin Isus putem noi să găsim iertare și împăcare cu Dumnezeu.

Atunci când Îi cerem iertare lui Dumnezeu, păcatul care ne desparte de Dumnezeu dispare. Acum Îl avem pe Duhul lui Dumnezeu care locuiește în noi, ajutându-ne să trăim pentru Isus în fiecare zi. Începem să ne schimbăm! Păcatul nu mai deține controlul asupra noastră. Dumnezeu ne înfiază în familia Sa și suntem ai Lui. Nu mai există despărțire și nu mai există condamnare (Rom. 8). Suntem iubiți. Pentru totdeauna.

Iar acesta este doar *începutul* poveștii noastre adevărate cu Dumnezeu. Mâine vom descoperi ce se întâmplă atunci când suntem înnoiți.

Lasă Biblia să vorbească:
Citește Isaia 53 (Opțional: Ioan 19-20)

Lasă-ți mintea să gândească:
1. Isaia 53 a fost scris cu secole înainte de Isus. Mai știi de vreo altă persoană din istorie care împlinește aceste profeții?

2. Ai primit tu darul iertării și al vieții veșnice oferite de Isus? Dacă da, cui îi poți împărtăși acest dar astăzi? Dacă nu, vei primi tu acum darul Lui? **Pentru a afla mai multe despre această decizie importantă, citește „Primește-L astăzi pe Isus" de la finalul Zilei 7.**

Lasă-ți sufletul să se roage:
Doamne, Cuvântul Tău spune că Tu ai venit să-i cauți și să-i salvezi pe toți cei care sunt pierduți, inclusiv pe mine (Lc. 19:10). Îți mulțumesc pentru acest dar neprețuit și ajută-mă să le împărtășesc acest dar și altora... În numele lui Isus mă rog, amin.

Lasă-ți inima să dea ascultare:
(Ce te călăuzește Dumnezeu să știi, să prețuiești sau să faci?)

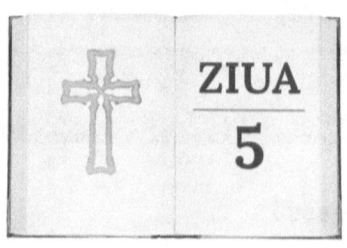

ZIUA 5

Dumnezeu face toate lucrurile noi: recrearea

Căci, dacă este cineva în Cristos, este o făptură nouă. Cele vechi s-au dus, iată că toate lucrurile s-au făcut noi. Și toate lucrurile acestea sunt de la Dumnezeu, care ne-a împăcat cu El prin Isus Cristos și ne-a încredințat slujba împăcării.
2 Corinteni 5:17–18

Dacă stăm și ne gândim, majoritatea dintre noi avem câteva momente în viața noastră pe care ne-am dori să le putem schimba. (Unii dintre noi au mai multe.) Poate că este vorba de ceva ce am spus și care a fost stânjenitor pentru noi sau pentru altcineva. Poate că a fost ceva ce am făcut sau nu am făcut, iar acum regretăm. Dacă am putea să ne întoarcem în timp și să trăim acele momente încă o dată, am face cu bucurie alegeri diferite. Ne-am dori un nou început.

Încă din primele câteva capitole ale Bibliei, putem să vedem conturându-se tema unui „nou început." Povestea epică a lui Dumnezeu începe cu creația. Însă când păcatul distruge totul, Dumnezeu Își revarsă îndurarea și harul fără margini, oferind recrearea – creația Sa restaurată. Da, în *recreare*, Dumnezeu repară tot ceea ce a fost distrus de păcat. El începe cu cei creați după chipul Său – tu și eu. El ne schimbă și restaurează cea mai însemnată pierdere cauzată de păcat – relația noastră cu El.

Nu ne mai ascundem de Dumnezeu asemenea lui Adam și Evei.
Acum alergăm la Dumnezeu.

Nu mai trăim în întuneric, înlănțuiți de păcat.
Acum trăim în lumină, liberi de robia păcatului.

Nu mai reflectăm răutatea lumii.
Acum reflectăm bunătatea lui Dumnezeu înaintea lumii.

Schimbarea aceasta este posibilă numai prin Isus. Dumnezeu ne restaurează ca persoane create după chipul Său, făcându-ne asemenea Fiului Său, care este „chipul Dumnezeului celui nevăzut" (Col. 1:15), „oglindirea slavei Lui și întipărirea Ființei Lui" (Ev. 1:3). Prin procesul recreării, „vom purta și chipul Celui ceresc" (1 Cor. 15:49).

Recrearea oglindește creația. Așa cum creația a venit prin Isus ca Dumnezeu creator, recrearea vine prin Isus (Ioan 1:3; Col. 1:16). Dumnezeu ne-a „creat din nou în Cristos Isus" (Ef. 2:10, NLT). În creație, Dumnezeu a făcut ca mai întâi să ia ființă lumina prin cuvântul Său. Dumnezeu va începe recrearea în același mod, cu lumină – lumină spirituală. „Căci Dumnezeu, care a zis: «Să lumineze lumina din întuneric», ne-a luminat inimile, pentru ca să facem să strălucească lumina cunoștinței slavei lui Dumnezeu pe fața lui Isus Cristos" (2 Cor. 4:6). Noi, prin urmare, reflectăm lumina Sa într-o lume întunecată.

Dumnezeu este un Dumnezeu consecvent. El le-a spus lui Adam și Evei să crească și să se înmulțească (Gen. 1:28), iar în recreare, noi de asemenea creștem și ne înmulțim – din punct de vedere spiritual. Creștem în roada spirituală, care este: „dragostea, bucuria, pacea, îndelunga răbdare, bunătatea, facerea de bine, credincioșia, blândețea, înfrânarea poftelor" (Gal. 5:22-23). Roada noastră îi atrage pe alții la Isus, iar noi ne înmulțim din punct de vedere spiritual pe măsură ce ascultăm de porunca lui Cristos: „Duceți-vă și faceți ucenici" (Mt. 28:19).

Cu toate acestea, recrearea diferă de creație în unele privințe. **Noi nu a trebuit să cooperăm la crearea noastră, dar avem ocazia să cooperăm la recrearea noastră.** Noi alegem să ne încredem în Dumnezeu și să credem ce spune El în Cuvântul Său. Însă de-a lungul istoriei, oamenii I s-au împotrivit lui Dumnezeu. Ideea de a renunța la lucrurile acestei lumi și a ne încrede în Dumnezeu stârnește teamă și anxietate. Poate că din acest motiv Dumnezeu ne încurajează în mod repetat în Biblie să nu ne temem. Atunci când viața nu este așa cum ne-am așteptat noi și alții ne rănesc inima, poate că ne îndepărtăm de Dumnezeu. Poate că ne împotrivim Lui din cauză că ne temem să nu fim răniți din nou. Da, dragostea lui Dumnezeu este cea care ne vindecă, ne schimbă și ne dă curajul de a ne încrede în El. Faptul că alegem să cooperăm cu Dumnezeu duce la recrearea noastră și la o viață mult mai bună decât ne-am putea imagina vreodată (Ioan 10:10).

Poate că aceste concepte ți se par dificile sau poate că te întrebi cum ar putea viața ta să fie cu mult mai bună decât îți poți imagina. Această călătorie a credinței te va ajuta să înțelegi tocmai acest lucru. Vom învăța mai multe despre înnoirea noastră săptămâna viitoare. Acum, trebuie să știi că a coopera în recreare înseamnă a ne încrede în Isus ca Mântuitor al nostru și apoi a-L urma pe Isus ca Domn al nostru – Conducătorul vieții noastre. Îl întrebăm ce dorește să facă în și prin viața noastră, fiindcă noi trăim pentru Cristos, nu pentru noi înșine (2 Cor. 5:15).

A ne încrede în Isus este cheia recreării. Pentru a ne încrede, trebuie să credem că El știe ce este cel mai bine. Însă această decizie de a ne încrede nu este o alegere ușoară, care trebuie făcută o singură dată. **A-L urma pe Isus este o alegere zilnică, ce uneori trebuie făcută minut de minut.** Noi Îl primim pe Isus ca Salvator al nostru într-un moment anume, dar trebuie să alegem să-L urmăm pe Isus ca Domn începând din acel punct – *în fiecare zi*. Isus ne spune: „Dacă voiește cineva să vină după Mine, să se lepede de sine, să-și ia crucea în fiecare zi și să Mă urmeze" (Lc. 9:23).

Însă după cum probabil știi, să-L urmezi pe Isus *zilnic* este dificil. De ce?

Atunci când Isus ne salvează, Dumnezeu ne dă un nou început, cu o inimă nouă. „Vă voi da o inimă nouă și voi pune în voi un duh nou; voi scoate din trupul vostru inima de piatră și vă voi da o inimă de carne" (Ezec. 36:26). Însă inima noastră nouă se află înăuntrul trupului nostru vechi. Inima noastră nouă și vechea noastră natură păcătoasă sunt opuse una alteia. Apostolul Pavel descrie acest conflict lăuntric: „când vreau să fac binele, răul este lipit de mine. Fiindcă după omul dinăuntru îmi place Legea lui Dumnezeu, dar văd în mădularele mele o altă lege, care se luptă împotriva legii primite de mintea mea și mă ține rob legii păcatului, care este în mădularele mele" (Rom. 7:21-23). Conflictul acesta este motivul pentru care inima ne este atât de îndoită între a urma natura noastră păcătoasă și a-L urma pe Isus.

Din fericire, există un mod de a învinge natura noastră păcătoasă și a-L urma pe Cristos: dragostea. Da, povestea ta adevărată începe cu dragostea lui Dumnezeu pentru tine (Ioan 3:16). Însă viața ta, scopul tău și povestea ta sunt transformate de *dragostea lui Isus* pentru tine și de *dragostea ta* pentru Isus. Atunci când experimentezi adâncimea și măreția dragostei lui Dumnezeu (Ef. 3:17-19), ea te schimbă și te motivează să-L urmezi pe Isus. „*Dragostea lui Cristos ne strânge*, fiindcă socotim că... Unul singur a murit pentru toți... pentru ca cei ce trăiesc să nu mai trăiască pentru ei înșiși, ci pentru Cel ce a murit și a înviat pentru ei" (2 Cor. 5:14-15; sublinierea îmi aparține). Pentru că Isus ne-a iubit mai întâi, noi Îl iubim pe El (1 Ioan 4:19) și vrem să dovedim acest lucru prin ascultarea de El (Ioan 14:21). Însă dragostea lui Dumnezeu nu se bazează pe ceea ce facem noi – El este dragoste. Iar a deveni asemenea lui Cristos este esența recreării. Isus a cunoscut puterea dragostei Sale. De aceea El ne-a poruncit: „Iubiți... cum v-am iubit Eu" (Ioan 13:34). Însă cum putem noi să iubim ca Dumnezeu?

Această dragoste supranaturală vine dintr-o sursă supranaturală: Duhul Sfânt (Săptămâna 7). În momentul mântuirii, noi suntem recreați – născuți din nou – prin puterea Duhului (Ioan 3:5-8). Duhul Sfânt vine să locuiască în noi și prin noi. Dragostea este rodul *Său*. Dragostea este cel mai mare dar pe care îl dă El (1 Cor. 13). Dragostea nu numai că *vine de la* Dumnezeu; ea *este* Dumnezeu (1 Ioan 4:7-8). Atunci când ne lăsăm conduși de Isus, dragostea se revarsă în noi și ne călăuzește în adevăr.

Pentru a crește în dragostea noastră față de Dumnezeu, avem ocazia să-L cunoaștem în Cuvântul Său (Săptămâna 5). Iar a-L iubi pe Dumnezeu duce la a iubi tot ce are legătură cu El – inclusiv voia Sa și căile Sale. Pe măsură ce ascultăm de Dumnezeu, învățăm că putem să ne încredem în El, știind că poruncile Sale sunt pentru binele nostru și spre slava Sa. Însă nu uita că **recrearea *nu* înseamnă urmarea unor reguli; ea are legătură cu relația noastră restaurată cu Dumnezeu**. Prin acea relație intimă, noi devenim asemenea Celui al cărui chip îl purtăm. Simplu spus, pentru a-L reflecta pe Dumnezeu cu claritate, noi facem ceea ce face Dumnezeu. Iubim (Ioan 15:12). Iertăm (Col. 3:13). Suntem milostivi (Luca 6:36). Suntem sfinți (Lev. 20:26).

Te afli abia la începutul procesului de recreare? Nu fi descurajat. **Dumnezeu oferă noi începuturi și Se bucură de fiecare pas mic de ascultare.** „Nu disprețui aceste începuturi slabe, căci Domnul Se bucură să vadă că lucrarea a început" (Zah. 4:10, NLT). Citește ce a scris apostolul Pavel despre propria experiență a recreării:

> Nu că am și câștigat premiul sau că am și ajuns desăvârșit, dar alerg înainte, căutând să-l apuc, întrucât și eu am fost apucat de Cristos Isus. Fraților, eu nu cred că l-am apucat încă, dar fac un singur lucru: uitând ce este în urma mea și aruncându-mă spre ce este înainte, alerg spre țintă, pentru premiul chemării cerești a lui Dumnezeu, în Cristos Isus. (Flp. 3:12-14)

Poate că te afli la linia de start, dar continuă-ți alergarea. Mâine vom învăța despre premiul ceresc pe care ni-l promite Dumnezeu.

ZIUA 5

Lasă Biblia să vorbească:

Citește Romani 12 (Opțional: 1 Ioan 4:7-21)

Lasă-ți mintea să gândească:

1. De ce vechile noastre obiceiuri păcătoase nu dispar imediat după ce am fost înnoiți?

2. Cum poți să-L reflecți pe Isus înaintea altora? Ce pași mici de ascultare ai făcut deja?

3. De ce este *relația* ta cu Dumnezeu o motivație mai eficientă decât *urmarea unor reguli* atunci când cooperezi la recrearea ta?

Lasă-ți sufletul să se roage:

Doamne, fă din mine o creație nouă în Cristos. La momentul perfect, hotărât de Tine, repară Tu tot ceea ce a distrus păcatul în mine. Cuvântul Tău spune că Tu ai început o lucrare bună în mine și că o vei duce la bun sfârșit atunci când Te voi întâlni în cer (Flp. 1:6). Îți mulțumesc că mi-ai promis că vei restaura în totalitate chipul Tău în mine. Ajută-mă să mă încred în Tine și să ascult de Tine pe măsură ce mă faci asemenea lui Isus, Cel care a purtat chipul Tău în mod desăvârșit... În numele lui Isus mă rog, amin.

Lasă-ți inima să dea ascultare:

(Ce te călăuzește Dumnezeu să știi, să prețuiești sau să faci?)

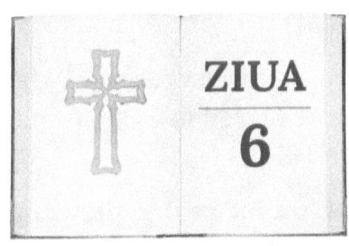

ZIUA 6

Viață după moarte

Am văzut un cer nou și un pământ nou; pentru că cerul dintâi și pământul dintâi pieriseră... Și am auzit un glas tare, care ieșea din scaunul de domnie și zicea: „Iată cortul lui Dumnezeu cu oamenii! El va locui cu ei și ei vor fi poporul Lui și Dumnezeu Însuși va fi cu ei. El va fi Dumnezeul lor. El va șterge orice lacrimă din ochii lor. Și moartea nu va mai fi. Nu va mai fi nici tânguire, nici țipăt, nici durere, pentru că lucrurile dintâi au trecut." Cel ce ședea pe scaunul de domnie a zis: „Iată, Eu fac toate lucrurile noi... S-a isprăvit!"

Apocalipsa 21:1, 3–6

Există un lucru pe care l-a spus Isus, la care vreau să te gândești. Isus a spus: „Eu sunt Învierea și Viața. Cine crede în Mine, chiar dacă ar fi murit, va trăi. Și oricine trăiește și crede în Mine nu va muri niciodată" (Ioan 11:25-26). Ce înseamnă asta pentru tine?

Fii încurajat, prieten drag: mormântul nu este sfârșitul. Isus a vorbit despre cer ca fiind un loc fizic, o împărăție *reală*. Într-o zi, toți cei care ne încredem în Isus ca Domn și Mântuitor vom fi acolo împreună. Dar ce va fi până atunci?

Chiar dacă cerul este în viitorul nostru, Dumnezeu ne spune să **ne concentrăm gândurile asupra cerului *acum*** (Col. 3:1-2). Iată de ce:

- Atunci când simțim o tânjire profundă înăuntrul nostru, ne vom aduce aminte că am fost creați pentru mai mult. Noi nu suntem din această lume, așa că nu vom fi niciodată împliniți pe deplin aici (Ioan 17:16).
- Atunci când boala și pierderea ne frâng inima, ne vom aduce aminte că nu am fost creați ca să murim. Gândul veșniciei este sădit în inima noastră (Ecl. 3:11), iar moartea este scumpă înaintea lui Dumnezeu (Ps. 116:15).
- Atunci când răul și nedreptatea ne înfurie, ne vom aduce aminte că Isus este pe tron. El nu este îngrijorat cu privire la viitor.

El este în control, iar dreptatea va câștiga. El pregătește un loc pentru cei care se încred în El și promite că Se va întoarce să ne ia cu El (Ioan 14:1-2).

Da, Isus pregătește un loc real pentru tine – un loc numit cer. Acesta este uneori zugrăvit incorect, ca fiind o lume de vis, cu nori pufoși, cu îngeri care cântă la harpă și slujbe religioase plictisitoare. Nimic nu poate fi mai departe de adevăr.

Pentru a înțelege cerul, trebuie să ne uităm din nou în Cuvântul lui Dumnezeu, unde cerul este menționat de peste 200 de ori numai în Noul Testament. Această patrie cerească este descrisă ca un loc enorm, cu grădini frumoase și un râu dătător de viață, o cetate imensă, cu porți din mărgăritar și străzi de aur (Ev. 11:16; Apoc. 21). Acolo vor fi case, ospețe, prietenii și râsete. Isus descrie cerul ca pe un loc fizic unde vom avea trupuri fizice perfecte și capacitatea de a ne recunoaște unii pe alții (Lc. 24:39-40). Nu vom deveni îngeri (așa cum spun oamenii uneori), însă vom trăi împreună cu ei. Nu vom fi niciodată plictisiți pentru că vom avea bucurii nespuse și desfătări veșnice (Ps. 16:11). Păcatul nostru și trupul nostru muritor nu vor mai deteriora relația noastră cu Dumnezeu. Prezența Sa va fi lumina noastră: „Și nu vor mai avea trebuință nici de lampă, nici de lumina soarelui, pentru că Domnul Dumnezeu îi va lumina" (Apoc. 22:5).

Pentru a experimenta într-o mică măsură cum va fi în cer, privește în jur și imaginează-ți lumea noastră fără păcat.[1] Pământul este o umbră a cerului (Ev. 8:5). Dumnezeu ne-a creat să trăim pe pământ și dorește să locuiască aici împreună cu noi. Da, păcatul a făcut lumea imperfectă temporar, dar Dumnezeu nu va abandona niciodată planul Său pentru lume sau pentru noi. Într-o zi, Împărăția lui Dumnezeu va veni pe pământ și va fi readusă la starea sa inițială, adică fără păcat. Atunci Dumnezeu va locui cu noi în mod fizic pentru totdeauna.[2] Planul Său inițial se va împlini. Dumnezeu va spune: „Căci iată, Eu fac ceruri noi și un pământ nou; așa că nimeni nu-și va mai aduce aminte de lucrurile trecute și nimănui nu-i vor mai veni în minte" (Is. 65:17).

Acolo nu va mai fi țipăt, durere, moarte sau tânguire (Apoc. 21:4), *dar de asemenea* nu vor mai fi ocazii de a le spune altora despre Isus.

Numai Isus poate să ne înlăture păcatul și să ne conducă în siguranță acasă în cer. Dumnezeu este desăvârșit și drept. El nu poate

---

1 Randy Alcorn, *Heaven Study Guide*, Lifeway Press, Nashville, 2006, p. 36-37.
2 Is. 65:17-25; Mt. 19:28; Apoc. 21.

îngădui ca păcatul să locuiască acolo unde locuiește El. De aceea trebuie să împărtășim vestea bună a salvării lui Isus acum, înainte de a fi prea târziu. Toți oamenii pe care îi cunoaștem vor muri și vor înfrunta judecata (Ev. 9:27), însă noi putem să li-L împărtășim pe Isus înainte ca ei să moară.[1]

Majoritatea oamenilor nu știu despre ziua judecății – cea mai importantă zi din viitorul nostru. Fiecare persoană va avea o trecere în revistă a vieții sale, dar nu toată lumea va merge la aceeași judecată.

Biblia vorbește despre două judecăți – una pentru cei credincioși și una pentru cei necredincioși. Judecata celor credincioși se numește „scaunul de judecată al lui Cristos" (Rom. 14:10-12; 2 Cor. 5:10). Acesta *nu* este un loc unde mântuirea este pusă sub semnul întrebării. Credincioșii deja Îi aparțin lui Isus datorită credinței lor în ceea ce a realizat El pentru ei (Ef. 2:8-10). În schimb, la această judecată, faptele bune sunt făcute cunoscute. Credincioșii vor primi răsplăți („cununi") pentru lucrurile pe care le-au făcut pe pământ și care reflectă perseverența lor neabătută în a-L urma pe Isus (1 Cor. 3:11-15; 2 Tim. 4:8; Iac. 1:12; 1 Pet. 5:4).

La această judecată, Dumnezeu va examina viața celor credincioși, răsplătindu-ne pentru slujirea noastră făcută...

...cu dragoste (1 Cor. 13; Flp. 1:9-11),

...în puterea Sa (Zah. 4:6; Ioan 15:5) și

...doar spre slava Sa (1 Cor. 3:11-15; 4:4-5).[2]

Majoritatea credincioșilor nu știu că această zi a judecății va stabili posesiunile și poziția pe care le vom avea pentru veșnicie.[3] Răsplățile și sarcinile cerești pe care le vom primi atunci vor fi bazate pe dragostea și credincioșia noastră de *acum*. Este șocant, nu-i așa? Ceea ce facem acum afectează veșnicia. Din nou, te rog să înțelegi că această judecată *nu* este pentru a dobândi mântuirea. Noi nu putem să adăugăm nimic la lucrarea încheiată a lui Isus pe cruce.[4] De asemenea, această judecată nu este momentul în care păcatul este condamnat (Rom. 8:1). Păcatele noastre au fost deja șterse, înlăturate „cât de departe este răsăritul de apus" (Ps. 103:12). Scaunul de judecată al lui Cristos nu pedepsește păcatul, ci răsplătește slujirea cu credincioșie

---

1   Vei învăța cum să-L împărtășești pe Isus altora în Săptămânile 3 și 7.
2   Woodrow Kroll, *Facing Your Final Job Review: The Judgment Seat of Christ, Salvation, and Eternal Rewards*, Crossway Books, Wheaton, IL, 2008, p. 136-137.
3   Mt. 6:19-21; Lc. 19:12-27; 1 Cor. 3:11-15; Apoc. 2:26; 22:12.
4   2 Cor. 5:21; Ev. 10:12; 1 Pet. 2:24; 1 Ioan 2:1-2.

și suferința îndurată. Însă cea mai mare răsplată va fi „luceafărul de dimineață", Însuși Isus Cristos (Apoc. 2:28). Vom experimenta prezența Dumnezeului nostru *pentru totdeauna*.

Faptul că ne vom bucura de Dumnezeu și Îl vom vedea pe Isus față în față va schimba totul. Datorită întâlnirii noastre cu El, „vom fi ca El, pentru că Îl vom vedea așa cum este" (1 Ioan 3:2). Dumnezeu va finaliza recrearea noastră și va restaura în totalitate chipul Său în noi. „El va schimba trupul stării noastre smerite și-l va face asemenea trupului slavei Sale" (Flp. 3:21). „Când trupul acesta supus putrezirii se va îmbrăca în neputrezire și trupul acesta muritor se va îmbrăca în nemurire, atunci se va împlini cuvântul care este scris: «Moartea a fost înghițită de biruință»" (1 Cor. 15:54).

Realitatea dureroasă este că nu toată lumea se va încrede în Isus. Nu toată lumea va merge în cer și va trăi pe un pământ nou. Este foarte greu de acceptat, dar este adevărat: cei care nu își pun toată încrederea în Isus pentru mântuirea lor vor muri în păcatele lor. Dacă nu renunțăm la păcatul nostru – fie refuzând să-l recunoaștem, fie crezând minciuna că putem să-l ispășim noi singuri – nu renunțăm nici la consecințele acelui păcat și rămânem despărțiți de Dumnezeu pentru totdeauna. **Fie Îl lăsăm pe Isus să ia pedeapsa noastră, fie rămânem condamnați (Ioan 3:17-18).**

Poate că te întrebi: „Dar cum este posibilă această decizie?"

Posibilitatea unei dragoste autentice și de bunăvoie impune și posibilitatea răzvrătirii. **Dumnezeu ne-a creat cu capacitatea de a alege între a-L iubi pe El și a-L respinge pe El.** Toată lumea care Îl respinge pe Isus respinge singura soluție oferită de Dumnezeu pentru păcat și o relație cu El restaurată. Așa cum spuneam mai devreme, cei care Îl resping pe Dumnezeu se vor despărți în cele din urmă de tot ce este bun, minunat, înțelept, curat, frumos, eroic și adevărat.

Cei necredincioși vor înfrunta judecata numită „judecata de la scaunul de domnie mare și alb". Această judecată nu este la fel ca judecata celor credincioși, unde faptele păcătoase sunt ispășite de Isus și numai faptele bune sunt răsplătite. În schimb, această judecată de la scaunul de domnie mare și alb este pentru fiecare faptă făcută de toți cei care aleg să nu renunțe la păcatul lor:

Apoi am văzut un scaun de domnie mare și alb și pe Cel ce ședea pe el. Pământul și cerul au fugit dinaintea Lui și nu s-a mai găsit loc pentru ele. Și am văzut pe morți, mari și mici, stând în picioare înaintea scaunului de domnie. Nişte cărţi au fost deschise. Şi a fost deschisă o altă carte, care este cartea vieţii. Şi morţii au fost judecaţi după faptele lor, după cele ce erau scrise în cărţile acelea. Marea a dat înapoi pe morţii care erau în ea; Moartea şi Locuinţa morţilor au dat înapoi pe morţii care erau în ele. Fiecare a fost judecat după faptele lui. Şi Moartea şi Locuinţa morţilor au fost aruncate în iazul de foc. Iazul de foc este moartea a doua. Oricine n-a fost găsit scris în cartea vieţii a fost aruncat în iazul de foc. (Apoc. 20:11–15)

Iadul nu a fost creat pentru oameni. El este „focul cel veşnic, care a fost pregătit diavolului şi îngerilor lui" (Mt. 25:41). **Iadul nu este împărăţia lui Satan, ci este locul său de chin. El nu are nicio autoritate acolo.** Cei care Îl resping pe Isus Cristos vor fi pentru totdeauna despărţiţi de Dumnezeu – despărţiţi de toate lucrurile bune – în acel loc îngrozitor. „Ei vor avea ca pedeapsă o pierzare veşnică de la faţa Domnului şi de la slava puterii Lui" (2 Tes. 1:9).

Nu ne place să ne gândim la iad sau să vorbim despre el, şi cu toate acestea majoritatea învăţăturilor din Biblie despre iad sunt de la Isus. El a vorbit clar despre pericolul iadului pentru că voia ca nimeni să nu ajungă acolo. Iadul este un loc îngrozitor de chin şi suferinţă, un loc de foc năvalnic şi întuneric: „unde viermele... nu moare şi focul nu se stinge" (Mc. 9:48). Isus ne îndeamnă stăruitor să evităm iadul: „Dacă mâna ta te face să cazi în păcat, tai-o; este mai bine pentru tine să intri ciung în viaţă decât să ai două mâini şi să mergi în gheenă, în focul care nu se stinge" (Mc. 9:43). Isus nu ne spune să ne tăiem literalmente mâna; El ne spune să facem totul ca să ne încredem în El ca Mântuitor şi Domn.

Dacă te-ai întors de la păcatul tău şi ţi-ai pus toată încrederea în Isus pentru mântuire, vei merge în prezenţa Sa de îndată ce trupul tău fizic moare (Lc. 23:43; 2 Cor. 5:6-8).[1] Împreună cu toţi fraţii şi surorile noastre în Cristos vom declara: „Aleluia! Domnul Dumnezeul nostru cel Atotputernic a început să împărăţească. Să ne bucurăm, să ne veselim şi să-I dăm slavă!" (Apoc. 19:6-7).

Dar până atunci, hai să ne pregătim! Hai să iubim bine prin puterea lui Dumnezeu şi numai spre slava Sa! Hai să-L împărtăşim pe Isus altora, pentru ca şi ei să fie în cer împreună cu El!

---

1 Dacă vrei să ştii mai multe despre luarea acestei decizii importante, citeşte „Primeşte-L astăzi pe Isus" de la finalul Zilei 7.

Lasă Biblia să vorbească:

Citește Apocalipsa 21:1-22:5 (Opțional: Luca 16:19-31)

Lasă-ți mintea să gândească:

1. În ce fel cunoștințele pe care le ai cu privire la cer și iad
    schimbă percepția ta asupra prezentului?

2. În ce fel faptul că știi că Dumnezeu va răsplăti slujirea făcută cu
    credincioșie schimbă modul în care îți folosești timpul pe care
    îl ai pe pământ?

3. De ce toate faptele noastre trebuie făcute în dragoste, în
    puterea lui Dumnezeu și doar spre slava lui Dumnezeu?

Lasă-ți sufletul să se roage:

*Doamne, Tu vii în curând. Cuvântul Tău spune să-mi țin inima și
mintea ațintite asupra cerului, nu asupra lucrurilor lumești
(Col. 3:2). Te rog să mă ajuți să văd totul și pe toată lumea dintr-o
perspectivă eternă. Ajută-mă să-mi folosesc viața de pe pământ în
cel mai bun mod posibil. Ajută-mă să slujesc împreună cu Isus și
să-L împărtășesc pe El altora... În numele lui Isus mă rog, amin.*

Lasă-ți inima să dea ascultare:

(Ce te călăuzește Dumnezeu să știi, să prețuiești sau să faci?)

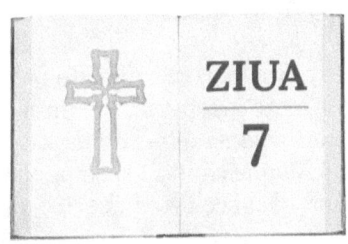

ZIUA 7

Povestea lui Dumnezeu – concentrează-te asupra lui Isus

Să ne uităm țintă la Căpetenia și Desăvârșirea credinței
noastre, adică la Isus, care, pentru bucuria care-I era
pusă înainte, a suferit crucea, a disprețuit rușinea și șade
la dreapta scaunului de domnie al lui Dumnezeu.

Evrei 12:2

Ai descoperit povestea triumfătoare și adevărată a lui Dumnezeu în călătoria noastră din această săptămână – și cele patru părți ale ei. Este singura poveste care explică modul în care a început totul (creația), modul în care a fost distrus totul (păcatul), modul în care poate fi salvat totul (Isus) și modul în care se va sfârși totul (recrearea).[1] Acum avem o mai bună înțelegere asupra locului unde am început și unde vom ajunge. Aceste patru părți ne oferă o perspectivă eternă care modelează felul în care ne stabilim prioritățile și în care înfruntăm problemele vieții.

Însă în interiorul poveștii, L-ai observat pe Isus pe fiecare pagină? Povestea lui Dumnezeu Îl are în centrul ei pe Isus, „Căpetenia și Desăvârșirea credinței noastre" (Ev. 12:2). Citește pasajul din Scriptură de mai jos – fără grabă. Privește cum Povestea lui Dumnezeu se desfășoară în Cristos:

> El este chipul Dumnezeului celui nevăzut, Cel Întâi Născut din toată zidirea. Pentru că prin El au fost făcute toate lucrurile care sunt în ceruri și pe pământ, cele văzute și cele nevăzute: fie scaune de domnii, fie dregătorii, fie domnii, fie stăpâniri. Toate au fost făcute prin El și pentru El.

---

1 Hugh Whelchel, „The Four-Chapter-Gospel: The Grand Metanarrative Told by the Bible", Institute for Faith, Work & Economics, 14 februarie 2012, https://tifwe.org/the-four-chapter-gospel-the-grand-metanarrative-told-by-the-bible/.

El este mai înainte de toate lucrurile şi toate se ţin prin El. El este Capul trupului, al Bisericii. El este începutul, Cel Întâi Născut dintre cei morţi, pentru ca în toate lucrurile să aibă întâietate. Căci Dumnezeu a vrut ca toată plinătatea să locuiască în El şi să împace totul cu Sine prin El, atât ce este pe pământ, cât şi ce este în ceruri, făcând pace prin sângele crucii Lui. (Col. 1:15–20)

Povestea lui Dumnezeu este despre Isus. Gândeşte-te cum fiecare parte a Poveştii lui Dumnezeu indică spre **Isus, Începutul şi Sfârşitul** (Apoc. 22:13):

1. Creaţia a luat fiinţă prin **Isus, Creatorul nostru şi Domnul vieţii** (Gen. 1:26; Ioan 1:3; Fapte 3:15).

2. Păcatul ne-a înrobit, dar Dumnezeu a promis că-L va trimite pe **Isus, Salvatorul nostru, ca să ne elibereze** (Gen. 3:15; 12:3; Gal. 1:4).

3. Isus a venit şi a murit pentru noi. Pedeapsa pentru păcatele noastre a căzut asupra lui **Isus, Mântuitorul nostru** (Lc. 23:33-34; Fapte 4:12).

4. Recrearea restaurează în totalitate relaţia noastră cu Dumnezeu prin **Isus, Vindecătorul nostru şi Împăratul nostru** (1 Pet. 2:24; Apoc. 19:16). Isus de asemenea va restaura în totalitate tot ce este strâmb în natură, creând un cer nou şi un pământ nou.

Povestea lui Dumnezeu este centrată în Isus. Şi a ta la fel. Povestea ta depinde de răspunsul tău la ceea ce a făcut Isus pe cruce pentru tine.

Indiferent ce *ai făcut*, Dumnezeu te va ierta.[1]

Indiferent ce *ţi-a făcut* cineva, Dumnezeu te va vindeca.[2]

Merită ca El să te salveze! Iar când Isus te salvează, El nu doar că te salvează *din* păcat. Isus te salvează *pentru* un scop bun, cu o nouă identitate (Ef. 2:10). **Dumnezeu a scris povestea ta. Tu eşti lucrarea Lui şi eşti creat pentru un scop bun, bine stabilit.** Acesta este doar începutul. Rămâi împreună cu noi. Vom explora povestea ta săptămâna viitoare.

---

1 Ps. 103:12; Mc. 3:28; Rom. 5:20; Ef. 3:20; 2 Pet. 3:9.
2 Ps. 72:12-14; 22:24; 23:3; 34:18; Lc. 4:18-19; 2 Cor. 5:17.

Primește-L astăzi pe Isus

Acum că știi Povestea lui Dumnezeu, probabil îți dai seama că ai de făcut o alegere. E timpul să decizi cum anume îți vei găsi locul în Povestea Sa. Cum vei răspunde tu invitației lui Dumnezeu? În acest moment poți să primești iertare, eliberare de păcat și înfiere în familia veșnică a lui Dumnezeu prin Isus. Îl vei primi tu pe El (Ioan 1:12)? „Vă rugăm fierbinte, în Numele lui Cristos: Împăcați-vă cu Dumnezeu!" (2 Cor. 5:20). Nu trebuie să te lupți cu sentimente de gol sufletesc sau vinovăție ori cu o teamă constantă de moarte și de judecată. Poți să te împaci cu Dumnezeu acum.

Poate că ești ispitit să refuzi luarea acestei decizii din cauza fricii sau a îndoielii. Însă făcând acest lucru, riști să înduri o viață de suferință aici pe pământ și o veșnicie despărțit de Dumnezeu. În schimb, caută-L pe Dumnezeu cu toată inima ta și roagă-L să-ți deschidă ochii ca să vezi adevărul. El va face acest lucru. Dumnezeu dă mai multe dovezi decât este nevoie ca să știi că El este real. Însă El nu te va forța să primești dragostea Sa. Tu trebuie să decizi să-L primești pe Isus.

Poate că încerci să repari tu singur lucrurile sau să umpli golul dinăuntrul tău în vreun alt mod. Însă indiferent ce ai realiza sau ai dobândi, nu este niciodată suficient. Indiferent cum amorțești durerea, ea rămâne tot acolo după ce plăcerea dispare. Din fericire, Isus este mai mare decât orice greșeală sau păcat pe care le-ai fi putut săvârși. Pentru că „plata păcatului este moartea" (Rom. 6:23), Isus Însuși a luat pedeapsa ta asupra Sa. Moartea Sa a plătit plata pentru păcatul tău. Învierea Sa din mormânt îți dă o viață nouă (Rom. 6:4).

> **Credință:**
>
> A crede Cuvântul lui Dumnezeu și a acționa pe baza lui, indiferent de sentimente, deoarece avem încrederea că Dumnezeu este bun.
>
> „Și credința este o încredere neclintită în lucrurile nădăjduite, o puternică încredințare despre lucrurile care nu se văd" (Ev. 11:1).

Însă nu vei avea șanse la nesfârșit (Mt. 24:44; Lc. 12:20). Dacă ești gata să-L primești pe Isus în viața ta ca să-ți ierte păcatele și să-ți conducă viața, roagă-te Lui. Cere-I iertare pentru păcatele tale. Pune-ți toată credința și încrederea în Isus pentru mântuire. Mulțumește-I că te-a salvat. Roagă-L să te ajute să te întorci de la vechiul tău stil de viață la o viață după voia lui Dumnezeu (2 Cor. 5:15). Biblia ne învață: „Dacă mărturisești deci cu gura ta pe Isus ca Domn și dacă crezi în inima ta că Dumnezeu L-a înviat din morți, vei fi mântuit" (Rom. 10:9). Credința implică acțiune.

Dacă L-ai primit pe Isus acum, bun-venit în familie! Ai luat cea mai bună decizie din viața ta. Acum ești gata să mergi mai departe în această călătorie a credinței.

Lasă Biblia să vorbească:
Citește Efeseni 1 (Opțional: Apocalipsa 19:11-16)

Lasă-ți mintea să gândească:
Răspunde la întrebările pentru discuție din Săptămâna 1.

Lasă-ți sufletul să se roage:
Doamne, Îți mulțumesc că ai revelat Povestea Ta în Biblie. Tu vei împlini toate scopurile Tale și vei fi slăvit în toată creația. Tată, arată-mi care este locul meu în Povestea Ta. Ajută-mă să împlinesc scopurile Tale pentru viața mea și să slăvesc numele Tău... În numele lui Isus, amin.

Lasă-ți inima să dea ascultare:
(Ce te călăuzește Dumnezeu să știi, să prețuiești sau să faci?)

ÎNTREBĂRI PENTRU DISCUȚIE
DIN SĂPTĂMÂNA 1:

Recapitulează lecțiile din această săptămână și răspunde la întrebările de mai jos. Împărtășește-le prietenilor tăi răspunsurile tale când vă întâlniți în această săptămână.

1. Cum ne arată fiecare parte a Poveștii lui Dumnezeu (creația, păcatul, Isus, recrearea) dragostea lui Dumnezeu pentru noi și dorința Sa de a avea o relație apropiată cu noi? Cum schimbă dragostea lui Dumnezeu pentru tine ceea ce simți tu față de El?

2. Faptul că ai învățat despre Povestea lui Dumnezeu ți-a arătat care ar fi următorul tău pas în relația cu Dumnezeu?
    *   Trebuie să-ți pui tu credința în Isus ca Salvator al tău?
    *   Trebuie să asculți tu de Isus în calitate de Conducător al vieții tale?
    *   Trebuie să-ți amintești tu de veșnicie pe măsură ce-ți trăiești viața de zi cu zi?

3. Realitatea vieții de după moarte îți afectează dorința de a împărtăși vestea bună despre Isus? Cine din viața ta este departe de Dumnezeu? Roagă-te pentru oportunități de a i-L prezenta pe Isus acelei persoane.

4. Ai găsit doi sau trei prieteni care să te însoțească în această călătorie? Dacă nu, pe cine poți ruga să parcurgă aceste lecții zilnice împreună cu tine? Dacă da, cum v-ați încurajat unul pe altul tu și prietenii tăi în această săptămână?

5. Cunoașterea Poveștii lui Dumnezeu de la început până la final ne va ajuta să înțelegem rolul nostru în Povestea lui Dumnezeu – asta vom studia săptămâna viitoare. Ce speri să înveți despre povestea ta?

SĂPTĂMÂNA A DOUA

POVESTEA TA,
IDENTITATEA TA

ZIUA 8

Ești ales

În El, Dumnezeu ne-a ales înainte de întemeierea lumii,
ca să fim sfinți și fără prihană înaintea Lui, după ce, în
dragostea Lui, ne-a rânduit mai dinainte să fim înfiați
prin Isus Cristos, după buna plăcere a voii Sale.
Efeseni 1:4–5

Săptămâna trecută am învățat despre Povestea lui Dumnezeu. Acum este timpul să învățăm despre povestea ta. Sau poate să reînvățăm povestea ta. Din ziua în care te-ai născut, cultura lumii a încercat să-ți spună cine ești. Rostit sau nerostit, mesajul care ni se transmite este că valoarea noastră se găsește în statutul social al familiei, posesiuni, înfățișare sau realizări. Dușmanul sufletului nostru ne denaturează povestea pentru a crea incertitudini, îndoială, izolare și disperare. Când alții ne dezamăgesc sau nu ne ridicăm la înălțimea așteptărilor lor (s-o recunoaștem – ambele sunt inevitabile pentru că nimeni nu este perfect, cu excepția lui Isus), dușmanul ne spune că nu avem nicio valoare. Ne simțim neiubiți, nedoriți, neajutorați și singuri. Povestea noastră pare o mare tragedie.

Pentru a descoperi povestea ta adevărată, trebuie să privești la Creatorul tău. Trebuie să ajungi să-L cunoști pe Cel care te-a creat. Numai El poate să-ți arate de ce ai fost creat. Numai El poate să-ți arate cum povestea ta este plină de speranță, dragoste, scop și viață veșnică.

Dumnezeu este Autorul vieții și Autorul poveștii tale. El nu îți încredințează o sarcină și apoi pur și simplu te lasă în pace. În schimb, El îți dă o relație și pășește *alături de tine* la fiecare pas. Tot ceea ce ești și tot ceea ce faci izvorăște din relația ta cu El. Povestea ta se desfășoară în timp ce pășești *alături de El*. „Căci Eu sunt Domnul Dumnezeul tău, care te iau de mâna dreaptă și-ți zic: «Nu te teme de nimic, Eu îți vin în ajutor!»" (Is. 43:13).

Dumnezeu te-a creat în mod intenționat, după voia Sa (Apoc. 4:11). El te-a iubit dintotdeauna. Tu exiști pentru plăcerea Sa. Nu poți să faci nimic ca să câștigi dragostea lui Dumnezeu și nu poți să faci nimic ca să pierzi dragostea lui Dumnezeu.[1] Citește această ultimă afirmație încă o dată. Amintește-ți acest adevăr în fiecare dimineață înainte de a-ți începe ziua. Alegerea care îți aparține este dacă vei primi dragostea Sa.

Dumnezeu te-a ales înainte chiar de a te fi creat (Ef. 1:4). Atunci când te-a creat, El ți-a ales cu grijă fiecare detaliu: „Tu mi-ai întocmit rărunchii, Tu m-ai țesut în pântecele mamei mele... Când nu eram decât un plod fără chip, ochii Tăi mă vedeau și în cartea Ta erau scrise toate zilele care-mi erau rânduite, mai înainte de a fi fost vreuna din ele" (Ps. 139:13, 16). Dumnezeu te-a creat cu grijă și a plănuit cu grijă zilele vieții tale.

Ești atât de important pentru Dumnezeu încât El dorește să trăiască împreună cu tine pentru veșnicie.

Citește scrisoarea de mai jos din partea Tatălui tău ceresc. Fiecare afirmație vine din Cuvântul Său. Ascultă cu atenție și vei începe să descoperi povestea ta în El.

Copilul Meu drag,

Eu știu totul despre tine. Cunosc toate căile tale.[2] Am numărat chiar și toate firele de păr de pe capul tău.[3] **Tu ești copilul Meu.** Te-am creat după chipul Meu[4] – ești o făptură atât de minunată![5] Te cunoșteam înainte să fi fost întocmit în pântecele mamei tale[6] și te-am ales înainte de întemeierea lumii.[7] Nu ești rodul unei greșeli. Toate zilele vieții tale sunt deja scrise în cartea Mea, plănuite cu grijă.[8] Eu am ales chiar și ziua nașterii tale și am hotărât cu exactitate locul unde vei trăi.[9]

Am fost înțeles greșit de cei care nu Mă cunosc. Eu nu sunt nepăsător, nici supărat, ci milostiv și încet la mânie.[10] Eu sunt dragostea desăvârșită.[11] Îmi revărs dragostea față de tine pentru simplul fapt că tu ești copilul Meu[12] și Eu sunt Tatăl tău – Tatăl tău desăvârșit.[13] Eu îți dăruiesc mai mult decât ți-ar putea oferi vreodată tatăl tău pământesc.[14] Eu sunt Cel ce-ți poartă de grijă,[15] dar și Tatăl tău milos care te mângâie în toate necazurile tale.[16] **Când inima ți-e zdrobită, vin chiar și mai aproape de**

1 1 Ioan 15:9-11; Rom. 5:6-8; 8:38; Ef. 1:4-5; 1 Ioan 3:16a; 4:8-10.
2 Ps. 139:3.
3 Lc. 12:7.
4 Gen. 1:26.
5 Ps. 139:14.
6 Ier. 1:5.
7 Ef. 1:4.
8 Ps. 139:16.
9 Fapte 17:26.
10 Ex. 34:6.
11 1 Ioan 4:8.
12 Rom. 8:15.
13 Mt. 5:48.
14 Mt. 6:9-15.
15 Flp. 4:19.
16 2 Cor. 1:3-4.

tine.[1] Într-o zi, Eu voi șterge orice lacrimă din ochii tăi și voi îndepărta de la tine toată suferința ta.[2]

Am gândit pentru tine un viitor plin de speranță,[3] pentru că te iubesc cu o dragoste nemărginită și veșnică.[4] Nu poți fugi de dragostea Mea.[5] Mă gândesc la tine cu dragoste de tot atâtea ori câte boabe de nisip sunt pe malul mării.[6] Mă gândesc la tine tot timpul și sunt plin de bucurie de dragul tău.[7] **Tu ești comoara Mea neprețuită;**[8] **fă și Tu din Mine comoara ta. Caută-Mă ca pe o comoară.**[9] Dacă Mă vei căuta cu toată inima, Mă vei găsi.[10] Îți promit. Desfătarea ta să fie în Mine, și Eu îți voi da tot ce-ți dorește inima[11] – la urma urmei, Eu ți-am dat aceste dorințe și numai Eu pot să le împlinesc pe deplin. Pot face pentru tine nespus mai mult decât ceri sau gândești tu.[12] Ai încredere în Mine.[13]

Știi că Eu te iubesc la fel de mult cum Îl iubesc pe Fiul Meu, Isus? Chiar așa este. L-am trimis ca să-ți arăt că sunt de partea ta și nu împotriva ta.[14] Eu nu țin socoteala păcatelor tale.[15] Nu aștept să-ți atrag atenția asupra păcatelor tale. Eu nu sunt așa. De aceea L-am trimis pe Isus ca să-ți ia pedeapsa și să-ți șteargă păcatele.[16] Ele au fost șterse! Ele nu mai trebuie să te despartă de Mine. Moartea lui Isus a fost dovada supremă a iubirii Mele pentru tine.[17] Dacă primești darul Fiului Meu, Isus, Mă primești pe Mine și nimic nu te va mai despărți vreodată de dragostea Mea.[18]

Întoarce-te acasă și întregul cer va sărbători sosirea ta![19] Ți-am fost dintotdeauna Tată. Îți voi rămâne întotdeauna Tată. Întrebarea Mea este: Vrei și tu să fii copilul Meu?[20]

Cu drag,
Tatăl tău, Dumnezeul cel Atotputernic

---

1 Ps. 34:18.
2 Apoc. 21:4.
3 1 Pet. 1:3.
4 Ier. 31:3.
5 Rom. 8:38-39.
6 Ps. 139:17-18.
7 Țef. 3:17.
8 Deut. 7:6.
9 Mt. 6:33; 13:44.

10 Ier. 29:13.
11 Ps. 37:4.
12 Ef. 3:20.
13 Prov. 3:5-6.
14 Rom. 8:31-32.
15 2 Cor. 5:19.
16 2 Cor. 5:21.
17 1 Ioan 4:10.
18 Mt. 10:40; Rom. 6:23; 8:39.

19 Lc. 15:7, 24.
20 Adaptare după *Father's Love Letter* [Scrisoarea de dragoste a Tatălui], de Father Heart Communications, 1999. Editat și utilizat cu permisiune.

Lasă Biblia să vorbească:
Citește Psalmul 139 (Opțional: 1 Ioan 3:1-3)

Lasă-ți mintea să gândească:
1. Cum încearcă lumea sau dușmanul să scrie povestea ta?

2. Cum a fost să citești scrisoarea lui Dumnezeu pentru tine? Care ar fi două sau trei lucruri care ți-au atras atenția cu privire la ceea ce simte Dumnezeu față de tine?

3. Care dintre idei au fost cele mai încurajatoare? Dacă unele dintre idei au fost greu de acceptat sau nu ți-au fost familiare, caută acele versete în Biblie și citește-le.

Lasă-ți sufletul să se roage:
Tată, Îți mulțumesc că m-ai ales. Îți mulțumesc că m-ai creat. Îți mulțumesc că m-ai inclus în Povestea Ta. Ajută-mă să mă apropii mai mult de Tine în timp ce pășim împreună în această poveste în desfășurare... În numele lui Isus, amin.

Lasă-ți inima să dea ascultare:
(Ce te călăuzește Dumnezeu să știi, să prețuiești sau să faci?)

Ești un închinător

Tot ce are suflare să laude pe Domnul!
Psalmul 150:6

Momentul așteptat de întregul cer și pământ se apropia – timpul pentru o nouă ordine în ce privea închinarea pentru toți oamenii, pentru toată veșnicia. Mesia cel promis al lui Dumnezeu, Unsul Său, era în sfârșit aici. Familia L-a îndemnat pe Isus să Se reveleze, însă nu Îi venise încă ceasul (Ioan 2:4). Până în acest moment neobișnuit, în acest loc neobișnuit, Isus avea să facă din păcătoși niște adevărați închinători ai lui Dumnezeu.

Ziua începuse precum o zi obișnuită de călătorie, însă Isus știa că urma să aibă o conversație ce avea să schimbe veșnicia. Și-a trimis ucenicii înaintea Sa ca să cumpere mâncare, iar El a așteptat lângă o fântână. Samariteanca s-a apropiat de fântână ca să scoată apă, neștiind că Îl va întâlni pe Isus. Ea își vedea de ziua ei obișnuită, simțindu-se nu tocmai obișnuită. Viața sa fusese otrăvită cu dureri și greutăți. Isus știa acest lucru și de aceea Se abătuse din drumul Său și o aștepta.

El i-a pus întrebări dificile la fântână.[1] Cuvintele Lui au pătruns adânc în sufletul ei, ajungând la inima ei. Cu fiecare întrebare, ea atrăgea atenția asupra unor probleme, însă Isus îndrepta atenția asupra adevărului. În cele din urmă, ea a scos la iveală întrebarea pe care o avea pe inimă: o întrebare despre închinare. Unde ar trebui să ne închinăm? Aici sau acolo? Însă Isus știa că în ce privește închinarea, nu locația exterioară sau sistemul religios contează, ci atitudinea lăuntrică și prioritatea.

„Femeie", i-a zis Isus, „crede-Mă că vine ceasul când nu vă veți închina Tatălui nici pe muntele acesta, nici în Ierusalim. Voi vă închinați la ce nu cunoașteți, noi ne închinăm la ce cunoaștem, căci mântuirea vine de la

---

1 Relatarea despre femeia samariteană se găsește în Ioan 4:1-42.

iudei. Dar vine ceasul, şi acum a şi venit, când închinătorii adevăraţi se vor închina Tatălui în duh şi în adevăr, fiindcă astfel de închinători doreşte şi Tatăl. Dumnezeu este Duh; şi cine se închină Lui trebuie să I se închine în duh şi în adevăr." (Ioan 4:21-24)

Ea Îi răspunde lui Isus: „Ştiu... că are să vină Mesia (căruia I se zice Cristos); când va veni El, are să ne spună toate lucrurile" (Ioan 4:25).

Apoi, într-o afirmaţie indescriptibil de glorioasă şi şocantă, Isus îi răspunde simplu: „Eu, cel care vorbesc cu tine, sunt Acela" (Ioan 4:26).

Momentul închinării adevărate sosise! Dar de ce i-ar fi dezvăluit Isus divinitatea Sa *acestei femei* în *felul acesta*?

Tatăl căuta închinători adevăraţi care să se închine Lui în duh şi în adevăr. Era vorba despre relaţie, nu despre reguli. Isus a început să încalce regulile făcute de oameni.

A vorbit cu o samariteancă.
Evreii îi urau pe samariteni.

A vorbit cu o femeie.
Femeilor nu li se vorbea în public.

A vorbit cu o femeie divorţată care trăia cu un bărbat ce nu îi era soţ.[1]
Isus a încălcat fiecare regulă culturală prin faptul că a vorbit cu o femeie respinsă, marginalizată.

Însă căile lui Dumnezeu nu sunt căile lumii (Is. 55:8-9). Cu compasiune şi respect, Isus a învăţat-o pe această femeie – şi pe noi – că nicio persoană nu este invizibilă sau neauzită. Indiferent de statut, poziţie, gen, etnie sau locaţie, cu toţii suntem creaţi ca închinători. **Cu toate acestea, cum şi la ce ne închinăm spune cel mai mult despre**

---

1 Circumstanţele istorice exacte ale situaţiei domestice a acestei femei samaritene sunt necunoscute. Cu toate acestea, în acea vreme bărbaţilor le era permis să divorţeze de femei pentru orice motiv neînsemnat. O femeie nu avea acelaşi drept. Faptul că această femeie a avut mai mulţi soţi îl determină pe autor să creadă că femeia a trecut prin mai multe divorţuri şi/sau multă moarte prematură ca văduvă. Dacă ar fi comis adulter, ea nu ar fi fost considerată o candidată potrivită pentru recăsătorire sau chiar nu ar mai fi rămas în viaţă (Ioan 8:4-5). Concubinele nu erau recunoscute de către evrei ca fiind căsătorite („acela pe care-l ai acum nu-ţi este bărbat" [Ioan 4:18]). Având în vedere cultura primului secol, învăţătura că această femeie este prostituată nu este categorică. Indiferent cum s-ar fi încheiat căsniciile ei, această femeie a trecut prin greutăţi mari şi multă durere.

noi. De aceea Isus a venit să ni-L descopere pe Tatăl (Mt. 11:27) – să facă din noi niște închinători adevărați. Numai „sângele lui Cristos ne va curăți conștiința de faptele păcătoase, ca să ne putem închina Dumnezeului celui viu" (Ev. 9:14, NLT).

În săptămânile următoare, vom învăța cum arată închinarea în practică și ce înseamnă închinarea în duh și în adevăr. Deocamdată, să înțelegem identitatea noastră de închinători adevărați.

Închinarea este o chestiune care ține de inimă. Cu toții ne închinăm, tot timpul. Ne închinăm la orice lucru care domnește în inima noastră. Chiar dacă spunem că ne închinăm lui Dumnezeu, poate că inima noastră este mai loială unui dumnezeu fals sau unui idol, care adesea este persoana noastră. Primul păcat s-a născut din dorința noastră de a „fi ca Dumnezeu" (Gen. 3:5). Atunci când ne dorim controlul ca să ne trăim viața așa cum vrem noi și nu așa cum vrea Dumnezeu, ne închinăm nouă înșine. Atunci când ne frământăm cu privire la ceea ce cred alții despre noi, ne închinăm reputației noastre. Atunci când ne îngrijorăm, ne închinăm fricii. Până și Satan se închină, iar atunci când s-a răzvrătit împotriva lui Dumnezeu, el a început să se închine lui însuși.

> **Închinare:**
> A da valoare la ceva. Isus a spus că „închinătorii adevărați se vor închina Tatălui în duh și în adevăr" (Ioan 4:24). Asta înseamnă că închinarea are loc înăuntrul unei persoane – fiind oferită cu o inimă smerită și curată.

Examinează-te ca să afli cui sau la ce te închini:

- *Ce prețuiesc eu cel mai mult?*

- *Ce îmi influențează cel mai mult deciziile?*

- *Pe al cui ajutor mă bazez în timpul unei crize?*

- *Pentru cine/ce fac eu sacrificii?*

Lucrurile bune adesea devin dumnezei falși. Aceste lucruri pot să includă chiar familia, o slujbă, frumusețea, sănătatea sau munca voluntară. Dacă te lupți cu faptul că îți dorești aceste lucruri bune mai mult decât Îl dorești pe Dumnezeu, vei fi neliniștit. Nimic altceva nu ne împlinește scopul ca faptul de a fi plăcuți lui Dumnezeu și a ne închina Lui. Atunci când lăsăm orice altceva să domnească în inima noastră în locul lui Dumnezeu, ne este greu să ne bucurăm de Dumnezeu. Ne este greu chiar și să ne bucurăm de lucrurile bune pe care ni le dăruiește El. Însă atunci când Isus este centrul vieții tale – atunci când **Cristos devine viața ta** (Col. 3:4) – totul izvorăște din relația ta apropiată cu El. Poți să te bucuri de El și de lucrurile bune pe care ți le dă El. De aceea nu este surprinzător faptul că Cele zece porunci încep cu o focalizare asupra închinării:

> Eu sunt Domnul Dumnezeul tău, care te-a scos din țara Egiptului, din casa robiei. Să nu ai alți dumnezei afară de Mine. Să nu-ți faci chip cioplit, nici vreo înfățișare a lucrurilor care sunt sus în ceruri sau jos pe pământ sau în apele mai de jos decât pământul. Să nu te închini înaintea lor și să nu le slujești, căci Eu, Domnul Dumnezeul tău, sunt un Dumnezeu gelos, care pedepsesc nelegiuirea părinților în copii până la al treilea și la al patrulea neam al celor ce Mă urăsc. (Ex. 20:2-5)

Dumnezeu nu dorește o părticică a vieții tale, chiar dacă acea părticică ocupă primul loc pe lista ta de priorități. **El dorește să *fie* viața ta.** Tu și Dumnezeu trăiți împreună tot ceea ce ți se întâmplă. Pe parcursul zilei, Dumnezeu lucrează în tine și prin tine. Prin această relație apropiată, închinarea se revarsă în mod firesc ca o expresie a dragostei, a reverenței și a adorării. Noi Îi predăm totul – inima, sufletul, cugetul și puterea – Celui care este vrednic de toate acestea (Mc. 12:29-30). Tot ceea ce facem – cu excepția păcatului – poate fi făcut așa încât să-I fie plăcut lui Dumnezeu, într-un act de închinare.

Problema este că avem cu toții o inimă rătăcitoare. Avem nevoie de un plan pentru a rămâne predați lui Dumnezeu. Biblia ne spune cum să facem acest lucru: ne înnoim mintea (Rom. 12:2) – înlocuim minciunile cu adevărul – cu Cuvântul lui Dumnezeu. Procesul gândirii noastre este incredibil de puternic. **Lucrul asupra căruia ne concentrăm crește.** Cu cât ne concentrăm mai mult asupra lui Dumnezeu, cu atât ne vom închina mai mult Lui. Însă dușmanul și lumea ne distrag atenția. Trebuie să „facem orice gând captiv ascultării de Cristos" (2 Cor. 10:5, ESV).

După cum știi, captivilor nu le place să stea în captivitate. Prin urmare, trebuie să alegem să ne concentrăm asupra a „tot ce este adevărat, tot ce este vrednic de cinste, tot ce este drept, tot ce este curat, tot ce este vrednic de iubit, tot ce este vrednic de primit, orice faptă bună şi orice laudă" (Flp. 4:8). Ai în vedere faptul de a-ţi filtra toate gândurile şi *cuvintele* prin Filipeni 4:8. Când vei face acest lucru, vei descoperi că o gândire evlavioasă duce la fapte evlavioase, care este o altă formă de închinare. „Să faceţi totul pentru slava lui Dumnezeu" (1 Cor. 10:31). Chiar şi lucrurile cele mai obişnuite pe care le faci devin sfinte atunci când sunt făcute pentru a-L glorifica pe Dumnezeu. Închină-te lui Dumnezeu cu tot ceea ce eşti şi cu tot ceea ce faci.

Noi ne închinăm lui Dumnezeu pentru că Îl iubim, nu din obligaţie sau pentru că vrem ceva de la El. Noi nu ne închinăm lui Dumnezeu pentru a câştiga favoruri sau pentru a-L constrânge să ne binecuvânteze. Dumnezeu nu poate fi manipulat. El vede dincolo de măştile religioase şi de cuvintele goale: „Domnul zice: «Când se apropie de Mine poporul acesta, Mă cinsteşte cu gura şi cu buzele, dar inima lui este departe de Mine şi frica pe care o are de Mine nu este decât o învăţătură de datină omenească»" (Is. 29:13). Dumnezeu doreşte inima ta, nu cuvintele tale. Dacă simţi că închinarea ta este forţată, cere-I lui Dumnezeu să ţi Se descopere. Cere-I să-ţi umple inima cu un sentiment de uimire. **Aminteşte-ţi cine este Dumnezeu şi ce a făcut El.**

Când samariteanca şi-a dat seama cine era Cel care îi vorbea, ea a răspuns cu credinţă. Ea a pus totul la picioarele lui Isus şi a fugit să le spună tuturor că a venit Cristosul (Ioan 4:28-29). Închinarea se revărsa din inima ei şi mulţi din cetate au crezut (Ioan 4:39). Ea nu avea niciun fel de pregătire specială sau diplome în teologie. A avut însă o întâlnire cu Isus. Iar acest lucru a fost suficient pentru a schimba viaţa sa şi viaţa celor care au auzit-o. Ea a fost o închinătoare adevărată. Şi tu poţi să fii astfel. Uită-te la Creator *prin* creaţie. Găseşte-ţi desfătarea în Cel care este bun, minunat, înţelept, curat, frumos, eroic şi adevărat. „Inima noastră îşi găseşte bucuria în El" (Ps. 33:21).

ZIUA 9

Lasă Biblia să vorbească:
Citește Apocalipsa 5 (Opțional: Psalmul 145)

Lasă-ți mintea să gândească:
1. Astăzi ai învățat că cu cât te concentrezi mai mult asupra a ceva, cu atât mai mult acel lucru influențează fiecare domeniu din viața ta. Cum anume afectează concentrarea asupra lui Dumnezeu în închinare atitudinile și acțiunile tale?

2. Ce lucruri bune îți distrag atenția de la Dumnezeu?

3. Ce crezi că înseamnă să te închini „în duh și în adevăr"?

Lasă-ți sufletul să se roage:
Doamne, Tu ești singurul care merită închinarea mea. Pe măsură ce Te caut, umple-mă cu bucurie și veselie care să se reverse în laude sincere aduse Ție (Ps. 40:16). Preia Tu controlul asupra întregii mele vieți – asupra dorințelor, emoțiilor, gândurilor și faptelor mele. Condu-mă Tu, iar eu Te voi urma. Ajută-mă să văd tot ceea ce fac ca pe o ocazie de a mă închina Ție... În numele lui Isus mă rog, amin.

Lasă-ți inima să dea ascultare:
(Ce te călăuzește Dumnezeu să știi, să prețuiești sau să faci?)

Ești iertat și înnoit

Dacă ne mărturisim păcatele, El este credincios și drept ca să
ne ierte păcatele și să ne curățească de orice nelegiuire.

1 Ioan 1:9

Lacrimile curgeau șiroaie pe obrajii femeii și cădeau pe picioarele
lui Isus. Ea se simțea copleșită în timp ce își conștientiza nevred-
nicia în comparație cu vrednicia lui Isus. Viața ei păcătoasă era o
povară pentru sufletul ei și o prezență neplăcută în încăpere. Toți
se uitau la ea cu dispreț. Toți cu excepția lui Isus. Ea și-a spart vasul
de alabastru, plin cu mir foarte scump și l-a turnat pe picioarele lui
Isus. În timp ce încăperea s-a umplut cu aroma aceea plăcută, Isus a
văzut ce sentimente umpleau inima oamenilor față de ea: dezgust și
dispreț. Însă Isus a răspuns cu har. El S-a întors spre Simon și a spus:

„Un cămătar avea doi datornici: unul îi era dator cu cinci sute de lei, iar
celălalt, cu cincizeci. Fiindcă n-aveau cu ce plăti, i-a iertat pe amândoi.
Spune-Mi dar, care din ei îl va iubi mai mult?" Simon I-a răspuns: „So-
cotesc că acela căruia i-a iertat mai mult." Isus i-a zis: „Drept ai judecat."
Apoi S-a întors spre femeie și a zis lui Simon: „Vezi tu pe femeia aceas-
ta? Am intrat în casa ta și nu Mi-ai dat apă pentru spălat picioarele, dar
ea Mi-a stropit picioarele cu lacrimile ei și Mi le-a șters cu părul capului
ei. Tu nu Mi-ai dat sărutare, dar ea, de când am intrat, n-a încetat să-Mi
sărute picioarele. Capul nu Mi l-ai uns cu untdelemn; dar ea Mi-a uns
picioarele cu mir. De aceea îți spun: Păcatele ei, care sunt multe, sunt
iertate, căci a iubit mult. Dar cui i se iartă puțin iubește puțin." Apoi a zis
femeii: „Iertate îți sunt păcatele!" Cei ce ședeau cu El la masă au început
să zică între ei: „Cine este Acesta de iartă chiar și păcatele?" Dar Isus a
zis femeii: „Credința ta te-a mântuit; du-te în pace." (Lc. 7:41-50)

Iertarea ne schimbă complet.

Atunci când trecem de la a fi despărțiți de Dumnezeu la o rela-
ție cu El, este ca și cum am fi trecut de la moarte la viață. „Pe voi,
care erați morți în greșelile voastre... Dumnezeu v-a adus la viață

împreună cu El, după ce ne-a iertat toate greşelile" (Col. 2:13). Noi nu putem să cumpărăm sau să câştigăm iertarea prin eforturile noastre; ea este un dar nepreţuit, oferit prin Isus Cristos. În Cristos, Dumnezeu te face o creaţie complet nouă.

Credinţa noastră în Isus Cristos nu ne *face mai buni*. Noi nu suntem oameni mai buni. **Suntem înnoiţi** (Ziua 5). Atunci când Dumnezeu te iartă, El nu numai că te înnoieşte, ci de asemenea te împacă cu El (2 Cor. 5:18) – restaurând pe deplin relaţia Sa cu tine şi primindu-te în prezenţa Sa.

> Pe voi, care odinioară eraţi străini şi vrăjmaşi prin gândurile şi prin faptele voastre rele, El v-a împăcat acum prin trupul Lui de carne, prin moarte, ca să vă facă să vă înfăţişaţi înaintea Lui sfinţi, fără prihană şi fără vină. (Col. 1:21-22)

Imaginează-ţi că eşti adus în prezenţa lui Dumnezeu. Stai înaintea Lui fără prihană şi fără vină. Ba mai mult, **atunci când Dumnezeu te vede, El vede neprihănirea lui Cristos**. Dumnezeu nu numai că îţi şterge păcatele, ci de asemenea îţi acordă neprihănirea perfectă a lui Cristos (2 Cor. 5:21). Acest lucru se numeşte **justificare**, un alt aspect extraordinar al iertării. „Dumnezeu ne va acorda neprihănirea... [celor] care credem" (Rom. 4:24, NIV). Prieten drag, „fiindcă suntem socotiţi neprihăniţi prin credinţă, avem pace cu Dumnezeu, prin Domnul nostru Isus Cristos" (Rom. 5:1). Ce bunătate nemeritată! Ce har măreţ! „Mă bucur în Domnul şi sufletul meu este plin de veselie în Dumnezeul meu, căci m-a îmbrăcat cu hainele mântuirii, m-a acoperit cu mantaua izbăvirii" (Is. 61:10). Tu eşti justificat şi acoperit cu neprihănirea lui Isus pentru ca să poţi avea pace cu Dumnezeu.

Gândeşte-te la frumoasele imagini pe care le foloseşte Biblia pentru a ilustra iertarea:

- „De vor fi păcatele voastre cum e cârmâzul, se vor face albe ca zăpada; de vor fi roşii ca purpura, se vor face ca lâna" (Is. 1:18). Când Dumnezeu te iartă, El nu te curăţeşte doar de păcat, ci şi de pata lăsată de păcat în viaţa ta.
- „Cât de departe este răsăritul de apus, atât de mult depărtează El fărădelegile noastre de la noi" (Ps. 103:12). Când Dumnezeu te iartă, El te separă de păcatul care odinioară te separa de El.

- „El va avea iarăşi milă de noi, va călca în picioare nelegiuirile noastre şi va arunca în fundul mării toate păcatele lor" (Mica 7:19). Când Dumnezeu te iartă, El îţi nimiceşte şi îţi înlătură păcatele pentru totdeauna.

Isus de asemenea ne prezintă un tablou al iertării în relatarea despre fiul **risipitor**. Acest tânăr răzvrătit şi-a insultat tatăl, cerându-i moştenirea înainte de vreme. El a luat banii, a plecat departe de casă şi a cheltuit totul, trăind o viaţă păcătoasă. A venit o foamete, iar singura slujbă pe care a putut să o găsească fiul a fost să lucreze cu porcii murdari. Era flămând, murdar şi disperat. Credea că tatăl său va fi încă furios pe el, însă a decis să se întoarcă totuşi acasă şi să ceară să lucreze ca un servitor. Fiul a pornit spre casă.

> **Risipitor:** Care risipeşte banii sau resursele.

Când era încă departe, tatăl său l-a văzut şi i s-a făcut milă de el, a alergat de a căzut pe grumazul lui şi l-a sărutat mult. Fiul i-a zis: „Tată, am păcătuit împotriva cerului şi împotriva ta, nu mai sunt vrednic să mă chem fiul tău." Dar tatăl a zis robilor săi: „Aduceţi repede haina cea mai bună şi îmbrăcaţi-l cu ea; puneţi-i un inel în deget şi încălţăminte în picioare. Aduceţi viţelul cel îngrăşat şi tăiaţi-l. Să mâncăm şi să ne veselim, căci acest fiu al meu era mort şi a înviat; era pierdut şi a fost găsit." Şi au început să se veselească. (Lc. 15:20-24)

Dumnezeu ne oferă acelaşi gen de iertare. Atunci când te întorci spre El, El te întâlneşte exact acolo unde eşti. Eşti iertat, acceptat şi sărbătorit. Iertarea lui Dumnezeu este cu adevărat un **har** măreţ care nu se termină niciodată.

> **Har:** Bunătate nemeritată; favoare nemeritată.

Căci chiar dacă suntem ucenici ai lui Isus, noi trebuie să fim iertaţi adesea. Iar Dumnezeu, în bunătatea Sa, ne oferă iertare adesea. Noi nu mai suntem „robi ai păcatului", dar încă păcătuim (Rom. 6:6). „Dacă zicem că n-avem păcat, ne înşelăm singuri şi adevărul nu este în noi. Dacă ne mărturisim păcatele, El este credincios şi drept ca să ne ierte păcatele şi să ne curăţească de orice nelegiuire" (1 Ioan 1:8-9). **Roagă-L pe Dumnezeu să-ţi arate păcatul tău.** Roagă-te: „Cercetează-mă, Dumnezeule, şi cunoaşte-mi inima! Încearcă-mă şi cunoaşte-mi gândurile! Vezi dacă sunt pe o cale rea şi du-mă pe calea veşniciei!" (Ps. 139:23-24).

Umblarea în lumină – faptul că suntem sinceri cu privire la păcatul nostru – este modul în care ne apropiem mai mult de Dumnezeu și de alții: „Dacă umblăm în lumină, după cum El Însuși este în lumină, avem părtășie unii cu alții; și sângele lui Isus Cristos, Fiul Lui, ne curăţeşte de orice păcat" (1 Ioan 1:7). Noi putem să trăim în lumină – nu pentru că suntem fără păcat, ci pentru că suntem iertaţi.

Cum răspundem noi dragostei și iertării lui Dumnezeu?

Îi iubim și îi iertăm pe alții. **Dragostea şi iertarea nu se bazează pe emoţii; noi trebuie să alegem să iubim şi să iertăm.** Uneori este un proces îndelungat și dificil. De aceea Isus vede credinţa femeii care toarnă mir pe picioarele Lui și îi amintește lui Simon – ne aminteşte nouă – că pentru a iubi mult, trebuie să ne aducem aminte că ni s-a iertat mult (Lc. 7:47).

Ia-ţi o clipă ca să te gândeşti la iertarea lui Dumnezeu în viaţa ta. Cât de des ai păcătuit și ai avut nevoie de iertare? Iertarea este darul pe care cu toţii trebuie să îl primim, însă ne este greu să îl dăm mai departe. Când refuzăm să le oferim altora iertarea, acest lucru de fapt ne face rău nouă. Când ne supărăm cu uşurinţă şi purtăm pică, acest lucru distruge relaţiile. Seminţele resentimentelor cresc și devin rădăcini de amărăciune, care îi înfăşoară și îi întinează pe mulţi (Ev. 12:15). Atunci când suntem plini de amărăciune, vrem să îi rănim pe alţii, însă până la urmă ne facem rău nouă înşine; ajungem să fim prinşi în lanţurile păcatului (Fapte 8:23). De aceea Dumnezeu ne porunceşte să scăpăm de amărăciune şi să ne iertăm unii pe alţii aşa cum ne-a iertat Cristos (Col. 3:13).

Domnul te iartă grabnic şi cu generozitate.

Iertarea nu înseamnă că uiţi sau scuzi faptele rele ale altora. Nu rămâi într-o poziţie în care te afli în pericol. Înseamnă pur și simplu că **atunci când îi ierţi pe alţii, renunţi la supărarea ta şi ai încredere că Dumnezeu Se va ocupa de păcatul lor, în bunătatea Sa, la fel cum S-a ocupat şi de păcatele tale.** În acest proces, Dumnezeu te va elibera din robia neiertării atunci când Îi dai Lui durerea ta. Poate că îţi este greu să ierţi, dar Duhul Sfânt din tine te va ajuta. Cum spune vorba aceea: eşti cel mai mult asemenea lui Isus atunci când ierţi.

Petru, unul dintre cei mai apropiaţi ucenici ai lui Isus, a negat de trei ori că ar avea vreo legătură cu Isus. Isus l-a avertizat pe Petru că va face acest lucru, iar Petru a insistat că asta nu se va întâmpla niciodată. Apoi s-a întâmplat, iar Petru a plâns cu amar (Mt. 26). Cu un har uimitor, Isus l-a iertat pe Petru și l-a readus în lucrare (Ioan 21:15-19). Același Isus care i-a iertat pe cei care s-au lepădat de El te iartă și pe tine și te va ajuta să-i ierți pe alții. El îți cunoaște durerea pentru că și El a experimentat durerea, însă porunca Lui rămâne încă în picioare: „Iubiți pe vrăjmașii voștri, binecuvântați pe cei ce vă blestemă, faceți bine celor ce vă urăsc și rugați-vă pentru cei ce vă asupresc și vă prigonesc" (Mt. 5:44).

Dacă îți este greu să-i ierți pe alții atunci când ți-au făcut rău, îngăduie-I lui Dumnezeu să lucreze prin tine (Flp. 2:13). Poate că este nevoie să ierți pe cineva de mai multe ori pe zi, atunci când îți aduci aminte de acea persoană. Iart-o și încredințează-I-o lui Dumnezeu de fiecare dată. În ziua următoare fă același lucru... și în ziua următoare... și în ziua următoare, până când în cele din urmă ai iertat-o în totalitate. „Și chiar dacă păcătuiește împotriva ta de șapte ori pe zi și de șapte ori pe zi se întoarce la tine și zice: «Îmi pare rău!» să-l ierți" (Lc. 17:4). **Dumnezeu nu pune limite iertării Sale și nici noi nu ar trebui să facem acest lucru.**

Așa cum i-a spus Isus femeii, El îți spune și ție: „Credința ta te-a mântuit; du-te în pace" (Lc. 7:50). Ești iertat și înnoit.

ZIUA 10

Lasă Biblia să vorbească:
Citește Matei 18:15-35 (Opțional: Psalmul 32; Luca 15:11-32)

Lasă-ți mintea să gândească:
1. Ce sentimente îți vin în minte atunci când te gândești la felul în care te-a iertat Dumnezeu?

2. Noi trebuie să-i iertăm pe alții așa cum am fost iertați noi (Ef. 4:32). Pe cine trebuie să ierți? Iartă astăzi. Cu cât amâni mai mult iertarea, cu atât îți vei amâna mai mult propria vindecare. Lasă totul în mâna lui Dumnezeu. Poți să faci acest lucru – prin puterea lui *Dumnezeu*.

3. Concentrează-te asupra pasajului din Matei 18:21-35. După ce ierți pe cineva, dacă simți că inima ta începe să se împietrească, iartă din nou, aducându-ți aminte că și Dumnezeu ne iartă din nou și din nou.

Lasă-ți sufletul să se roage:
Tată, Cuvântul Tău spune că cerul se bucură pentru un singur păcătos care se întoarce la calea lui Dumnezeu (Lc. 15:7). Ajută-mă să-mi amintesc acest lucru atunci când păcatul meu mă face să vreau să mă ascund de Tine. Ajută-mă să vin la Tine cu încredere și să umblu în lumină, știind că Tu ești grabnic la iertare. Primește-mă ca pe un copil al Tău. Ajută-mă să-i iert pe alții așa cum Tu m-ai iertat pe mine... În numele lui Isus mă rog, amin.

Lasă-ți inima să dea ascultare:
(Ce te călăuzește Dumnezeu să știi, să prețuiești sau să faci?)

ZIUA
11

Ești înfiat

Dumnezeu a trimis pe Fiul Său... pentru ca să căpătăm înfierea.
Și pentru că sunteți fii, Dumnezeu ne-a trimis în inimă Duhul
Fiului Său, care strigă: „Ava!", adică „Tată!" Așa că nu mai ești
rob, ci fiu; și dacă ești fiu, ești și moștenitor prin Dumnezeu.
Galateni 4:4–7

Rahav avea șanse extrem de mici să facă parte din Povestea lui Dumnezeu, cu atât mai puțin din familia Sa. O prostituată din orașul canaanit Ierihon, Rahav auzise despre ieșirea israeliților din Egipt. Ea știa că singurul Dumnezeu adevărat era Cel care îi salvase și luptase pentru ei în călătoria lor prin Canaan. Iar acum israeliții se apropiau de orașul ei. Când Dumnezeu a condus iscoadele la ușa ei, ea a dat dovadă de un mare curaj. Prin credință, Rahav le-a protejat de propriul ei împărat, riscându-și viața pentru poporul lui Dumnezeu. „Știu că Domnul v-a dat țara aceasta", le-a spus ea iscoadelor. „Căci Domnul Dumnezeul vostru este Dumnezeu sus în ceruri și jos pe pământ" (Ios. 2:9, 11). Rahav a ascuns iscoadele israelite, iar acestea au reușit să scape fără a fi capturate. Apoi Dumnezeu i-a condus pe israeliți într-o mare victorie asupra cetății Ierihon, dărâmându-i zidurile. Dar nu înainte ca El să-i salveze pe Rahav și pe familia ei și să-i primească în familia Sa.[1]

În Povestea adevărată a lui Dumnezeu, aflăm că cetatea Ierihon a fost înfrântă cu ușurință. Dumnezeu a făcut ca zidurile cetății să se prăbușească în mod miraculos, *fără nicio intervenție umană*. Așadar, a fost oare nevoie de iscoade? De ce a îngăduit Dumnezeu ca acești oameni să își riște viața? Să fi fost oare pentru că Rahav era acolo? Rahav merita să fie salvată. Aflăm mai târziu că viața lui Rahav a fost salvată nu numai din punct de vedere fizic, ci și spiritual. Rahav avea să devină stră-străbunica împăratului David și, mai important decât

---

1 Citește relatarea despre Rahav, care se găsește în Iosua 2 și 6.

atât, avea să facă parte din genealogia lui Isus (Mt. 1:5). În ciuda trecutului ei păcătos sau a poporului ei păcătos. În pofida contextului etnic sau religios din care provenea. Ea a renunțat la legăturile sale cu canaaniții și și-a predat viața Domnului. Chiar și astăzi, Rahav continuă să fie un exemplu de credință transpusă în fapte: „Rahav... a fost socotită și ea neprihănită prin fapte când a găzduit pe soli și i-a scos afară pe altă cale" (Iac. 2:25). Dumnezeu a primit-o și i-a dat o onoare specială (Ev. 11:31). Ea a fost iertată, înnoită și înfiată în familia veșnică a lui Dumnezeu. Ce har extraordinar!

Dintre toate minunile care vin odată cu mântuirea, unul dintre cele mai liniștitoare, hrănitoare și înălțătoare adevăruri este să știm că devenim copii ai lui Dumnezeu. Asemenea lui Rahav, și noi putem să găsim dragoste și acceptare din partea Tatălui și o nouă familie aici și în cer – indiferent de contextul din care venim, de naționalitatea noastră sau chiar de trecutul nostru păcătos. Înfierea înseamnă o intimitate reală, o relație cu Dumnezeu autentică și inima Evangheliei.

Dumnezeu dorește să ne înfieze în familia Sa pentru totdeauna – suntem născuți din nou, devenind proprii Săi copii (Ioan 3:7). Și El ne-a ales *mai dinainte*, înfiindu-ne prin Isus Cristos (Ef. 1:5). Ce înseamnă acest lucru? **Tu ești dorit și mult iubit.** „Vedeți ce dragoste ne-a arătat Tatăl: să ne numim copii ai lui Dumnezeu! Și suntem." (1 Ioan 3:1).

În Cristos, avem dreptul să devenim copii ai lui Dumnezeu (Ioan 1:12). Dumnezeu dorește să fie Tatăl tău, Cel pe care Îl cunoști și în care te încrezi în mod intim. Acum Îl strigăm: „«Ava!», adică «Tată!»", la fel cum Îl striga Isus (Rom. 8:15). Păcătoșenia ta nu Îl împiedică pe Dumnezeu să dorească să te înfieze. Tu nu Îl faci să Se simtă stânjenit. Indiferent ce greșeli ai făcut și indiferent ce ți-a făcut cineva, Tatăl tău **Ava** întotdeauna te primește și te acceptă așa cum ești.

Gândește-te la tatăl tău pământesc. A fost el blând sau nemilos? A fost implicat sau absent? Chiar dacă ai avut o relație bună cu tatăl tău pământesc, relația ta cu Tatăl tău ceresc este mult mai bună. Isus dorește ca noi să experimentăm legătura intimă pe care o avem cu Tatăl nostru din cer. El ne spune: „Și «Tată» să nu numiți pe nimeni pe pământ, pentru că Unul singur este Tatăl vostru: Acela care este în ceruri" (Mt. 23:9). Isus nu ne cere să ne renegăm tatăl pământesc, însă dorește ca noi să prețuim mult mai mult relația noastră cu Tatăl nostru ceresc. Cum facem lucrul acesta? Începem prin a învăța tot ce putem despre acest Tată al nostru desăvârșit.

Mai întâi, trebuie să înțelegem cât de mult ne iubește Tatăl nostru. El ne înfiază copilași din punct de vedere spiritual și ne ajută să „creștem în toate privințele, ca să ajungem la... Cristos" (Ef. 4:15). „Ca niște prunci născuți de curând, să [dorim] laptele duhovnicesc și curat, pentru ca prin el să [creștem]" (1 Pet. 2:2). Pe măsură ce creștem în asemănare cu Isus, auzim și imităm vocea Tatălui nostru. Imităm acțiunile Sale (Ef. 5:1). Chiar și Isus făcea doar ceea ce-L vedea pe Tatăl făcând (Ioan 5:19) și spunea doar ceea ce-L auzea pe Tatăl spunând (Ioan 8:28). El nu asculta din obligație sau dintr-o nevoie nesănătoasă de aprobare. Ascultarea lui Isus Cristos se revărsa din relația plină de dragoste pe care o avea cu Tatăl Său. Atunci când iubești cu adevărat pe cineva, pentru tine este cea mai mare plăcere să *acționezi* în consecință – cu cinste, respect și ascultare.

> **Ava:**
> În limba aramaică vorbită în vremea lui Isus, cuvântul *ava* însemna „tată" și era utilizat cu precădere în familie și în rugăciune.
>
> Sursă: Robert H. Mounce, *Romans*, vol. 27, *The New American Commentary*, Broadman & Holman Publishers, Nashville, 1995.

Dumnezeu ne iubește suficient de mult încât să dorească să ne disciplineze. În calitate de copii înfiați de El, noi avem nevoie de disciplina Sa iubitoare din când în când. Nimănui dintre noi nu îi place acest lucru, însă cu toții avem nevoie de el. Pentru că Dumnezeu ne iubește, El ne mustră atunci când în gândurile, atitudinile sau acțiunile noastre ne îndepărtăm de voia Sa: „Domnul mustră pe cine iubește, ca un părinte pe copilul pe care-l iubește!" (Prov. 3:12). Dumnezeu ne iubește și „ne pedepsește pentru binele nostru, ca să ne facă părtași sfințeniei Lui" (Ev. 12:10). Dumnezeu ne mustră pentru a ne proteja de consecințele devastatoare ale păcatului. Așa cum un părinte se bucură de creșterea unui copil, Dumnezeu Se bucură să ne vadă propășind în ceea ce a pregătit El pentru noi (Ef. 2:10).

Tatăl nostru este Cel care ne poartă de grijă în mod desăvârșit. El „știe de ce aveți trebuință, mai înainte ca să-I cereți voi" (Mt. 6:8). Așa că „să nu căutați ce veți mânca sau ce veți bea și nu vă frământați mintea. Căci toate aceste lucruri neamurile lumii le caută. Tatăl vostru știe că aveți trebuință de ele" (Lc. 12:29-30). Stai liniștit, știind că Dumnezeu Se va îngriji „de toate trebuinţele [tale], după bogăţia Sa" (Flp. 4:19). Dacă niște părinți buni pământești știu să dea daruri bune copiilor lor, cu cât mai mult Tatăl nostru cel ceresc va da lucruri bune celor ce I le cer! (Mt. 7:9-11).

Dumnezeu de asemenea știe că avem nevoie de comunitate – de un loc unde să aparținem. Dumnezeu îi înfiază pe toți cei pe care Isus îi salvează, așa că avem mulți frați și multe surori în familia noastră de credință (Rom. 8:29). Este bine că „în casa Tatălui [nostru] sunt multe locașuri" (Ioan 14:2). Însă nu există loc pentru rivalitate între frați, deoarece toți copiii lui Dumnezeu sunt considerați egali (Mt. 23:8; Gal. 3:28). Dumnezeu nu are preferați în familia Sa (1 Pet. 1:17). Noi nu concurăm cu frații noștri și nu facem discriminări, ci ne pasă de ei. Noi recunoaștem partea lor în Povestea lui Dumnezeu (1 Cor. 12). „Încolo, toți să fiți cu aceleași gânduri, simțind cu alții, iubind ca frații, miloși, smeriți" (1 Pet. 3:8). Suntem încurajați să ne dăm viața pentru frații și surorile noastre în Cristos tot așa cum și Isus Și-a dat viața pentru noi (1 Ioan 3:16). Atunci când îi iubim pe frații și pe surorile noastre, le dăruim dragostea Tatălui nostru. **Dragostea abundentă este o trăsătură de familie.**

Așa cum familiile pământești își doresc să se îngrijească de generațiile lor viitoare, **Tatăl nostru le dăruiește copiilor Săi, „moștenitorilor" Săi, o moștenire** (Rom. 8:17). „Acum trăim cu o mare expectație și avem o moștenire neprețuită – o moștenire care este păstrată în cer pentru [noi], curată și neîntinată, care nu poate fi atinsă de schimbare și stricăciune" (1 Pet. 1:3-4, NLT). În cer, ne vom bucura de slava lui Dumnezeu pentru totdeauna, vom celebra bunătatea Sa și ne vom odihni în dragostea Sa. Cel mai frumos lucru este însă că ne vom bucura de prezența Sa cu o desfătare și o bucurie inimaginabile (Ps. 16:11). Ce „moștenire plăcută"! (Ps. 16:6).

ZIUA 11

Lasă Biblia să vorbească:
Citește Ioan 14 (Opțional: Romani 8:15-17)

Lasă-ți mintea să gândească:

1. Prieten drag, tu ești înfiat și mult iubit. Pentru totdeauna. Locul tău în familia lui Dumnezeu este sigur (Ioan 10:19). Există ceva ce te împiedică să te simți pe deplin în siguranță și iubit de Dumnezeu?

2. Ce îți spune înfierea ta – faptul că ai fost ales asemenea lui Rahav – despre dragostea lui Dumnezeu pentru tine?

3. Ce impact are asupra relațiilor tale din prezent și din viitor faptul de a-i vedea pe alți credincioși ca pe niște membri ai familiei, iubiți și prețuiți în mod egal (Gal. 3:28-29)? Cum poți să încurajezi o soră sau un frate astăzi?

Lasă-ți sufletul să se roage:
Doamne, Îți mulțumesc că m-ai înfiat! Cuvântul Tău spune: „Cum se îndură un tată de copiii lui, așa Se îndură Domnul de cei ce se tem de El" (Ps. 103:13). Ajută-mă să Te văd ca pe un Tată îndurător. Ajută-mă să cresc în asemănare cu Isus și ajută-mă să stau liniștit, știind că Tu Te vei îngriji de toate nevoile mele. Fă-mă un membru încurajator al familiei mele veșnice... În numele lui Isus, amin.

Lasă-ți inima să dea ascultare:
(Ce te călăuzește Dumnezeu să știi, să prețuiești sau să faci?)

Nu ești niciodată singur

Tu mă înconjori pe dinapoi și pe dinainte
și-Ți pui mâna peste mine.
O știință atât de minunată este mai presus de puterile mele:
este prea înaltă ca s-o pot prinde.
Unde mă voi duce departe de Duhul Tău
și unde voi fugi departe de Fața Ta?
Dacă mă voi sui în cer, Tu ești acolo;
Dacă mă voi culca în Locuința morților, iată-Te și acolo.
Dacă voi lua aripile zorilor
și mă voi duce să locuiesc la marginea mării,
și acolo mâna Ta mă va călăuzi și dreapta Ta mă va apuca.
Psalmul 139:5–10

Tocmai căzuse foc din cer, înfrângându-i pe dușmanii profetului Ilie. Primul nor de ploaie după ani de secetă se forma pe cer. Națiunea lui Israel se schimba din punct de vedere fizic odată cu ploaia și din punct de vedere spiritual prin pocăință (1 Împ. 18). Ilie era un om căutat; oamenii căutau să-l ucidă. Cu toate că Ilie văzuse purtarea de grijă, protecția și puterea lui Dumnezeu de-a lungul anilor de răzvrătire a națiunii, el era epuizat. Ajunsese la capăt – sau cel puțin așa I-a spus el lui Dumnezeu:

> „Destul! Acum, Doamne, ia-mi sufletul... Am fost plin de râvnă pentru Domnul Dumnezeul oștirilor, căci copiii lui Israel au părăsit legământul Tău, au sfărâmat altarele Tale și au ucis cu sabia pe prorocii Tăi; am rămas numai eu singur, și caută să-mi ia viața." (1 Împ. 19:4, 14)

Însă Ilie nu era singur. Dumnezeu era cu el. El nu era singurul credincios rămas, fiindcă Dumnezeu păstrase șapte mii de credincioși care nu-și plecaseră genunchii înaintea idolilor (1 Împ. 19:18). Ceea ce avea Ilie nevoie era să se odihnească, să se revigoreze și să-și aducă aminte. Dumnezeu i-a dăruit hrană pentru trup şi odihnă pentru suflet. Iar atunci când a venit momentul potrivit, Dumnezeu i-a dat lui Ilie următorul set de instrucţiuni.[1]

Uneori, în calitate de credincios, s-ar putea să fii folosit de Dumnezeu cu putere, iar apoi duşmanul va încerca să se răzbune. Poate să apară îndoiala, descurajarea sau disperarea. Poate că te simţi singur, crezând minciuna că Dumnezeu te-a părăsit sau că nu-I mai eşti de niciun folos. Asemenea lui Ilie, şi tu ai nevoie de înviorare. Ai nevoie de „odihna lui Ilie". Iată ce trebuie să ştii:

Nu eşti niciodată singur. Dumnezeu – Tatăl, Fiul şi Duhul Sfânt – este întotdeauna cu tine. În fiecare minut al fiecărei zile, El Şi-a dorit mereu să fie aproape de tine. De aceea te-a creat cu atâta grijă. De aceea a trimis un Salvator ca să distrugă păcatul care te despărţea de El. De aceea L-a trimis pe Duhul Său Sfânt ca să locuiască în tine. El nu te lasă niciodată singur ca să te simţi părăsit.

Atunci când căutăm sprijin din partea altora şi ei nu ne sunt alături, poate că ne simţim cu totul singuri. Însă nu este adevărat. Dumnezeu este *întotdeauna* prezent (Ps. 46:1; 139:7-10). *Nu eşti niciodată singur.*

Isus este Dumnezeu *cu tine*. El Se mai numeşte şi *Emanuel*, „Dumnezeu este cu noi" (Mt. 1:23), pentru că El a trăit ca fiinţă umană şi a locuit printre noi. El a flămânzit şi a obosit. A fost ispitit să păcătuiască. A fost chinuit şi acuzat pe nedrept. Şi în cele din urmă, a fost trădat, torturat şi omorât. Datorită acestui fapt, indiferent cu ce greutăţi ne confruntăm, Isus cunoaşte suferinţa noastră: „Căci n-avem un Mare Preot care să n-aibă milă de slăbiciunile noastre, ci unul care în toate lucrurile a fost ispitit ca şi noi" (Ev. 4:15). Isus a suferit acelaşi gen de lucruri pe care le suferim şi noi – şi mai mult decât atât – aşa că El ştie cum să Se roage pentru noi şi Se roagă pentru noi în mod continuu (Ev. 7:25). În calitate de Mare Preot al nostru, Isus stă în prezenţa lui Dumnezeu pentru noi (Ev. 9:24). Noi nu mai avem nevoie de un templu în Ierusalim sau de un preot special care să stea între noi şi Dumnezeu.[2] Isus de asemenea promite că va fi cu noi „în toate zilele, până la sfârşitul veacului" (Mt. 28:20). *Nu eşti niciodată singur.*

---

1 Citeşte relatările despre experienţele lui Ilie de pe munte în 1 Împăraţi 18 şi 19.

2 Wayne Grudem, *Teologie sistematică: Introducere în doctrinele biblice*, Făclia şi Editura Universităţii Emanuel, Oradea, 2004, p. 658.

Duhul Sfânt este Dumnezeu în tine. Isus spune: „Eu voi ruga pe Tatăl, și El vă va da un alt Mângâietor, care să rămână cu voi în veac; și anume Duhul adevărului... voi Îl cunoașteți, căci rămâne cu voi și va fi în voi" (Ioan 14:16-17). El este *cu* tine și *în* tine...

- **când citești Cuvântul lui Dumnezeu și meditezi asupra lui:** „Duhul Sfânt... vă va învăța toate lucrurile și vă va aduce aminte de tot ce v-am spus Eu" (Ioan 14:26).
- **când te rogi:** „Duhul ne ajută în slăbiciunea noastră, căci nu știm cum trebuie să ne rugăm. Dar Însuși Duhul mijlocește pentru noi" (Rom. 8:26).
- **când ești ispitit:** „împreună cu ispita, [Duhul Sfânt] a pregătit și mijlocul să ieșiți din ea, ca s-o puteți răbda" (1 Cor. 10:13).
- **când suferi:** atunci când te afli în nevoie, Dumnezeu niciodată nu va *trimite* doar mângâiere și putere – în schimb, El Își va *face simțită prezența* ca *sursă* a mângâierii și a puterii. Însăși prezența Sa aduce un balsam vindecător pentru inima ta zdrobită. „Domnul este aproape de cei cu inima înfrântă și mântuiește pe cei cu duhul zdrobit" (Ps. 34:18). El va fi ajutorul și mângâietorul nostru pentru totdeauna (Ioan 14:16-17).

Nu ești niciodată singur.

De asemenea, nu ești niciodată singur pentru că Dumnezeu ți-a dat un loc unde să aparții: biserica. (Vezi: „Cum să găsești o biserică bună" pe pagina următoare.) Cu toții suntem membri ai familiei veșnice a lui Dumnezeu, iar El ne zidește împreună, făcând din noi o comunitate în care locuiește Duhul Său (Ef. 2:19-22). Legătura dintre noi, frații (1 Pet. 2:17), este atât de strânsă încât Dumnezeu ne numește trupul lui Cristos (1 Cor. 12:27). Poate că ești singurul credincios din familia sau din localitatea ta, însă în Cristos faci parte dintr-o familie mare de credincioși din întreaga lume. Așa cum Dumnezeu i-a păstrat pe credincioșii din vremea lui Ilie, El îi păstrează și pe credincioșii de astăzi. „După cum trupul este unul și are multe mădulare și după cum toate mădularele trupului, măcar că sunt mai multe, sunt un singur trup, tot așa este și Cristos... Mădularele [îngrijesc] deopotrivă unele de altele. Și dacă suferă un mădular, toate mădularele suferă împreună cu el; dacă este prețuit un mădular, toate mădularele se bucură împreună cu el" (1 Cor. 12:12, 25-26). Tu nu ești niciodată singur în durerea ta. Și nu numai că Isus îți cunoaște durerea, dar

„şi fraţii voştri în lume trec prin aceleaşi suferinţe ca voi" (1 Pet. 5:9). Dumnezeu ţese laolaltă povestea ta şi povestea fiecărui ucenic al lui Isus în povestea Sa. *Nu eşti niciodată singur.*

Pentru că nu eşti niciodată singur, nu trebuie să te temi niciodată – aceasta nu este voia lui Dumnezeu pentru noi. „Întăreşte-te şi îmbărbătează-te. Nu te înspăimânta şi nu te îngrozi, căci Domnul Dumnezeul tău este cu tine în tot ce vei face" (Ios. 1:9). Însă atunci când ne este teamă, Dumnezeu ne mângâie, la fel cum a făcut şi cu Ilie. Indiferent ce necazuri ar veni, „Dumnezeu este adăpostul şi sprijinul nostru, un ajutor care nu lipseşte niciodată în nevoi. De aceea nu ne temem" (Ps. 46:1-2). Dumnezeu a fost cu noi ieri. El este cu noi acum şi va fi cu noi în viitorul nostru. *Nu suntem niciodată singuri.*

Cum să găseşti o biserică bună

Dacă eşti un ucenic al lui Cristos care are acces la o biserică, să te alături unei familii de credinţă este una dintre cele mai importante priorităţi ale tale pentru rugăciune, învăţătură biblică, părtăşie, Cina Domnului şi altele. Dacă nu ai acces la o biserică, puteţi să vă adunaţi în casa ta (mai multe despre acest subiect mai târziu). Cuvântul lui Dumnezeu ne porunceşte să nu încetăm să ne adunăm laolaltă (Ev. 10:25). Avem nevoie de o biserică-familie şi iată ce trebuie să cauţi într-o biserică bună:

1. **Un pastor slujitor-lider:** Chemat de Dumnezeu, pastorul are o inimă iubitoare şi nu numai că dă învăţături din Biblie, ci şi trăieşte în ascultare de Biblie. El nu este un dictator sau o persoană care încearcă să le facă pe plac oamenilor. Pastorul Îl înalţă pe Isus, nu pe un om.

2. **Creştere spirituală:** Biserica te provoacă să creşti din punct de vedere spiritual, învăţându-te să fii un ucenic statornic al lui Isus care face ucenici pentru Isus.

3. **Un mediu prietenos:** Oamenii din biserică se iubesc unii pe alţii şi le pasă unii de alţii. Există un sentiment de unitate a familiei.

4. **Slujire în exterior:** Biserica nu este focalizată spre interior, ci se îndreaptă spre comunitate şi spre lume pentru a răspândi dragostea lui Dumnezeu prin vorbe şi fapte.

Nu există biserică desăvârşită (numai Isus este desăvârşit). Dacă găseşti o biserică bună, fii credincios familiei tale de credinţă. Fii credincios cu timpul tău, participând cu regularitate la întâlnirile de închinare şi respectându-ţi angajamentele cu excelenţă. Fii credincios cu talentele tale, implicându-te şi nu aşteptând ca alţii să facă totul. Fii credincios în dărnicia ta, nefiind zgârcit. Ia iniţiativa de a întâlni oameni şi a te implica. Vei fi binecuvântat.

Lasă Biblia să vorbească:
Citește Isaia 41:10-20 (Opțional: Deuteronom 31:6)

Lasă-ți mintea să gândească:
1. Cum poți să-ți aduci aminte că Dumnezeu este cu tine chiar și atunci când te simți singur sau când ți-e teamă?

2. Cum ar putea prezența lui Dumnezeu să te ajute să fii curajos și să-ți dea bucurie (Deut. 3:16)?

3. Cunoști pe cineva care se simte singur? Fii un prieten pentru acea persoană. Arată-i că nu este singură. Împărtășește astăzi cu ea prezența lui Dumnezeu.

Lasă-ți sufletul să se roage:
Doamne, Îți mulțumesc că ești întotdeauna cu mine, chiar și atunci când mă simt singur. Tu promiți că nu mă vei părăsi și nu vei uita de mine niciodată (Ev. 13:5). Ajută-mă să conștientizez mai mult prezența Ta. Fă ca prezența Ta să mă ajute să fiu curajos și să mă umple de bucurie. Arată-mi persoane care se simt singure și care au nevoie să experimenteze prezența Ta și bunătatea Ta prin mine... În numele lui Isus mă rog, amin.

Lasă-ți inima să dea ascultare:
(Ce te călăuzește Dumnezeu să știi, să prețuiești sau să faci?)

Ești sfânt

Voi să-Mi fiți sfinți, căci Eu sunt sfânt, Eu, Domnul; Eu
v-am pus deoparte dintre popoare, ca să fiți ai Mei.
Levitic 20:26

Chiar în acest moment, în timp ce citești cuvintele de pe această pagină, în ceruri au loc exprimări incredibile ale adorării. Profetul Isaia a văzut un crâmpei din însăși această scenă, iar acest lucru ne este relatat în Isaia 6. În vedenia sa cu sala tronului, el a văzut ființe angelice care proclamau cu glas tare: „Sfânt, sfânt, sfânt este Domnul oștirilor! Tot pământul este plin de mărirea Lui" (Is. 6:3).[1] Cu peste opt sute de ani mai târziu, apostolul Ioan relatează o experiență similară: „Zi și noapte ziceau fără încetare: «Sfânt, sfânt, sfânt este Domnul Dumnezeu, Cel Atotputernic, care era, care este, care vine!»" (Apoc. 4:8). „Cine nu se va teme, Doamne, și cine nu va slăvi Numele Tău? Căci numai Tu ești Sfânt" (Apoc. 15:4). Ei ar fi putut să-L descrie pe Dumnezeu drept „Dragoste, dragoste, dragoste" sau „Har, har, har", dar în schimb ei repetă: „Sfânt, sfânt, sfânt". Nu este suficient să spui că Dumnezeu este sfânt. Nu este suficient să spui că Dumnezeu este sfânt, sfânt. Nu...

Dumnezeu este *sfânt, sfânt, sfânt*.

Atunci când ceva se repetă de mai multe ori în Biblie, înseamnă de obicei că acea afirmație este critică și semnificativă. Dumnezeu este *sfânt, sfânt, sfânt*. Așadar, ce înseamnă **sfânt**?

Dacă citești vreodată în Biblie vreun cuvânt important pe care nu-l cunoști, caută unde apare acel cuvânt pentru prima dată în Scriptură.[2] S-ar putea să descoperi semnificația lui din context.

---

1 Citește relatarea despre trimiterea lui Isaia în Isaia 6.
2 O concordanță enumeră toate cuvintele-cheie găsite într-un text. Unele Biblii conțin o concordanță ca unealtă pentru studiu biblic. Dacă Biblia ta nu are concordanță, poți găsi unelte pentru studiu biblic pe numeroase site-uri, printre care se numără: Bible Gateway (biblegateway. com), Bible Study Tools (biblestudytools.com), Bible Hub (biblehub.com) și Blue Letter Bible (blueletterbible.org).

Cuvântul *sfânt* apare pentru prima dată în Geneza pentru a descrie ziua pe care a pus-o deoparte Dumnezeu pentru odihnă. „Dumnezeu a binecuvântat ziua a şaptea şi a făcut-o sfântă, pentru că în ziua aceasta S-a odihnit de toată lucrarea de creaţie pe care a făcut-o" (Gen. 2:3, NIV). A fi *sfânt* înseamnă a fi pus deoparte.

> **Sfânt:**
> Pus deoparte
> sau dedicat lui
> Dumnezeu în
> curăţie pentru
> o utilizare
> onorabilă.

Tot ce are legătură cu Dumnezeu este sfânt şi curat: dragostea Sa, îndurarea Sa, dreptatea Sa – chiar şi mânia Sa. Nimic din întreaga creaţie nu se compară cu sfinţenia lui Dumnezeu, cu perfecţiunea Sa infinită. Dumnezeu este separat de tot ce este păcătos (1 Ioan 1:5).

Doar câteva persoane din Biblie au văzut sfinţenia lui Dumnezeu şi toate au fost îngrozite când au văzut-o. Moise şi-a ascuns faţa (Ex. 3:6). Ezechiel a căzut cu faţa la pământ de frică (Ezec. 1:28). Ioan a căzut la pământ „ca mort" (Apoc. 1:17). Isaia a strigat: „Vai de mine! Sunt pierdut, căci sunt un om cu buze necurate, locuiesc în mijlocul unui popor tot cu buze necurate, şi am văzut cu ochii mei pe Împăratul, Domnul oştirilor" (Is. 6:5).

Pentru că suntem păcătoşi, curăţia lui Dumnezeu ne copleşeşte. Dumnezeu spune: „Nu poate omul să Mă vadă şi să trăiască." Sfinţenia lui Dumnezeu nu poate să tolereze nicio urmă de păcat (Hab. 1:3). „Cine va putea să se suie la muntele Domnului? Cine se va ridica până la Locul Lui cel Sfânt? Cel ce are mâinile nevinovate şi inima curată" (Ps. 24:3-4). Numai cei curaţi pot să vadă sfinţenia lui Dumnezeu şi să supravieţuiască (Mt. 5:8). Aceasta este o problemă pentru noi fiindcă toţi păcătuim; niciunul dintre noi nu este neprihănit (Ps. 143:2; Rom. 3:23).

Însă Isus ne salvează de la această condamnare la moarte, făcându-ne sfinţi. Pentru ca să-L vedem pe Domnul, trebuie să fim sfinţi. Dumnezeu te-a sfinţit în Cristos Isus (1 Cor. 1:2). Prin faptul că a luat pedeapsa noastră asupra Sa, „Cristos ne-a împăcat cu Dumnezeu; El ne-a făcut curaţi şi sfinţi şi ne-a eliberat de păcat" (1 Cor. 1:30, NLT).

> Cristos [a iubit] Biserica şi S-a dat pe Sine pentru ea, ca s-o sfinţească, după ce a curăţit-o prin botezul cu apă prin Cuvânt, ca să înfăţişeze înaintea Lui această Biserică, slăvită, fără pată, fără zbârcitură sau altceva de felul acesta, ci sfântă şi fără prihană. (Ef. 5:25-27)

Numai Cristos putea să facă acest lucru pentru că numai El este „sfânt, nevinovat, fără pată" (Ev. 7:26). Atunci când ţi-ai pus credinţa în Cristos, ai fost spălat, ai fost sfinţit, ai fost socotit neprihănit" (1 Cor. 6:11). În felul acesta poţi să te înfăţişezi înaintea Lui „[sfânt], fără prihană şi fără vină" (Col. 1:22). Numai în Cristos putem să ascultăm de porunca lui Dumnezeu: „Voi să-Mi fiţi sfinţi, căci Eu sunt sfânt" (Lev. 20:26). Numai în Cristos putem să intrăm în prezenţa lui Dumnezeu şi să trăim.

Dumnezeu este sfânt; aşadar, în Cristos, tu eşti sfânt. Sfinţenia este însăşi viaţa lui Dumnezeu în noi. După momentul mântuirii vine o viaţă întreagă de sfinţire – procesul de a deveni sfânt. (Vom învăţa mai multe despre sfinţire în Săptămâna 7.) După cum explică un autor creştin: „Poziţia noastră neprihănită este dobândită într-un moment de credinţă adevărată, însă neprihănirea noastră – asemănarea noastră cu Cristos – devine tot mai profundă de-a lungul unei vieţi în care căutăm lucrurile lui Dumnezeu."[1] Pe tot cuprinsul Bibliei, Dumnezeu ne porunceşte să fim sfinţi pentru a accentua importanţa sfinţeniei.

Dar cum arată o viaţă sfântă? Noi arătăm în exterior sfinţenia noastră interioară printr-o viaţă sfântă, nu prin necurăţie (1 Tes. 4:7). Biblia face referire frecvent la îmbrăcăminte ca semn exterior al trăirii interioare. De exemplu, miresele poartă o îmbrăcăminte specială, însă îmbrăcămintea lor nu le *face* mirese; ea doar *arată* că ele *sunt* mirese. În acelaşi fel, noi purtăm sfinţenia noastră. Această sfinţenie exterioară nu ne face sfinţi, însă le arată altora că trăim puşi deoparte în Cristos. „Astfel dar, ca nişte aleşi ai lui Dumnezeu, sfinţi şi preaiubiţi, îmbrăcaţi-vă cu o inimă plină de îndurare, cu bunătate, cu smerenie, cu blândeţe, cu îndelungă răbdare" (Col. 3:12). Noi trebuie să îmbrăcăm aceste virtuţi cristice în fiecare zi şi „să [ne dezbrăcăm] de omul cel vechi care se strică după poftele înşelătoare şi să [ne înnoim] în duhul minţii [noastre] şi să [ne îmbrăcăm] în omul cel nou, făcut după chipul lui Dumnezeu, de o neprihănire şi sfinţenie pe care o dă adevărul" (Ef. 4:22-24).

Când te gândeşti la o viaţă sfântă, ţi se pare ea intimidantă? Poate ţi se pare imposibilă sau legalistă? Mulţi oameni când se gândesc la sfinţenie, îşi imaginează un comportament pios şi ritualuri religioase. Sfinţenia nu înseamnă nişte reguli şi ritualuri. Ea înseamnă să-ţi examinezi cu sinceritate inima şi să-L inviţi pe Dumnezeu să-ţi curăţească atitudinile şi acţiunile. Înseamnă să trăieşti liber de păcat. Atunci

---

1 Francis & Lisa Chan, *You and Me Forever: Marriage in Light of Eternity*, Claire Love Publishing, San Francisco, 2014, p. 34 (în limba română: Francis şi Lisa Chan, *Împreună pentru totdeauna: Căsătoria în lumina veşniciei*, Casa Literaturii Creştine, Braşov, 2015).

când Dumnezeu scoate la iveală păcatul, noi putem să-l mărturisim imediat și să ne pocăim, întorcându-ne de la el și spre viața neprihănită pe care o dorește Dumnezeu și care ne aduce împlinire.

Duhul Sfânt va țese sfințenia în viața ta zi de zi. După săptămâni, luni și ani în care te încrezi în Dumnezeu și faci ceea ce spune El, vei observa în atitudinile și acțiunile tale un tipar de sfințenie care se intensifică. De exemplu, alegerile tale în ce privește cărțile pe care le citești, muzica pe care o asculți sau filmele pe care le vizionezi pot să se schimbe pe măsură ce Duhul Sfânt îți arată cum să-ți păzești inima (Prov. 4:23). Faptele, vorbele și gândurile tale se vor transforma pe măsură ce El te învață să-L cinstești pe Dumnezeu cu viața ta (Col. 3:17). Duhul Sfânt modelează detaliile vieții tale. Păcatele care odinioară te înlănțuiau devin mai puțin puternice. Roada Duhului – dragostea, bucuria, pacea și altele – devin mai abundente (Gal. 5:22-23). Aceste schimbări se petrec de-a lungul timpului, pe măsură ce îmbrăcăm sfințenia zilnic.

Poate că în unele zile ne luptăm cu ispite și frustrări care uneori fac ca încercările noastre de a urmări sfințenia să pară ca și cum ne-am cățăra la nesfârșit pe un munte, dar fără să reușim să ajungem în vârf. Când vor veni astfel de zile dificile – și vor veni – putem și atunci să alegem să punem un picior în fața celuilalt, avându-L pe Isus drept călăuză. Într-o zi nu va mai fi nevoie să îmbrăcăm sfințenia, pentru că Dumnezeu Însuși ne va îmbrăca într-o sfințenie permanentă și desăvârșită. În cer, Dumnezeu ne va da să ne îmbrăcăm cu „«in subțire, strălucitor și curat.» (Inul subțire sunt faptele neprihănite ale sfinților)" (Apoc. 19:8).

Da, prieten drag, în *Cristos* tu ești sfânt. Nu te strădui ești să fii sfânt prin propriile puteri. Dumnezeu te-a ales înainte de întemeierea lumii și te-a pus deoparte pentru scopurile Sale (Ef. 1:4). Îmbracă sfințenia ca să devii „un vas de cinste, sfințit, folositor stăpânului său, destoinic pentru orice lucrare bună" (2 Tim. 2:21). Dumnezeu dorește pentru tine sfințenia pentru ca să poți fi într-o relație cu El, plin de El din ce în ce mai mult și pus deoparte pentru toată lucrarea bună pe care a plănuit-o El pentru tine. Săptămâna viitoare vom învăța mai multe despre acele planuri.

ZIUA 13

Lasă Biblia să vorbească:
Citește 1 Petru 1:13-25 (Opțional: 1 Petru 2:1-11)

Lasă-ți mintea să gândească:
1. Cum anume este influențată atitudinea ta în închinare de faptul că te gândești la sfințenia lui Dumnezeu?

2. Ce anume din viața ta este posibil să nu fie pus deoparte pentru Dumnezeu?

3. Cum poți să îmbraci sfințenia în fiecare zi?

Lasă-ți sufletul să se roage:
Doamne, Tu ești sfânt. Îți mulțumesc că m-ai făcut sfânt prin Cristos. Cuvântul Tău spune că Tu ne-ai mântuit și ne-ai dat o chemare sfântă – nu pentru faptele noastre, ci după hotărârea Ta și după harul care ne-a fost dat în Isus (2 Tim. 1:9). Îți sunt nespus de mulțumitor că m-ai chemat. Te rog, ajută-mă să îmbrac sfințenia în fiecare zi... În numele lui Isus mă rog, amin.

Lasă-ți inima să dea ascultare:
(Ce te călăuzește Dumnezeu să știi, să prețuiești sau să faci?)

ZIUA 14

Îi aparții lui Dumnezeu

Orice gând îl facem rob ascultării de Cristos.
2 Corinteni 10:5

Cine ești tu?

Înainte de această săptămână, poate că ai fi răspuns la această întrebare cu ceva despre familia ta, ocupația ta, naționalitatea ta și alte lucruri. Poate că aceste descrieri sunt corecte, însă ele nu sunt noua ta identitate. Atunci când devii ucenic al lui Isus, acestea devin niște simple note de subsol în noua ta poveste.

Povestea ta adevărată este despre cine ești tu în Isus Cristos, așa că păzește-ți cu grijă identitatea. Să ne amintim ce anume te definește acum:

- Ești creat să te închini lui Dumnezeu.
- Ești iertat și înnoit.
- Ești ales și înfiat în familia veșnică a lui Dumnezeu.
- Nu ești niciodată, absolut niciodată singur.
- Ești sfânt și pus deoparte pentru scopurile lui Dumnezeu.

Noua ta viață are însemnătate și scop – și te face ținta dușmanului. Satan știe că Îi aparții lui Dumnezeu și nu te poate smulge din mâna lui Dumnezeu (Ioan 10:28-29). Însă el va face tot ce poate ca să te împiedice să te bucuri de relația ta cu Dumnezeu și să o împărtășești altora. Satan (numit în Scriptură și „pârâșul") îți va ataca identitatea în Isus, punând gânduri negative în mintea ta sau creând conflicte cu alții pentru a se împotrivi identității tale. Îți sună cunoscut ceva de aici?

- Suntem creați să ne închinăm lui Dumnezeu, însă dușmanul ne spune să ne închinăm nouă înșine sau unor idoli.
- Suntem iertați, însă dușmanul ne spune că suntem vinovați.
- Suntem aleși și înfiați, însă dușmanul ne spune că suntem nedoriți.

- Nu suntem niciodată singuri, însă dușmanul ne spune că suntem abandonați.
- Suntem sfinți, însă dușmanul ne spune că suntem lipsiți de valoare.

Dacă ai auzit vreuna din aceste minciuni care contrazic Cuvântul lui Dumnezeu, trebuie să alegi să încetezi a le mai asculta și să-ți amintești cine ești. Contracarează încercările dușmanului de a te ține departe de planurile cele mai bune ale lui Dumnezeu pentru tine, amintindu-ți de adevărurile din Cuvântul lui Dumnezeu. Memorează versetul simplu de la începutul lecției de astăzi: „Orice gând îl facem rob ascultării de Cristos" (2 Cor. 10:5). **Dușmanul vrea să ne facă să ne îndoim de dragostea lui Dumnezeu. Fiindcă dacă facem acest lucru, relația noastră cu Dumnezeu ni se va părea lipsită de viață, iar ascultarea de Dumnezeu ni se va părea o povară.** Să nu-l lăsăm pe dușman să ne amăgească! Nimic nu ne poate despărți de dragostea lui Dumnezeu (Rom. 8:38-39). Vom învăța mai multe despre acest război spiritual mai târziu. Deocamdată, fii cu ochii-n patru la atacurile dușmanului asupra identității tale de copil preaiubit al lui Dumnezeu. „Împotriviți-vă diavolului, și el va fugi de la voi" (Iac. 4:7).

Dacă începi să te simți nesigur, citește Romani 8. În acest capitol, vei descoperi că nu există *nicio osândire* pentru cei ce sunt în Cristos. **Gândește-te la sentimentele de nesiguranță ca la o invitație din partea lui Dumnezeu de a-ți găsi pacea în *ceea ce este El și în ceea ce a făcut El pentru tine.*** Fiindcă ceea ce gândim afectează ceea ce facem. Să ne păzim cu mare atenție gândurile! Ține minte, Dumnezeu nu numai că ne-a salvat din păcat; El de asemenea ne-a salvat pentru scopurile Sale. „Căci noi suntem lucrarea Lui și am fost zidiți în Cristos Isus pentru faptele bune pe care le-a pregătit Dumnezeu mai dinainte ca să umblăm în ele" (Ef. 2:10). **Da, tu ești lucrarea Lui, capodopera Lui.** El te-a ales și a scris o poveste frumoasă pentru viața ta – una pe care nimeni altcineva nu o poate trăi. Amintește-ți cine ești tu în Cristos.

De asemenea, încurajează-i pe frații și pe surorile tale în Cristos. **Cu toții suntem creați după chipul lui Dumnezeu.** În familia lui Dumnezeu, nu există loc pentru prejudecăți sau ranguri. „Nu mai este nici iudeu, nici grec; nu mai este nici rob, nici slobod; nu mai este nici parte bărbătească, nici parte femeiască, fiindcă toți sunteți una în Cristos Isus" (Gal. 3:28). Nu lăsa ca etnia, cultura, vârsta, educația, genul sau clasa socială să afecteze modul în care îi vezi sau îi tratezi pe alții. „Înaintea lui Dumnezeu nu se are în vedere fața omului" și la fel ar trebui să fie și pentru noi (Rom. 2:11). **Să-ți iubești frații și surorile așa cum îi iubește Dumnezeu. Să-i vezi așa cum îi vede Dumnezeu – cu toții niște capodopere.**

Încă avem multe lucruri de învățat despre noua noastră identitate în Isus. Încă sunt comori de descoperit. Însă totul poate fi rezumat și ținut minte într-o propoziție: *Eu sunt datorită marelui Eu sunt.*

Atunci când Dumnezeu i S-a descris pe Sine lui Moise, El a spus: „«Eu sunt Cel ce sunt.» Și a adăugat: «Vei răspunde copiilor lui Israel astfel: „Cel ce Se numește «Eu sunt» m-a trimis la voi"» (Ex. 3:14). În Evanghelia după Ioan, Isus spune: „Adevărat, adevărat vă spun că, mai înainte ca să se nască Avraam, sunt Eu" (Ioan 8:58).

„Eu sunt" este afirmația supremă a prezenței atotsuficiente, atot-supreme și atotputernice a lui Dumnezeu. Dumnezeu este, a fost și va fi întotdeauna. El este Cauza necauzată.[1] El este atotștiutor, atotpre-zent, atotputernic. El este marele Eu sunt! **Noi suntem datorită a ceea ce este El!**

- Ești ales datorită marii dragoste a lui Dumnezeu de a te crea pentru plăcerea Sa.
- Ești un închinător adevărat pentru că Dumnezeu este vred-nic de închinare și El ți-a dat Duhul Său pentru a-ți descoperi adevărul.
- Ești iertat și înnoit pentru că Dumnezeu te-a iertat și ți-a dat o viață nouă și veșnică.
- Ești înfiat pentru că Dumnezeu este Tată și te-a ales să-I fii copil.
- Nu ești niciodată singur pentru că Dumnezeu este întotdeau-na cu tine.
- Ești sfânt pentru că Dumnezeu este sfânt.

Gândește-te la ceea ce ai învățat în această săptămână despre va-loarea, însemnătatea și identitatea ta. Tu ești toate acele lucruri și chiar mai mult decât atât datorită a ceea ce este Dumnezeu. Adu-ți aminte în fiecare zi:

Eu sunt datorită marelui Eu sunt!

Săptămâna aceasta am învățat cine *suntem* noi. Săptămâna viitoa-re vom învăța ce *facem* noi.

---

1   Norman L. Geisler, *Systematic Theology: In One Volume*, Bethany House Publishers, Minne-apolis, MN, 2011, p. 25.

Lasă Biblia să vorbească:
Citește Romani 8 (Opțional: Efeseni 2:1-10)

Lasă-ți mintea să gândească:
1. Care este diferența dintre „cine sunt eu" și „cine sunt eu în Cristos"?

2. Răspunde la întrebările pentru discuție din Săptămâna 2.

Lasă-ți sufletul să se roage:
Tată, Îți mulțumesc pentru noua mea identitate în Cristos. Ajută-mă să o păzesc. Atunci când pârâșul atacă identitatea pe care o am în Tine, amintește-mi că sunt un copil de Dumnezeu ales, închinător, iertat, înfiat, acceptat și sfânt. Îți mulțumesc că mă iubești acum și pentru totdeauna... În numele lui Isus, amin.

Lasă-ți inima să dea ascultare:
(Ce te călăuzește Dumnezeu să știi, să prețuiești sau să faci?)

ÎNTREBĂRI PENTRU DISCUȚIE DIN SĂPTĂMÂNA 2:

Recapitulează lecțiile din această săptămână și răspunde la întrebările de mai jos. Împărtășește-le prietenilor tăi răspunsurile tale când vă întâlniți în această săptămână.

1. În această săptămână, am învățat diferite părți ale identității tale în Cristos. Tu ești (1) ales, (2) creat ca să te închini, (3) iertat și înnoit, (4) înfiat, (5) niciodată singur și (6) sfânt. Care dintre aceste caracteristici te încurajează cel mai mult? De ce?

2. Care dintre aceste caracteristici este pentru tine cel mai greu de acceptat? De ce? Cum ar putea Cuvântul lui Dumnezeu sau prietenii tăi să te ajute să accepți acea parte a identității tale în Cristos?

3. Noi suntem creați ca să ne închinăm. În ce fel iertarea, înfierea și sfințenia noastră în Cristos ne influențează închinarea?

4. Închinătorii din cer strigă că Dumnezeu este „sfânt, sfânt, sfânt". Aceasta este singura caracteristică a lui Dumnezeu repetată în Biblie în felul acesta. De ce crezi că este atât de importantă sfințenia lui Dumnezeu?

5. Satan, pârâșul, atacă fiecare parte a identității noastre în Cristos. Cum anume te-au împiedicat minciunile dușmanului să ai parte de libertatea și pacea pe care Cristos dorește să ți le dăruiască? Ce adevăruri din Cuvântul lui Dumnezeu te ajută să reduci la tăcere acuzațiile nedrepte ale dușmanului?

POVESTEA TA,
SCOPUL TĂU

ZIUA
15

Acceptă noul tău scop

Căci noi suntem lucrarea Lui şi am fost zidiţi în
Cristos Isus pentru faptele bune pe care le-a pregătit
Dumnezeu mai dinainte ca să umblăm în ele.
Efeseni 2:10

Cu mult timp înainte să te naşti, Dumnezeu te cunoştea (Ier. 1:5). El te-a creat în mod unic pentru ca un anumit scop să se împlinească în *fiecare* perioadă din viaţa ta. Ai învăţat săptămâna trecută cine te-a creat Dumnezeu să fii. Săptămâna aceasta vei învăţa ce te-a creat Dumnezeu să faci. Tu ai un scop divin, iar acela nu este să stai cu mâinile încrucişate şi să aştepţi cerul. Dumnezeu are pentru tine o lucrare pe care să o faci *împreună cu El aici* – scopul tău influenţează cerul şi aduce o adevărată bucurie şi un real succes.

Uneori suntem tentaţi să confundăm scopul cu perspectiva lumii asupra succesului.[1] Putem să avem succes într-o carieră sau un hobby, dar să nu ne împlinim scopul. Succesul nu înseamnă nici să ne împlinim potenţialul. Isus nu Şi-a împlinit potenţialul pe pământ. La urma urmei, El era Împărat al cerului şi a devenit un om sărac şi umil (Flp. 2:5-8). Însă El Şi-a împlinit scopul (Ioan 17:4). Acesta este obiectivul nostru: să împlinim scopul lui Dumnezeu pentru viaţa noastră. La finalul vieţii tale, fie ca şi despre tine să se poată spune ceea ce s-a spus despre împăratul David: „După ce David a împlinit scopul lui Dumnezeu în generaţia lui, a adormit" (Fapte 13:36, NIV).

Poate că te întrebi: *Care este scopul meu şi cum îl împlinesc?* Partea care a mai rămas din această călătorie a credinţei are rolul de a te ajuta în această privinţă. Deocamdată să ştii doar că **principalul nostru scop este să-L glorificăm pe Dumnezeu şi să ne bucurăm**

---

1 Învaţă de la împăratul Solomon, cel mai înţelept om care a trăit vreodată. El a consemnat experienţele şi concluziile sale profunde asupra succesului într-o carte din Vechiul Testament intitulată Eclesiastul.

de relaţia noastră cu El pentru totdeauna.[1] Noi trăim acest scop în fiecare zi în trei moduri care ne aduc împlinire:

1. **Îl iubim pe Dumnezeu şi ascultăm de El.**
2. **Iubim pe toată lumea.**
3. **Facem ucenici.**

Cu toţii avem acest scop, dar fiecare dintre noi îl împlineşte într-un mod unic. Dumnezeu ne-a dat fiecăruia dintre noi diferite relaţii, abilităţi, resurse şi locuri, aşa că împlinirea acestui scop va arăta diferit în viaţa fiecăruia dintre noi, la fel cum a fost şi în cazul fiecărui **patriarh** de la Avraam la Moise.

> **Patriarh:**
> Un tată spiritual sau cap (bărbat) al unei familii.

În prima noastră săptămână împreună, am discutat despre Povestea cuprinzătoare a lui Dumnezeu. Astăzi ne vom uita mai îndeaproape chiar la începutul planului lui Dumnezeu de salvare a omenirii. Evenimentele din Geneza 1-11 se petrec pe parcursul multor ani şi de-a lungul multor generaţii de oameni, însă în Geneza 12, povestea încetineşte dintr-odată şi se concentrează asupra părinţilor credinţei noastre: Avraam, Isaac şi Iacov. Acest ritm mai lent ne permite să învăţăm importanţa relaţiei unice a lui Dumnezeu cu fiecare persoană. Pe măsură ce povestea lor se desfăşoară, învăţăm cum anume Se raportează Dumnezeu la poporul Său:

- Dumnezeu ne iubeşte şi ne dă un scop.
- Noi Îi arătăm dragostea noastră lui Dumnezeu prin faptul că împlinim scopul Său pentru noi.
- Atunci când ne împlinim scopul, Dumnezeu îi binecuvântează pe alţii prin noi.

Să începem! Vom începe de unde am rămas în Ziua 3, când Dumnezeu i-a izgonit pe Adam şi pe Eva din Grădina Edenului...

După exilul din Eden, oamenii s-au înmulţit. Odată cu ei s-a înmulţit şi păcatul. Pe măsură ce răutatea oamenilor a devenit absolut intolerabilă, Dumnezeu a fost îndurerat şi a trimis un potop pe pământ ca să nimicească omenirea nelegiuită şi să facă un nou început. O singură familie a fost cruţată: familia lui Noe. Dumnezeu i-a pus pe Noe, familia sa şi perechi de animale din fiecare specie într-o arcă

---

1 Westminster Assembly (1643-1652), *The Assembly's Shorter Catechism, with the Scripture Proofs in Reference: with an Appendix on the Systematick Attention of the Young to Scriptural Knowledge*, de Hervey Wilbur, Wm. B. Allen & Co., Newburyport, MA, 1816.

(un fel de casă plutitoare imensă) pe care Noe a construit-o după indicațiile date de Dumnezeu (Gen. 5-9). Pe măsură ce urmașii lui Noe au început să se înmulțească pe pământ, păcatul s-a înmulțit din nou. Dumnezeu a încurcat limbile oamenilor pentru a-i împiedica să se unească în răzvrătire împotriva Lui (Gen. 10-11).

Dumnezeu a ales un om – pe Avraam[1] – pentru a începe planul de salvare (Gen. 12:1-3). Putem să presupunem că Avraam a fost un om neprihănit dacă i s-a încredințat o asemenea sarcină. În mod surprinzător, el nu a fost așa. El a crescut închinându-se la idoli (Ios. 24:2). El nu merita cu nimic mai mult decât noi să fie ales. Dumnezeu i-a spus lui Avraam:

> „Ieși din țara ta, din rudenia ta și din casa tatălui tău și vino în țara pe care ți-o voi arăta. Voi face din tine un neam mare și te voi binecuvânta... toate familiile pământului vor fi binecuvântate în tine." (Gen. 12:1-3)

Avraam știa că trebuie să călătorească spre Canaan, însă nu i s-a spus cu exactitate unde avea să se stabilească el și familia lui. Dumnezeu l-a invitat să se încreadă în El pas cu pas. Avraam nu avea toate răspunsurile, dar a ascultat de Dumnezeu plin de curaj. Prin acea relație de încredere, Dumnezeu l-a binecuvântat pe Avraam și pe noi toți. Ascultarea lui Avraam a dus la nașterea Salvatorului nostru (Mt. 1:1).

Dumnezeu a promis că-L va trimite pe Salvatorul prin linia genealogică a lui Avraam, dar Sara, soția vârstnică lui Avraam, era stearpă. În ciuda circumstanțelor, Avraam a ales să creadă că Dumnezeu va rămâne credincios promisiunii Sale. Nu a fost întotdeauna ușor, iar Avraam s-a luptat cu ascultarea în acest domeniu. În cele din urmă, cea mai bună speranță a lui Avraam era să-L creadă pe Dumnezeu pe cuvânt. Sara a rămas într-un final însărcinată și a născut un băiat pe nume Isaac (Gen. 21).

Apoi familia lui Avraam a început să se înmulțească, așa cum promisese Dumnezeu. Isaac a crescut și a avut doi fii gemeni: Iacov și Esau (Gen. 25). Acești doi frați au avut o relație dificilă. De fapt, fiecare membru al familiei lor s-a luptat cu păcatul și cu slăbiciunile. Biblia însă nu face niciun efort să ascundă neajunsurile lor. Nu uita, aceasta este Povestea adevărată a lui Dumnezeu despre credincioșia lui Dumnezeu, pentru slava lui Dumnezeu. El Își ține promisiunile chiar și atunci când noi nu le ținem.

---

1 În acea vreme, Avraam (cum îi spunem noi în mod obișnuit) se numea încă Avram. Mai târziu, Dumnezeu i-a schimbat numele în „Avraam", proclamând chemarea pe care Dumnezeu a făcut-o în viața sa: „Nu te vei mai numi Avram, ci numele tău va fi Avraam, căci te fac tatăl multor neamuri" (Gen. 17:5).

Acum ne aflăm cu câteva generații mai aproape de Salvatorul, însă problemele de familie au apărut din nou. Nepotul lui Avraam, Iacov, numit mai târziu Israel, a avut doisprezece fii, care au devenit părinții fondatori ai celor douăsprezece seminții ale lui Israel. Favoritismul păcătos al lui Iacov față de unul dintre fii, Iosif, a produs o invidie teribilă în ceilalți fii ai lui Iacov. Durerea și mânia lor i-a determinat să-l vândă pe fratele lor, Iosif, ca rob în Egipt. Iosif a avut parte de multă suferință acolo și a fost întemnițat pentru o faptă pe care nu a comis-o (Gen. 37; 39-40). Însă Dumnezeu nu a încetat să-Și ducă la îndeplinire planul și i-a dat lui Iosif o mare înțelepciune, care a salvat întregul Egipt de la o foamete mare (Gen. 41). Faraon, împăratul Egiptului, a recunoscut relația pe care o avea Iosif cu Dumnezeu și l-a promovat de la întemnițat la prim-ministru.

În toate aceste lucruri, **Dumnezeu a schimbat circumstanțele lui Iosif pentru a schimba inima sa**. Ani mai târziu, frații lui Iosif au venit în Egipt ca să caute hrană. Acest lucru i-a oferit lui Iosif ocazia de a se răzbuna, dar în loc să își folosească puterea împotriva lor, el i-a *iertat*. Într-una din cele mai pline de credință manifestări ale iertării, Iosif le-a spus cu înțelepciune: „Voi, negreșit, v-ați gândit să-mi faceți rău, dar Dumnezeu a schimbat răul în bine, ca să împlinească ceea ce se vede azi, și anume să scape viața unui popor în mare număr" (Gen. 50:20). Credința lui Iosif nu doar că a binecuvântat întreaga sa familie, pe cei care acum se numeau israeliți, ci ne binecuvântează și pe noi. Noi putem să învățăm din exemplul lui. Prieten drag, **Dumnezeu este întotdeauna bun** și El lucrează în toate împrejurările noastre – chiar și în cele mai dificile – pentru slava Sa și binele nostru (Rom. 8:28-29).

Din cauza foametei și în urma invitației lui Iosif, israeliții s-au mutat în Egipt. Familia lui Avraam a devenit „un neam mare" acolo. Erau atât de numeroși încât un alt faraon – care nu-l cunoscuse pe Iosif – s-a simțit amenințat. Temându-se de o răscoală, el i-a înrobit pe israeliți. Poporul lui Dumnezeu se afla acum în lanțuri și a strigat către Dumnezeu după ajutor timp de patru sute de ani.

La momentul potrivit, **Dumnezeu a ales un om – pe Moise – ca să continue planul de salvare**. La început, Moise s-a împotrivit invitației lui Dumnezeu, deoarece nu se simțea capabil. (Moise nu realiza faptul că nimeni nu este niciodată capabil prin propriile puteri să ducă la îndeplinire planul lui Dumnezeu. Numai Dumnezeu poate să facă acest lucru.) Lui Moise îi era teamă, dar s-a încrezut în Dumnezeu și l-a înfruntat pe Faraon: „Lasă pe poporul Meu să plece" (Ex. 9:1). Așa cum a făcut cu Avraam, Isaac, Iacov și Iosif, Dumnezeu i-a schimbat inima lui Moise și l-a pus la încercare.

În mod repetat, Faraon i-a eliberat pe israeliți și apoi i-a luat din nou captivi. Drept răspuns, Dumnezeu Și-a arătat puterea și autoritatea, trimițând niște urgii îngrozitoare pentru a-i chinui pe egipteni și a-i face de rușine pe dumnezeii lor falși. În cele din urmă, Faraon l-a lăsat pe poporul lui Dumnezeu să plece. Apoi, când Faraon s-a răzgândit și i-a urmărit pe israeliți, Dumnezeu i-a izbăvit, făcând în mod miraculos un drum uscat prin Marea Roșie, pentru ca ei să o traverseze și să fie liberi (Ex. 1-15).

Acești oameni ai credinței – Avraam, Isaac, Iacov, Iosif și Moise – fiecare a avut o însărcinare de la Dumnezeu. Ei și-au împlinit scopul *împreună cu* Dumnezeu. Ascultarea lor a rezultat din această relație de încredere, iar din acea ascultare au rezultat binecuvântări – binecuvântări pentru ei personal, precum și pentru nenumărați alții. Prin Iosif, Dumnezeu a salvat întregul Egipt de la foamete. Prin Moise, Dumnezeu Și-a salvat întregul popor din robie. Prin sămânța lui Avraam – Isus Cristos – Dumnezeu ne salvează pe toți din păcat.

Același Dumnezeu care i-a chemat pe patriarhii credinței noastre te cheamă și pe tine. Vei răspunde tu invitației Sale și planului Său pentru viața ta?

Dumnezeu te-a ales și te-a așezat exact acolo unde ești pentru un motiv bun și ca să împlinească scopul Său bun pentru tine. Patriarhii erau oameni cu slăbiciuni și defecte, la fel ca noi. Apostolul Pavel scrie: „De pildă, fraților, uitați-vă la voi, care ați fost chemați: printre voi nu sunt mulți înțelepți în felul lumii, nici mulți puternici, nici mulți de neam ales. Dar Dumnezeu a ales lucrurile nebune ale lumii, ca să facă de rușine pe cele înțelepte" (1 Cor. 1:26-27). Noi nu avem nevoie de mai mulți bani, mai multă educație, mai mult timp liber sau mai multă popularitate pentru a răspunde chemării Sale. Dacă pur și simplu ne încredem în El și ascultăm de El, Dumnezeu va împlini scopul nostru prin noi. Poți să începi chiar acum. **Iubește-L pe Dumnezeu și ascultă de El, iubește-i pe alții și fă ucenici (începe prin a împărtăși Povestea lui Dumnezeu) indiferent unde te afli, așa cum numai tu poți să o faci.**

Lasă Biblia să vorbească:

Citește Isaia 43:1-21 (Opțional: Geneza 12:1-7)

Lasă-ți mintea să gândească:

1. Unde crezi că te conduce Dumnezeu astăzi? Ești tu dispus
    să-L urmezi pe Dumnezeu așa cum L-a urmat Avraam? Poate
    că Dumnezeu te conduce în celălalt capăt al lumii ca să faci o
    lucrare de misiune sau poate că te conduce să traversezi strada
    și să-i vorbești unui vecin. Vei merge tu?

2. Cum poți să ai încredere că Dumnezeu va face ca toate lucrurile
    – chiar și cele rele – să lucreze spre bine? L-ai văzut tu trans-
    formând răul în bine în viața ta așa cum s-a întâmplat în cazul
    lui Iosif?

3. Ești tu dispus să te încrezi în Dumnezeu cu slăbiciunile tale
    asemenea lui Moise? De ce crezi că puterea lui Dumnezeu în
    slăbiciune este făcută desăvârșită (2 Cor. 12:9)?

Lasă-ți sufletul să se roage:

*Tată, ajută-mă să împlinesc scopul Tău în generația mea (Fapte 13:36).
Ajută-mă să-Ți aduc slavă sfârșind lucrarea pe care mi-ai dat-o s-o
fac (Ioan 17:4). Înlocuiește teama mea cu curaj. Înlocuiește îndoiala
mea cu credință. Înlocuiește nesiguranța mea cu încredere în Tine.
Vreau ca voia Ta să se facă și numele Tău să fie proslăvit în viața
mea... În numele lui Isus, amin.*

Lasă-ți inima să dea ascultare:

(Ce te călăuzește Dumnezeu să știi, să prețuiești sau să faci?)

ZIUA
16

Fii ambasadorul lui Isus Cristos

Noi dar, suntem trimiși împuterniciți ai lui Cristos; și, ca și
cum Dumnezeu ar îndemna prin noi, vă rugăm fierbinte,
în Numele lui Cristos: Împăcați-vă cu Dumnezeu!
2 Corinteni 5:20

Există o capcană la care trebuie să fim atenți în călătoria vieții noastre de credință – o groapă periculoasă a minciunilor. Poate că dușmanul îți va spune că ceea ce faci te definește sau că trebuie să depui efort pentru a câștiga dragostea lui Dumnezeu. Nimic nu poate fi mai departe de adevăr. Când îți pui credința în Cristos, devii una cu Cristos, creat ca să-ți împlinești scopul împreună cu El. Lucrezi dintr-o poziție de persoană deja acceptată, nu lucrezi ca să câștigi acceptarea. Identitatea ta în Isus în calitate de copil iertat al lui Dumnezeu este sigură (Ioan 10:28). Iar atunci când îmbrățișezi adevărul că harul lui Dumnezeu îți este de ajuns (2 Cor. 12:9), vrei ca și alții să experimenteze dragostea necondiționată a lui Dumnezeu: **noua ta identitate în Isus te determină să faci cunoscută lumii identitatea lui Dumnezeu.**

Înainte ca Isus să Se întoarcă în cer, El ne-a încredințat nouă – ucenicilor Săi – misiunea Sa de a face mai mulți ucenici. Această misiune, numită **Marea Trimitere**, este atât de importantă încât este menționată de cinci ori în cinci cărți diferite ale Bibliei.[1] De fapt, ea este legată de noua noastră identitate:

> **Ucenic:**
> Un învățăcel
> sau adept
> credincios care
> devine atașat de
> învățătorul său în
> doctrină și mod
> de viață.

---

[1] Matei 28:19-20; Marcu 16:15; Luca 24:47; Ioan 20:21; Faptele apostolilor 1:8. Mai multe detalii despre îndeplinirea Marii Trimiteri sunt discutate mai târziu.

Căci, dacă este cineva în Cristos, este o făptură nouă. Cele vechi s-au dus, iată că toate lucrurile s-au făcut noi. Şi toate lucrurile acestea sunt de la Dumnezeu, care ne-a împăcat cu El prin Isus Cristos şi ne-a încredinţat slujba împăcării; că adică, Dumnezeu era în Cristos, împăcând lumea cu Sine, neţinându-le în socoteală păcatele lor, şi ne-a încredinţat nouă propovăduirea acestei împăcări. Noi dar, suntem trimişi împuterniciţi ai lui Cristos; şi, ca şi cum Dumnezeu ar îndemna prin noi, vă rugăm fierbinte, în Numele lui Cristos: Împăcaţi-vă cu Dumnezeu! (2 Cor. 5:17-20)

Indiferent ce ai făcut sau ce ţi-a făcut cineva, tu eşti înnoit în Cristos şi trimis în lume într-o misiune. Ai devenit cetăţean al cerului (Flp. 3:20) şi eşti acum un ambasador al Împărăţiei lui Dumnezeu aici pe pământ. Asemenea lui Iosif şi Moise, şi tu poţi să-L reprezinţi pe Dumnezeu într-o ţară străină.

Pentru a reprezenta bine orice împărăţie, trebuie să o cunoaştem bine ca să o putem reprezenta cu integritate. Putem să începem prin a cunoaşte ceea ce nu este Împărăţia lui Dumnezeu; ea nu este din lumea aceasta (Ioan 18:36)

> **Marea Trimitere:**
> Isus S-a apropiat de ei, a vorbit cu ei şi le-a zis: „Toată puterea Mi-a fost dată în cer şi pe pământ. Duceţi-vă şi faceţi ucenici din toate neamurile, botezându-i în Numele Tatălui şi al Fiului şi al Sfântului Duh. Şi învăţaţi-i să păzească tot ce v-am poruncit. Şi iată că Eu sunt cu voi în toate zilele, până la sfârşitul veacului. Amin."
>
> Matei 28:18-20

şi nu este o împărăţie politică (Mc. 12:13-17) menită să înlocuiască sistemele noastre de guvernare din prezent. Noi încă trebuie să ne supunem normelor legii până când acestea contravin Legii lui Dumnezeu (Rom. 13:1). Isus le-a spus ucenicilor Lui să plătească dările (Mt. 22:21). El nu a urmărit niciodată puterea politică. Dimpotrivă, El a fugit atunci când o mulţime de oameni a încercat să-L facă împărat cu forţa (Ioan 6:15). Însă Isus a exercitat putere spirituală. În calitate de ambasadori ai lui Isus, **noi suntem agenţi ai puterii Sale** pentru a avea un impact real şi pozitiv asupra inimii spirituale a societăţii. Noi putem să protejăm viaţa şi să promovăm dreptatea cu ajutorul şi călăuzirea lui Dumnezeu. Motivaţi de dragoste, noi Îl reprezentăm bine.

Cum facem acest lucru? Începem prin a ne aminti că Dumnezeul pe care Îl slujim este incredibil de blând, bun şi curajos. De-a lungul istoriei, mulţi oameni au murit pentru a-şi salva regii, însă Regele nostru a murit pentru a ne salva pe noi. Înainte ca El să ne cheme să-L reprezentăm, El ne-a reprezentat pe noi, suferind pedeapsa pentru păcatele noastre. „El a purtat păcatele noastre în trupul Său pe lemn, pentru ca noi, fiind morţi faţă de păcate, să trăim pentru neprihănire" (1 Pet. 2:24). Pentru că El ne iubeşte, noi Îl iubim şi vrem să-L reprezentăm bine. În calitate de ambasadori ai lui Isus, noi arătăm lumii că în Împărăţia lui Dumnezeu

- dragostea (nu ura) guvernează;
- iertarea (nu răzbunarea) vindecă;
- smerenia (nu mândria) aduce binecuvântare;
- harul (nu realizările) domneşte.

În calitate de ambasadori ai lui Isus, noi reprezentăm înţelepciunea Sa. Înţelepciunea lui Dumnezeu pare ciudată şi pare chiar o nebunie pentru lume (1 Cor. 1:20-25). Însă atunci când Îl urmăm pe Dumnezeu prin credinţă, lumea va observa rezultatele: „Înţelepciunea a fost găsită dreaptă de toţi copiii ei" (Lc. 7:35). Uneori chiar şi cei necredincioşi trăiesc după principii biblice fără să conştientizeze acest lucru. Adevărul este adevăr indiferent dacă cineva crede sau nu Cuvântul lui Dumnezeu. Cuvântul lui Dumnezeu ne cheamă să-i îndreptăm pe oameni spre sursa oricărei înţelepciuni şi să fim credincioşi adevărului lui Dumnezeu „în dragoste" (Ef. 4:15). Minţile cele mai ilustre pot găsi răspunsuri la cele mai profunde întrebări ale lor în Cuvântul lui Dumnezeu.[1]

Noi reprezentăm dragostea lui Dumnezeu. Iubindu-i şi slujindu-i pe alţii în moduri practice, noi răspândim dragostea lui Dumnezeu într-o lume flămândă după dragoste. Dragostea lui Dumnezeu se revarsă prin noi spre alţii (Ioan 15:12). Noi nu iubim „cu vorba, nici cu limba, ci cu fapta şi cu adevărul" (1 Ioan 3:18). Noi nu doar le urăm de bine oamenilor, ci împlinim nevoile lor fizice (Iac. 2: 16). Isus ia personal orice act de dragoste. Atunci când îi slujim pe alţii, Îl slujim şi pe El:

„«Căci am fost flămând şi Mi-aţi dat de mâncat; Mi-a fost sete şi Mi-aţi dat de băut; am fost străin şi M-aţi primit; am fost gol şi M-aţi îmbrăcat; am fost bolnav şi aţi venit să Mă vedeţi; am fost în temniţă şi aţi venit pe la Mine.»
Atunci, cei neprihăniţi Îi vor răspunde: «Doamne, când Te-am văzut noi flămând şi Ţi-am dat să mănânci sau fiindu-Ţi sete şi Ţi-am dat de ai băut? Când Te-am văzut noi străin şi Te-am primit sau gol şi Te-am îmbrăcat? Când Te-am văzut noi bolnav sau în temniţă şi am venit pe la Tine?»

---

1 Găseşte răspunsuri la întrebările din Biblie cele mai frecvent întâlnite la GotQuestions.org. (în limba română: https://www.gotquestions.org/Romana/)

Drept răspuns, Împăratul le va zice: «Adevărat vă spun că, ori de câte ori ați făcut aceste lucruri unuia din acești foarte neînsemnați frați ai Mei, Mie Mi le-ați făcut.»" (Mt. 25:35-40)

Manifestările tangibile ale dragostei noastre Îl fac vizibil pe Dumnezeul cel nevăzut. „Nimeni n-a văzut vreodată pe Dumnezeu; dacă ne iubim unii pe alții, Dumnezeu rămâne în noi și dragostea Lui a ajuns desăvârșită în noi" (1 Ioan 4:12). În Împărăția lui Dumnezeu domnește dragostea adevărată – nu doar un sentiment, ci și o acțiune. În Împărăția lui Dumnezeu domnește genul de dragoste care se concentrează asupra altora și apoi acționează în această privință.

Chiar și legile din Împărăția lui Dumnezeu izvorăsc din marea Sa dragoste pentru noi. În **Cea mai mare poruncă**, Regele nostru ne învață că trebuie să-L iubim pe Dumnezeu cu toată ființa noastră – cu inima, cu sufletul, cu cugetul și cu puterea noastră. De asemenea, trebuie să-i iubim pe alții așa cum ne iubim pe noi înșine (Mc. 12:29-31). Cele zece porunci ne oferă îndrumări concrete cu privire la modul în care putem să facem acest lucru. Primele patru ne arată cum să-L iubim pe Dumnezeu (Ex. 20:1-11), iar ultimele șase ne arată cum să-i iubim pe alții (Ex. 20:12-17). (Când Dumnezeu spune: „Să nu...", El spune: „Să nu-ți faci rău ție sau altora.") Atunci când începem cu o dragoste de Dumnezeu autentică, putem apoi să revărsăm acea dragoste în relațiile noastre. Acesta este modul în care îi invităm pe alții în Împărăția lui Dumnezeu ca să experimenteze personal dragostea lui Dumnezeu. „Noi dar, suntem trimiși împuterniciți ai lui Cristos; și, ca și cum Dumnezeu ar îndemna prin noi, vă rugăm fierbinte, în Numele lui Cristos: Împăcați-vă cu Dumnezeu!" (2 Cor. 5:20).

> **Cea mai mare poruncă:**
> Isus i-a răspuns: „Cea dintâi [poruncă] este aceasta: «Ascultă, Israele! Domnul Dumnezeul nostru este un singur Domn» și «Să iubești pe Domnul Dumnezeul tău cu toată inima ta, cu tot sufletul tău, cu tot cugetul tău și cu toată puterea ta.» Iată porunca dintâi. Iar a doua este următoarea: «Să iubești pe aproapele tău ca pe tine însuți.» Nu este altă poruncă mai mare decât acestea."
>
> Marcu 12:29–31

Lasă-i și pe alții să cunoască puterea, înțelepciunea și dragostea lui Dumnezeu prin tine.

Lasă Biblia să vorbească:
Citește 2 Corinteni 5 (Opțional: Exod 20:1-17)

Lasă-ți mintea să gândească:
1. În ce fel îți schimbă perspectiva asupra vieții tale faptul că știi că ești un ambasador?

2. Recitește Marea Trimitere (Mt. 28:18-20). Enumeră poruncile lui Isus. Ce promisiune le-a făcut Isus ucenicilor?

3. Cum poți să-i împărtășești dragostea lui Dumnezeu cuiva astăzi? Poți să-i duci mâncare unui prieten bolnav, să zâmbești și să saluți un copil care se simte singur sau să încurajezi un suflet trudit?

Lasă-ți sufletul să se roage:
Isuse, Îți mulțumesc pentru misiunea mea de ambasador al Tău. Ce mare bucurie este să împărtășesc dragostea pe care o reverși asupra mea! Ajută-mă să reprezint cu claritate dragostea Ta în această lume flămândă după dragoste. Cuvântul Tău spune că Tu ne atragi la Tine cu o dragoste nemărginită (Ier. 31:3, NLT). Te rog să atragi oamenii pierduți la Tine pe măsură ce le împărtășesc dragostea Ta... În numele lui Isus, amin.

Lasă-ți inima să dea ascultare:
(Ce te călăuzește Dumnezeu să știi, să prețuiești sau să faci?)

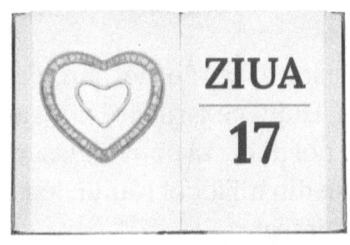

Privește în jos ca să ucenicizezi generațiile

Fiecare neam de om să laude lucrările Tale și
să vestească isprăvile Tale cele mari!
Psalmul 145:4

Să ne întoarcem la povestea lui Moise și a israeliților. După o manifestare imensă a puterii lui Dumnezeu, Faraon i-a eliberat pe israeliți din lanțurile robiei egiptene. La scurt timp după plecarea lor, el s-a răzgândit, iar cavaleria egipteană i-a urmărit. Încolțiți lângă Marea Roșie, cei aproape două milioane de israeliți s-au înspăimântat. Ei credeau că sunt blocați acolo, până când Dumnezeu a despărțit marea în mod miraculos pentru ca ei să o traverseze ca pe uscat. Apoi Dumnezeu a închis zidurile de apă peste călăreții și carele lor ca să protejeze poporul Său ales (Ex. 14).

Călătoria spre țara pe care le-o promisese Dumnezeu ar fi trebuit să dureze aproximativ paisprezece zile. În schimb, ea a durat patruzeci de ani. La numai câteva zile după izbăvirea lor, ei s-au plâns: „Ne este sete! Ne este foame!" Și-au dorit chiar și să fie din nou în Egipt (Ex. 15-16). Când Dumnezeu le-a împlinit nevoile de zi cu zi prin apariția bruscă și de-a dreptul uluitoare a unei mâncări divine (numită mană), poporul a continuat să se plângă. Ei au uitat cine este Dumnezeu. Au uitat dragostea și bunătatea Sa. Au crezut străvechea minciună a lui Satan că Dumnezeu îi privează de ceva bun, îi păcălește și îi conduce spre eșec (Gen. 3:1-5). Au fost paralizați de îndoială și teamă și au refuzat să meargă în Țara Promisă (Num. 13-14). Așadar, ei au pierdut privilegiul și au trebuit să rătăcească prin pustiu timp de patru decenii. **Uitarea este periculoasă.**

Când a venit timpul să intre copiii lor în Țara Promisă, **Dumnezeu i-a protejat pe israeliți de uitarea lor** (Ios. 3-4). El a despărțit apele din nou, de această dată râul Iordan, care se afla la cota periculoasă de inundații. După ce israeliții au traversat Iordanul ca pe uscat, Dumnezeu le-a poruncit să construiască un memorial din douăsprezece pietre alese din mijlocul râului. Iosua le-a explicat scopul acestui memorial din pietre:

> El a zis copiilor lui Israel: „Când vor întreba copiii voștri într-o zi pe părinții lor: «Ce înseamnă pietrele acestea?» să învățați pe copiii voștri și să le spuneți: «Israel a trecut Iordanul acesta pe uscat.» Căci Domnul Dumnezeul vostru a secat înaintea voastră apele Iordanului până ce ați trecut, după cum făcuse Domnul Dumnezeul vostru la Marea Roșie, pe care a secat-o înaintea noastră până am trecut, pentru ca toate popoarele pământului să știe că mâna Domnului este puternică și să vă temeți totdeauna de Domnul Dumnezeul vostru." (Ios. 4:21-24)

Dumnezeu știa că îi așteaptă vremuri dificile și că poporul Său probabil se va simți deznădăjduit. Soluția Sa iubitoare nu a fost să-i mustre pentru lipsa credinței lor, ci să le aducă aminte de motivul pentru care pot să se încreadă în El. Cele douăsprezece pietre clădite erau un semn vizual de aducere aminte a credincioșiei lui Dumnezeu pentru toți oamenii, pentru toate vremurile. Acum nu mai aveau să uite cine este Dumnezeu sau ce a făcut El. Nu mai aveau să se îndoiască de bunătatea și dragostea lui Dumnezeu, ci să își amintească de faptul că El este întru totul vrednic de încredere. Pe de altă parte, acest memorial din pietre ne ajută astăzi pe noi să ne împlinim scopul. Dacă ne uităm la pasaj îndeaproape, memorialul era pentru trei grupuri de oameni:

1. **Toate generațiile viitoare.**
   „Când vor întreba copiii voștri într-o zi pe părinții lor... să le spuneți" (Ios. 4:21-22). Fiecare persoană decide dacă Îl va iubi sau Îl va respinge pe Dumnezeu (Ios. 24:15). Credința unei mame nu îi mântuiește pe copiii ei. Credința este personală și fiecare persoană din fiecare generație se confruntă cu aceeași alegere. De aceea Dumnezeu le-a poruncit credincioșilor să-i învețe credința lor pe cei din generația viitoare (Deut. 6:7). Și cel mai eficient mod de a face acest lucru este să fie un exemplu de credință autentică. Isus ne-a spus să-i învățăm pe alții să păzească tot ce ne-a poruncit El, nu doar să-i învățăm ce ne-a poruncit El (Mt. 28:20).

2. **Toate națiunile.**

   „...*pentru ca toate popoarele pământului să știe că mâna Domnului este puternică*" (Ios. 4:24). În calitate de ambasadori ai Săi, noi împărtășim dragostea lui Dumnezeu tuturor oamenilor, indiferent dacă ei locuiesc vizavi de noi sau în celălalt capăt al lumii (Fapte 1:8). Dumnezeu nu pune hotare dragostei Sale. Așadar, noi nu punem hotare în ce privește modul în care Dumnezeu Își revarsă dragostea, locul unde o revarsă și persoanele asupra cărora o revarsă. Mâine vom învăța cum putem să ajungem la vecinii noștri și la națiuni.

3. **Toți credincioșii.**

   „...*să vă temeți totdeauna de Domnul Dumnezeul vostru*" (Ios. 4:24). Dumnezeu dorește să-L iubim cu o dragoste autentică și să-L respectăm cu o venerație și uimire lăuntrică. Având o relație cu Dumnezeu sănătoasă și plină de reverență, ne „temem" să nu-L întristăm vreodată. Având o recunoștință sinceră față de El, Îl adorăm și ascultăm de El. În Ziua 19 vom învăța mai multe despre modul în care Îl glorificăm pe Dumnezeu.

Prin urmare, chiar și astăzi, aceste pietre de aducere aminte ale israeliților din vechime pot să ne arate *cum* să ne trăim scopul de a-L iubi pe Dumnezeu și a asculta de El, a iubi pe toată lumea și a face ucenici. O modalitate ușoară de a ne aminti de schimbarea poziției noastre este să ne schimbăm perspectiva: să privim în jos, să privim în jur și să privim în sus. *Privim în jos* ca să ucenicizăm generația următoare, *privim în jur* ca să ajungem la vecinii noștri și la națiuni și *privim în sus* ca să-L glorificăm pe Dumnezeu.

Să învățăm astăzi cum putem să ne pregătim pentru a uceniciza generația următoare. De la început, Dumnezeu a făcut din aceasta o prioritate pentru că fiecare persoană are de făcut o alegere de a se încrede în El. El l-a ales pe Avraam în mod special pentru că acesta avea să-i învețe pe cei din generația următoare (Gen. 18:19). Chiar dacă nu ai un copil al tău, Dumnezeu îți va da copii *spirituali* pe care să-i îngrijești. Disciplinează-i și iubește-i, așa încât ei să devină ca propriii tăi copii. Apostolul Pavel nu a avut copii biologici, însă i-a numit pe numeroșii credincioși cărora le era mentor (ca Timotei și Tit) „copiii" săi. Pavel știa din experiența proprie că persoanele fără familie au libertatea de a investi în viața multora (1 Cor. 7:32-34).

Cei mai mulți oameni cred că ucenicizarea altora este complicată, dar uită-te la exemplele apostolilor. Ei îi ucenicizau pe credincioși vizitând oameni, scriind epistole și rugându-se pentru ei. Și noi putem să facem asta. Cel mai bun mod de a fi un mentor pentru alții este să le oferi timpul tău. O întâlnire săptămânală pentru încurajare și dare de socoteală făcută cu dragoste este foarte eficientă – ajutând și la creșterea ta deopotrivă. (Vezi „Întâlniri săptămânale" ca exemplu în acest sens.)

Nu trebuie să fii expert înainte de a-i uceniciza pe alții. Pur și simplu citiți împreună un pasaj din Scriptură și răspunde la întrebările lor. Împărtășește-le ceea ce înveți, dar fă acest lucru cu smerenie și blândețe (nu cu mândrie sau într-un mod autoritar). Dacă nu poți să răspunzi la o întrebare, este în regulă să recunoști că nu știi. Caută pasaje din Scriptură și roagă-L pe Duhul Sfânt să-ți arate înțelepciunea Sa. Chiar dacă împărtășirea înțelepciunii este importantă, este la fel de important să împărtășești încurajare. Încurajează-i pe alții în umblarea lor cu Dumnezeu. Una dintre cele mai bune modalități de a ajuta pe cineva este să-i împărtășești luptele tale. Vorbește despre modul în care Dumnezeu ți-a vindecat inima și a răspuns rugăciunilor tale.

Întâlniri săptămânale

Fie că este vorba despre interacțiune prin telefon, online sau față în față, întâlnirile săptămânale sunt eficiente pentru creșterea spirituală. Poți avea în vedere utilizarea acestui program simplu pentru fiecare întâlnire:

1. **Trecut** – Pentru ce anume din săptămâna care a trecut ești recunoscător? Ce te neliniștește? Fiecare persoană împărtășește pe scurt. O persoană se roagă și Îl invită pe Dumnezeu să conducă acest timp petrecut împreună. Apoi se recapitulează obiectivele stabilite în săptămâna anterioară, pentru ca darea de socoteală să fie făcută cu dragoste.

2. **Prezent** – Ce te învață Dumnezeu astăzi? Citiți un pasaj din Scriptură împreună și răspundeți la următoarele întrebări din acel pasaj:

   a. Ce învățăm despre Dumnezeu?

   b. Ce învățăm despre oameni?
   Lucruri bune? Lucruri rele?

   c. Ce dorește Dumnezeu să știm, să prețuim sau să facem?

3. **Viitor** – Cum putem să acționăm în baza a ceea ce am învățat astăzi? Fiecare persoană își stabilește obiective. Se încheie întâlnirea cu rugăciune.

(Pentru o schiță, vezi anexa)

Pentru a împărtăși povestea noastră, trebuie să ne amintim cum Dumnezeu a lucrat în și prin viața noastră. Însă aducerea aminte poate fi dificilă. Noi avem tendința să uităm dragostea lui Dumnezeu revărsată asupra noastră în Isus. În schimb, s-ar putea să zăbovim asupra unor dorințe neîmplinite sau asupra unor rugăciuni la care nu am primit răspuns. Dumnezeu ne spune în mod repetat să ne amintim – așa cum le-a spus israeliților: „Aduceți-vă aminte de cele petrecute în vremurile străbune, căci Eu sunt Dumnezeu, și nu este altul" (Is. 46:9). **Isus știa că ne va fi greu să ne aducem aminte. De aceea El ne-a poruncit cu dragoste să avem un eveniment comemorativ – Euharistia, numită și Cina Domnului.** Atunci când luăm parte la Cina Domnului, vinul (sau mustul) ne aduce aminte de sângele lui Isus, care s-a vărsat pentru noi. Pâinea ne amintește de trupul lui Isus, care s-a frânt pentru noi (Lc. 22:17-20; 1 Cor. 11:23-26). Cu toate că Cina Domnului este doar pentru cei credincioși (1 Cor. 11:27), atunci când cei necredincioși văd și întreabă despre această practică, avem ocazia să le explicăm despre jertfa lui Isus, care a fost făcută și pentru ei.

Poți să creezi pentru copiii tăi o comoară a familiei, făcând propriile „pietre de aducere aminte". Păstrează un jurnal al credinței sau expune simboluri care să-ți amintească de credincioșia lui Dumnezeu în viața ta. Aceste pietre de aducere aminte te vor ajuta să întrețeși lecții de credință în conversațiile de zi cu zi pe care le ai cu generația următoare. Aceste conversații zilnice și neplanificate – „când vei fi acasă, când vei pleca în călătorie, când te vei culca și când te vei scula" (Deut. 6:7) – sunt adesea momentele în care sunt împărtășite cele mai valoroase gânduri spirituale. Credința este transmisă într-un dialog continuu și pusă în practică în fiecare zi în relațiile noastre unii cu alții (1 Tes. 2:8). Generația următoare are nevoie de cunoașterea lui Dumnezeu mai mult decât de orice altceva ce am putea să-i oferim noi.

Cel mai convingător memorial al puterii lui Dumnezeu este viața ta schimbată.

ZIUA 17

Lasă Biblia să vorbească:
Citește Deuteronom 6:1-7 (Opțional: Psalmul 145)

Lasă-ți mintea să gândească:
1. Noi trebuie să-i învățăm pe alții să *păzească* tot ce ne-a poruncit Isus (Mt. 28:20). Ce este esențial să ținem minte atunci când îi învățăm pe alții?

2. Cum a lucrat Dumnezeu în viața ta? Creează o „listă memorială" a evenimentelor sau a rugăciunilor ascultate care-ți aduc aminte de credincioșia lui Dumnezeu în viața ta.

3. Întâlnirile săptămânale sunt esențiale pentru creștere, încurajare și dare de socoteală. Dacă nu participi la o întâlnire săptămânală, roagă-te să găsești una sau începe un grup. Cui ai putea să-i fii mentor?

Lasă-ți sufletul să se roage:
Tată, Tu chemi fiecare generație (Is. 41:4). Cuvântul Tău spune: „Generațiilor viitoare li se va spune despre Domnul. Ele vor proclama neprihănirea Sa, declarând înaintea unui popor încă nenăscut: «El a făcut acest lucru!»" (Ps. 22:30-31, NIV). Privind în jos la generația următoare, arată-mi persoane cărora să le fiu mentor. Ajută-mă să le transmit cunoașterea Ta pe care o am eu și să pun în practică înaintea lor o credință adevărată... În numele lui Isus, amin.

Lasă-ți inima să dea ascultare:
(Ce te călăuzește Dumnezeu să știi, să prețuiești sau să faci?)

Privește în jur ca să ajungi la vecinii tăi și la națiuni

Duceți-vă și faceți ucenici din toate neamurile, botezându-i
în Numele Tatălui și al Fiului și al Sfântului Duh. Și învățați-i
să păzească tot ce v-am poruncit. Și iată că Eu sunt cu
voi în toate zilele, până la sfârșitul veacului. Amin.
Matei 28:19–20

Dumnezeu avea un plan mai măreț pentru memorialul din piatră de-
cât doar să le amintească israeliților și urmașilor lor de bunătatea Sa.
Oamenii care făceau parte din națiunile din jur au observat și ei me-
morialul. Acel morman de douăsprezece pietre era o aducere aminte
dureroasă a inferiorității zeilor lor. Dumnezeul lui Israel despărțise
atât Marea Roșie, cât și râul Iordan, „pentru ca toate popoarele pă-
mântului să știe că mâna Domnului este puternică" (Ios. 4:24). Când
Dumnezeu a secat râul Iordan, aflat la cota de inundații, El l-a făcut
de rușine pe zeul râului, la care se închina poporul din acea zonă.
În acel moment, Dumnezeu le-a demonstrat națiunilor: „Eu sunt
Dumnezeu, și nu este altul, Eu sunt Dumnezeu, și nu este niciunul ca
Mine" (Is. 46:9). „Căci Domnul este mare și foarte vrednic de laudă. El
este mai de temut decât toți dumnezeii" (Ps. 96:4). Singurul Dumne-
zeu adevărat i-a făcut de rușine pe toții dumnezeii falși atunci când
l-a izbăvit pe poporul Său.

În calitate de ambasadori ai Regelui Isus, noi proclamăm o izbă-
vire chiar și mai uluitoare: izbăvirea din păcat (Zilele 3 și 4). Puterea
lui Dumnezeu manifestată în despărțirea apelor nu a fost nimic în
comparație cu puterea „pe care a desfășurat-o în Cristos, prin faptul
că L-a înviat din morți" (Ef. 1:20). Ca El să facă o cale prin mijlocul
râului pentru ca oamenii să-l poată traversa este miraculos. Ca El să
facă o cale prin care oamenii păcătoși să se întoarcă la Dumnezeu
este de-a dreptul incredibil. Însă Dumnezeu a făcut acest lucru, și nu

doar pentru o singură națiune, ci pentru *toate* națiunile, chiar și pentru națiunile care se închină unor dumnezei falși. Fiindcă Dumnezeu Și-a jertfit Fiul pentru toate națiunile, noi spunem tuturor națiunilor despre jertfa Fiului Său.

Noi spunem lumii până când nu mai rămâne niciun loc care să nu fi auzit (Mt. 24:14). „Fiindcă atât de mult a iubit Dumnezeu *lumea*, că a dat pe singurul Lui Fiu" (Ioan 3:16; sublinierea îmi aparține). **Isus a venit pentru întreaga lume, nu doar pentru Israel.** Dumnezeu I-a spus lui Isus: „Este prea puțin lucru să fii Robul Meu ca să ridici semințiile lui Iacov… De aceea, te pun să fii Lumina neamurilor, ca să duci mântuirea până la marginile pământului" (Is. 49:6). Isus a venit să-i salveze pe toți oamenii, așa că noi toți – atât bărbați, cât și femei – mergem la toți oamenii. Mergem indiferent de naționalitate, gen sau clasă socială. Cu toții suntem creați după chipul lui Dumnezeu și cu toții suntem niște păcătoși care au nevoie de har. Nu putem să permitem ca prejudecățile, rușinea sau disconfortul social să ne împiedice să spunem cuiva despre Cristos. Gândește-te la persoanele cel mai greu de iubit, la persoanele care sunt cele mai diferite de tine. Isus le iubește la fel de mult cum te iubește pe tine. El a murit pentru ele și tânjește să le salveze. Așa că *spune-le.* Cum? *Ascultă, află și iubește.*

ASCULTĂ

Ascultă *vocea Duhului Sfânt* ca să te conducă. Poți să te rogi:

- Doamne, dă-mi ocazia să-i împărtășesc lui _____ dragostea Ta. Deschide-i Tu inima. Dă-mi cuvintele Tale (Lc. 12:12).
- Doamne, este cineva în preajma mea care Te caută pe Tine? Dă-ne ocazia să discutăm.

Ascultă *nevoile.*

- Tranzițiile din viața oamenilor sunt adesea momente în care ei caută călăuzire și sunt gata să audă Povestea adevărată a lui Dumnezeu.
- În timpul încercărilor, oamenii sunt adesea mai conștienți de nevoia lor de Dumnezeu. Ascultă și observă greutățile, durerea, stresul, îngrijorarea, deciziile importante sau neliniștea.

AFLĂ

Ai ascultat, iar Duhul Sfânt te-a îndemnat să împărtășești dragostea lui Isus. Acum ce ar trebui să faci? Pune întrebări. Află mai multe despre povestea acelei persoane și cere-i permisiunea de a-i împărtăși povestea ta.

1. Află *povestea sa*, inclusiv care este credința sa.
Cea mai eficientă modalitate de a înțelege pe cineva sau de a începe conversații spirituale este să pui întrebări. Ia-ți timp să asculți răspunsurile pe care le primești. Nu corecta ceea ce spune persoana respectivă atunci când îți răspunde. Faptul de a asculta bine este o formă de a iubi bine. Pune una sau mai multe din următoarele întrebări:

- Ai convingeri spirituale?
- Crezi în Dumnezeu?
    - Dacă da, întreabă: „Cum Îl vezi tu pe Dumnezeu?"
    - Dacă nu, întreabă: „A existat o vreme în care te-ai gândit că s-ar putea să existe un Dumnezeu?" (Chiar dacă acea persoană răspunde negativ, poți să pui următoarea întrebare pentru a continua conversația într-o direcție spirituală.)
- Cine crezi tu că este Isus? Răspunsurile factuale versus cele relaționale pot să te ajute să-ți dai seama de starea spirituală a cuiva (Răspunsul: „Isus este Fiul lui Dumnezeu" este diferit de „Isus este Dumnezeul *meu*").
- Ți-a mai împărtășit cineva până acum vestea bună a lui Isus?
- Ai tu dorința de a merge în cer? Știi cum să ajungi acolo?

2. Ascultă ca să găsești o legătură și cere permisiunea de a împărtăși *povestea ta*.
Ascultă ca să găsești o modalitate în care poți să faci legătura între povestea ta și povestea sa. Scopul tău nu este să vorbești despre tine sau să faci ca acea conversație să fie despre tine. Scopul tău este să găsești o modalitate de a spune: „Înțeleg" sau „Și eu gândeam așa." Apoi împărtășește cum s-a schimbat viața ta când cineva ți-a împărtășit Povestea lui Dumnezeu.

Poți să pui una dintre următoarele întrebări de permisiune pentru a hotărî dacă să continui sau nu:

- Îmi permiți să-ți împărtășesc o veste bună care mi-a schimbat viața?
- Pot să-ți împărtășesc cum am descoperit o relație personală cu Dumnezeu?

- În cazul cuiva care se confruntă cu dificultăți, întreabă: „Pot să-ți împărtășesc ceva ce m-a ajutat să trec peste o perioadă dificilă din viața mea?"

Dacă nu primești permisiunea de a continua, nu forța discuția. Doar încurajează acea persoană și spune-i că ești disponibil dacă pe viitor va dori să vorbească. Tu nu ai dat greș; ai făcut ceea ce te-a chemat Dumnezeu să faci. Roagă-te în tăcere pentru acea persoană și așteaptă un moment în care

> ### Împărtășește povestea ta în mai puțin de un minut
> Știi cum să împărtășești povestea ta despre Dumnezeu (numită și mărturie personală)?
>
> Descrie în două cuvinte viața ta de dinainte de a-L urma pe Isus, iar apoi descrie în două cuvinte sau o expresie viața ta de după aceea. Exemplu:
>
> „A existat o vreme în viața mea când eram plin de [teamă] și [deznădejde].
>
> Apoi am fost iertat de Isus și am ales să-L urmez. Viața mea s-a schimbat.
>
> Acum am [pace] și [un scop] în viața mea. Și cel mai important lucru dintre toate este că am o relație de prietenie cu Dumnezeu. Ai și tu o astfel de poveste?"
>
> Sursă: #NoPlaceLeft

cuvintele tale s-ar putea să fie binevenite. Respiră adânc și adu-ți aminte că este responsabilitatea lui Dumnezeu să o atragă pe acea persoană la El (Ioan 6:44). Responsabilitatea ta este să fii martor al Său.

IUBEȘTE

Împărtășirea poveștii tale duce la împărtășirea Poveștii lui Dumnezeu – cea mai măreață poveste de dragoste. Cea mai naturală modalitate de a face acest lucru este să împărtășești povestea ta și Povestea lui Dumnezeu *împreună*. Dumnezeu ți-a dat o poveste unică ce poate să-i ajute pe alții, așa că nu-ți fie teamă să o spui. Povestea ta poate să includă vindecare în urma unui abuz, bucurie în suferință sau o conștientizare a scopurilor lui Dumnezeu pentru tine. În timp ce împărtășești povestea ta și povestea mântuirii lui Isus, amintește-ți să incluzi patru componente esențiale. Mesajul Evangheliei este asemănător cu cele patru părți ale Poveștii lui Dumnezeu pe care le-am învățat în Săptămâna 1. Pentru a ni le aminti cu ușurință, să ne gândim la ele ca la o rețetă. **Pâinea Evangheliei** necesită patru ingrediente pentru ca întreaga semnificație a mesajului să fie transmisă corect. Să ne uităm mai îndeaproape la fiecare ingredient:

1. **Dumnezeu ne iubește:** Împărtășește cum am fost creați de Dumnezeu ca să-L glorificăm pe El și să experimentăm dragostea Sa desăvârșită. Dumnezeu dorește să-L cunoaștem și să avem o relație apropiată cu El – acum și pentru totdeauna. „Fiindcă atât de mult a iubit Dumnezeu lumea, că a dat pe singurul Lui Fiu, pentru ca oricine crede în El să nu piară, ci să aibă viața veșnică" (Ioan 3:16).

2. **Păcatul ne desparte:** Împărtășește cum păcatul a stricat relația noastră de iubire cu Dumnezeu. Păcatul înseamnă să întoarcem spatele voii lui Dumnezeu în atitudinea sau acțiunile noastre. Trăirea vieții așa cum vrem noi în loc să o trăim după voia lui Dumnezeu ne desparte de El și duce la moarte (Is. 59:2; Rom. 6:23). Nimeni nu este fără păcat. „Toți au păcătuit și sunt lipsiți de slava lui Dumnezeu" (Rom. 3:23).

3. **Isus ne mântuiește:** Împărtășește cum Dumnezeu ne iubește atât de mult încât nu a vrut să rămânem despărțiți de dragostea Sa. Dumnezeu L-a trimis pe singurul Său Fiu, Isus, să ne salveze de pedeapsa păcatului și să ne dea o viață nouă și veșnică. „Dar Dumnezeu Își arată dragostea față de noi prin faptul că, pe când eram noi încă păcătoși, Cristos a murit pentru noi" (Rom. 5:8). Mântuirea este prin harul lui Dumnezeu, prin Isus Cristos, nu prin eforturile sau faptele noastre bune (Ef. 2:8-9).

4. **Pocăința și credința ne schimbă:** Împărtășește că atunci când ne întoarcem de la păcatele noastre și ne punem toată încrederea în Isus ca să ne ierte păcatele și să ne conducă viața, El ne înnoiește (2 Cor. 5:17). Dumnezeu restaurează relația noastră cu El acum, iar într-o zi vom fi cu El în cer – casa noastră perfectă. „Dacă mărturisești deci cu gura ta pe Isus ca Domn și dacă crezi în inima ta că Dumnezeu L-a înviat din morți, vei fi mântuit. Căci prin credința din inimă se capătă neprihănirea și prin mărturisirea cu gura se ajunge la mântuire" (Rom. 10:9-10). Credința și pocăința merg mână în mână.

Este asemănător cu cadrul Poveștii lui Dumnezeu din Săptămâna 1, alcătuit din patru părți. Cea mai semnificativă diferență pe care probabil ai observat-o a fost cel de-al patrulea ingredient. Pocăința și credința sunt alegerea de a primi darul fără plată al mântuirii lui

Isus, care duce la o viață nouă (recreare). Ca și cum ai face pâine fără făină, Evanghelia fără aceste patru ingrediente nu este transmisă corect. (Gândește-te cum ar fi să înlături un element pentru a vedea cum este afectat mesajul.) Poate că Duhul Sfânt te va călăuzi să împărtășești mesajul lui Isus în moduri diferite, cu persoane diferite, în locuri diferite. Însă indiferent cum o împărtășești, include toate ingredientele. (Amintește-ți cuvintele-cheie: *dragoste, păcat, Isus, pocăință și credință.*)

Împărtășirea mesajului lui Isus necesită curaj. Primele câteva dăți în care ai o conversație despre Evanghelie pot părea puțin incomode, însă de fiecare dată când Îl prezinți pe Isus altora, devine tot mai ușor. Dacă împărtășirea credinței tale te sperie, adu-ți aminte de israeliți. Ei au pășit într-un râu năvalnic ca să îl traverseze *înainte* ca Dumnezeu să facă un drum uscat prin el. Dumnezeu a binecuvântat pasul lor făcut în credință și va face la fel și pentru tine. Așadar, să nu crezi minciuna că oamenii nu vor să audă despre Isus. Deoarece multe religii ale lumii au în centrul lor teama, mesajul plin de dragoste al lui Isus este cu adevărat o veste bună – vestea cea mai bună – pe care o poți împărtăși unei lumi aflate în suferință.

> ### Unelte pentru împărtășirea credinței tale
> În anexă vei găsi niște unelte intitulate **3 cercuri** și **Ascultă, Află, Dragoste, Domnul,** care să te ajute cu acești pași. Versiuni asemănătoare ale acestor unelte sunt folosite în lumea întreagă. (Poți să le descarci în format electronic la allinmin.org.)

În cer vom vedea „o mare gloată pe care nu putea s-o numere nimeni, din orice neam, din orice seminție, din orice norod și de orice limbă, care stătea în picioare înaintea scaunului de domnie și înaintea Mielului... și strigau cu glas tare și ziceau: «Mântuirea este a Dumnezeului nostru, care șade pe scaunul de domnie, și a Mielului!»" (Apoc. 7:9-10). Să invităm cât mai mulți oameni posibil ca să fim împreună în acea zi!

Lasă Biblia să vorbească:

Citește Romani 10:9-17 (Opțional: 1 Petru 3:15)

Lasă-ți mintea să gândească:

1. Isus a venit pentru toți. Există vreo persoană sau vreun grup de oameni pe care îți este greu să-i iubești? Ia-ți câteva momente să mărturisești și să te pocăiești de această prejudecată. Cum poți să le arăți dragostea lui Dumnezeu?

2. Completează unealta „Ascultă, Află, Dragoste, Domnul", aflată în anexă, ca o pregătire și un exercițiu pentru a le împărtăși altora despre Isus. Recapitulați această unealtă în întâlnirile voastre săptămânale, cu scopul dării de socoteală, al exercițiului și al rugăciunii.

3. Exersează cu un prieten, de cel puțin trei ori, împărtășirea poveștii tale împreună cu Povestea lui Dumnezeu.

Lasă-ți sufletul să se roage:

Tată, Tu ești Creatorul marginilor pământului. Tu dorești să salvezi toate națiunile. Cuvântul Tău spune: „Mare este secerișul, dar puțini sunt lucrătorii! Rugați dar pe Domnul secerișului să scoată lucrători la secerișul Lui" (Mt. 9:37-38). Te rog să trimiți mai mulți lucrători care să împărtășească dragostea Ta, începând cu mine. Arată-mi unde să merg și ce să spun... În numele lui Isus, amin.

Lasă-ți inima să dea ascultare:

(Ce te călăuzește Dumnezeu să știi, să prețuiești sau să faci?)

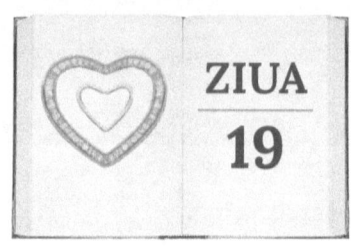

Privește în sus ca să-L glorifici pe Dumnezeu

Te voi lăuda din toată inima mea, Doamne, Dumnezeul
meu, şi voi preamări Numele Tău în veci!
Psalmul 86:12

Astăzi vom descoperi cel mai măreț scop dintre toate, scopul final al
pietrelor de aducere aminte ale israeliților, scopul care ne motivează
să avem în vedere generațiile, vecinii şi națiunile,
scopul întregii creații,
scopul tuturor făpturilor şi
scopul lui Cristos Isus Însuşi:
acela de **a-L glorifica pe Dumnezeu**.

Aşa cum am învățat la începutul acestei călătorii a credinței,
**Povestea lui Dumnezeu şi povestea ta au în centrul lor *slava* lui
Dumnezeu.** Devotamentul lui Dumnezeu față de slava Sa poate părea
arogant, egoist sau chiar tiranic – însă nu este aşa. Dumnezeu nu
este unul dintre noi; căile Sale sunt mai presus de căile noastre, iar
gândurile Sale sunt mai presus de gândurile noastre (Is. 55:9). Atunci
când suntem devotați mai întâi față de noi înşine, suntem aroganți,
însă atunci când Dumnezeu este devotat mai întâi față de Sine Însuşi,
El are dreptate. El nu este nicidecum un tiran.

- Un tiran ia, însă Dumnezeu dă (Fapte 17:25).
- Un tiran cere muncă, însă Dumnezeu oferă odihnă (Mt. 11:28).
- Un tiran se ține strâns de puterea sa, însă Dumnezeu a renun-
  țat la puterea Sa (Flp. 2:5-11).
- Un tiran îşi ucide duşmanii, însă Dumnezeu (în forma umană
  a lui Isus) a murit ca să-i salveze pe duşmanii Săi (Rom. 5:10).

Dumnezeu nu este un tiran. Aceasta este o minciună a dușmanului, care a mințit în privința lui Dumnezeu încă de la început. El ne spune minciuni care sunt asemănătoare cu aceasta. Te rog să nu le crezi. Dumnezeu nu ne păcălește, nu ne manipulează, nu ne privează de lucruri bune și nu ne înșală (Num. 23:19).

Atunci când privim în sus ca să-L glorificăm pe Dumnezeu, nu ne plecăm înaintea unui tiran, ci ne găsim desfătarea într-un Tată bun. Noi celebrăm dragostea Sa, ne minunăm de puterea Sa și ne odihnim în pacea Sa. El este nespus de bun și de vrednic de lauda noastră. Să ne luăm câteva momente ca să ne gândim profund cine este singurul Dumnezeu adevărat. **Citește aceste versete cu voce tare** pentru a-ți călăuzi gândirea. Dedesubtul lor vei găsi spațiu pentru a adăuga descrierile biblice ale lui Dumnezeu care sunt preferatele tale.

Dumnezeul meu este...

- *Alfa și Omega, Cel dintâi și Cel de pe urmă, Începutul și Sfârșitul* (Apoc. 22:13).

- *un Dumnezeu plin de îndurare și milostiv, încet la mânie, plin de bunătate și credincioșie* (Ex. 34:6).

- *Dumnezeul dumnezeilor, Domnul domnilor, Dumnezeul cel mare, puternic și înfricoșat* (Deut. 10:17).

- *Minunat, Sfetnic, Dumnezeu tare, Părintele veșniciilor, Domn al păcii* (Is. 9:6).

-

-

-

Te simți smerit? Recunoscător? Uimit? Ia-ți câteva momente ca să stai în tăcere și să te închini lui Dumnezeu. El este singurul vrednic de toată lauda noastră (Deut. 10:21, NLT). El este tot ce este bun, minunat, înțelept, curat, frumos, eroic și adevărat. După cum scria psalmistul: „Tu ești Domnul meu; în afară de Tine nu am niciun lucru bun" (Ps. 16:2, NIV).

De ce Îl glorificăm pe Dumnezeu? Dumnezeu ne-a creat spre slava Sa (Is. 43:7). Numai El este vrednic de lauda noastră (Ps. 145:3).

Cum Îl glorificăm pe Dumnezeu? Noi Îl glorificăm pe Dumnezeu iubindu-L, lăudându-L, ascultând de El și *temându-ne de El.*

> **Teama de Dumnezeu:** Respect și venerație față de persoana, puterea și poziția lui Dumnezeu. Cu o afecțiune autentică față de Dumnezeu, credincioșii „se tem" să nu Îl întristeze.

Poate că ne întrebăm cum anume teama de Dumnezeu Îl glorifică pe El. Cuvântul **teamă** în Biblie are numeroase sensuri, însă în acest context *teama* înseamnă respect și venerație față de persoana, puterea și poziția lui Dumnezeu. Cum putem noi să iubim pe cineva de care ne temem sau să ne temem de cineva pe care îl iubim? Dragostea față de Dumnezeu și teama de El lucrează împreună.

Gândește-te care este rezultatul atunci când facem una fără cealaltă. Gândește-te ce s-ar putea întâmpla dacă ne temem de Dumnezeu, dar nu Îl iubim. Vom sta departe de El. Vom face ceea ce ne cere Dumnezeu, dar poate că nu vom căuta o relație. Atunci când auzim că Dumnezeu este minunat în sfințenie și bogat în fapte de laudă (Ex. 15:11), poate că ne simțim nevrednici. Știm că poziția lui Dumnezeu Îi permite să judece păcatul, așa că s-ar putea să ne îngrijorăm cu privire la ce va face El dacă facem vreo greșeală.

Vedem pe paginile Scripturii că Dumnezeu nu este glorificat în teama fără dragoste. Un învățător al Legii Îl confruntă pe Isus cu întrebarea supremă: „Care este cea mai mare poruncă?" Legea iudaică conținea 613 porunci adiționale,[1] care au fost adăugate la Cele zece porunci de-a lungul timpului, iar acest învățător al Legii era probabil epuizat, încercând să le respecte pe toate. El se temea de Dumnezeu, dar oare Îl iubea pe Dumnezeu? Gândește-te la răspunsul lui Isus:

> Isus i-a răspuns: „Cea dintâi este aceasta: «Ascultă, Israele! Domnul Dumnezeul nostru este un singur Domn» și «Să iubești pe Domnul Dumnezeul tău cu toată inima ta, cu tot sufletul tău, cu tot cugetul tău și cu toată puterea ta.» Iată porunca dintâi." (Mc. 12:29-30)

Cu toate că acest învățător care se temea de Dumnezeu păzea Legea, Isus i-a spus că cel mai important este să-L iubească pe

---

1 „Numărul 613 a fost dat pentru prima dată în secolul al III-lea d.Cr. de către Rabinul Simlai, care a împărțit cele 613 mițvot în 248 de porunci pozitive (ce să faci) și 365 de porunci negative (ce să nu faci). De când a fost anunțată această cifră, mulți și-au asumat sarcina de a enumera cele 613 porunci. Fără îndoială, lista care are cea mai trainică însemnătate este cea realizată de Maimonide în secolul al XII-lea în *Cartea poruncilor*." „Mitzvot", ReligionFacts.com, 22 iunie 2017, www.religionfacts.com/mitzvot.

Dumnezeu. El a spus acest lucru pentru că atunci când există teamă fără dragoste, lipsește relația. **Amintește-ți că scopul faptului de a-L iubi pe Dumnezeu și a te teme de Dumnezeu nu este să ajungi în cer, ci să intri într-o relație cu Tatăl tău ceresc.** Poate că teama de a-ți petrece veșnicia despărțit de Dumnezeu te-a determinat să-L urmezi pe Isus, însă pe măsură ce Îl primești și Îl cunoști, dragostea crește și teama se schimbă. Acum nu-ți mai este frică de Dumnezeu, fiindcă dragostea desăvârșită izgonește frica (1 Ioan 4:18). În schimb, o teamă reverențioasă de Dumnezeu se naște înăuntrul tău, determinându-te să-L iubești și să-L adori pe Dumnezeu cu toată ființa ta.

Să ne uităm la ce se întâmplă dacă Îl iubim pe Dumnezeu, dar nu ne temem de El: Îl tratăm pe Dumnezeu într-un mod relaxat, fără să ținem seama prea mult de poziția Sa ori de poruncile Sale și neglijăm consecințele alegerilor păcătoase. Poate că nu Îl apreciem cum se cuvine. Adesea vedem acest lucru în relațiile umane. Uneori îi tratăm pe cei pe care îi iubim cel mai mult mai rău decât îi tratăm pe străini.

Asta explică de ce ultimul scop al pietrelor de aducere aminte ale israeliților era „să vă temeți totdeauna de Domnul Dumnezeul vostru" (Ios. 4:24). Dumnezeu dorea o relație corectă cu poporul Său ales și cu generațiile care urmau după ei. Mari binecuvântări – comori – le erau promise celor care se tem de Dumnezeu (Is. 33:6) atât atunci, cât și acum:

- **Frica de Dumnezeu ne protejează de dorința de a fi pe placul oamenilor.** Isus le-a spus ucenicilor Săi să se teamă de Dumnezeu în loc să se teamă de alți oameni (Mt. 10:28). Teama de Dumnezeu te poate salva de capcana periculoasă de a căuta aprobare sau laudă din partea oamenilor în loc să cauți slava lui Dumnezeu (Prov. 29:25; Ioan 5:44).
- **Frica de Dumnezeu ne face curajoși.** Alte frici dispar atunci când ne temem cu adevărat de Dumnezeu (Prov. 29:25; Ioan 5:44).
- **Frica de Dumnezeu ne face înțelepți.** „Începutul înțelepciunii este frica de Domnul" (Prov. 9:10).
- **Frica de Dumnezeu ne protejează de păcat.** Dacă ne temem de Dumnezeu, vom urî păcatul, pentru că acesta contravine naturii lui Dumnezeu și afectează relația noastră cu El. Atunci când ne temem de Dumnezeu, fugim de păcat (Prov. 16:6). Frica

de Dumnezeu și fuga de păcat ne vor proteja de consecințele periculoase ale păcatului și pot chiar să ne prelungească viața (Prov. 10:27).

Însă teama de Dumnezeu, reverența față de El, nu este întotdeauna un lucru firesc pentru noi. Natura noastră păcătoasă ne determină să ignorăm slava lui Dumnezeu și să o căutăm pe cea proprie. Așadar, ce pași putem să facem pentru a dezvolta o frică de Dumnezeu însoțită de dragoste?

- **Cere ajutorul lui Dumnezeu.** Cere-I să te ajute să ai reverență față de El, învățându-te căile Sale (Ps. 86:11).
- **Gândește-te profund la Cuvântul lui Dumnezeu,** în special la versete precum cele enumerate mai sus, care descriu caracterul Său. Revelarea lui Dumnezeu în Cuvântul Său ar trebui să ne facă să ne înfiorăm (Ps. 119:120).
- **Bucură-te de frumusețea și puterea creației.** Citește Psalmul 19 și observă cum slava lui Dumnezeu în creație ne mișcă inima ca să ne temem de El.[1]
- **Adu-ți aminte de lucrările mărețe ale lui Dumnezeu.** Asemenea israeliților, adu-ți aminte de tot ce a făcut Dumnezeu pentru tine. Gândește-te la lucrările Sale mărețe – în creație, în istoria omenirii și în viața ta – în fiecare zi (Ps. 77:11-12).

Dragostea față de Dumnezeu și frica de Dumnezeu lucrează împreună cu putere pentru glorificarea lui Dumnezeu și ascultarea de El. Isus a spus: „Cine are poruncile Mele și le păzește, acela Mă iubește și cine Mă iubește va fi iubit de Tatăl Meu. Eu îl voi iubi și Mă voi arăta lui" (Ioan 14:21). Pe măsură ce păzim poruncile lui Dumnezeu de a împărtăși dragostea Sa generațiilor, vecinilor și națiunilor...

slava lui Dumnezeu este motivația noastră,
slava lui Dumnezeu este mesajul nostru,
slava lui Dumnezeu este țelul nostru și
slava lui Dumnezeu este răsplata noastră!

---

1 Pentru a vedea măreția lui Dumnezeu în univers, citește răspunsul dat de Dumnezeu lui Iov, care descrie designul și administrarea creației (Iov 38-42).

Lasă Biblia să vorbească:

Citește Psalmul 19 (Opțional: Psalmul 128)

Lasă-ți mintea să gândească:

1. Citește Psalmul 19 și observă unde și când este arătată slava lui Dumnezeu. Frica de Domnul este curată (v. 9) și este răspunsul corect față de slava Sa. De ce crezi că Dumnezeu merită slava?

2. De ce este important să-L iubești pe Dumnezeu și să te temi de El?

3. Cum anume te motivează dragostea față de Dumnezeu și frica de El să-ți împlinești scopurile?

Lasă-ți sufletul să se roage:

Doamne, Isus a strigat către Tine: „Tată, glorifică numele Tău!"
(Ioan 12:28, NIV). Vreau și eu să Te glorific. Învață-mă să Te iubesc
cu reverență și să fac lucrarea Ta... prin puterea Ta... numai spre
slava Ta. „Înalță-Te peste ceruri, Dumnezeule, și fie slava Ta peste
tot pământul!" (Ps. 108:5)... În numele lui Isus, amin.

Lasă-ți inima să dea ascultare:

(Ce te călăuzește Dumnezeu să știi, să prețuiești sau să faci?)

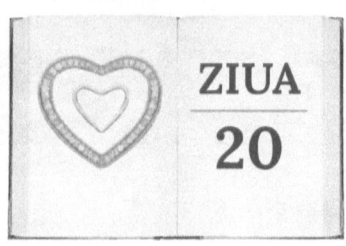

Glorifică-L pe Dumnezeu în închinare

Toate neamurile pe care le-ai făcut vor veni să se închine
înaintea Ta, Doamne, și să dea slavă Numelui Tău.
Psalmul 86:9

Dacă ai participat la vreun serviciu de biserică, probabil că ai avut parte de o chemare la închinare. Cineva anunță: „Haideți să ne închinăm Domnului!" La adunările din întreaga lume, muzica începe și toată lumea se ridică în picioare ca să cânte împreună. Deși închinarea prin muzică implică instrumente și cântat cu vocea, ceea ce se petrece este mult mai mult decât atât. Nu este o încălzire pentru predica ce urmează. Nu este un timp de divertisment. Ne unim inimile și vocile ca jertfă de laudă pentru valoarea nemărginită a lui Dumnezeu. Însă închinarea înseamnă mai mult decât închinare prin *muzică*. Înseamnă mai mult decât să cântăm un cântec. Atunci când ne închinăm lui Dumnezeu, ne aducem pe noi înșine înaintea lui Dumnezeu. Cu tot ce suntem. Cu tot ce facem. Îi oferim totul lui Dumnezeu ca să-L glorificăm pe El.

Ieri am învățat cum dragostea de Dumnezeu și teama de El lucrează împreună pentru a-L glorifica pe El. **Această îmbinare de dragoste și teamă de Dumnezeu – venerația noastră plină de reverență și dragostea noastră profundă față de El – se revarsă în închinare.** În Ziua 9 am învățat:

- Închinarea este admirația față de orice lucru care domnește în inima noastră.
- Închinarea înseamnă adorare față de cine este Dumnezeu și ce a făcut El.
- Închinarea înseamnă să ne oferim pe noi înșine lui Dumnezeu. Toate lucrurile – cântatul, vorbitul, munca, joaca, slujirea

și chiar suferința – devin acte de închinare atunci când le facem ca să-L glorificăm pe Dumnezeu.

• Închinarea este rezervată doar pentru Dumnezeu.

Acum că am definit închinarea, să descriem cum arată închinarea – închinarea *care Îl glorifică pe Dumnezeu* – în practică. Cum poți să-L glorifici pe Dumnezeu în închinare?

Închină-te cu pasiune. Închinarea noastră se revarsă din relația noastră apropiată cu Dumnezeu, îmbrățișând atât Adevărul, ceea ce știm despre El, cât și Duhul – care ne ajută să ne desfătăm pe deplin în El (Ioan 4:23-24). Biblia ne invită să-L lăudăm pe Dumnezeu cu bucurie și mulțumire. Însă *atunci când Biblia menționează închinarea*, tonul se schimbă: „Veniţi să ne închinăm şi să ne smerim, să ne plecăm genunchiul înaintea Domnului, Făcătorului nostru! Căci El este Dumnezeul nostru" (Ps. 95:6-7). Închinarea este adesea descrisă prin actul îngenuncherii, o postură exterioară ce reprezintă schimbarea lăuntrică a inimii într-o atitudine de smerenie și predare. Ne smerim conștientizând cui ne închinăm – Celui a cărui slavă o declară stelele. Celui înaintea căruia se clatină munții. Celui în prezența căruia se cutremură pământul (Naum 1:5). Dacă toată natura se închină Lui cu pasiune, și noi putem să facem la fel. O închinare cu pasiune și personală înseamnă a-L recunoaște cu sinceritate pe Dumnezeu ca Domn legitim al vieții noastre.

Închină-te cu atenție. Noi putem să-L glorificăm pe Dumnezeu ignorând sau înăbușind lucrurile care ne distrag atenția și îndreptându-ne toată atenția asupra Celui căruia ne închinăm. Închide-ți ochii. Pleacă-ți capul. Fă ce este nevoie să faci pentru a te concentra asupra lui Dumnezeu. Invită-L pe Duhul Sfânt să te ajute să conștientizezi mai intens prezența Sa. Învață să recunoști modul în care gândurile Sale modelează gândurile tale în timp ce te închini și citești Cuvântul lui Dumnezeu. Permite-I lui Dumnezeu să te convingă, să te încurajeze și să te mângâie pe măsură ce crești în relația ta cu El. „[Uită-te] țintă la Căpetenia şi Desăvârşirea credinţei noastre, adică la Isus" (Ev. 12:2), astfel încât să-L glorifici pe Dumnezeu în închinare.

Închină-te cu generozitate. Noi ne închinăm la orice lucru care domnește în inima noastră, însă putem să influențăm ceea ce domnește în inima noastră prin resursele noastre. „Pentru că unde este comoara voastră, acolo va fi şi inima voastră" (Mt. 6:21). Dărnicia este un privilegiu pe care îl îmbrățișăm pentru că Îl iubim pe Domnul și dorim să vedem înaintarea Împărăției Sale. „Să știți: cine seamănă puțin, puțin va secera, iar cine seamănă mult, mult va secera. Fiecare să dea după cum a hotărât în inima lui: nu cu părere de rău sau de silă, căci «pe cine dă cu bucurie, îl iubește Dumnezeu»" (2 Cor. 9:6-7).

Dumnezeu dorește să ne bucurăm de lucrurile bune pe care ni le dăruiește El, însă de asemenea ne poruncește să folosim acele resurse pentru a-i sprijini pe cei care predică Cuvântul Lui.[1] Așa cum am învățat în Ziua 16, atunci când venim în întâmpinarea nevoilor altora, Îl slujim pe Isus Însuși (Mt. 25:40). Folosește-ți banii pentru a face bine și a-i ajuta pe cei în nevoie (2 Cor. 8-9; 1 Tim. 6:17-19). Dar cât de mult și cât de des să faci acest lucru? „În ziua dintâi a săptămânii, fiecare din voi să pună deoparte, acasă, ce va putea, după câștigul lui" (1 Cor. 16:2). Dăruiește individual, regulat și proporțional. Ține minte că totul Îi aparține lui Dumnezeu (Ps. 24:1; 50:10).[2] **Noi trebuie să fim buni administratori, responsabili înaintea Lui pentru felul în care folosim ceea ce ne-a încredințat El.** „Fără plată ați primit, fără plată să dați" (Mt. 10:8). Dumnezeu înțelege împrejurările noastre și Se uită la inima din spatele dărniciei.

Banii nu sunt singura noastră resursă. **De asemenea, avem timp de dăruit și talente de împărtășit.** „Să fie bogați în fapte bune, să fie darnici, gata să simtă împreună cu alții" (1 Tim. 6:18). În calitate de ambasador al lui Dumnezeu, petrece-ți timpul investind în relații. Atunci când îi îngrijim pe cei bolnavi, când îi îmbărbătăm pe cei cu sufletul trudit și Îl împărtășim pe Isus altora, dăruim în moduri care zidesc Împărăția lui Dumnezeu.

---

1 Mt. 10:10; Lc. 10:7; 1 Cor. 9:6-14 și 1 Tim. 5:17-18.
2 Ron Blue, *Never Enough? Three Keys to Financial Contentment*, B&H Publishing Group, Nashville, 2017, p. 20.

Dărnicia este o chestiune între tine și Dumnezeu. El înțelege împrejurările tale și Se uită la inima din spatele dărniciei. Isus a recunoscut generozitatea a doi închinători: unul a dăruit puțin, iar altul a dăruit mult, însă *amândoi* au dăruit cu jertfire. Primul, o văduvă săracă, a dat doar doi bănuți, însă asta era tot ce-i mai rămăsese ca să trăiască. Isus a observat și a lăudat darul ei făcut cu jertfire (Lc. 21:3-4). Cea de-a doua femeie a turnat un vas întreg cu parfum extrem de scump, ca un act de închinare pentru Izbăvitorul ei (Ioan 12:3-9). Unii au văzut generozitatea ei ca pe o risipă extraordinară, însă Isus a recunoscut inima jertfitoare din spatele dărniciei sale. **Dumnezeu nu Se concentrează asupra dimensiunii darului tău; El Se concentrează asupra inimii tale.**

Închină-te cu sinceritate. Dumnezeu ne cunoaște mai bine decât ne cunoaștem noi înșine. El știe când te simți gol pe dinăuntru, apatic sau chiar mânios. Fii sincer cu El și exprimă-ți gândurile în rugăciune. (Citește cartea Psalmilor pentru exemple emoționante.) Pe parcursul călătoriei noastre de credință, vom avea parte în viață de diferite perioade care ne afectează închinarea. Gândește-te cum ai putea să te închini lui Dumnezeu în cele trei perioade enumerate mai jos:[1]

- **Perioada de împlinire: Este Dumnezeu desfătarea ta?** Ești tu împlinit pe deplin în Dumnezeu și plin de bucurie? Dă-I mulțumire și bucură-te în El pentru acest lucru. „Mi se satură sufletul ca de niște bucate grase și miezoase, și gura mea Te laudă cu strigăte de bucurie pe buze" (Ps. 63:5). „Eu... mă voi bucura în Domnul, mă voi bucura în Dumnezeul mântuirii mele!" (Hab. 3:18).
- **Perioada de tânjire: Îl dorești tu pe Dumnezeu?** Tânjești tu după El, dar nu ai un sentiment profund de bucurie în prezența Sa din cauză că împrejurările tale te copleșesc? „Cum dorește un cerb izvoarele de apă, așa Te dorește sufletul meu pe Tine, Dumnezeule! Sufletul meu însetează după Dumnezeu, după Dumnezeul cel viu" (Ps. 42:1-2). Roagă-te ca în prezența lui Dumnezeu să găsești bucurii nespuse (Ps. 16:11), astfel încât să-ți găsești desfătarea închinându-te Lui (Ps. 43:4).
- **Perioada cea mai mohorâtă: Te simți gol pe dinăuntru?** Te simți arid din punct de vedere spiritual cu toate că te-ai pocăit de păcatele tale? Faptul că îți recunoști luptele și ceri ajutorul lui Dumnezeu este o închinare sinceră: „Când mi se amăra inima și mă simțeam străpuns în măruntaie, eram prost și fără judecată, eram ca un dobitoc înaintea Ta"

---

1 Adaptare din Dr. Michael Sharp și Dr. Mike Miller, notițe de la cursul intensiv de „Conducerea închinării": Trei etape ale închinării, New Orleans, Seminarul Teologic Baptist din New Orleans, mai 2014.

Lucrul asupra căruia ne concentrăm crește (Ziua 9).
Fii atent la ceea ce îți consumă gândurile, astfel încât să nu-ți risipești timpul, talentele și banii pe lucruri care nu sunt importante. S-ar putea să ajungi să te închini acelor lucruri în loc să te închini lui Dumnezeu. Dacă ai un idol, devii asemenea lui (Ps. 115:8). Dacă banii sunt idolul tău, vei deveni lacom. Dacă frumusețea este idolul tău, vei deveni vanitos. Așadar, ferește-te de idoli (1 Ioan 5:21). Nu te închina unor dumnezei falși (atât lucruri, cât și învățătură falsă).

(Ps. 73:21-22). Cere-I lui Dumnezeu să reaprindă dragostea ta pentru El, să revitalizeze relația ta cu El și să te ajute să asculți de El: „Redă-mi bucuria mântuirii Tale și fă-mă dornic să ascult de Tine" (Ps. 51:12, NLT).

Închină-te împreună cu alții. Atunci când ne aflăm în perioada cea mai mohorâtă, poate că suntem tentați să ne izolăm de ceilalți. Singurătatea și tăcerea sunt forme bune de închinare. Însă izolarea îndelungată ne face mai vulnerabili în fața atacurilor dușmanului. Soluția este tocmai abordarea opusă: închinarea împreună cu alți credincioși. Dumnezeu ne dă grupul local de credincioși ca să ne adunăm laolaltă pentru a ne închina Lui și a ne ajuta unii pe alții. Dumnezeu ne spune „să veghem unii asupra altora, ca să ne îndemnăm la dragoste și la fapte bune. Să nu părăsim adunarea noastră, cum au unii obicei; ci să ne îndemnăm unii pe alții" (Ev. 10:24-25). În timp ce ne adunăm să ne închinăm lui Dumnezeu, ne oferim pe noi lui Dumnezeu și unii altora. Biserica primară a fost un exemplu frumos de închinare colectivă, iar Domnul a adăugat la numărul lor (Fapte 2:42-47). O dedicare activă față de o biserică locală este esențială sănătății noastre spirituale și o mare prioritate pentru Isus.[1] „Cristos [a iubit] Biserica și S-a dat pe Sine pentru ea" (Ef. 5:25). Noi suntem creați să ne închinăm împreună ca parte a familiei lui Dumnezeu – aici și în cer.

Prieten drag, indiferent în ce perioadă a închinării te afli astăzi...

închină-te lui Dumnezeu cu pasiune, cu toată ființa ta;
închină-te lui Dumnezeu cu atenție, ațintindu-ți privirea asupra lui Isus;
închină-te lui Dumnezeu cu generozitate, punând tot ce ai în slujba Lui;
închină-te lui Dumnezeu cu sinceritate, exprimând adevărata stare a inimii tale;
închină-te lui Dumnezeu împreună cu alții, încurajându-vă unii pe alții să-L iubiți pe Dumnezeu, să iubiți pe toată lumea și să faceți ucenici.

Aceasta este închinarea care Îl glorifică pe Dumnezeu.

---

1 Citește „Cum să găsești o biserică bună" de la Ziua 12.

ZIUA 20

Lasă Biblia să vorbească:
Citește Psalmul 103 (Opțional: Psalmul 100)

Lasă-ți mintea să gândească:
1. Te închini tu cu pasiune, atenție, generozitate și sinceritate? Care dintre acestea este cea mai ușoară pentru tine? Reflectează asupra motivelor pentru care îți este ușor sau greu.

2. Descrie în ce perioadă de închinare te afli acum: de împlinire, de tânjire sau mohorâtă?

3. Te închini tu împreună cu alți credincioși ca parte a unei biserici locale? Dacă nu, roagă-te ca Dumnezeu să te conducă spre o biserică bazată pe învățătura Bibliei (Ziua 12) sau inițiază o întâlnire săptămânală (Ziua 17).

Lasă-ți sufletul să se roage:
Tată, în timp ce mă închin Ție, înlătură din mintea mea toate celelalte lucruri – toți oamenii din jurul meu și toate problemele cu care mă confrunt. Ține privirea mea ațintită asupra Ta, mintea mea loială Ție și resursele mele devotate Ție, numai spre slava Ta... În numele lui Isus, amin.

Lasă-ți inima să dea ascultare:
(Ce te călăuzește Dumnezeu să știi, să prețuiești sau să faci?)

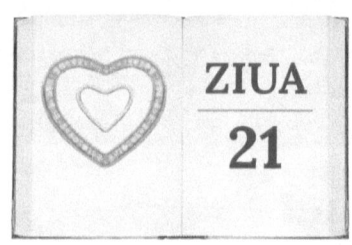

ZIUA 21

Închină-te lui Dumnezeu în mijlocul durerii tale

Pentru ce te mâhneşti, suflete, şi gemi înăuntrul meu?
Nădăjduieşte în Dumnezeu, căci iarăşi Îl voi lăuda;
El este mântuirea mea şi Dumnezeul meu.
Psalmul 42:5

Închinarea poate părea uşoară atunci când viaţa este liniştită şi totul merge bine, însă când viaţa este grea, închinarea de asemenea poate să fie grea. Atunci când suferim, s-ar putea să nu simţim bunătatea lui Dumnezeu. Uneori nu simţim nimic altceva decât durere. Însă tocmai acea durere face ca lauda inimilor aflate în suferinţă să fie curată, deoarece ea arată o puternică loialitate faţă de Dumnezeu – o loialitate numai faţă de El şi nu doar loialitate faţă de ceea ce poate să facă El pentru noi. Închinarea adusă în ciuda disconfortului este adesea lipsită de motivaţii egoiste şi ea îl pune pe duşman pe fugă.

Satan luptă împotriva închinării. El a fost alungat din cer pentru că a încercat să fure gloria lui Dumnezeu, de parcă acest lucru ar fi fost măcar posibil. De atunci el se răzbună (Ziua 3). El continuă să ducă război împotriva gloriei lui Dumnezeu, încercând să ne fure închinarea. Suferinţa ne aşază în linia întâi a acestei bătălii pentru glorie; duşmanul încearcă să profite de slăbiciunea noastră (1 Pet. 5:8). El ne minte în privinţa lui Dumnezeu ca să ne împiedice să ne închinăm (Ioan 8:44). El pune la îndoială bunătatea lui Dumnezeu, defăimează motivaţiile lui Dumnezeu şi ignoră gloria lui Dumnezeu (2 Cor. 4:4). „Iar el [Satan] cunoaşte inima plină de dragoste pe care o are Dumnezeu pentru rasa umană, aşa că vrea să înfrângă scopul lui Dumnezeu de a face din ei nişte închinători plini de bucurie, minunaţi şi buni. El doreşte să zădărnicească marea dorinţă a inimii lui Dumnezeu."[1]

---

1 Tim Keller, *Walking with God through Pain and Suffering*, Dutton, Penguin Group, New York, 2013, p. 273.

Închinarea înfrânge întunericul. Atunci când întunericul te cuprinde și răul îți zdrobește inima, poate că închinarea este ultimul lucru pe care ai vrea să-l faci. Dar să te închini lui Dumnezeu este exact ce ar trebui să faci.

Îi spui lui Dumnezeu că tu crezi că El este cine spune El că este:

Ocrotitorul tău (Ps. 91).
Mângâietorul tău (2 Cor. 1:3-4).
Cel care-ți poartă de grijă (Flp.4:19).
Vindecătorul tău (Ps. 103:2-4).
Judecătorul tău credincios și adevărat (Apoc. 19:11).
Păstorul tău cel bun (Ioan 10:11).
Domnul tău și Dumnezeul tău (Ioan 20:28).

Dacă dușmanul te înăbușă cu neliniște, închină-te lui Dumnezeu mulțumindu-I, cerând ajutorul Lui și având încredere în El în privința rezultatului. Roagă-te: „Isuse, hotărăște Tu ce este cel mai bine" și predă-I Lui toate poverile tale, fiindcă El Se îngrijește de tine (1 Pet. 5:7). „Nu vă îngrijorați de nimic, ci *rugați-vă cu privire la toate lucrurile*. Spuneți-I lui Dumnezeu de ce aveți nevoie și *mulțumiți-I pentru tot ce a făcut*" (Flp. 4:6, NLT; sublinierea îmi aparține). **În versetul acesta se află cheia pentru a învinge neliniștea, îngrijorarea și stresul – rugăciunile de mulțumire.** Recunoștința ne amintește cine este Dumnezeu și ce a făcut El. Următorul verset continuă: „Atunci veți cunoaște pacea lui Dumnezeu, care este mai presus de orice putem noi înțelege" (v. 7, NLT). Atunci când răspundem cu închinare, mulțumitori pentru măreția lui Dumnezeu, problemele noastre par mai mici prin comparație.

Dacă dușmanul te copleșește cu depresie, închină-te lui Dumnezeu înălțându-ți vocea înaintea Lui. Focalizarea ta se va muta de la tine la Dumnezeul cel atotputernic și atotiubitor. Ai încredere că Dumnezeu te va ridica din întuneric și va schimba „[duhul tău] mâhnit" cu „o haină de laudă" (Is. 61:3). „M-a scos din groapa pieirii, din fundul mocirlei; mi-a pus picioarele pe stâncă și mi-a întărit pașii" (Ps. 40:2). Atunci când te simți demoralizat, citește cartea Psalmilor. Evidențiază cu un marker fiecare verset care îți liniștește sufletul cu cuvintele sale de speranță. Versetele pun întristările noastre în cuvinte și le învăluie în dragostea și credincioșia lui Dumnezeu. **Închinarea declară bunătatea de neclintit a lui Dumnezeu, victoria pe care El a câștigat-o deja (1 Cor. 15:57).**

A-L lăuda pe Dumnezeu în durerea ta nu înseamnă a-ți ignora durerea. A-L lăuda în durerea ta înseamnă a te ocupa de durerea ta revărsând-o înaintea Celui care te cunoaște, te iubește și Se apropie de tine. Psalmii sunt adesea plini de izbucniri emoționale. Acestea pot fi atât negative, cât și pozitive, însă întotdeauna sunt direcționate spre Dumnezeu.

Faptul de a fi sinceri cu Dumnezeu cu privire la durerea noastră ne ajută totodată să ne păzim împotriva oricărei amărăciuni care încearcă să prindă rădăcină în inima noastră (Ev. 12:15). Există o diferență mare între amărăciune, care Îl blestemă pe Dumnezeu și pe cei pe care îi considerăm răspunzători pentru durerea noastră, și întristarea după voia lui Dumnezeu, care Îl cinstește pe El. Amărăciunea ne *îndepărtează* de Dumnezeu; întristarea după voia lui Dumnezeu ne *apropie* de Dumnezeu. Este mult mai bine să strigăm către Dumnezeu și să-I spunem totul decât să ne îndepărtăm de El. Îndepărtarea de El întotdeauna duce la o mentalitate egoistă și la comportamente negative; luăm situația în propriile mâini și perpetuăm amărăciunea. Dacă te simți confuz și rănit, este în regulă să-L întrebi pe Dumnezeu: „De ce?" Isus a făcut acest lucru. Pe cruce, El a strigat: „Dumnezeul Meu, Dumnezeul Meu, pentru ce M-ai părăsit?" (Mt. 27:46).

Isus a pus întrebări, însă nu a pus niciodată sub semnul întrebării bunătatea lui Dumnezeu. El știa că voia Tatălui este cea mai bună – chiar dacă ea însemna suferință temporară – și niciodată nu S-a clintit din acea încredere. Chiar până la ultima suflare, El I-a încredințat lui Dumnezeu durerea Sa (Lc. 23:46).

Dacă Dumnezeu pare tăcut, asta nu înseamnă că El este absent. Închinarea în mijlocul durerii tale îți va direcționa focalizarea spre Dumnezeu și te va face mai conștient de prezența Sa. Există o intimitate cu Dumnezeu pe care o experimentezi prin suferință. „Domnul este aproape de cei cu inima înfrântă și mântuiește pe cei cu duhul zdrobit" (Ps. 34:18). Faptul că Îl lăudăm pe Dumnezeu în durerea noastră ne apropie mai mult de El și aduce binecuvântări care vin doar în acele momente când credința noastră este pusă la încercare. Păcatul și suferința cauzată de el nu au făcut parte niciodată din planul inițial al lui Dumnezeu. Cu toate acestea, în dragostea Sa desăvârșită, El a fost dispus să vină pe pământ și să experimenteze personal durerea – suferind în locul nostru pentru a pune capăt durerii o dată pentru totdeauna. Când Cristos Se va întoarce, victoria Sa asupra păcatului și a suferinței va fi realizată pe deplin. Până atunci, Dumnezeu ne dă puterea să răbdăm – și chiar să găsim bucurie – în durerea noastră din prezent în timp ce așteptăm cu nerăbdare acea zi când El va înlătura durerea noastră pentru totdeauna (Apoc. 21:4).

Ai suferit o pierdere? În cartea despre care se crede că este cea mai veche din Biblie, un om pe nume Iov și-a pierdut toate posesiunile, copiii și sănătatea, însă cu toate acestea Iov și-a exprimat mâhnirea plecându-se înaintea lui Dumnezeu și lăudându-L: „Apoi, aruncându-se la pământ, s-a închinat și a zis: «Gol am ieșit din pântecele mamei mele și gol mă voi întoarce în sânul pământului. Domnul a dat și Domnul a luat. Binecuvântat fie Numele Domnului!»" (Iov 1:20-21). Închinarea în ciuda durerii a dovedit loialitatea lui Iov față de Dumnezeu.

Ai fost trădat? Iuda, unul dintre cei doisprezece ucenici, L-a trădat pe Isus, dându-L pe mâna unor oameni care aveau să-L răstignească. Isus știa că va fi trădat, dar cu toate acestea L-a lăudat pe Dumnezeu (Mt. 26:14-30). Când un prieten drag l-a trădat pe David, el s-a rugat și I-a spus lui Dumnezeu despre sentimentele sale. El a scris: „Nu un vrăjmaș mă batjocorește, căci aș suferi; nu potrivnicul meu se ridică împotriva mea, căci m-aș ascunde dinaintea lui. Ci tu, pe care te socoteam una cu mine, tu, frate de cruce și prieten cu mine!... Dar eu strig către Dumnezeu, și Domnul mă va scăpa" (Ps. 55:12-13, 16). Închinarea în ciuda trădării a demonstrat încrederea lui David în Dumnezeu.

Ești persecutat? Apostolul Pavel a suferit persecuție, dar cu toate acestea el L-a lăudat pe Dumnezeu. Chiar și în timp ce era în lanțuri, el a scris: „Bucurați-vă totdeauna în Domnul! Iarăși zic: Bucurați-vă!" (Flp. 4:4). Închinarea în ciuda persecuției a dovedit încrederea lui Pavel în Dumnezeu.

Ești sărac? Dumnezeu l-a avertizat pe Habacuc că sărăcia avea să se abată în curând asupra poporului său, dar cu toate acestea Habacuc L-a lăudat pe Dumnezeu. „Căci, chiar dacă smochinul nu va înflori, vița nu va da niciun rod, rodul măslinului va lipsi și câmpiile nu vor da hrană, oile vor pieri din staule și nu vor mai fi boi în grajduri, eu tot mă voi bucura în Domnul, mă voi bucura în Dumnezeul mântuirii mele!" (Hab. 3:17-18). Închinarea în ciuda sărăciei a dovedit credința lui Habacuc în Dumnezeu.

Nu ești singur în durerea și suferința ta. Mulți din generațiile trecute L-au lăudat pe Dumnezeu în durerea lor (Ev. 11). Mulți din generația aceasta de asemenea se închină lui Dumnezeu în suferința lor. Ia legătura cu alții care Îl urmează pe Isus. Ai grijă să nu te izolezi; singurătatea nu face altceva decât să deschidă ușa spre ispită și descurajare. Atunci când suferi, rămâi în legătură cu prieteni credincioși din biserica ta (Ev. 10:25). Atunci când Dumnezeu te restaurează, oferă-le și altora mângâierea pe care ai primit-o de la El (2 Cor. 1:3-7).

Închină-te lui Dumnezeu în mijlocul durerii tale și ai încredere că El te va ajuta să treci peste cele mai dificile zile din viața ta. El lucrează chiar dacă noi nu vedem sau nu simțim acest lucru. El merită întotdeauna închinarea ta.

Lasă Biblia să vorbească:

Citește Psalmul 42 (Opțional: Romani 8:18-39)

Lasă-ți mintea să gândească:

1. Treci tu prin durere sau suferință în prezent? Dacă da, ce înseamnă pentru tine să te închini lui Dumnezeu în mijlocul durerii tale? Dacă nu, cum ar fi putut să fie diferită o experiență din trecut legată de suferință dacă te-ai fi închinat lui Dumnezeu în timpul ei?

2. Răspunde la întrebările pentru discuție din Săptămâna 3.

Lasă-ți sufletul să se roage:

Tată, Tu vezi suferința mea. Tu pui lacrimile mele în burduful Tău (Ps. 56:8). Îți aduc durerea mea. Ajută-mă să mă închin Ție în suferința mea, știind că Tu ești Vindecătorul meu, Mângâietorul meu și Izbăvitorul meu. Adâncește relațiile mele de prietenie cu alți credincioși, astfel încât să putem împărtăși mângâierea pe care o primim de la Tine... În numele lui Isus, amin.

Lasă-ți inima să dea ascultare:

(Ce te călăuzește Dumnezeu să știi, să prețuiești sau să faci?)

ÎNTREBĂRI PENTRU DISCUŢIE
DIN SĂPTĂMÂNA 3:

Recapitulează lecţiile din această săptămână şi răspunde la întrebările de mai jos. Împărtăşeşte-le prietenilor tăi răspunsurile tale când vă întâlniţi în această săptămână.

1. Eşti tu un ambasador pentru Isus? Ce înseamnă acest lucru pentru tine?

2. Patriarhii biblici au avut acelaşi scop ca noi, însă fiecare dintre ei l-a împlinit în mod diferit. Ce daruri, abilităţi sau talente ţi-a dat Dumnezeu? Te cheamă El să faci o lucrare anume sau să lucrezi cu un anumit grup de oameni? Care sunt următorii tăi paşi în împlinirea scopului tău concret?

3. Isus ne porunceşte să facem ucenici. Recapitulează şi exersează fiecare pas din unealta „Ascultă, Află, Dragoste, Domnul", aflată în anexă. (Dacă nu ai parcurs anexa, te rog să faci acest lucru acum.) Când poţi să-L împărtăşeşti pe Isus persoanelor de pe harta relaţiilor tale? Roagă-te pentru oportunităţi. Exersează relatarea poveştii tale în ce-L priveşte pe Dumnezeu.

4. Citeşte Matei 6:19-21. De ce crezi că ne spune Dumnezeu să ne strângem comori în cer? Cum poţi să renunţi la răsplăţile pământeşti şi să cauţi să dobândeşti în schimb răsplăţi cereşti?

PARTEA a II-a:

TRĂIEȘTE POVESTEA TA CU DUMNEZEU

Poveștile adevărate ale Bibliei ne inspiră în timp ce învățăm despre Povestea lui Dumnezeu. Vedem planul lui Dumnezeu de salvare dus la îndeplinire prin părinții credinței. Citim cum Dumnezeu a despărțit Marea Roșie pentru Moise (Ex. 14) și râul năvalnic pentru Iosua (Ios. 3). Descoperim cum Dumnezeu o vede pe Agar și o strigă pe nume (Gen. 16) și îl salvează pe Daniel din groapa cu lei (Dan. 6). Acestea sunt doar câteva din numeroasele povești miraculoase pe care le citim poate cuprinși de uimire, în timp ce reflectăm asupra Dumnezeului puternic pe care Îl slujim.

Cu toate că aceste povești ne inspiră, avem tendița să uităm zilele obișnuite care se scurg între momentele divine. Adesea oamenii cred că dacă Dumnezeu nu Se arată pe Sine în moduri extraordinare în fiecare zi sau în fiecare săptămână sau cel puțin în fiecare lună, înseamnă că ceva nu este în regulă.

Prin urmare, ce facem cu acele zile *obișnuite* care se transformă în luni obișnuite, care se transformă în ani obișnuiți? Ce făceau bărbații și femeile care au trăit în vremurile biblice? Te întrebi vreodată cum era viața de zi cu zi pentru Moise în timpul celor patruzeci de ani pe care i-a petrecut ca păstor în Madian înainte ca Dumnezeu să-l cheme să se întoarcă în Egipt?[1] Cum era viața pentru Maria, sora lui Moise, care s-a rugat zeci de ani ca Dumnezeu să izbăvească poporul ei din robie? Moise și Maria și-au trăit povestea împreună cu Dumnezeu – zi obișnuită după zi obișnuită. Ei au petrecut o mare parte din viața lor așteptând – și încrezându-se în Dumnezeu. Același lucru este adevărat și în cazul nostru. Poate că viața noastră nu este plină de rugi aprinși și mări despărțite, dar **zilele noastre obișnuite**

---

1 Faptele apostolilor 7:23-30.

pot să-L glorifice pe Dumnezeul nostru extraordinar în timp ce ne încredem în El. Împăratul David ne oferă un exemplu similar.

David a fost un păstor ales de Dumnezeu la o vârstă fragedă ca să devină viitorul împărat al lui Israel. Imaginează-ți cum ar fi să mergi înapoi în timp și să vorbești cu acest tânăr care a fost uns ca să fie conducător cu mulți ani înainte de a ajunge la putere. Conversația ar putea să decurgă cam în felul următor:[1]

– *Ce faci, David?*

– *Pasc oile.*

– *Da, văd asta.*

– *Părinții mei mi-au dat sarcina aceasta. Este cea mai urâtă sarcină din casă. De obicei servitorii pasc oile, dar eu sunt băiatul cel mai mic din mulți copii, așa că probabil de asta eu sunt cel care este aici, zi după zi, având grijă de animale.*

– *Cu ce îți ocupi timpul?*

– *Păi, vorbesc mult cu Dumnezeu. Nu este nimeni aici cu care să vorbesc. Și îmi place să cânt la harpă, așa că lucrez la niște cântece de rugăciune.*

– *Cântece de rugăciune?*

– *Da, conversațiile mele cu Dumnezeu puse pe muzică. Le scriu pentru că mi se par speciale. Parcă Dumnezeu îmi dă cuvintele prin care să-I răspund.*

– *Serios?*

– *Da, dar asta nu e tot ce fac. Trebuie să fiu mereu vigilent pentru că avem o mulțime de fiare sălbatice pe aici cărora le-ar face mare plăcere să se înfrupte dintr-una din aceste oi. În ultima vreme am exersat trasul cu praștia. În fiecare zi reușesc să nimeresc ținta din ce în ce mai bine.*

– *Deci tu cânți în timp ce exersezi trasul cu praștia în preajma oilor?*

– *Păi, da. Asta e viața mea. Destul de obișnuită, dar nu voi fi mereu păstor. Eu sunt de fapt împărat.*

– *Ești împărat? Serios?*

– *Da, am fost uns ca viitor împărat al lui Israel.*

---

1 Adaptare a unei ilustrații dintr-o predică a lui James MacDonald de la postul de radio Walk in the Word, AM 550, Jacksonville, FL, 2009.

– Unde ți-e haina de împărat? Dar slujitorii? Dar tronul?

– Încă nu am privilegii de împărat.

– Când o să le ai și de unde o să le primești?

– Nu știu.

– Nu știi?

– Nu.

– Și ce-o să faci între timp?

– Păi, cred că o să cânt rugăciuni, o să exersez trasul cu praștia și o să pasc oile.

Crezi că David știa că abilitățile sale de a trage cu praștia aveau să provoace într-o zi înfrângerea uriașului războinic pe nume Goliat (1 Sam. 17)? Crezi că știa că rugăciunile sale puse pe muzică (dintre care multe se află în cartea Psalmilor) aveau să fie o mângâiere pentru milioane de oameni timp de mii de ani? Până și împăratul David, care a fost numit „un om după inima [lui Dumnezeu]" (1 Sam. 13:14), a avut zile obișnuite – o mulțime de asemenea zile.

Poate că nu ești un împărat pământesc, dar în Împăratul Isus, faci parte din familia regală a lui Dumnezeu. **El dorește să facă lucruri extraordinare prin tine pe măsură ce Îi dăruiești zilele tale obișnuite.**

Însă cum Îl glorificăm pe Dumnezeu zi după zi, o viață întreagă?

Începem prin a dezvolta obiceiuri zilnice care ne ajută să creștem în relația noastră cu Dumnezeu și să rămânem focalizați asupra scopurilor Sale. Trebuie să învățăm să-I dăm atenție lui Dumnezeu pe tot parcursul zilei așa cum a făcut David și să avem încredere că Duhul Sfânt ne va ajuta să ne ținem privirea ațintită asupra Lui. Ascultarea de Dumnezeu, zi obișnuită după zi obișnuită, ani la rând, are rezultate extraordinare.

În Săptămânile 4-7, vei învăța despre practicile spirituale de zi cu zi, care te vor ajuta să Îl cunoști pe Autorul poveștii tale adevărate. În următoarele câteva săptămâni, vei înțelege ce înseamnă să trăiești povestea ta cu Dumnezeu, în puterea Sa și pentru slava Sa, zi după zi.

Nu este suficient să cunoaștem lucruri *despre* Dumnezeu. Trebuie să-L cunoaștem pe Dumnezeu în mod *personal*. Lecțiile din săptămânile următoare te vor învăța cum să te apropii de Dumnezeu, rămânând în El și punând deoparte în mod deliberat un timp pentru

Discipline spirituale: Activități personale și interpersonale date de Dumnezeu în Biblie ca mijloc de a dobândi apropiere de Isus, devotament față de El și asemănare cu El.

părtășia cu El. Vei învăța și vei pune în practică ce spune Biblia și vei comunica cu Dumnezeu prin rugăciune. De asemenea, vei învăța despre relația ta cu Duhul Sfânt și despre modul în care El te echipează pentru a-i sluji pe alții și a împărtăși dragostea lui Isus. Finalul acestei călătorii va fi începutul unei alte călătorii în timp ce vei merge în lume, în comunitatea ta și poate chiar dincolo de ea, pentru a-i invita pe alții în Povestea adevărată a lui Dumnezeu.

În calitate de ucenic al lui Isus, nu trebuie să practici aceste discipline pentru a-ți clădi propria neprihănire. Nu uita că statutul neprihănit pe care îl ai înaintea lui Dumnezeu este rezultatul mântuirii tale dobândite *numai* prin Isus Cristos. Tu nu poți să adaugi nimic la lucrarea încheiată a lui Isus pe cruce.

Nu trebuie nici să practici aceste discipline spirituale pentru a câștiga dragostea lui Dumnezeu. El *deja* te iubește. De fapt, Dumnezeu te iubește chiar în acest moment. El nu poate să te iubească mai mult decât te iubește deja.

În schimb, gândește-te la disciplinele spirituale ca la niște ritmuri zilnice ale umblării tale cu Dumnezeu în timp ce El lucrează în tine și prin tine. **Esența lor nu este strădania, ci rămânerea în El.** Practică-le pentru ca relația ta cu Dumnezeu să fie mai puternică. Folosește disciplinele pentru a recunoaște vocea Sa, a merge acolo unde te conduce El, a te încrede în El în încercări și a te bucura de El pe măsură ce înveți să trăiești povestea ta prin puterea Sa.

Hai să mai facem încă un pas împreună în călătoria credinței...

SĂPTĂMÂNA A PATRA

RĂMÂI ÎN EL –
STAI LÂNGĂ DUMNEZEU

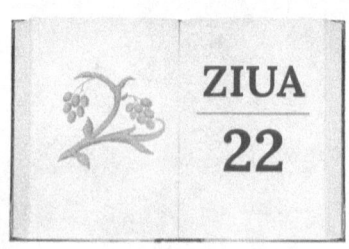

Cunoaște-L pe Dumnezeu ca prieten al tău

Nu este mai mare dragoste decât să-și dea cineva viața pentru prietenii săi. Voi sunteți prietenii Mei dacă faceți ce vă poruncesc Eu. Nu vă mai numesc robi, pentru că robul nu știe ce face stăpânul său, ci v-am numit prieteni, pentru că v-am făcut cunoscut tot ce am auzit de la Tatăl Meu.
Ioan 15:13–15

Isus știa că mai are la dispoziție doar câteva clipe neîntrerupte pe care să le petreacă împreună cu ucenicii Săi înainte de a fi arestat. Împlinirea profețiilor înspăimântătoare cu privire la trădarea Sa și execuția Sa brutală era iminentă. El știa că cei mai apropiați ucenici și prieteni ai Săi erau pe cale să-L vadă acuzat, bătut și atârnat pe o cruce ca să moară. Știa de asemenea că nu avea să facă nimic pentru a opri aceste lucruri. El încercase să-i pregătească pentru acest moment (Lc. 22:31-37). Le-a adus aminte ucenicilor că erau aleși pentru o misiune, iar Dumnezeu Tatăl avea să răspundă rugăciunilor lor pentru a îndeplini această misiune (Ioan 15:7-8). Însă mai era și altceva. Trebuia să aibă loc o schimbare în relația lor cu El. De la ucenici la prieteni. De la simpla ascultare de poruncile Sale la înțelegerea adevăratului Său scop și a rolului lor în împlinirea acestuia. Isus le-a explicat în ce fel această legătură strânsă a lor cu El avea să fie *singura abordare eficientă a lucrării – și a vieții*. Pe măsură ce orele s-au scurs, rămânând doar minute pe care să le petreacă împreună cu ucenicii Săi, Isus i-a îndemnat în mod repetat să **rămână în El**.

Săptămâna aceasta vom învăța ce înseamnă să rămânem în Cristos. Deocamdată, gândește-te la această rămânere în El ca la o legătură strânsă sau unitate cu Isus. Este ideea că trăim în El și locuim împreună cu El toată viața. Împărtășim gândurile, emoțiile, intențiile și puterea lui Isus.[1]

---

1 Rodney A. Whitacre, *John*, vol. 4, *The IVP New Testament Commentary Series*, IVP Academic, Westmont, IL, 1999, p. 376.

Asemenea relației schimbate a ucenicilor cu Isus, trebuie să aibă loc o schimbare și în relația *ta* cu El. În Săptămâna 1, am învățat Povestea lui Dumnezeu și că avem de făcut o alegere pentru a face parte din ea. În Săptămânile 2 și 3, am învățat identitatea și scopul nostru în Cristos. Acum că știm *de ce* ne-a creat Dumnezeu, este timpul să învățăm cum să trăim diferit pentru a ne *împlini* scopul. Totul începe prin cultivarea unei *prietenii apropiate* cu Dumnezeu.

Povestea ta cu Dumnezeu este o poveste a prieteniei. Oprește-te pentru o clipă și gândește-te la acest lucru. Dumnezeu te-a creat ca să fii prieten cu el. Când Isus i-a numit pe ucenicii Săi „prieteni" (Ioan 15:15), poate că acest lucru i-a surprins.[1] Singurul exemplu anterior din Scriptură al unui om care a fost numit prietenul lui Dumnezeu a fost Avraam.[2] Însă Isus știa ce urma să se întâmple în ziua următoare, în săptămânile următoare și în anii următori și i-a invitat (și ne invită și pe noi) să se apropie mai mult de El.

Da, Dumnezeul universului, Cel care a creat galaxiile, dorește să fie prietenul tău. Nicio altă religie nu descrie o relație cu Dumnezeu ca pe o prietenie.

Prietenia cu Dumnezeu nu este o prietenie obișnuită. Noi nu Îl tratăm pe Isus într-un mod relaxat, ca și cum El ar fi egalul nostru. În tot restul Noului Testament Isus este numit Domn, Dumnezeu, Mântuitor și Împărat. Noi ascultăm de Isus, nu invers. Ceea ce ne invită Isus să experimentăm este intimitatea – să-L cunoaștem pe El, inima Lui, misiunea Lui, tovărășia Lui. Unor servitori li se cere să asculte fără a li se da explicații. Isus însă ne numește prieteni; El spune: „V-am făcut cunoscut tot ce am auzit de la Tatăl Meu" (Ioan 15:15).

Isus ne împărtășește nu doar gândurile Sale și voia Sa, ci însăși viața Sa. El spune: „Nu este mai mare dragoste decât să-și dea cineva viața pentru prietenii săi. Voi sunteți prietenii Mei dacă faceți ce vă poruncesc Eu" (Ioan 15:13-14). Ascultarea de poruncile Sale dovedește prietenia noastră cu Dumnezeu, iar aceasta începe cu rămânerea în El.

Secretul acestei intimități este timpul de calitate – cu cât petrecem mai mult timp interacționând cu Isus, cu atât ajungem să-L cunoaștem mai mult pe El, să cunoaștem căile Sale și gândurile Sale. Așa cum timpul petrecut împreună face să se dezvolte relațiile omenești, timpul de calitate cu Dumnezeu va face ca și relația ta cu El să se dezvolte. Pune deoparte timp în fiecare zi ca să stai în tăcere înaintea Lui, la fel cum a făcut și Isus.

---

1 Kenneth O. Gangel, *John*, vol. 4, *Holman New Testament Commentary*, Broadman & Holman Publishers, Nashville, TN, 2000, p. 285.
2 2 Cron. 20:7; Is. 41:8; Iac. 2:23.

Isus Se retrăgea adesea din viața Sa ocupată pentru a petrece timp în singurătate cu Tatăl Său, de obicei dimineața când era încă întuneric (Mc. 1:35). Și noi putem să urmăm exemplul lui Isus. Asemenea muzicienilor care își acordează instrumentele înaintea unui concert, trebuie să ne acordăm și noi – inima, sufletul, cugetul și puterea – pentru a fi conduși de Duhul Sfânt și centrați în Isus înainte de a ne începe activitățile zilnice.

Vei descoperi că cu cât petreci mai mult timp în singurătate cu El, cu atât îți vei dori să petreci mai mult timp cu El. **Pentru a face din timpul devoțional zilnic o realitate, este bine să ai un plan.** Hotărăște un timp (devreme, dacă este posibil) și un loc (liniștit, dacă este posibil). Dacă îți este greu să te trezești devreme, încearcă să te culci mai devreme sau găsește un timp înainte sau după agitația de dimineață. Începe cu cincisprezece minute și adaugă treptat mai mult timp. Iată câteva sugestii cu privire la cum să abordezi timpul petrecut cu El:

1. **Stai liniștit.** Biblia descrie acest lucru ca a te încrede în Domnul (Ps. 62:1, 5). Invită-L pe Dumnezeu să Se întâlnească cu tine și să conducă timpul vostru împreună așa cum dorește El. „Deschide-mi ochii, ca să văd lucrurile minunate ale Legii Tale!" (Ps. 119:18). Pe măsură ce petreci timp cu El, roagă-L să te ajute să auzi tot mai mult vocea Sa.

2. **Ascultă Cuvântul lui Dumnezeu.** Citește pasaje din Biblie fără grabă, astfel încât să asimilezi ceea ce citești. Încearcă abordarea 10-1-1. Începe prin a citi numai *zece versete* și concentrează-te asupra a ceea ce îți spune Dumnezeu prin ele. Citește mai rar și continuă să citești până când *un verset sau o sintagmă* îți atrage atenția. Concentrează-te asupra *unui cuvânt* din acel verset pe care să ți-l amintești în acea zi. În felul acesta începe conversația ta cu Dumnezeu. El îți va dezvălui voia Sa prin Cuvântul Său. (Deși Dumnezeu rareori vorbește în mod audibil, El vorbește adesea inimii unui om prin Cuvântul Său.) Poate că ceea ce citești îți aduce aminte de o împrejurare sau de o relație din viața

---

Ai tu o Biblie de studiu?

Dacă Biblia ta are o concordanță (vezi pag. 70-71) sau un index tematic, caută acolo un atribut al lui Dumnezeu care corespunde unei nevoi sau un cuvânt-cheie care corespunde unei preocupări din viața ta. Citește pasajul fără grabă. Dacă un cuvânt sau o sintagmă pare important, scrie acel verset. Dacă Biblia ta are trimiteri, citește pasajele sugerate. Scrie ceea ce înveți. Urmează sugestiile din Biblia ta pentru alte versete care explorează aceeași idee. Roagă-te cu privire la ceea ce înveți și ascultă îndemnurile lui Dumnezeu. Duhul Sfânt nu te va îndemna niciodată să faci ceva ce este contrar Cuvântului lui Dumnezeu.

ta. Poate că te simți îndemnat să acționezi în ascultare de o poruncă biblică. Atunci când Dumnezeu vorbește, ascultă și răspunde. Lasă ca versetul-cheie sau cuvântul-cheie să fie hrană spirituală pentru tine în ziua respectivă. Gândește-te la el pe parcursul zilei. Fiecare cuvânt din Biblie este inspirat de Dumnezeu sau „[insuflat] de Dumnezeu" (2 Tim. 3:16). Chiar și genealogiile și istoria au semnificații pe care le putem explora și de la care putem învăța despre Dumnezeu, voia Sa și scopurile Sale.

3. **Roagă-te.** Răspunde-I lui Dumnezeu prin rugăciune. Vorbește-I cu privire la ceea ce citești în Cuvântul Său și ascultă ca să auzi gândurile Sale în gândurile tale. În urma a ceea ce citești, întreabă-L pe Dumnezeu:

- Ce dorești să știu *despre Tine* astăzi?
- Ce dorești să *facem* împreună astăzi?

Aceste întrebări te vor ajuta să asimilezi și să aplici ceea ce citești. În timp ce te gândești la răspunsurile tale, poți să te rogi lui Dumnezeu din Cuvântul Său (cuvântul-cheie sau sintagma-cheie). Atunci când rostești Cuvântul Lui în rugăciune, mintea ta este înnoită după voia Sa. În timp ce te rogi, mulțumește-I și cere ajutorul Său.

4. **Ține un jurnal.** Notează versete biblice-cheie, rugăciuni și orice idei pe care ți le dă Dumnezeu. Faptul că așterni în scris ceea ce înveți te va ajuta să-ți amintești ce a spus Dumnezeu, astfel încât să poți să aplici acele lucruri și să le împărtășești altora. Dacă îți vine în minte un gând care îți distrage atenția (de exemplu, dacă te gândești la ceva ce trebuie să faci mai târziu în acea zi), notează acel lucru și lasă-l deoparte, astfel încât să te poți concentra din nou asupra conversației tale cu Dumnezeu.

Timpul tău devoțional zilnic (timpul de părtășie) face ca prietenia ta cu Dumnezeu să se dezvolte. Fiind cel mai de nădejde prieten al tău, Dumnezeu îți este mereu alături. El Se bucură împreună cu tine atunci când te bucuri și te mângâie atunci când suferi. Isus a trăit pe acest pământ ca un „om al durerii și obișnuit cu suferința", așa că El empatizează cu durerea ta (Is. 53:3). Tu experimentezi bucuria lui Dumnezeu chiar și atunci când viața este grea, deoarece nu ești niciodată singur.

ZIUA 22

Lasă Biblia să vorbească:

Citește Ioan 10:11-18 și Psalmul 23 (Opțional: Psalmul 27)

Lasă-ți mintea să gândească:

1. Toate relațiile necesită timp pentru a se dezvolta, iar noi ne facem timp pentru acele relații pe care le prețuim cel mai mult. Ce pași va trebui să faci pentru a pune deoparte un timp zilnic cu Dumnezeu?

2. Isus Se descrie pe Sine ca Păstorul nostru cel bun, iar noi suntem oile Sale care ascultă vocea Sa (Ioan 10). Având în minte acest lucru, citește fără grabă Psalmul 23. În ce mod depinzi tu de El ca să te conducă astăzi?

3. În ce fel ascultarea ta de poruncile lui Isus demonstrează prietenia ta cu El (Ioan 14:21)?

Lasă-ți sufletul să se roage:

Doamne, Îți mulțumesc pentru că mă numești prietenul Tău. Adâncește relația mea cu Tine pe măsură ce învăț să rămân în Tine. Ajută-mă să discern gândurile Tale în gândurile mele, astfel încât să pot să ascult de poruncile Tale. Te rog să-mi dai un timp de calitate cu Tine în fiecare zi pentru a-mi înviora sufletul... În numele lui Isus, amin.

Lasă-ți inima să dea ascultare:

(Ce te călăuzește Dumnezeu să știi, să prețuiești sau să faci?)

Odihnește-te în Dumnezeu, bizuie-te pe El și încredințează-I Lui totul

Eu sunt Vița, voi sunteți mlădițele. Cine rămâne în
Mine și în cine rămân Eu aduce multă roadă, căci,
despărțiți de Mine, nu puteți face nimic.
Ioan 15:5

Imaginează-ți că urci într-un autobuz gol, al cărui șofer este Isus. Ai de ales unde te vei așeza. Poți să te așezi în față, lângă Isus, și să te bucuri de o relație apropiată cu El în timp ce El te conduce pe drumul vieții. Sau poți să te distanțezi de Isus și să ocupi un loc în partea din spate a autobuzului. Acolo în spate, călătoria este plină de zgâlțâituri și ai o vedere limitată asupra drumului pe care mergi. Nu poți să vezi ce face Isus sau să auzi clar vocea Sa de pe scaunul din spate. Odată ce urci în autobuz și indiferent unde alegi să te așezi, Isus te va duce acolo unde dorește El să mergi. Ceea ce ai de ales este tipul de relație pe care dorești să o ai cu El în timpul călătoriei. Vei alege tu să rămâi în El sau să stai în spate, fără să ai o legătură apropiată cu Șoferul?

Ieri am învățat cum să dezvoltăm prietenia noastră cu Isus la timpul devoțional zilnic. Însă cum rămânem în El în restul zilei?

A rămâne în Isus înseamnă mai mult decât a petrece timp cu El. **A rămâne în Isus înseamnă a-I preda Lui controlul și a rămâne în legătură cu El pentru a ne odihni și a primi ce avem nevoie.** Asemenea unui pasager dintr-un autobuz, noi nu deținem controlul asupra vieții noastre. Însă rămânerea în El înseamnă că nu mai suntem singuri – suntem cu Isus. Termenul a *rămâne* se traduce prin „a sta", „a

trăi" sau „a locui".[1] Rămânerea în Isus îmbină
credinţa, ascultarea, încrederea, odihna şi
trăirea sub călăuzirea Duhului Sfânt. Aceas-
tă unitate – comuniune – cu Isus este o unire
misterioasă cu Dumnezeu şi singura cale spre
o viaţă din belşug (Ioan 10:10).

> *A rămâne* se traduce şi
> prin „a sta" sau „a locui".
> Pentru acest studiu, a
> rămâne în Isus înseamnă:
> • a ne odihni în Dumnezeu;
> • a ne bizui pe Dumnezeu;
> • a-l încredinţa totul lui
>   Dumnezeu;
> • a primi de la Dumnezeu
>   tot ceea ce avem nevoie.

Isus spune: „Rămâneţi în Mine, şi Eu voi
rămâne în voi" (Ioan 15:4). El dă exemplul unei
viţe-de-vie: „Eu sunt Viţa, voi sunteţi mlădi-
ţele" (Ioan 15:5). Isus este Viţa, sursa vieţii din
belşug, având rădăcinile în pământ şi dând hrană întregii plante. Noi
suntem mlădiţele slabe şi dependente de El, care nu pot să aducă rod
de unele singure. Însă pe măsură ce primim hrană plină de har de la
Viţă, El produce prin noi un rod care schimbă vieţi.

Gândeşte-te cât de mult o mlădiţă mică şi firavă depinde de viţă
ca să primească tot ce are nevoie pentru a supravieţui şi a se dez-
volta. De fapt, Isus a spus: „Puterea Mea în slăbiciune este făcută
desăvârşită" (2 Cor. 12:9). **Slăbiciunea noastră poate să ne ajute să
recunoaştem dependenţa noastră de Dumnezeu.** Acesta este ţelul.
De aceea scria Pavel: „Mă voi lăuda mult mai bucuros cu slăbiciunile
mele, pentru ca puterea lui Cristos să rămână în mine" (2 Cor. 12:9).
Aşadar, noi rămânem conectaţi la Viţă – crezând în Isus, având încre-
dere în El şi ştiind că tot ce avem şi tot ce avem nevoie vine de la El.
Dacă rămânem conectaţi la El, Duhul Sfânt va curge prin noi aseme-
nea unei seve, iar Dumnezeu va aduce un rod bogat în viaţa noastră.[2]
Isus spune în Ioan 15:5: „Cine rămâne în Mine şi în cine rămân Eu
aduce multă roadă." Aceasta este o veste bună. Însă partea a doua a
versetului menţionează consecinţa pierderii acelei conexiuni: „Des-
părţiţi de Mine, nu puteţi face nimic."

Dacă a rămâne în Isus înseamnă a aduce un rod bun, atunci a
nu rămâne în Isus înseamnă tocmai opusul: **nimic.** A nu produce
nimic care să aibă o însemnătate veşnică. Nicio cantitate de fapte
bune, dacă sunt făcute fără Dumnezeu, nu se califică drept rodul bun

---

1 William Arndt et al., *A Greek-English Lexicon of the New Testament and Other Early Christian
Literature,* University of Chicago Press, Chicago, 2000, p. 630.
2 R. Kent Hughes, *John: That You May Believe,* Preaching the Word, Crossway Books, Wheaton,
IL, 1999, p. 357.

despre care vorbeşte Isus în acest pasaj. El ne invită în lucrarea Sa pentru noi ca să realizăm – cu dragoste – ceea ce a plănuit El ca noi să facem (Ioan 15:9; Ef. 2:10). Faptele făcute fără dragoste, pentru a ne face pe plac nouă înşine, pentru a ne fi recunoscute meritele şi pentru a ne hrăni mândria nu vor avea o valoare trainică (1 Cor. 13:1-3).

Noi trebuie să fim nişte mlădiţie puternice prin care se revarsă însăşi viaţa lui Dumnezeu. Viaţa se revarsă din Dumnezeu, nu din noi. De aceea **Isus nu ne porunceşte să aducem rod; El ne porunceşte să *rămânem* în El. Producerea rodului este lucrarea Duhului Sfânt**, aşa că dacă depindem de Isus, Viţa, ca sursă a hranei noastre, rodul lui Dumnezeu se va forma şi Îl vom proslăvi pe Dumnezeu prin acest lucru (Ioan 15:8). Însă dacă ne vom întoarce inima spre lucrurile lumeşti, aşteptând ca ele să ne dea viaţă, atunci vom deveni goi şi fără viaţă, asemenea unor ramuri uscate (Ioan 15:6).

Dumnezeu nu vrea să ne uscăm, să fim fără rod şi fără viaţă, despărţiţi de Isus, sursa vieţii noastre. El este Vierul căruia Îi pasă de noi (Ioan 15:1). Mai întâi El ne curăţă şi ne conectează la Viţă. În Cristos, noi suntem curaţi şi avem potenţialul de a aduce rod (Ioan 15:3). Însă ocazional avem nevoie de curăţare, aşa cum are nevoie orice pom fructifer bun. De exemplu, păcatele precum bârfa, lipsa iertării, îngrijorarea, egoismul şi adicţia sunt asemenea ramurilor uscate. Ele blochează cursul hranei dătătoare de viaţă a lui Isus. Ele ne secătuiesc de energie şi ne împiedică să aducem rod, aşa că Vierul le taie (Ioan 15:2). El doreşte să ne vadă sănătoşi, roditori şi conectaţi la Viţă, însă

Creştinism lumesc

Rămânerea în Dumnezeu îi separă pe creştinii lumeşti de ucenicii lui Isus călăuziţi de Duhul Sfânt şi total devotaţi. Creştinii lumeşti gândesc şi acţionează asemenea lumii. Apostolul Pavel îi numea pe credincioşii din Corint „lumeşti" (1 Cor. 3:1-4).

Creştinii lumeşti Îl întristează pe Duhul Sfânt fără încetare prin faptul că nu fac ce spune Biblia. Ei se supără cu uşurinţă, se îngrijorează, sunt iritabili şi neiertători, nu se roagă, sunt grabnici la mânie, egoişti sau preocupaţi excesiv de ceea ce cred alţii. Ei nu luptă cu agresivitate împotriva păcatului; în schimb, permit vechii naturi păcătoase să le influenţeze viaţa mai mult decât Duhul Sfânt (Rom. 8:5-8, 13). Din cauza credinţei lor slabe şi imaturităţii lor spirituale, ei sunt călăuziţi în primul rând de propriile dorinţe şi de gândirea lumească, nu de dorinţele lui Dumnezeu şi de adevărul biblic.

Dacă te regăseşti în această descriere, mărturiseşte-ţi slăbiciunea şi dă-I lui Isus poziţia cuvenită de supremaţie în viaţa ta.

noi trebuie să cooperăm. **Cum putem să rămânem în Dumnezeu? Ne** *odihnim* **în Dumnezeu. Ne** *bizuim* **pe Dumnezeu. Îi** *încredințăm* **totul lui Dumnezeu. În timp ce facem acest lucru,** *primim* **de la Dumnezeu tot ceea ce avem nevoie.**

1. **Odihnește-te în Dumnezeu.** Crede *în* Dumnezeu, dar de asemenea *crede-L* pe Dumnezeu pentru a te odihni în El (Ev. 4:9-11). Crede cine este El, ce a făcut El și cine ești tu în El.

- Odihnește-te în dragostea lui Isus pentru tine. Isus spune: „Cum M-a iubit pe Mine Tatăl, așa v-am iubit și Eu pe voi. Rămâneți în dragostea Mea" (Ioan 15:9).
- Odihnește-te în purtarea de grijă a lui Isus pentru tine. Dumnezeu este deplin conștient de nevoile, grijile și îngrijorările tale. „Și Dumnezeul meu să îngrijească de toate trebuințele voastre, după bogăția Sa, în slavă, în Isus Cristos (Flp. 4:19).
- Odihnește-te în ceea ce a făcut Dumnezeu pentru tine prin Cristos. Nu te îngrijora cu privire la ce să faci tu pentru Dumnezeu. În schimb, slujește-L pentru că Îl iubești, nu din obligație. Nu te mai strădui să obții bunăvoința lui Dumnezeu. Nu te mai defini prin împrejurările vieții tale. Nu mai încerca să deții controlul. Primește mângâierea Sa. Te vei odihni tu în Isus?

2. **Bizuie-te pe Dumnezeu.** Crede că Dumnezeu spune adevărul. Bizuie-te pe Cuvântul Său și rămâi dependent de Duhul Său Sfânt. Întrebarea care se pune nu este dacă Vița ne va da tot ce avem nevoie, ci dacă noi vom primi de la El acele lucruri. Vei căuta tu alte surse de hrană din partea lumii și vei bloca purtarea Sa de grijă? Nu-L respinge pe Dumnezeu. Primește tot ceea ce are Vița să-ți ofere în fiecare zi. Ai credință și dă-I acces deplin în viața ta, astfel încât El să poată să trăiască prin tine. El este întotdeauna vrednic de încrederea noastră și întotdeauna gata să ne poarte de grijă. Te vei bizui tu pe Isus?

3. **Încredințează-I totul lui Dumnezeu.** Crede că Dumnezeu Se ocupă de rezultate și consecințe. Dă-I Lui trecutul, prezentul și viitorul tău. Atunci când le lași pe acestea din mână, găsești libertate, vindecare și plenitudine. Asta pentru că Dumnezeu schimbă inimi și vieți – *nu noi.* Așa că predă-I Lui voința ta, emoțiile tale și împrejurările tale și lasă harul să-ți inunde viața. Dă-ți și tu viața pentru alții așa cum a

făcut Isus (Ioan 15:12-13) și renunță la planurile tale. Dumnezeu nu-ți va cere niciodată să-L urmezi fără să-ți dea harul Său pentru fiecare pas pe care-l faci. Isus promite: „Dacă păziți poruncile Mele, veți rămâne în dragostea Mea" (Ioan 15:10). Pentru a rămâne în Isus, trebuie să te predai Lui și să asculți de El. Îi vei încredința tu totul lui Isus?

Să te odihnești în Isus, să te bizui pe El și să-I încredințezi totul Lui poate părea un pas de credință riscant. Însă uită-te la binecuvântările promise pe care le primim atunci când rămânem conectați la Isus. În Ioan 15, Isus a spus că dacă rămâi în El și dacă rămân în tine cuvintele Sale...

- vei aduce mult rod (v. 5),
- rugăciunile tale vor fi ascultate (v. 7, 16),
- vei asculta de El (v. 10, 14),
- vei experimenta dragostea Sa (v. 9-10),
- vei experimenta bucuria Sa (v. 11),
- vei arăta că ești ucenicul Lui (v. 8) și
- vei fi prietenul Lui (v. 14).

Pare prea frumos ca să fie adevărat, dar este adevărat. Iar tu ai de făcut o alegere în fiecare zi, în fiecare clipă. Prieten drag, vei trăi tu dependent de Isus?

Lasă Biblia să vorbească:

Citește Ioan 15:1-17 (Opțional: 1 Ioan 3:11-24)

Lasă-ți mintea să gândească:

1. În ce fel ilustrația cu autobuzul sau cea cu vița-de-vie a schimbat modul în care vezi relația ta cu Dumnezeu?

2. Citește din nou definiția unui creștin lumesc. În ce domenii depinzi tu de lucrurile lumești în loc să depinzi de Dumnezeu? Ia-ți timp să ceri ajutorul lui Dumnezeu în acele domenii.

3. Ce pași poți să faci pentru a te odihni în Dumnezeu, a te bizui pe Dumnezeu și a-I încredința totul lui Dumnezeu? Începe cu primul tău pas astăzi.

Lasă-ți sufletul să se roage:

Doamne Isuse, Tu ești Sursa vieții mele. Vreau să rămân în Tine. Ajută-mă să mă odihnesc în Tine, să mă bizui pe Tine, să-Ți încredințez Ție toate lucrurile și să primesc de la Tine tot ce am nevoie. Adu mult rod în viața mea, spre slava Ta... În numele lui Isus, amin.

Lasă-ți inima să dea ascultare:

(Ce te călăuzește Dumnezeu să știi, să prețuiești sau să faci?)

Primește de la Dumnezeu – dezvoltă rădăcini adânci

Binecuvântat să fie omul care se încrede în Domnul și a cărui nădejde este Domnul! Căci el este ca un pom sădit lângă ape, care-și întinde rădăcinile spre râu; nu se teme de căldură, când vine, și frunzișul lui rămâne verde; în anul secetei, nu se teme și nu încetează să aducă rod.
Ieremia 17:7–8

În călătoria credinței tale, anumite pasaje biblice pot să devină preferatele tale. În momentele tale de descurajare, descoperi pasaje care îți înviorează sufletul în mod constant. Iar în momentele tale de închinare plină de bucurie, găsești versete care declară măreția și splendoarea lui Dumnezeu. Pentru credincioși este ceva obișnuit să se întoarcă la pasajele mult iubite pentru a găsi speranța și încurajare. Să luăm ca exemplu Isaia 55. Noi citim versetul 11 pentru a ne aduce aminte că Cuvântul lui Dumnezeu „nu se întoarce la [El] fără rod" (Is. 55:11). Însă uităm să continuăm să citim. Luăm părțile noastre preferate din capitol, însă pierdem din vedere contextul. Dacă te uiți îndeaproape, pasajul dezvăluie o transformare incredibilă: „În locul spinului se va înălța chiparosul, în locul mărăcinilor va crește mirtul" (Is. 55:13). Cuvântul lui Dumnezeu își va împlini scopul de a lua spinii și mărăcinii, consecința păcatului (Ziua 3), și a le transforma în copaci luxurianți – o viață nouă. Pasajul acesta simbolizează nu doar partea a patra a Poveștii lui Dumnezeu, ci de asemenea faptul că noi suntem asemenea acelor spini și copaci.

Lucrarea lui Dumnezeu de mântuire ne schimbă complet. Noi nu ne transformăm dintr-un tufiș de spini sfrijit într-un tufiș de spini mai arătos. Atunci când Îl primim pe Isus, noi devenim fundamental diferiți.[1] Noua noastră viață în Isus ne face asemenea unor copaci

---

1 Paul Tripp, „Why Do I Need the Bible?" Paul Tripp Ministries, Inc., 13 mai 2019, https://www.paultripp.com/app-read-bible-study/posts/001-why-do-i-need-the-bible.

falnici: puternici și roditori, „niște stejari măreți pe care [El] i-a plantat pentru slava Lui" (Is. 61:3, NLT). Însă copacii cresc încet, și noi la fel. Este nevoie de timp pentru a dezvolta rădăcini spirituale adânci în Dumnezeu, fiind deplin ancorați și gata să ne alimentăm cu puterea Sa în timp ce ne trăim povestea împreună cu El în fiecare zi. **Puterea și rodnicia vieții noastre depind de rădăcinile noastre.**

Rădăcinile sunt cele mai importante. Ramurile rupte pot să crească la loc, însă rădăcinile rupte pot să ucidă un copac întreg. De aceea „cei neprihăniți au rădăcini adânci" (Prov. 12:3, NLT). **Rădăcinile nevăzute produc roade vizibile.** Noi prindem „rădăcini dedesubt și deasupra [dăm] rod" (2 Împ. 19:30). În același fel, timpul pe care îl petrecem în singurătate cu Dumnezeu este nevăzut, dar susține credința noastră și produce o dovadă exterioară a credinței noastre. Așa cum rădăcinile absorb în mod continuu apa și nutrienții, noi trebuie să ne alimentăm în mod continuu cu puterea, înțelepciunea, harul și dragostea lui Dumnezeu. Noi nu putem să dobândim aceste daruri prin meritele noastre. Numai Dumnezeu poate să ni le dăruiască în mod gratuit, însă trebuie să le primim.

A rămâne în Isus înseamnă a dezvolta rădăcini adânci și sănătoase în El, udate cu apa vie a Duhului Sfânt (Ioan 4:10; 7:38-39). Prin timpul devoțional zilnic, ajungem să fim înrădăcinați în Cuvântul lui Dumnezeu, înrădăcinați în rugăciune, înrădăcinați în har și înrădăcinați în dragoste. Ca să primim de la Dumnezeu tot ce avem nevoie, ne trebuie credință și încredere pentru a dezvolta rădăcini spirituale gata să absoarbă ceea ce ne oferă Dumnezeu.

De ce hrană de la Dumnezeu ai nevoie astăzi?

Dezvoltă rădăcini în Cuvântul lui Dumnezeu pentru a primi ÎNȚELEPCIUNEA Sa. Înțelepciunea este un dar divin de la Dumnezeu, oferit cu generozitate celor care îl cer (Iac. 1:5). Însă adesea noi nu îl cerem, așa că nu îl primim (Iac. 4:2). Atunci când petrecem timp cu Dumnezeu, când citim sau ascultăm Cuvântul Său, în acele momente avem oportunitatea de a beneficia de înțelepciunea și puterea Sa. El ne călăuzește cărările, conversațiile și relațiile.

> Ferice de omul care... își găsește plăcerea în Legea Domnului și zi și noapte cugetă la Legea Lui! El este ca un pom sădit lângă un izvor de apă, care își dă rodul la vremea lui și ale cărui frunze nu se veștejesc; tot ce începe duce la bun sfârșit. (Ps. 1:1-3)

Ancorează-te în Cuvântul lui Dumnezeu așa cum rădăcinile ancorează copacii ferm în pământ. Începe prin a citi câte un verset în fiecare zi din cartea Proverbe, una dintre cărțile sapiențiale ale Vechiului Testament. Petrecând timp în Cuvântul lui Dumnezeu, aflăm voia lui Dumnezeu, iar temelia noastră va fi neclintită în timpul celor mai aprige furtuni ale vieții (Mt. 7:24-25). Rămâi în Cuvântul Său.

Dezvoltă rădăcini în rugăciune pentru a primi PACEA Sa. Rugăciunea, în special rugăciunea în privat, dezvoltă rădăcini spirituale adânci. Așa cum rădăcinile plantelor absorb apă neîncetat, noi ne rugăm neîncetat, absorbind hrană și putere de la Duhul Sfânt (1 Tes. 5:17). Și orice s-ar întâmpla în lumea din jurul nostru, atunci când aducem rugăciuni *cu recunoștință*, Dumnezeu ne dă pacea Sa supranaturală (Flp. 4:6-7). Pacea Sa este mai măreață decât orice putem noi pricepe sau decât putem încerca să producem noi înșine. **Pacea noastră este alimentată de viața noastră de rugăciune.** Pacea lui Dumnezeu este cea prin care credincioșii care suferă o pierdere sau au de îndurat o boală cronică pot să spună în situația respectivă: „Sunt bine. Dumnezeu este cu mine." Pacea pe care o primesc ei prin rugăciune devine o puternică mărturie a purtării de grijă a lui Dumnezeu. Ei primesc de la Dumnezeu tot ce au nevoie când își pun încrederea în El prin rugăciune.

> Celui cu inima tare, Tu-i chezășuiești pacea; da, pacea, căci se încrede în Tine. (Is. 26:3)

Isus cunoștea valoarea unei vieți trăite în această stare de permanentă pace și dependență de Tatăl Său, așa că ne-a exemplificat prin trăirea Sa cum arată timpul personal de rugăciune. „El Se ducea în locuri pustii și Se ruga" (Lc. 5:16). El de asemenea ne-a învățat în mod explicit despre rugăciune: „Ci tu, când te rogi, intră în odăița ta, încuie-ți ușa și roagă-te Tatălui tău, care este în ascuns; și Tatăl tău, care vede în ascuns, îți va răsplăti" (Mt. 6:6). Probabil că rugăciunea „Tatăl nostru" ne oferă modelul de rugăciune cel mai detaliat și mai frecvent memorat.[1] Indiferent cum arată viața noastră personală de rugăciune, să știi că cu cât petrecem mai mult timp vorbind cu Dumnezeu, cu atât rădăcinile noastre vor crește mai adânc în răbdarea și pacea Sa. Rămâi statornic în rugăciune.

---

1 Această rugăciune „Tatăl nostru" este bazată pe pasajul din Matei 6:9-13: „Tatăl nostru care ești în ceruri! Sfințească-se Numele Tău; vie Împărăția Ta; facă-se voia Ta, precum în cer și pe pământ. Pâinea noastră cea de toate zilele dă-ne-o nouă astăzi și ne iartă nouă greșelile noastre, precum și noi iertăm greșiților noștri și nu ne duce în ispită, ci izbăvește-ne de cel rău."

Dezvoltă rădăcini în harul lui Dumnezeu pentru a primi DRA-GOSTEA Sa. Este greu să dăruiești dragoste dacă tu însuți nu ai primit dragoste. A rămâne în Cristos înseamnă a absorbi în mod deliberat dragostea necondiționată și plină de bunătate a lui Dumnezeu în fiecare zi. Când ne amintim că nu există nimic ce putem să facem pentru a câștiga sau a pierde dragostea lui Dumnezeu, ne înrădăcinăm în harul lui Dumnezeu. În loc să presupunem ce este mai rău despre alții, credem ce este mai bine. Îi judecăm pe alții mai puțin și oferim dragostea cu mai multă ușurință. Prin credință, „rădăcinile [noastre] vor crește în dragostea lui Dumnezeu și [ne] vor menține puternici" (Ef. 3:17, NLT). Apostolul Pavel cunoștea puterea dragostei lui Dumnezeu. El s-a rugat:

> [Mă rog] să aveți puterea de a înțelege, așa cum ar trebui să înțeleagă toți oamenii lui Dumnezeu, lărgimea, lungimea, înălțimea și adâncimea dragostei Lui. [Mă rog] să experimentați dragostea lui Cristos, cu toate că este prea măreață ca să o înțelegeți pe deplin. Atunci veți fi întregiți cu toată plinătatea vieții și puterii care vine de la Dumnezeu. (Ef. 3:18-19, NLT)

Atunci când primim dragostea incomensurabilă a lui Dumnezeu, dobândim mai multă siguranță în identitatea noastră în Cristos. Această experiență ne schimbă și devenim un canal al dragostei lui Dumnezeu față de alții. Ne împlinim scopul de a-i iubi pe alții bine (Ziua 16), dezvoltând rădăcini adânci în dragostea lui Dumnezeu. Știi cine ești *tu* pentru că Îl cunoști pe *El* atât de bine. Rămâi în dragostea Sa (Ioan 15:9).

Dumnezeu este nemărginit. Pe măsură ce rămânem în Cristos, El ne dă tot ceea ce avem nevoie, la momentul potrivit și în modul potrivit. „Astfel dar, după cum ați primit pe Cristos Isus, Domnul, așa să și umblați în El, fiind înrădăcinați și zidiți în El, întăriți prin credință, după învățăturile care v-au fost date, și sporind în ea cu mulțumiri către Dumnezeu" (Col. 2:6-7). Timpul pe care îl petrecem cu Dumnezeu ne înrădăcinează în El, astfel încât să absorbim puterea Sa, chiar și în timp ce pășim înainte cu provocările fiecărei zile. **Pe măsură ce ne vor crește rădăcini în jos, ne vor crește și ramuri în sus.** Ramurile noastre vor crește largi și puternice, adăpostindu-i pe alții, supraviețuind furtunilor și aducând mult rod. Vom învăța mai multe despre rod mâine, însă deocamdată ține minte că timpul pe care îl petreci zilnic în singurătate cu Dumnezeu îți dezvoltă rădăcinile – iar rădăcinile sunt secretul rămânerii în Dumnezeu.

Lasă Biblia să vorbească:
Citește Psalmul 1 (Opțional: Isaia 55)

Lasă-ți mintea să gândească:
1. În ce fel faptul de a avea încredere că Dumnezeu Se va îngriji de toate nevoile tale schimbă modul în care înduri dificultățile?

2. Ce-ți distrage atenția de la a petrece timp cu Dumnezeu în fiecare zi? Ce schimbări poți să faci pentru a fi înrădăcinat în Dumnezeu și în Cuvântul Său?

3. Ce ai nevoie să primești de la Dumnezeu astăzi? Bucurie? Mângâiere? Discernământ? Roagă-L pe Dumnezeu să te ajute; El va face acest lucru.

Lasă-ți sufletul să se roage:
Tată, vreau să dezvolt rădăcini sănătoase în Tine. Pe măsură ce petrec timp cu Tine în fiecare zi, ajută-mă să cresc în Cuvântul Tău, în rugăciune și în dragostea Ta. Ancorează-mă în Tine ca să primesc tot ceea ce am nevoie și să fiu puternic în vremuri de necaz... În numele lui Isus, amin.

Lasă-ți inima să dea ascultare:
(Ce te călăuzește Dumnezeu să știi, să prețuiești sau să faci?)

Adu rod pe măsură ce rămâi în El

Roada Duhului, dimpotrivă, este: dragostea, bucuria,
pacea, îndelunga răbdare, bunătatea, facerea de bine,
credincioșia, blândețea, înfrânarea poftelor.
Galateni 5:22–23

Dacă ar exista un cuvânt care să descrie ceea ce se întâmplă în viața unui credincios între momentul prezent și cer, acela ar fi *schimbare*. Faptul de a avea credință în Isus ne aduce într-un proces de transformare care durează toată viața. Noi suntem complet înnoiți din punct de vedere spiritual, dar s-ar putea să dureze un timp până când dovada schimbării va fi vizibilă. Este asemenea unei semințe care necesită timp pentru a crește înainte de a aduce rod. Viața noastră se schimbă în mod autentic de-a lungul timpului și în cele din urmă produce rod spiritual. În ambele cazuri, Dumnezeu este Cel care cauzează creșterea. Apostolul Pavel spunea în felul următor: „Eu am sădit, Apolo a udat, dar Dumnezeu a făcut să crească" (1 Cor. 3:6).

Realitatea frumoasă este că cineva a plantat sămânța Evangheliei în viața ta, indiferent dacă acest lucru s-a întâmplat cu zile sau cu ani în urmă. Însă Dumnezeu face ca sămânța să crească (Mc. 4:26-28). El dorește să experimentezi dragostea adevărată, eliberarea de adicții, o încredere plină de pace, entuziasm cu privire la viitor și mult mai mult decât atât. Indiferent ce ai făcut sau ce ți-a făcut cineva, Dumnezeu va duce la bun sfârșit ceea ce a început în viața ta (Flp. 1:6). El va transforma *fiecare parte din tine:*[1]

1. **Gândirea** ta în gândirea lui Cristos, pe măsură ce citești Cuvântul lui Dumnezeu

---

1 Zane Pratt, „Formarea de ucenici într-o altă cultură", seminar, conferința „Send", Orlando, FL, 26 iulie 2017.

2. **Sentimentele** tale pentru Dumnezeu, pe măsură ce primești dragostea Sa necondiționată

3. **Voința** ta, pe măsură ce înveți să rămâi în Dumnezeu, să te încrezi în El și să asculți de El

4. **Relațiile** tale, pe măsură ce îi iubești pe alții, chiar și pe cei care sunt dificili sau diferiți de tine

5. **Scopul** tău, pe măsură ce înveți să trăiești pentru slava lui Dumnezeu, nu pentru slava ta

Începi tu să vezi unele dintre aceste schimbări? Fii încurajat și recunoscător pentru lucrarea bună a lui Dumnezeu în viața ta. Ține minte, ceea ce contează nu este cât de departe trebuie să ajungi, ci cât de departe ai ajuns până acum. Vom învăța mai multe despre acest proces al schimbării (numit sfințire) în Săptămâna 7. Însă ceea ce trebuie să știi astăzi este că rodirea este dovada schimbării și rezultatul unei credințe statornice.

Rodirea este un dar prețios pe care Dumnezeu ni-l dă ca să știm că aparținem Lui. Noi nu trebuie să așteptăm până-L întâlnim pe Isus ca să știm că avem o relație autentică cu El. Nu uita, mântuirea este numai prin credință, „însă credința care mântuiește nu este singură".[1] Isus le-a spus ucenicilor Săi:

> Eu sunt Vița, voi sunteți mlădițele. Cine rămâne în Mine și în cine rămân Eu aduce multă roadă, căci, despărțiți de Mine, nu puteți face nimic. Dacă nu rămâne cineva în Mine, este aruncat afară, ca mlădița neroditoare, și se usucă, apoi mlădițele uscate sunt strânse, aruncate în foc și ard. Dacă rămâneți în Mine și dacă rămân în voi cuvintele Mele, cereți orice veți vrea și vi se va da. Dacă aduceți multă roadă, prin aceasta Tatăl Meu va fi proslăvit și voi veți fi astfel ucenicii Mei. (Ioan 15:5-8)

Poate că tu și eu citim acest pasaj și ne gândim că porunca este să aducem rod. Însă în limba originală a Noului Testament, limba greacă, descoperim că porunca este să rămânem în Cristos. Rodirea este dovada prieteniei noastre apropiate cu El. Putem să stăm liniștiți, știind că nu suntem răspunzători pentru *cantitatea* rodului, ci pentru *calitatea* relației noastre cu Dumnezeu.

Toți credincioșii pot să aducă rod din belșug. O văduvă săracă poate să aducă la fel de mult rod ca cineva care este pastor toată viața, dacă ea rămâne în Cristos și folosește ceea ce i-a dat Dumnezeu

---

1 Norman L. Geisler, *Systematic Theology: In One Volume*, Bethany House Publishers, Minneapolis, MN, 2011, p. 890.

pentru slava Lui (Lc. 16:10). Dumnezeu ne schimbă ca să căpătăm natura Sa pe măsură ce cooperăm (Ziua 5): „Să vă dezbrăcaţi de omul cel vechi care se strică după poftele înşelătoare şi să vă înnoiţi în duhul minţii voastre şi să vă îmbrăcaţi în omul cel nou, făcut după chipul lui Dumnezeu, de o neprihănire şi sfinţenie pe care o dă adevărul" (Ef. 4:22-24). Cooperarea nu înseamnă autoperfecţionare şi **legalism**, ci înseamnă să te îmbraci în omul cel nou pe care l-a creat Dumnezeu. Indiferent unde trăim sau câţi ani am trăit până acum, Dumnezeu aduce mult rod prin noi atunci când rămânem în Isus.

> **Legalism:**
> Urmarea obsesivă a unor reguli. Oamenii cad în legalism atunci când se străduiesc să obţină bunăvoinţa lui Dumnezeu sau să-i impresioneze pe alţii printr-un comportament bun în exterior sau prin fapte bune. Isus condamnă legalismul. Noi nu putem să-L slujim pe Isus dacă încă încercăm să-i impresionăm pe alţi oameni (Gal. 1:10) şi nu putem să obţinem bunăvoinţa lui Dumnezeu prin nimic din ceea ce facem. În schimb, noi primim bunăvoinţa lui Dumnezeu prin ceea ce a făcut Isus pentru noi (Ef. 2:8-9). Ascultarea evlavioasă izvorăşte nu din legalism, ci din recunoştinţă şi dragoste pentru Dumnezeu şi pentru tot ce a făcut El pentru noi.

Acum că am învăţat semnificaţia rodirii, este timpul să o definim. Biblia descrie roada în diferite moduri: caracter cristic (Gal. 5:22-23), comportament neprihănit (Flp. 1:11), laudă (Ev. 13:15) şi conducerea altora la credinţa în Cristos (Rom. 1:13-16). Isus a vorbit despre rodire prin *dragostea noastră* pentru Dumnezeu şi unii pentru alţii (Ioan 15:9-17).

Astăzi să ne concentrăm asupra roadei caracterului nostru cristic, care înmugureşte mai întâi în inima noastră şi apoi înfloreşte în faptele noastre. Dragostea, bucuria, pacea, îndelunga răbdare, bunătatea, facerea de bine, credincioşia, blândeţea şi înfrânarea poftelor sunt toate legate între ele – aspecte diferite ale aceleiaşi roade, crescute de Duhul Sfânt, în tine. Dacă avem dragoste, vom avea bucurie. Dacă avem bucurie, vom avea pace. Acelaşi lucru este adevărat şi în cazul în care ne lipseşte roada. Fără pace, nu putem avea îndelungă răbdare. Fără îndelungă răbdare, nu putem avea înfrânarea poftelor şi aşa mai departe. Roada Duhului va creşte sau va descreşte pe măsură ce relaţia noastră cu Dumnezeu creşte sau descreşte.

Uneori suntem tentaţi să credem că putem cultiva unele aspecte ale acestei roade şi altele nu. Poate că cineva spune: „Eu pur şi simplu nu am fost niciodată o persoană răbdătoare, dar pot să cresc în alte aspecte." Sau: „Tatăl meu a fost dur, așa că nu am învățat niciodată să fiu blând." Însă nu putem înceta să creștem în unele aspecte ale caracterului plăcut lui Dumnezeu doar pentru că ele sunt dificile. De asemenea, nu vrem să limităm lucrarea lui Dumnezeu în viața noastră din pricina personalității noastre, a trecutului nostru sau a culturii noastre. *Toate* aspectele roadei spirituale sunt *esențiale*. Din fericire, dacă creștem sincer în oricare din aceste aspecte, vom crește și în altele.

Dacă vrem să știm dacă credința este autentică, să ne uităm la roade. Isus spune: „Orice pom bun face roade bune, dar pomul rău face roade rele... Așa că după roadele lor îi veți cunoaște" (Mt. 7:17, 20). Cere-I lui Isus să te ajute să scapi de roadele rele. El poate să te ajute să cultivi roadele bune care arată că Îi aparții Lui. „Orice amărăciune, orice iuțime, orice mânie, orice strigare, orice clevetire și orice fel de răutate să piară din mijlocul vostru. Dimpotrivă, fiți buni unii cu alții, miloși și iertați-vă unul pe altul, cum v-a iertat și Dumnezeu pe voi în Cristos" (Ef. 4:31-32). Da, iertați-vă unii pe alții.

Iertarea face parte dintre roadele bune. După cum am învățat în Ziua 10, dacă Dumnezeu ne iartă, putem și noi să-i iertăm pe alții care ne rănesc. Acesta este un pas critic în călătoria credinței noastre și motivul pentru care vrem să menționăm din nou acest lucru. Fiindcă faptul că primim iertarea lui Dumnezeu și oferim iertare altora ne înmoaie inima și ne permite să cultivăm roada Duhului. Iertarea nu trece cu vederea greșelile și nici nu le scuză, ci face să dispară resentimentele care otrăvesc roadele bune. Nu mai suntem ofensați cu ușurință atunci când ne amintim că *noi* suntem iertați. Inimile iertătoare sunt răbdătoare, blânde și loiale.

În contrast, buruiana neiertării înăbușă roadele bune. Ea blochează dragostea, ucide bucuria și fură pacea. Ea poate duce la o amărăciune care ne face nerăbdători, lipsiți de bunătate și chiar plini de ură. Poate că renunțăm la oameni, devenind duri și neatenți cu cuvintele și faptele noastre. Atunci când refuzăm să-i iertăm pe alții, de obicei este pentru că nu înțelegem sau nu ne amintim cât de mult ne-a iertat Dumnezeu pe noi (Lc. 7:47). Adevărul dur este că atunci când refuzăm să iertăm, rămânem în robie și trădăm harul lui Dumnezeu. (Citește Matei 18:21-35, o pildă despre un datornic neiertător.) Prieten drag, **iertarea nu îl eliberează pe cel care a greșit; ea ne eliberează pe noi, ne scapă de durerea noastră.** Acest pas dificil aduce vindecare și sănătate ca să putem avea roade bune.

Roadele bune arată o credință adevărată. Faptul că aducem roade bune nu este doar dovada unei schimbări lăuntrice, în inima noastră, ci de asemenea se vede în acțiuni exterioare. Iacov spune că o credință adevărată produce fapte bune – roade bune (Iac. 2:26). „Noi suntem mântuiți *prin* credință, dar *spre* fapte (Ef. 2:8-10; Tit 3:3-8)."[1] Iar Dumnezeu de asemenea lucrează în viața ta în momentul de față, transformându-te ca să produci roade spirituale. Să nu fii descurajat dacă schimbarea nu se produce rapid – acest lucru face parte din lucrarea de dezvoltare a rădăcinilor, necesară pentru povestea ta adevărată (Ziua 24). Așadar, „Să nu obosim în facerea binelui, căci, la vremea potrivită, vom secera, dacă nu vom cădea de oboseală" (Gal. 6:9). Continuă să primești hrană de la Viță. Să nu cazi de oboseală. Dumnezeu va produce o recoltă prin tine la momentul potrivit, iar ea va fi delicioasă.

---

1 Ibid., p. 1041.

Lasă Biblia să vorbească:

Citește Galateni 5:13–6:10 (Opțional: Iacov 2:14-26)

Lasă-ți mintea să gândească:

1. Ce îți spun roadele pe care le vezi în viața ta despre credința ta?

2. Gândește-te cine a plantat semințele Evangheliei în viața ta și mulțumește-I lui Dumnezeu pentru persoana respectivă. Ce persoană din viața ta este departe de Dumnezeu și ai putea să semeni în ea cu dragoste semințele Evangheliei?

3. Există cineva pe care trebuie să-l ierți? Enumeră persoanele sau rănile care au nevoie de iertarea ta. Cere-I Duhului Sfânt să te ajute să ierți fiecare greșeală sau persoană care îți vine în minte. **Iertarea este un pas necesar în călătoria credinței tale.** Dacă nu poți să ierți, caută un pastor de încredere sau un prieten creștin înțelept care să te ajute.

Lasă-ți sufletul să se roage:

Tată, adu roade bune în viața mea spre slava Ta. Mă rog ca atunci când alții petrec timp cu mine, ei să guste din bunătatea Ta. Arată-mi orice roade din viața mea care nu sunt plăcute Ție; înlătură-le Tu și curățește-mi inima ca să pot aduce roade bune – roada dragostei, a bucuriei, a păcii, a îndelungii răbdări, a bunătății, a facerii de bine, a blândeții, a credincioșiei și a înfrânării poftei. Ajută-mă să-i iert pe alții așa cum m-ai iertat Tu. Îți mulțumesc pentru tot ce faci în și prin mine... În numele lui Isus, amin.

Lasă-ți inima să dea ascultare:

(Ce te călăuzește Dumnezeu să știi, să prețuiești sau să faci?)

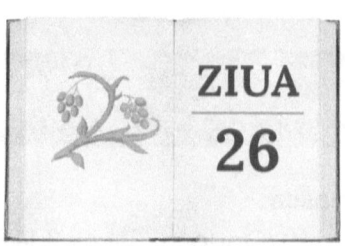

ZIUA 26

Împotrivește-te ispitei

Căutați binele, și nu răul, ca să trăiți!
Amos 5:14

Să te împotrivești ispitei este mai complicat decât credem noi. Cei mai mulți oameni nu se pricep să anticipeze puterea impulsurilor și se expun ispitei în mod involuntar. Asemenea pasului de ieri, pasul iertării, care este uneori greu, dar necesar, astăzi facem un pas dificil pentru a ne păzi de păcat – deoarece păcatul este grav.

Nu vom înțelege niciodată pe deplin efectele nocive ale păcatului asupra creației, însă putem să ne dăm seama cât de periculos este el când înțelegem răspunsul aspru al lui Dumnezeu față de el. Păcatul nostru L-a costat pe Dumnezeu unicul Său Fiu, Isus, țintuit pe o cruce. Dezbrăcat, plin de sânge, batjocorit și părăsit pentru ca noi să putem fi iertați, vindecați, să avem parte de bunăvoința Lui și să fim înfiați. Isus nu numai că a plătit prețul pentru păcatul nostru, ci de asemenea a zdrobit *puterea* lui asupra noastră. Noi eram odinioară robi ai păcatului, însă acum suntem liberi (Rom. 6:22). Putem să trăim *pentru* Dumnezeu, *cu* Dumnezeu și *în* Dumnezeu. **Nimic nu ne va despărți vreodată de dragostea lui Dumnezeu (Rom. 8:38).** Nici chiar păcatul.

Însă păcatul încă rănește. El ne rănește pe noi și toate relațiile noastre, în special relația noastră cu Dumnezeu. **Păcatul blochează legătura noastră cu Vița.** Dacă suntem tăiați de la Sursa vieții noastre, pacea noastră, puterea noastră și bucuria noastră se vor veșteji. Nu vom produce roade bune. Dumnezeu va părea distant – rugăciunea va fi lipsită de viață, iar Cuvântul Său, plictisitor. Păcatul rupe rămânerea noastră în El și suferim consecințele acestei separări.

Dacă încă încercăm să scăpăm de consecințele păcatului nostru, nu am înțeles cum stau lucrurile. Păcatul are întotdeauna consecințe, consecințe groaznice, care blochează viața din belșug – binecuvântările – pe care ți-o dăruiește Isus în urma morții Sale.

Îngrijorarea fură odihna. Invidia nimicește pacea. Bârfa lezează prieteniile. Teama înăbușă credința. Nemulțumirea ucide bucuria. Minciuna ruinează încrederea. Infidelitatea distruge relațiile.

Cu toții ne dorim odihnă, pace, prietenie, credință și bucurie. Așadar, să înțelegem cum stau lucrurile și să ne facem un plan.

Realitatea este că dorințele noastre nesănătoase pot să ne atragă în păcat (Iac. 1:14), iar dușmanul nostru ne cunoaște slăbiciunile: „pofta firii [noastre] pământești, pofta ochilor [noștri] și lăudăroșia vieții [noastre]" (1 Ioan 2:16). Satan de asemenea L-a ispitit pe Isus în fiecare dintre aceste domenii, însă Isus a rămas credincios. Să învățăm din exemplul desăvârșit al lui Isus.[1]

Mai întâi, Satan a folosit ispitirea fizică pentru a-L îndemna pe Isus să facă ceea ce părea bine (Lc. 4:3-4). Când Isus a postit timp de patruzeci de zile, Satan L-a ispitit să transforme pietrele în pâine. „Isus i-a răspuns: «Este scris: „Omul nu va trăi numai cu pâine"»" (Lc. 4:4). Isus S-a încrezut în Dumnezeu ca să împlinească nevoile Sale *la momentul potrivit*. Prieten drag, dușmanul șoptește: „Dacă nu faci asta, tu pierzi. Nimeni nu va ști. Se va întâmpla o singură dată" sau: „Toată lumea păcătuiește și toate păcatele sunt egale; în plus, Dumnezeu vrea să fii fericit." Nu asculta aceste minciuni. Fără Dumnezeu, nu avem niciun lucru bun (Ps. 16:2, NLT). Ai încredere că Dumnezeu îți va împlini nevoile. „El, care n-a cruțat nici chiar pe Fiul Său, ci L-a dat pentru noi toți, cum nu ne va da fără plată, împreună cu El, toate lucrurile?" (Rom. 8:32). Dumnezeu Se va îngriji de nevoile noastre așa cum trebuie.

Apoi, Satan a folosit ispitirea emoțională pentru ca Isus să pună la îndoială dragostea lui Dumnezeu (Lc. 4:5-8). Satan I-a arătat lui Isus toate împărățiile lumii și I le-a oferit. Tot ce trebuia să facă El era să se închine lui Satan, însă Isus a refuzat. Isus S-a încrezut în Dumnezeu că Îi va da ceea ce Îi aparține de drept *la momentul potrivit*. Prieten drag, dușmanul îți va arăta bogăție lumească, frumusețe și putere. El va spune: „Tu nu ești suficient. Nu ești suficient de inteligent. Nu ai suficient de multe lucruri. Nu ești atrăgător." El va încerca să te convingă că vei fi complet și împlinit atunci când concentrezi totul asupra acestor lucruri. Nu îl asculta – împotrivește-te lui. El încearcă să-ți direcționeze închinarea departe de Dumnezeu și să te țină într-o frenezie constantă. Dacă nu suntem mulțumiți fără acele lucruri, nu vom fi mulțumiți nici cu acele lucruri. Dușmanul încalcă promisiuni și fură binecuvântări. Dumnezeu Își păstrează promisiunile și oferă binecuvântări adevărate – nu întotdeauna bogăție pământească efemeră, ci

---

1 Citește în Luca 4:1-13 întreaga relatare despre ispitirea lui Isus de către Satan în pustiu. Observă că deși Isus era fără păcat, El totuși a fost ispitit. Acest lucru demonstrează că ispitirea în sine nu este un păcat.

bogății cerești eterne; nu frumusețe fizică pieritoare, ci frumusețe lă-
untrică nepieritoare; nu putere lumească, ci influență duhovnicească.[1]
Fii credincios în puține lucruri, iar Dumnezeu îți va încredința multe
lucruri (Mt. 25:23).

**În cele din urmă, Satan a folosit ispita mândriei pentru a pune
la îndoială identitatea lui Isus (Lc. 4:9-12).** Satan voia ca Isus să sară
de pe acoperișul Templului ca să Își dovedească identitatea de Mesia,
știind că îngerii Îl vor prinde. Isus a refuzat. Isus nu avea nevoie să
dovedească cine este. El a avut încredere că Dumnezeu va dezvălui
adevărata Sa identitate *la momentul potrivit.* Satan va pune sub sem-
nul întrebării identitatea ta în Cristos și te va ispiti să cauți validare
din partea altora. El va șopti: „Ești tu într-adevăr un copil al lui Dum-
nezeu? Te iubește El cu adevărat? Atunci dovedește-o. Muncește mai
mult. Depune efort. Străduiește-te." Nu asculta – împotrivește-te lui.
Bineînțeles că ești copilul lui Dumnezeu. Nu este nevoie să dovedești
identitatea ta altora sau ție însuți.

Satan ne ispitește așa cum L-a ispitit pe Isus. El este tatăl tuturor
minciunilor și are o misiune: „să fure, să înjunghie și să prăpădească"
(Ioan 8:44; 10:10). El Îl urăște pe Dumnezeu și urăște legătura noastră
durabilă cu Dumnezeu. El vrea ca noi să cedăm ispitei pentru ca să
poată rupe acea legătură. **Ispita în sine nu este păcat; ea este o che-
mare la luptă.** Iată cum să lupți și să câștigi:

1. **Bizuie-te pe Duhul Sfânt, nu pe puterea voinței tale.**[2] Nu ești nici-
odată singur. Dumnezeu este cu tine, în tine și „poate să [te] păzească
de orice cădere" (Iuda v. 24). „Și Dumnezeu, care este credincios, nu
va îngădui să fiți ispitiți peste puterile voastre, ci, împreună cu ispita,
a pregătit și mijlocul să ieșiți din ea, ca s-o puteți răbda" (1 Cor. 10:13).
Prin puterea Duhului Sfânt, putem *întotdeauna* să facem alegerea co-
rectă. Noi nu mai suntem robi ai păcatului și avem acum puterea și
autoritatea de a face alegeri mai bune. Bizuie-te pe Duhul Sfânt și ac-
tivează promisiunea: „Împotriviți-vă diavolului, și el va fugi de la voi"
(Iac. 4:7).

2. **Rostește Cuvântul lui Dumnezeu.** Cuvintele au mare putere (Prov.
18:21; Mt. 12:37). De fiecare dată când Satan L-a ispitit pe Isus, Isus i-a
răspuns citând din Scriptură. Isus cunoștea cuvinte din Scriptură pen-
tru fiecare ispită în parte. El era pregătit *înainte de* atac; și noi putem
să fim pregătiți. Isus ți-a dat deja victoria, așa că rostește acest adevăr

---

1 Mt. 5:13-14; 6:19-20; 1 Pet. 3:3-4.
2 În Săptămâna 7, vei învăța mai multe despre Duhul Sfânt și cum să lucrezi împreună cu El.

cu voce tare: „Sunt un copil al lui Dumnezeu care are biruință asupra păcatului” (vezi 1 Cor. 15:57). Preia autoritatea asupra ispitei. Poate că nu avem control asupra unui prim gând păcătos, însă avem control asupra celui de-al doilea gând și asupra unei posibile fapte greșite prin puterea Duhului Sfânt.

3. **Înlătură ispitele.** Isus S-a rugat: „Nu ne duce în ispită” (Mt. 6:13). El de asemenea ne-a învățat că trebuie să scăpăm de ochii noștri, mâinile și picioarele noastre dacă acestea ne fac să păcătuim (Mc. 9:43-48). Isus nu vorbea despre o amputare efectivă, însă *dorea* să ilustreze cu câtă seriozitate ar trebui să evităm ispita. Ce te ispitește pe tine? Nu te uita la acel lucru, nu-l atinge și nu te duce acolo. „Și să nu vă dați voie să vă gândiți la moduri în care să împliniți dorințele voastre rele” (Rom. 13:14, NLT). Plăcerile efemere ale păcatului nu merită prețul plătit prin suportarea consecințelor păcatului.

4. **Cere ajutor.** Satan țintește persoanele singure la fel cum prădătorii țintesc prada izolată. Găsește prieteni; ia legătura cu credincioșii unei biserici locale. Ajutați-vă unii pe alții să luați aminte la ceea ce spune Dumnezeu și dați-vă socoteală unii altora în ce privește împotrivirea față de ispitele cu care ne confruntăm cu toții. Împărtășiți-vă luptele voastre cu păcatul. Memorați împreună versete biblice care să vă întărească. Încurajați-vă unii pe alții și întâlniți-vă cu regularitate. „Mărturisiți-vă unii altora păcatele și rugați-vă unii pentru alții, ca să fiți vindecați” (Iac. 5:16).

Păcatul este periculos. Nu-l lăsa pe Satan să-ți spună altceva. Nicio plăcere fizică, nicio posesiune sau realizare din viața aceasta nu merită să stricăm părtășia noastră cu Dumnezeu.

Însă atunci când păcătuiești – și păcătuim cu toții – mărturisește și pocăiește-te imediat. „Dacă zicem că n-avem păcat, ne înșelăm singuri și adevărul nu este în noi. Dacă ne mărturisim păcatele, El este credincios și drept ca să ne ierte păcatele și să ne curățească de orice nelegiuire” (1 Ioan 1:8-9).

Isus nu numai că ne salvează de pedeapsa păcatului, ci de asemenea ne salvează din ispită. Rămâi în El.

> Atunci când **MĂRTURISEȘTI**, îți recunoști păcatul și ești de acord cu Dumnezeu că păcatul este rău. Atunci când te **POCĂIEȘTI**, te întorci de la păcatul tău și asculți de Dumnezeu, făcând ce este bine.

Lasă Biblia să vorbească:

Citește Coloseni 3:1-17 (Opțional: Iacov 4)

Lasă-ți mintea să gândească:

1. Ce oameni, ce locuri și ce lucruri te ispitesc? Cum poți să le eviți?

2. Identifică, scrie și memorează versete biblice concrete care te vor ajuta să te împotrivești ispitelor cu care te confrunți cel mai frecvent.

Lasă-ți sufletul să se roage:

Doamne, Îți mulțumesc că ai plătit prețul suprem ca să mă salvezi din păcat. Doamne, ajută-mă să nu folosesc niciodată harul Tău ca pe o scuză pentru a păcătui. Eliberează-mă din obiceiurile păcătoase și izbăvește-mă din ispită ca să mă pot bucura de o prietenie apropiată cu Tine... În numele lui Isus, amin.

Lasă-ți inima să dea ascultare:

(Ce te călăuzește Dumnezeu să știi, să prețuiești sau să faci?)

Luptă îmbrăcat cu armura lui Dumnezeu

Doamne, călăuzește-mă pe calea plăcută Ție, din pricina
vrăjmașilor mei! Netezește calea Ta sub pașii mei!
Psalmul 5:8

Imaginează-ți o cărare care duce la Dumnezeu, mergând șerpuit sus pe dealuri, coborând prin văi și traversând râuri. Pe măsură ce-L urmăm pe Isus, trebuie să rămânem pe această cărare chiar dacă este îngustă și dificilă (Mt. 7:14, NLT) – îngustă pentru că Isus este singura Cale spre Tatăl (Ioan 14:6) și dificilă pentru că trupul nostru este împovărat de vechea noastră natură păcătoasă. Trăim într-o lume plină de ispite, lucruri care ne distrag atenția, religii false și păcat – pe care dușmanul le folosește pentru a ne ademeni ca să ne îndepărtăm de cărarea împreună cu Isus. Din fericire, există un mod de a rămâne pe cale, un mod de a urma cărarea cea bună pregătită pentru noi.

Credința statornică.

Așa cum am învățat toată săptămâna, faptul că rămânem în Isus ne unește cu Isus, singura Cale spre Tatăl. Atunci când rămânem în El, stăm pe calea Sa pentru că suntem una cu El. Satan cunoaște puterea incredibilă a rămânerii în Isus și va face orice pentru a distruge unitatea noastră cu Dumnezeu. Noi însă îi cunoaștem străvechea strategie și știm cum să ne împotrivim ispitelor lui. Astăzi vom învăța mai multe despre abordarea lui și cum să rămânem tari în credință:

> Căci noi n-avem de luptat împotriva cărnii și sângelui, ci împotriva căpeteniilor, împotriva domniilor, împotriva stăpânitorilor întunericului acestui veac, împotriva duhurilor răutății care sunt în locurile cerești. (Ef. 6:12)

Nu oamenii sunt dușmanii noștri, ci Satan. Pentru că suntem în Cristos, Satan nu poate să ne controleze, însă acest lucru nu-l împiedică să stea la pândă lângă calea lui Dumnezeu. Uneori el șoptește minciuni. Sau strigă insulte și acuzații. Alteori, el lucrează prin practici interzise, cum ar fi ocultismul sau vrăjitoria (Gal. 5:19-21). El încearcă să perturbe comunicarea noastră cu Dumnezeu și trimite lucruri care să ne distragă atenția și să ne îndepărteze de calea Sa. El trimite oameni care să ne divizeze și să sădească îndoieli în mintea noastră. *Satan este autorul confuziei și al diviziunii.* Fii vigilent; activitatea lui nu pare întotdeauna păcătoasă imediat (2 Cor. 11:14). Isus l-a numit tatăl minciunii (Ioan 8:44). Dar nu te teme, fiindcă Satan nu se poate măsura cu Dumnezeu: „Cel ce este în voi este mai mare decât cel ce este în lume" (1 Ioan 4:4). Satan *nu* este omniprezent (pretutindeni, tot timpul) sau omniscient (atotștiutor) sau omnipotent (atotputernic). El nu poate să ne citească gândurile și nu are nicio autoritate asupra noastră. Putem să trăim într-o pace desăvârșită, bucurându-ne pe deplin de Dumnezeu în timpul călătoriei, pentru că El nu doar că este cu noi, ci de asemenea ne *echipează* pentru victorie cu o armură specială:

> De aceea, luați toată armătura lui Dumnezeu, ca să vă puteți împotrivi în ziua cea rea și să rămâneți în picioare după ce veți fi biruit totul. Stați gata dar, având mijlocul încins cu adevărul, îmbrăcați cu platoșa neprihănirii, având picioarele încălțate cu râvna Evangheliei păcii. Pe deasupra tuturor acestora, luați scutul credinței, cu care veți putea stinge toate săgețile arzătoare ale celui rău. Luați și coiful mântuirii și sabia Duhului, care este Cuvântul lui Dumnezeu. Faceți în toată vremea, prin Duhul, tot felul de rugăciuni și cereri. Vegheați la aceasta cu toată stăruința și rugăciune pentru toți sfinții. (Ef. 6:13-18)

Dumnezeu înaintează ca să lupte pentru poporul Său și ne dă armura Sa (Is. 59:17). Fiecare piesă a armurii simbolizează o realitate importantă a protecției Sale pentru noi. În cartea Efeseni (cap. 6), apostolul Pavel a folosit imaginea armurii unui soldat roman pentru a ilustra armura noastră spirituală. Să ne uităm la modul în care fiecare piesă ne protejează pe măsură ce rămânem în Cristos:

1. **Centura adevărului:** Această centură îți dă stabilitate în umblarea ta pe calea lui Dumnezeu. Romanii din vechime credeau că zona din jurul taliei este sediul emoțiilor. Unele culturi încă au această percepție. Încingerea (înfășurarea) acestei zone simbolizează ținerea în frâu a emoțiilor prin alinierea lor la adevăr. Atunci când ne încingem

cu centura adevărului, ne aliniem gândurile, atitudinile și acțiunile la adevărul Cuvântului lui Dumnezeu (Ioan 17:17). Satan minte cu privire la tot. El denaturează Cuvântul lui Dumnezeu și distorsionează emoțiile noastre. El trimite învățători falși ca să ne abată de pe calea lui Dumnezeu. El folosește teama și autocompătimirea pentru a ne face să ne împiedicăm. Cu toate acestea, cu cât ne încingem mai mult cu centura adevărului lui Dumnezeu, cu atât sunt mai mici șansele să cădem în capcana amăgirii dușmanului. „Veți cunoaște adevărul, și adevărul vă va face slobozi" (Ioan 8:32). Pune-ți centura adevărului.

2. **Platoșa neprihănirii:** Platoșa neprihănirii îți acoperă pieptul, considerat în general de către romani a fi locul unde se află sufletul tău, cu neprihănirea lui Isus – ascultarea și virtutea Sa desăvârșită. Ea de asemenea te apără împotriva a doi dintre cei mai aprigi dușmani ai sufletului tău: autoneprihănirea și autocondamnarea:

- *Autoneprihănirea consideră că neprihănirea lui Cristos nu este necesară*, spunând: „Nu am nevoie de un Mântuitor. Eu sunt suficient de bun. Dumnezeu este dator să-mi arate bunăvoință."
- *Autocondamnarea, cealaltă extremă, consideră că neprihănirea lui Cristos nu este suficientă*, spunând: „Lucrarea lui Cristos pe cruce nu a fost suficientă. Sunt prea păcătos. Trebuie să depun mai mult efort ca să câștig bunăvoința lui Dumnezeu."

Ambele sunt forme de mândrie periculoase, dezvăluind o credință în autosuficiență, abilitatea de a câștiga noi înșine bunăvoința lui Dumnezeu. Ambele ignoră realitatea harului lui Dumnezeu (Gal. 2:21). În harul Său, **Dumnezeu a transferat păcatele noastre pe cruce și ne-a transferat nouă neprihănirea lui Isus (2 Cor. 5:21; 1 Pet. 2:24). Cel mai măreț schimb!** Acum neprihănirea lui Cristos – care este atât necesară, cât și suficientă – ne acoperă. Pune-ți credința doar în neprihănirea lui Cristos. Fii încrezător că în El ești *deja* neprihănit și *trăiește* într-un mod care onorează chemarea ta. Păcatul îi dă dușmanului acces în viața ta, o oportunitate de a te smulge de pe calea lui Dumnezeu (Ef. 4:27). Păzește-ți inima, îmbrăcând continuu platoșa neprihănirii.

3. **Încălțămintea păcii:** În primul secol d.Cr., soldații romani purtau niște sandale cu ținte, legate cu curele groase din piele. Ele ofereau o temelie solidă pentru luptele intense. Încălțămintea dă stabilitate picioarelor tale. Satan încearcă să te facă să-ți pierzi echilibrul, cauzând diviziuni relaționale, mai ales în biserică. Nu-l lăsa să facă

acest lucru. Dumnezeu ne-a dăruit o temelie a păcii (Lc. 21:26; Ioan 16:33). Fii împăciuitor. Isus a spus că unitatea în rândul ucenicilor Săi va arăta lumii că Dumnezeu L-a trimis (Ioan 17:21). Trăiește în pace cu Dumnezeu și cu alții, iar când oamenii întreabă despre pacea pe care o văd în viața ta, „[fii] totdeauna gata să [răspunzi] oricui [îți] cere socoteală (1 Pet. 3:15). „Cât de frumoase sunt picioarele celor ce vestesc pacea, ale celor ce vestesc Evanghelia!" (Rom. 10:15). Ia-ți în picioare încălțămintea păcii.

4. **Scutul credinței:** Pentru a se proteja împotriva săgeților aprinse ale inamicilor lor, soldații romani își îmbibau mai întâi scuturile în apă. Scutul credinței stinge săgețile aprinse ale dușmanului nostru: îndoiala, rușinea, frica și vinovăția. Poate că el strigă: „Nu poți să ai încredere în Dumnezeu! Dumnezeu nu te iubește cu adevărat! Ești fără valoare!" Însă tu poți să oprești aceste săgeți cu credința în bunătatea lui Dumnezeu, credința în dragostea lui Dumnezeu, credința în Isus. „Ceea ce câștigă biruință asupra lumii este credința noastră" (1 Ioan 5:4). Credința vine în urma auzirii Cuvântului lui Dumnezeu, așa că ascultă-L pe Dumnezeu (Rom. 10:17). Meditează la Cuvântul Său în umblarea ta cu El. „Pentru că umblăm prin credință, nu prin vedere" (2 Cor. 5:7).

5. **Coiful mântuirii:** Acest coif îți protejează gândurile – este siguranța mântuirii care îți protejează mintea de amăgirile lui Satan. Cunoașterea faptului că ești mântuit este o apărare puternică împotriva îndoielii, a fricii, a confuziei și a nesiguranței (1 Ioan 5:11-13). Dușmanul nu poate să-ți fure mântuirea (Ioan 10:28). Dumnezeu te-a salvat din păcat și te-a înfiat ca să fii copilul Său. Tu ești al Său pentru totdeauna. Ești iertat pentru totdeauna. Ești iubit pentru totdeauna. El te acoperă și te protejează. „Doamne Dumnezeule, tăria mântuirii mele, Tu-mi acoperi capul în ziua luptei" (Ps. 140:7). Nu ai de ce să te temi.

6. **Sabia Duhului:** Sabia Duhului este Cuvântul lui Dumnezeu. În Efeseni 6:17, „Cuvântul" înseamnă afirmațiile lui Dumnezeu.[1] Noi trebuie să luăm afirmațiile care sunt în Biblie și să le folosim pentru a lupta împotriva dușmanului. Cuvântul lui Dumnezeu rămâne în tine pe măsură ce tu rămâi în El (Ioan 15:7). **Scriptura ne ajută să distingem ceea ce este aproape adevărat de ceea ce este de fapt adevărat. Aproape adevărat este tot fals.** Și periculos. Satan pare uneori

---

1 Vine's *Complete Expository Dictionary of Old and New Testament Words*, Thomas Nelson, Nashville, 1984, p. 683.

atrăgător (2 Cor. 11:14), dar nu te lăsa amăgit. Când dușmanul prezintă devieri atractive de la calea lui Dumnezeu, Cuvântul lui Dumnezeu aprinde o lumină pe cărarea cea bună pentru ca noi să o putem urma (Ps. 119:105). Sabia Duhului este singura armă ofensivă din armura noastră. Ea este „[vie și lucrătoare], mai [tăietoare] decât orice sabie cu două tăişuri: pătrunde până acolo că desparte sufletul şi duhul, încheieturile şi măduva, judecă simţirile şi gândurile inimii" (Ev. 4:12). Foloseşte-o pentru a contracara minciunile dușmanului, așa cum a făcut Isus.

Sabia Duhului este întotdeauna ascuțită și eficientă în luptă. Însă cât de ferm o ținem noi în mână? Am merge noi la luptă ținând o armă mortală cu numai două degete? Bineînțeles că nu. Dacă am face acest lucru, am fi înfrânți cu ușurință. În mod similar, a nu ține cu putere de sabia Duhului, a ne lăsa Biblia nedeschisă și necitită în timp ce ieșim în lume în fiecare zi este o alegere periculoasă. De ce ar merge cineva dintre noi în luptă ignorant cu privire la cea mai eficientă armă a noastră? Prieten drag, noi trebuie să învățăm să mânuim bine această armă (2 Tim. 2:15). Ține Cuvântul lui Dumnezeu la îndemână și ține-l mai ferm.

7. **Rugăciunea constantă:** Niciun soldat nu merge în luptă fără să aibă vreun mod în care să comunice cu conducătorii și la fel ar trebui să fie și în cazul nostru. Noi trebuie să fim într-o comunicare constantă cu Conducătorul nostru pentru ca El să ne îndrume. „Eu, zice Domnul, te voi învăţa şi-ţi voi arăta calea pe care trebuie s-o urmezi, te voi sfătui şi voi avea privirea îndreptată asupra ta" (Ps. 32:8). Roagă-te întotdeauna pentru tine și pentru alții – roagă-te să rămâi ferm în credință și să proclami cu îndrăzneală mesajul lui Isus (Ef. 6:19). Vorbește cu Dumnezeu și ascultă instrucțiunile Sale.

Să te gândești la viață ca la o luptă constantă poate părea intens, epuizant, înspăimântător chiar. Însă nu este așa. Cel mai important aspect al luptei nu este sângerarea sau capitularea în fața dușmanului. Cel mai important aspect este rămânerea în Isus. El a sângerat deja pentru noi și a câștigat victoria (1 Ioan 5:4). Încrede-te în abilitatea Lui de a Se lupta pentru tine (Ex. 14:14). **Dumnezeu este Cel ce luptă (2 Cron. 20:15).**

ZIUA 27

Lasă Biblia să vorbească:

Citește Psalmul 91 (Opțional: Isaia 59:17-19)

Lasă-ți mintea să gândească:

1. În ce fel faptul că știi că Dumnezeu este cu tine schimbă modul în care vezi călătoria ta?

2. Ce piese ale armurii ți-ar fi cele mai utile în a te împotrivi dușmanului?

3. Cum putem să fim siguri că victoria este a noastră (Ps. 91; Ef. 1:19-23)?

Lasă-ți sufletul să se roage:

Doamne, ajută-mă să rămân în Tine și să am încredere că Tu mă vei conduce. Amintește-mi să îmbrac armura Ta în puterea Ta, pentru ca să pot să mă împotrivesc diavolului și să încurajez alți credincioși care pășesc alături de mine. Ajută-mă să mă bucur de această călătorie cu Tine și să mă apropii tot mai mult de Tine cu fiecare pas pe care-l fac... În numele lui Isus, amin.

Lasă-ți inima să dea ascultare:

(Ce te călăuzește Dumnezeu să știi, să prețuiești sau să faci?)

Intră în odihna lui Dumnezeu prin Cuvântul lui Dumnezeu

> Rămâne dar o odihnă ca cea de Sabat pentru poporul lui Dumnezeu. Fiindcă cine intră în odihna Lui se odihneşte şi el de lucrările lui, cum S-a odihnit Dumnezeu de lucrările Sale. Să ne grăbim dar să intrăm în odihna aceasta.
>
> Evrei 4:9–11

La început, Dumnezeu a creat cerurile şi pământul (Gen. 1). El a adus în fiinţă, prin cuvântul Său puternic, întreaga creaţie şi a suflat viaţă în trupul format al lui Adam. La finalul tuturor acestor lucruri, Dumnezeu a creat încă o dată – a creat o zi de odihnă. Încă din primele pagini ale Bibliei noastre, vedem un ritm de muncă şi odihnă care continuă pe tot parcursul Poveştii lui Dumnezeu:

- „Timp de şase zile să-ţi faci lucrarea. Dar în ziua a şaptea să te odihneşti" (Ex. 23:12).
- „Şase zile să lucrezi, iar în ziua a şaptea să te odihneşti; să te odihneşti, chiar în vremea aratului şi a seceratului" (Ex. 34:21).
- „Odihneşte-te în Domnul şi aşteaptă-L cu răbdare" (Ps. 37:7, NASB).
- „Opriţi-vă şi să ştiţi că Eu sunt Dumnezeu" (Ps. 46:10).
- „Veniţi singuri la o parte, într-un loc pustiu, şi odihniţi-vă puţin" (Mc. 6:31).

Poate părea ciudat că Dumnezeu ne-a poruncit să ne odihnim, însă oamenii au o lungă istorie de împotrivire în ce priveşte odihna. De ce i ne opunem noi? Poate pentru că nu o înţelegem. După cum aflăm din Geneza, Dumnezeu a fost primul care S-a odihnit. „În ziua a şaptea, Dumnezeu Şi-a sfârşit lucrarea pe care o făcuse şi în ziua a şaptea S-a odihnit de toată lucrarea Lui pe care o făcuse. Dumnezeu a binecuvântat ziua a şaptea şi a sfinţit-o, pentru că în ziua aceasta S-a odihnit de toată lucrarea Lui pe care o zidise şi o făcuse" (Gen. 2:2-3). Primul lucru pe care Dumnezeu îl declară sfânt nu este o persoană sau un obiect, ci o zi. El S-a odihnit după ce Şi-a încheiat munca şi a numit ziua Sa de odihnă „sfântă" sau pusă deoparte. Pe baza acestor versete, am putea să definim odihna ca un timp pus deoparte pentru a ne bucura de lucrarea încheiată a lui Dumnezeu.

Însă acest concept al odihnei nu înseamnă doar o pauză de la muncă. Un alt verset ne ajută să înţelegem mai bine ce înseamnă ea: „În linişte şi odihnă va fi mântuirea voastră, în seninătate şi încredere va fi tăria voastră" (Is. 30:15). În acest caz, odihna înseamnă a ne întoarce la Dumnezeu, a ne linişti inima în prezenţa Sa şi a ne pune încrederea în El. **Odihna este dovada încrederii noastre în Dumnezeu.** Deşi Dumnezeu le-a poruncit israeliţilor să ia o pauză de la munca fizică printr-o zi de Sabat, de odihnă, ca să-şi aducă aminte de izbăvirea Lui (Deut. 5:15), vedem că odihna lui Dumnezeu nu este doar inactivitate fizică.

În vremea lui Isus, conducătorii religioşi înţelegeau greşit odihna. Când ei i-au acuzat pe ucenicii lui Isus de nerespectarea Sabatului, Isus le-a răspuns spunând: „Sabatul a fost făcut pentru om, iar nu omul pentru Sabat" (Mc. 2:27). Mai târziu L-au atacat pe Isus pentru

O zi de odihnă

Pentru credincioşi, odihna spirituală în Isus este un mod de viaţă. Cu toate acestea, pe lângă odihna spirituală, Dumnezeu a făcut ca trupul nostru să aibă nevoie de odihnă fizică. Este înţelept să îţi iei o zi de sabat, de odihnă, în fiecare săptămână dacă este posibil. După ce ne consumăm în slujire, trebuie să ne luăm timp ca să fim reumpluţi.

După ce Dumnezeu l-a folosit pe Ilie ca să-Şi arate puterea măreaţă pe muntele Carmel, Ilie a ajuns să fie epuizat şi deprimat (vezi Ziua 12). Dumnezeu ştia că depresia spirituală a lui Ilie venea din epuizare fizică, aşa că Dumnezeu a venit în întâmpinarea nevoilor fizice ale lui Ilie. După ce Dumnezeu i-a dat lui Ilie odihnă şi hrană, Ilie a putut să se întoarcă la lucrarea lui Dumnezeu (1 Împ. 18-19).

Pe tine ce te înviorează? Dacă slujba ta implică muncă fizică, poate că este nevoie să te odihneşti din punct de vedere fizic citind o carte sau petrecând timp cu prietenii. Dacă munca ta nu este activă din punct de vedere fizic, poate că va fi nevoie să te odihneşti mergând afară ca să te bucuri de creaţia lui Dumnezeu. Isus a spus: „Sabatul a fost făcut pentru om, iar nu omul pentru Sabat" (Mc. 2:27). Nu este nevoie să fii legalist cu privire la o zi de odihnă pe săptămână. Doar adu-ţi aminte că Dumnezeu ţi-a dat un trup fizic cu limitări fizice. Odihneşte-te.

că a încălcat regulile lor create de oameni cu privire la Sabat. Însă odihna Sabatului era menită să-i ajute, nu să-i împovăreze. Obsesia lor față de regulile odihnei i-a orbit așa încât să nu vadă esența odihnei – și singura sursă reală a odihnei – Isus, Domnul Sabatului (Mt. 12:8).

Prin Isus, ne bucurăm de odihna supremă – pacea cu Dumnezeu. Putem să ne bizuim pe El și să-I încredințăm totul Lui, găsind odihnă în El. El ne invită să venim alături de El în adevărata odihnă pe care numai El o poate oferi:

> Veniți la Mine, toți cei trudiți și împovărați, și Eu vă voi da odihnă. Luați **jugul** Meu asupra voastră și învățați de la Mine, căci Eu sunt blând și smerit cu inima; și veți găsi odihnă pentru sufletele voastre. Căci jugul Meu este bun și sarcina Mea este ușoară." (Mt. 11:28-30; sublinierea îmi aparține)

Jug:
Dispozitiv purtat de-a lungul umerilor pentru a ajuta o persoană sau un animal să care o greutate în două părți egale.

Odihna, în sensul cel mai amplu al cuvântului, izvorăște din relația noastră cu Dumnezeu, o relație făcută posibilă numai prin Cristos. **Odihna, prin urmare, înseamnă mai mult decât o zi pe săptămână fără muncă; ea înseamnă de asemenea a rămâne în Isus ca mod de viață.** Odihna fizică, psihică, emoțională și spirituală este un dar neprețuit de la Dumnezeu.

Ne odihnim fizic de munca noastră.
Ne odihnim de neliniștea, teama sau îngrijorarea noastră.
Ne odihnim în mântuirea lui Dumnezeu.

Harul lui Dumnezeu face posibilă munca și odihna. Însă dacă ne căutăm valoarea în muncă, odihna va fi dificilă. Dacă ne găsim însemnătatea în Isus, nu ne mai punem încrederea în ceea ce facem noi, ci în ceea ce a făcut El. Ne odihnim în El. Iar atunci când muncim, muncim nu ca să câștigăm dragostea lui Dumnezeu, ci ca răspuns la dragostea Sa. Munca și odihna se mențin în echilibru atunci când rămânem în El.

Așadar, de ce ne împotrivim odihnei? Învățăm de la israeliți cum ei au refuzat să intre în odihna lui Dumnezeu când au refuzat să intre în Țara Promisă (Ev. 3:17-19). Ei nu credeau că El va avea grijă de ei și, prin urmare, s-au îngrijorat și au rătăcit fără odihnă prin pustiu. La o scară mai mare, orice păcat urmează același tipar. Ne îndoim că Dumnezeu ne va împlini, și astfel căutăm împlinirea în afara voii

Sale. Şi ne îndoim că Dumnezeu este în control, aşa că nu lăsăm din mână problemele noastre. Apoi ne îngrijorăm şi rătăcim fără odihnă, înstrăinaţi de Dumnezeu. Este ca şi cum am păşi de colo-colo, epuizându-ne şi neajungând nicăieri. Rămânem în pustiu.

Astăzi Dumnezeu ne invită să intrăm în odihna Sa, nu prin Ţara Promisă, ci prin Cel promis – Isus. Când oamenii nu se încred în Cristos, ei resping darul odihnei Sale. Ei se îndoiesc de El, nu ascultă de El şi rătăcesc fără odihnă prin viaţă. Chiar şi noi, credincioşii, putem să alunecăm într-un tipar asemănător. Când ne îndoim de promisiunile lui Dumnezeu şi nu ascultăm de poruncile Sale, blocăm legătura statornică pe care o avem cu El şi nu putem să intrăm în odihna Sa.

Eşti tu lipsit de odihnă? Fie că nu ţi-ai pus niciodată încrederea în Isus pentru viaţa ta sau că te-ai încrezut în El, dar apoi te-ai îndepărtat de El, soluţia este aceeaşi: întoarce-te la Dumnezeu şi odihneşte-te în El. „În întoarcere şi odihnă va fi mântuirea voastră" (Is. 30:15, ESV). Roagă-L pe Dumnezeu să cureţe (sau să taie) orice ramuri uscate care te împiedică să rămâi în El. Crede-L pe Dumnezeu şi crede ce spune El. Evrei 4:3 spune în felul următor: „noi, fiindcă am crezut, intrăm în «odihna» despre care a vorbit El". Poţi să te odihneşti şi să stai liniştit în îmbrăţişarea caldă a lui Dumnezeu, ştiind că El este întotdeauna cu tine, întotdeauna te iubeşte şi este întotdeauna vrednic. Aşa că atunci când viaţa pare copleşitoare şi îngrijorările încearcă să te mistuie, trage adânc aer în piept. Inspiră dragostea lui Dumnezeu; expiră neliniştea dinăuntrul tău. Readu-ţi focalizarea asupra lui Dumnezeu (Col. 3) şi intră din nou în odihna Sa.

Lasă Biblia să vorbească:

Citește Evrei 3:7–4:12 (Opțional: Matei 12:1-14)

Lasă-ți mintea să gândească:

1. Cum ai defini odihna lui Dumnezeu? În ce moduri trebuie să intri în odihna Sa?

2. Răspunde la întrebările pentru discuție din Săptămâna 4.

Lasă-ți sufletul să se roage:

Tată, Tu ești refugiul meu. Tu spui: „Veniți la Mine, toți cei trudiți și împovărați, și Eu vă voi da odihnă" (Mt. 11:28). Sunt trudit și împovărat. Dă-mi odihna Ta. Liniștește-mi inima și salvează-mă din tot ceea ce blochează legătura mea cu Tine... În numele lui Isus, amin.

Lasă-ți inima să dea ascultare:

(Ce te călăuzește Dumnezeu să știi, să prețuiești sau să faci?)

ÎNTREBĂRI PENTRU DISCUȚIE
DIN SĂPTĂMÂNA 4:

Recapitulează lecțiile din această săptămână și răspunde la întrebările de mai jos. Împărtășește-le prietenilor tăi răspunsurile tale când vă întâlniți în această săptămână.

1. În ce fel rămânerea în Isus te ajută să crești în relația ta cu Dumnezeu și să-ți trăiești povestea în puterea Sa?

2. Cum te-a „curățat" El în trecut? De ce obstacole în calea rămânerii în Cristos dorește Dumnezeu să te elibereze?

3. „Roada Duhului... este: dragostea, bucuria, pacea, îndelunga răbdare, bunătatea, facerea de bine, credincioșia, blândețea [și] înfrânarea poftelor" (Gal. 5:22-23). Pe care dintre aceste roade pari să le aduci din belșug? Pe care dintre aceste aspecte dorești să le cultivi mai intens?

4. În ce fel cauzează păcatul suferință? De ce îți blochează păcatul legătura cu Isus? Ce pași practici poți să faci pentru a te împotrivi ispitei?

5. Cum poți să îmbraci armura lui Dumnezeu în fiecare zi? Ce piesă a armurii este deosebit de încurajatoare pentru tine? Pe care dintre ele s-ar putea să neglijezi să o/le îmbraci cu regularitate?

SĂPTĂMÂNA A CINCEA

CUVÂNTUL LUI DUMNEZEU –
ASCULTĂ CUVINTELE
AUTORULUI VIEȚII

ZIUA 29

Prețuiește Cuvântul lui Dumnezeu

Ele nu sunt doar vorbe goale pentru voi – ele sunt viața voastră.
Deuteronom 32:47

Dacă vrem cu adevărat să-L cunoaștem pe Dumnezeu, dacă vrem cu adevărat să înțelegem cum putem să schimbăm viața noastră și lumea, Biblia trebuie să fie o prioritate pentru noi. Însă nu este suficient să cunoaștem adevărurile Bibliei. Trebuie să trăim adevărurile Bibliei *cu* Dumnezeu. Atunci când aplicăm cu dragoste adevărul biblic prin puterea Duhului Sfânt, rezultă vieți transformate și comunități schimbate. Dedicăm această săptămână Bibliei – cea mai de preț posesiune pământească a noastră. Vom face un tur al Bibliei, vom învăța cum să o studiem și să o memorăm, vom descoperi de ce putem să avem încredere în ea și nu numai atât. Să începem!

Biblia este diferită de orice altă carte din întreaga istorie. Dumnezeu a inspirat peste patruzeci de autori umani, proveniți din contexte diferite, ca să o scrie. Ei au fost: păstori, conducători religioși, regi, înalți funcționari și pescari. Ei au scris de-a lungul unei perioade de peste 1.600 de ani, pe trei continente diferite – Asia, Europa și Africa.[1] Însă iată care este minunăția acestui fapt: toți acești autori diverși indică spre aceeași temă. De ce? Pentru că *Dumnezeu Însuși i-a călăuzit ca să relateze Povestea Sa.* Cine altcineva ar fi putut să țeasă un mesaj unificat al adevărului în ciuda unor vremuri, personalități și culturi atât de diferite? Cine altcineva ar fi putut să scrie o carte care schimbă vieți și care este atât de consecventă cu ea însăși? Nimeni în afară de Dumnezeu. Este Cartea Sa – Povestea Sa adevărată.

---

1 Howard G. Hendricks și William D. Hendricks, *Living by the Book: The Art and Science of Reading the Bible*, Moody Publishers, Chicago, 2007, p. 26 (în limba română, *Trăirea după Biblie: Știința și arta studiului Bibliei*, Casa Cărții, Oradea, 2018).

De unde știm acest lucru? Cuvântul Său ne spune, iar viața Sa răzbate din el.[1] „Toată Scriptura este insuflată de Dumnezeu" (2 Tim. 3:16), „căci nicio prorocie n-a fost adusă prin voia omului; ci oamenii au vorbit de la Dumnezeu, mânați de Duhul Sfânt" (2 Pet. 1:20-21). Prin Cuvântul Său, Dumnezeu ne vorbește, ne învață, ne corectează și ne pregătește pentru ceea ce va urma (2 Tim. 3:16-17). Pe fiecare pagină a Scripturii, Dumnezeu ni Se descoperă pe *Sine*, iar dragostea noastră față de El crește tot mai mult. **Pentru a-L iubi mai mult pe Dumnezeu, avem ocazia să-L cunoaștem în Cuvântul Său.**

De aceea este atât de important să acceptăm *fiecare parte* a Bibliei. Și de aceea este atât de periculos să modificăm Scriptura. Să alegem ce părți din ea să credem și să înlăturăm acele părți cu care nu suntem de acord este ca și cum ne-am construi propria religie distinctă sau ca și cum am ciopli un dumnezeu fals. Așa cum o medicație care salvează vieți poate deveni ineficientă sau periculoasă dacă este modificată, la fel se poate întâmpla și în cazul Scripturii dătătoare de viață. Isus ne-a avertizat să nu ignorăm acele părți din Biblie care nu ne plac:

> Nu va trece o iotă sau o frântură de slovă din Lege înainte ca să se fi întâmplat toate lucrurile. Așa că oricine va strica una din cele mai mici din aceste porunci și va învăța pe oameni așa va fi chemat cel mai mic în Împărăția cerurilor; dar oricine le va păzi și va învăța pe alții să le păzească va fi chemat mare în Împărăția cerurilor. (Mt. 5:18-19)

Să nu modifici Cuvântul lui Dumnezeu.

De asemenea, să nu adaugi alte materiale la Cuvântul lui Dumnezeu. „Orice cuvânt al lui Dumnezeu este încercat... N-adăuga nimic la cuvintele Lui, ca să nu te pedepsească și să fii găsit mincinos" (Prov. 30:5-6). În Apocalipsa, vedem un avertisment chiar și mai puternic împotriva modificării Cuvântului lui Dumnezeu:

> Mărturisesc oricui aude cuvintele prorociei din cartea aceasta că, dacă va adăuga cineva ceva la ele, Dumnezeu îi va adăuga urgiile scrise în cartea aceasta. Și, dacă scoate cineva ceva din cuvintele cărții acestei prorocii, îi va scoate Dumnezeu partea lui de la pomul vieții și din cetatea sfântă, scrise în cartea aceasta. (Apoc. 22:18-19)

Consecințele schimbării sau răstălmăcirii Cuvântului lui Dumnezeu sunt severe, așa că „nu [umbla] cu viclešug și nu [strica] Cuvântul lui Dumnezeu" (2 Cor. 4:2).

---

1 Ziua 31 vorbește despre validitatea Cuvântului lui Dumnezeu.

Chiar și cu aceste avertismente, oamenii totuși adaugă sau scot lucruri din Biblie pentru a-și justifica convingerile sau a nu-i ofensa pe alții. De aceea este de o importanță critică să studiem Biblia noi înșine. Putem să Îl cunoaștem pe Dumnezeu și Cuvântul Său. Nu trebuie să fim surprinși cu privire la evenimentele viitoare pe care ni le dezvăluie Biblia, cum ar fi judecata noastră (Ziua 6). Putem să ne protejăm de învățăturile false și să învățăm înțelepciunea lui Dumnezeu studiind Biblia.

> ### Traducerile Bibliei
> Traducerile de astăzi ale Bibliei sunt minunate. Manuscrisele originale ale Bibliei au fost copiate de mână, cu grijă, generații la rând. Au fost găsite unele mici erori de copiere (de exemplu, cuvinte scrise greșit, litere care lipsesc sau care au fost scrise de două ori). Din mai puțin de un procent din Scriptură care a fost copiat incorect, nu a fost compromisă nicio învățătură doctrinară sau poruncă.
>
> Sursă: Geisler, Norman L., „Bible, Evidence For", *Baker Encyclopedia of Christian Apologetics*, Baker Reference Library, Baker Books, Grand Rapids, MI, 1999.

Timpul tău de studiu biblic poate să fie separat de timpul tău devoțional. La timpul devoțional (Ziua 22), poate că dorești să meditezi la câteva versete biblice, să te rogi și să asculți îndemnurile Duhului Sfânt (Gal. 5:16). **În studiul biblic, citirea Bibliei este mai intensă: o explorăm, o memorăm și o studiem cu grijă pentru a învăța mai multe despre Dumnezeu.** Indiferent dacă studiezi Biblia la timpul tău de părtășie sau dacă faci acest lucru separat, ai nevoie de intenționalitate și consecvență.

Uneori ne este greu să studiem Biblia. Programul ni se schimbă. Persoane din familie se îmbolnăvesc. Viața devine complicată. Rezultatul este că atenția ne este distrasă și studiul biblic pare împovărător. Să învățăm câteva din binecuvântările care vin doar atunci când perseverăm pentru a cunoaște Cuvântul lui Dumnezeu:

1. **Îl cunoști pe Dumnezeu** – Scriptura întrețese pe toate paginile ei persoana, poziția și puterea lui Dumnezeu pentru ca să-L cunoști pe Dumnezeu, să te închini Lui și să-L iubești. Dacă nu petrecem timp în Cuvântul lui Dumnezeu, avem tendința să-L uităm pe El. Și, așa cum ne amintim din Ziua 17, uitarea este periculoasă.

2. **Te cunoști pe tine însuți** – Cuvântul lui Dumnezeu este asemenea unei oglinzi ce reflectă realitatea inimii noastre. Vedem ceea ce dorește Dumnezeu să vedem cu privire la

noi şi cum ne binecuvântează El când umblăm în căile Sale (Iac. 1:22-25).

3. **Cunoşti planul lui Dumnezeu** – Biblia ne dezvăluie o perspectivă asupra lumii de la origine la destin (Săptămâna 1) şi rolul nostru în ea. Dacă trăim numai în prezent fără să înţelegem Povestea adevărată şi mai amplă a lui Dumnezeu, putem să devenim descurajaţi şi distraşi.

4. **Cunoşti cum să trăieşti bine în fiecare zi** – Astăzi ai decis să citeşti această călătorie a credinţei. În câteva minute vei alege să aplici ce ai învăţat. După aceea vei lua încă o decizie şi încă una. În fiecare zi iei mii de decizii, iar Cuvântul lui Dumnezeu te călăuzeşte asemenea unei lumini pe o cărare pentru a te ajuta să faci alegeri înţelepte (Ps. 119:105).

Aşa cum un ritm zilnic de exerciţiu fizic şi alimentaţie sănătoasă ne schimbă lent din punct de vedere fizic, studierea regulată a Bibliei ne transformă treptat din punct de vedere sprital. Indiferent dacă suntem sau nu conştienţi de schimbare, noi ne întărim muşchii spirituali. Însă spre deosebire de hrana fizică, când ne umplem cu Cuvântul lui Dumnezeu, nu devenim niciodată prea sătui. „Capacitatea" noastră pentru Cuvântul lui Dumnezeu pur şi simplu creşte şi tânjim după el tot mai mult. Cuvântul lui Dumnezeu este singurul ospăţ care poate cu adevărat să potolească foamea sufletului nostru. Pe măsură ce înveţi în această săptămână cum să studiezi Biblia, vei descoperi valoarea ei nemăsurată, descrisă adesea prin imagini sugestive:

- Cuvântul lui Dumnezeu te creşte asemenea unei **seminţe** (1 Pet. 1:23).
- Cuvântul lui Dumnezeu te călăuzeşte asemenea **luminii** (Ps. 119:105).
- Cuvântul lui Dumnezeu te spală asemenea **apei** (Ef. 5:25-26).
- Cuvântul lui Dumnezeu te ancorează asemenea unei **stânci** (Mt. 7:24-25).
- Cuvântul lui Dumnezeu este ca o **ploaie** peste tine, producând o creştere care aduce rod (Is. 55:10-11).
- Cuvântul lui Dumnezeu te curăţă şi te protejează asemenea unei **săbii** ascuţite (Ef. 6:17; Ev. 4:12).
- Cuvântul lui Dumnezeu te **învaţă**, te **mustră**, te **îndreaptă** şi îţi **dă înţelepciune** (2 Tim. 3:16-17).
- Cuvântul lui Dumnezeu este **însăşi viaţa** ta (Deut. 32:47).

Cuvântul lui Dumnezeu este dătător de viață și transformă inimi. Nu este de mirare că dușmanul îl atacă neîncetat. Să ne facă să punem Scriptura sub semnul întrebării este cel mai vechi truc al lui. Îți aduci aminte că atunci când a ispitit-o pe Eva în grădină, el a întrebat: „Oare a zis Dumnezeu cu adevărat...?" (Gen. 3:1). Dacă poate să sădească îndoială, el poate să provoace o reacție în lanț care ne îndepărtează de Dumnezeu:

- Satan știe că dacă nu avem încredere în Cuvântul lui Dumnezeu, nu îl vom citi.
- Dacă nu citim Cuvântul lui Dumnezeu, nu vom descoperi Povestea lui Dumnezeu și povestea pe care a scris-o El pentru noi.
- Dacă nu descoperim Povestea lui Dumnezeu, nu vom ști când ne amăgește dușmanul.
- Iar dacă suntem amăgiți, nu ne vom împotrivi ispitei, nici nu ne vom închina lui Dumnezeu.

Da, dușmanul vrea cu disperare să ne îndoim de Cuvântul lui Dumnezeu. Însă așa cum am învățat, putem să stingem aceste săgeți arzătoare ale îndoielii cu scutul credinței noastre. *Crede* Cuvântul lui Dumnezeu. Ia cu încredere acea sabie a Duhului și „[nimicește] lucrările diavolului" (1 Ioan 3:8). De aceea a venit Isus și de aceea suntem noi aici. Noi nimicim lucrările diavolului atunci când eliberăm generații, oameni din jurul nostru și națiuni prin adevărul Cuvântului lui Dumnezeu. Să ne mânuim bine săbiile!

Lasă Biblia să vorbească:
Citește Psalmul 19:7-11 (Opțional: 2 Petru 1)

Lasă-ți mintea să gândească:
1. Ce imagine sugestivă din Biblie înseamnă cel mai mult pentru tine acum? De ce?

2. Care este diferența dintre timpul devoțional și studiul biblic? Cum poți să-ți faci timp pentru amândouă?

3. În Ziua 19, am citit Psalmul 19. Recitește versetele 7-11 și enumeră diferitele descrieri și scopuri ale Cuvântului lui Dumnezeu. Care sunt câteva moduri concrete în care te-a schimbat Cuvântul lui Dumnezeu?

Lasă-ți sufletul să se roage:
Tată, Tu ești Autorul vieții, Autorul Bibliei și Autorul poveștii mele. În timp ce citesc Cuvântul Tău, Te rog să mi Te revelezi. Dă-mi înțelepciune și înțelegere. Arată-mi cum să pun în aplicare Cuvântul Tău în viața mea de zi cu zi pe măsură ce trăiesc povestea pe care ai scris-o Tu pentru mine. „Deschide-mi ochii, ca să văd lucrurile minunate ale Legii Tale!" (Ps. 119:18)... În numele lui Isus, amin.

Lasă-ți inima să dea ascultare:
(Ce te călăuzește Dumnezeu să știi, să prețuiești sau să faci?)

Primește Cuvântul lui Dumnezeu – pilda semințelor și a solului

Semănătorul a ieșit să-și semene sămânța...
Sămânța este Cuvântul lui Dumnezeu.
Luca 8:5, 11

Între momentul în care Îl primești pe Isus și clipa în care îți primești noua reședință în ceruri, puține lucruri sunt mai hrănitoare și îndestulătoare pentru sufletul tău decât ospățul din Cuvântul lui Dumnezeu – primirea Cuvântului Său. Cu cât citim mai mult Cuvântul lui Dumnezeu, cu atât vom vrea să-l citim mai mult. Asta pentru că pe măsură ce asimilăm și punem în aplicare adevărurile Scripturii în viața noastră, ne schimbăm radical (Rom. 12:2). Prezența păcatului își pierde puterea. Harul lui Dumnezeu pătrunde în inima noastră. **Însă pentru a dezlănțui puterea Cuvântului lui Dumnezeu în viața noastră, trebuie să îl citim și să îl *primim*.**

Isus ilustrează modul în care primim Cuvântul lui Dumnezeu într-o pildă despre semințe și sol. În timp ce citești, *amintește-ți că sămânța este Cuvântul lui Dumnezeu* (Lc. 8:11):

> „Semănătorul a ieșit să-și semene sămânța. Pe când semăna el, o parte din sămânță a căzut lângă drum: a fost călcată în picioare și au mâncat-o păsările cerului. O altă parte a căzut pe stâncă și, cum a răsărit, s-a uscat, pentru că n-avea umezeală. O altă parte a căzut în mijlocul spinilor: spinii au crescut împreună cu ea și au înecat-o. O altă parte a căzut pe pământ bun și a crescut și a făcut rod însutit." (Lc. 8:5-8)

Observă că toată sămânța era bună. Sămânța din această pildă este perfectă. Starea inimii unui om și modul în care el primește Cuvântul lui Dumnezeu este ceea ce face diferența dintre o viață de rodire și o viață care este înțepenită și nu crește în credință. Starea solului limitează sau promovează creșterea. Cuvântul lui Dumnezeu este adevărat și puternic și gata să aducă rod, însă *noi* hotărâm cât de roditor va fi el în viața noastră. În timp ce citești explicația lui Isus cu privire la cele patru soluri diferite, gândește-te la starea inimii tale. Care dintre soluri ești tu?

1. Ești tu drumul de alături, împietrit și expus atacurilor dușmanului? „Cei închipuiți în sămânța căzută lângă drum sunt cei ce aud; apoi vine diavolul și ia Cuvântul din inima lor, ca nu cumva să creadă și să fie mântuiți" (Lc. 8:12).

Este viața ta un drum împietrit de suferințe din trecut, nesiguranță emoțională sau trăire păcătoasă? Dacă da, s-ar putea ca lumea să striveasă sămânța Cuvântului lui Dumnezeu de îndată ce ea cade peste tine. Poate că dușmanul îți smulge ce a mai rămas din ea. Dacă ne împietrim inima, nutrind dușmănie sau complăcându-ne într-un comportament păcătos, ne expunem atacurilor dușmanului și îngreunăm creșterea Cuvântului lui Dumnezeu. Profetul Vechiului Testament, Osea, a dat următoarele instrucțiuni israeliților a căror viață fusese împietrită de păcat:

> Semănați potrivit cu neprihănirea, și veți secera potrivit cu îndurarea. *Desțeleniți-vă un ogor nou!* Este vremea să căutați pe Domnul, ca să vină și să vă plouă mântuire. (Osea 10:12; sublinierea îmi aparține)

Viața israeliților era asemenea pământului nearat, care era nefolosit și nu putea fi folosit. Soluția, prin urmare, era ca ei să-și deschidă inima, ca și cum ar pregăti solul prin desțelenire, pentru a primi neprihănirea lui Dumnezeu. La fel este și acum pentru noi. Dacă Dumnezeu îți vorbește în momentul de față, nu-ți împietri inima (Ev. 4:7). Cere-I lui Dumnezeu să vindece rănile emoționale sau să înlăture obiceiurile nocive care îți împietresc viața. Indiferent cât de neglijate sau de împietrite ar fi acele domenii din viața noastră, Dumnezeu poate totuși să producă o recoltă. El ne va da harul Său pentru fiecare pas al schimbării și al vindecării de-a lungul drumului.

2. Ești tu asemenea pământului stâncos, cu rădăcini superficiale? „Cei închipuiți în sămânța căzută pe stâncă sunt aceia care, când aud Cuvântul, îl primesc cu bucurie, dar n-au rădăcină, ci cred până la o vreme, iar când vine ispita, cad" (Lc. 8:13).

Te regăsești în această descriere? Te simți bine când auzi vestea bună a lui Isus, dar îți pierzi hotărârea de a-L urma atunci când credința pare grea și o altă cale pare mai ușoară? Un entuziasm de moment pentru Isus nu este totuna cu a rămâne în El (vezi Săptămâna 4). Unii oameni par pasionați din punct de vedere spiritual pentru o vreme, dar înăuntrul lor, ei nu rămân în Isus. Sentimentele spirituale nu sunt rădăcinile spirituale de care avem nevoie pentru a ne susține în momentele de suferință și ispitire. O credință superficială se stinge cu timpul.

Noi, oamenii, suntem adesea superficiali, trăind pe baza emoțiilor noastre. Superficialitate înseamnă să trăim după ceea ce credem și simțim în loc să fim călăuziți de Duhul Sfânt. Noi trebuie să spunem: „Eu cred, și nimeni nu poate să-mi fure credința." Dacă pământul nostru este stâncos, trebuie să săpăm și să scoatem din el pietrele apatiei sau ale leneviei. Ele sunt niște bolovani care ne apasă și care împiedică creșterea noastră spirituală. În schimb, lasă-ți rădăcinile să crească adânc în Dumnezeu. „Din resursele Sale glorioase și nelimitate, El vă va întări cu putere lăuntrică prin Duhul Său. Apoi Cristos va locui în inima voastră pe măsură ce vă puneți încrederea în El. Rădăcinile voastre se vor adânci în dragostea lui Dumnezeu și vă vor ține tari" (Ef. 3:16-17, NLT). Uită-te din nou la Ziua 24 pentru a recapitula modul în care poți dezvolta rădăcini adânci.

3. **Ești tu asemenea pământului cu spini, prins în lațurile îngrijorării, ale bogăției și ale plăcerii?** „Sămânța care a căzut între spini îi închipuie pe aceia care, după ce au auzit Cuvântul, își văd de drum și-l lasă să fie înăbușit de grijile, bogățiile și plăcerile vieții acesteia și n-aduc rod care să ajungă la coacere" (Lc. 8:14).

Ești tu consumat de îngrijorare cu privire la viața ta, înfățișarea ta sau succesul tău? Te gândești tu adesea la bani, dorindu-ți mereu mai mulți? Îți dorești tu fericirea, plăcerile sau distracția mai mult decât Îl dorești pe Dumnezeu? Dacă da, aceste lucruri neînsemnate vor crește asemenea unor spini și vor strangula creșterea ta spirituală. Pierdem atât de mult din ceea ce are Dumnezeu pentru noi atunci când atenția ne este distrasă de plăcere, atractivitate falsă, bani și alte lucruri neînsemnate!

Isus ne-a avertizat să nu ne îngrijorăm: „Toate aceste lucruri neamurile le caută. Tatăl vostru cel ceresc știe că aveți trebuință de ele. Căutați mai întâi Împărăția lui Dumnezeu și neprihănirea Lui, și toate aceste lucruri vi se vor da pe deasupra" (Mt. 6:32-33).

4. **Ești tu pământul cel bun?** „O altă parte a căzut pe pământ bun și a crescut și a făcut rod însutit... Sămânța care a căzut pe pământ bun sunt aceia care, după ce au auzit Cuvântul, îl țin într-o inimă bună și curată și fac rod în răbdare" (Lc. 8:8, 15).

Acum ajungem la pământul dorit, „pământul bun" care aduce rod din Cuvântul lui Dumnezeu. Însă la fel cum am făcut în cazul celorlalte soluri, să ne punem inima la încercare: Iubești tu Cuvântul lui Dumnezeu și îl aplici în viața ta? Te bizui pe el pentru înțelepciune și putere? Te încrezi în Dumnezeu mai mult decât te încrezi în înțelepciunea ta (Prov. 3:5)? Dacă da, Cuvântul lui Dumnezeu va înflori în tine și vei aduce mult rod (Ziua 25).

Isus ne invită să ne rugăm pentru recoltă: „Dacă rămâneți în Mine și dacă rămân în voi cuvintele Mele, cereți orice veți vrea și vi se va da. Dacă aduceți multă roadă, prin aceasta Tatăl Meu va fi proslăvit și voi veți fi astfel ucenicii Mei" (Ioan 15:7-8). Observă contextul acestor versete, de formare a ucenicilor. Isus promite că ne va da orice Îi cerem, *dacă rămânem conectați la El și la Cuvântul Său.* Atunci când facem acest lucru, dorim ceea ce dorește El și facem cereri în acord cu voia Sa.

Recitește această pildă a semințelor și a solului ca să-ți amintești de ce este nevoie pentru a deveni un pământ bun: „[să auzi] Cuvântul, [să îl ții] într-o inimă bună și curată și [să faci] rod în răbdare" (Lc. 8:15). Dacă găsești vreun aspect din viața ta care este un pământ înțelenit, predă-I-l Domnului ca să fie cultivat de El. Dumnezeu este marele Vier (Ioan 15:1), iar voia Lui este să aduci rod în viața ta.

De asemenea, lasă această pildă să te încurajeze pe măsură ce semeni sămânța Cuvântului lui Dumnezeu în viața altora. Atunci când împărtășești Cuvântul lui Dumnezeu, semințele pe care le plantezi sunt bune. Dacă ele nu prind rădăcină și nu cresc în viața cuiva, s-ar putea ca solul – starea inimii acelei persoane – să fie problema. **Dumnezeu va măsura viața noastră nu după recoltă, ci după semințele pe care le semănăm în dragoste.** Datoria noastră este să semănăm Cuvântul lui Dumnezeu cu dragoste și să-l udăm, ucenicizând noii credincioși, însă *numai Dumnezeu* face ca sămânța să crească (1 Cor. 3:6-8).

Lasă Biblia să vorbească:

Citește Luca 8:4-15 (Opțional: Ieremia 4:1-4)

Lasă-ți mintea să gândească:

1. Cei mai mulți dintre noi nu ne identificăm doar cu un singur tip de sol în inima noastră. Ce tipuri de sol găsești în inima ta?

2. Ce pământ înțelenit sau „spini" (lucruri care îți distrag atenția) îți amenință creșterea și rodirea?

3. Unde Îl vezi pe Dumnezeu aducând rod în viața ta acum? Ia-ți o clipă să celebrezi credincioșia Sa și angajamentul Său de a te ajuta să crești în El. Scrie în ce domenii aduci rod, ca să îți poți aminti (fă o piatră de aducere aminte – vezi Ziua 17).

Lasă-ți sufletul să se roage:

Tată, Îți mulțumesc pentru sămânța bună a Cuvântului Tău. Te rog să nu îngădui ca dușmanul să mi-o fure. Ajută-mă să dezvolt rădăcini adânci, ca să mă adap din resursele Tale nemărginite de înviorare și putere. Fă ca inima mea să fie un pământ bun, unde Cuvântul Tău să crească și să aducă rod... În numele lui Isus, amin.

Lasă-ți inima să dea ascultare:

(Ce te călăuzește Dumnezeu să știi, să prețuiești sau să faci?)

Încrede-te în Cuvântul lui Dumnezeu – motive pentru a crede

Cuvântul Tău este adevărul.
Ioan 17:17

De unde știi că Biblia nu este o poveste născocită? Ți-a pus cineva vreodată această întrebare? Poate că te-ai întrebat tu însuți dacă Cuvântul lui Dumnezeu este într-adevăr Cartea lui Dumnezeu. După cum vei descoperi astăzi, putem avea încredere în autoritatea Scripturii.

Nu numai că Biblia afirmă de mii de ori că este Cuvântul lui Dumnezeu...

Nu numai că Dumnezeu ne spune că El a inspirat oameni ca să scrie cărțile Bibliei...

Nu numai că autorii Îi atribuie lui Dumnezeu cuvintele scrise de ei...

Dar mai sunt numeroase alte motive pentru care putem avea încredere în Biblie. Deocamdată vom explora doar opt dintre ele:

1. Isus a avut încredere în Cuvântul lui Dumnezeu și a mărturisit personal autenticitatea lui. Isus Și-a început lucrarea citind Isaia 61:1-2, care Îl descria pe Salvatorul pe care Dumnezeu a promis că Îl va trimite. Apoi a anunțat: „Astăzi s-au împlinit cuvintele acestea din Scriptură, pe care le-ați auzit" (Lc. 4:21). Isus a vestit Cuvântul lui Dumnezeu, Legea, și l-a trăit. El a spus: „Să nu credeți că am venit să stric Legea sau Prorocii; am venit nu să stric, ci să împlinesc" (Mt. 5:17). Așa cum am învățat în Ziua 26, Isus de asemenea S-a împotrivit ispitei citând Scriptura, prefațând fiecare răspuns dat lui Satan cu cuvintele: „Este scris" (Mt. 4:4, 7, 10). În ziua învierii Sale – primul Paște – Isus a condus doi ucenici de-a lungul Bibliei, explicându-le „toate Scripturile cu privire la El" (Lc. 24:27, NIV). Dacă Isus, Fiul desăvârșit al lui Dumnezeu, a avut încredere în Cuvântul lui Dumnezeu, cu cât mai mult ar trebui să avem noi?

2. **Biblia este plină de referințe istorice și geografice.** O lucrare imaginară cel mai probabil nu ar include atât de multe detalii istorice. Cărțile istorice ale Vechiului Testament sunt pline de detalii concrete cu privire la locuri, date, timpuri, oameni și cultura antică din Orientul Apropiat. În relatarea sa despre viața lui Isus, Luca a inclus fiecare detaliu necesar pentru a prezenta întregul context al nașterii lui Isus. Ce detalii poți să găsești în aceste versete?

> În vremea aceea, a ieșit o poruncă de la Cezar August să se înscrie toată lumea. Înscrierea aceasta s-a făcut întâia dată pe când era dregător în Siria Quirinius. Toți se duceau să se înscrie, fiecare în cetatea lui. Iosif s-a suit și el din Galileea, din cetatea Nazaret, ca să se ducă în Iudeea, în cetatea lui David, numită Betleem, pentru că era din casa și din semința lui David, să se înscrie împreună cu Maria, logodnica lui, care era însărcinată. (Lc. 2:1-5)

În aceste versete, Luca prezintă numele a doi conducători, un eveniment istoric concret, trei locații geografice, numele și istoria familiei lui Iosif și motivul pentru care Iosif era însoțit de Maria. Lui Luca nu îi era teamă de cei care aveau să verifice veridicitatea textului. De fapt, acest nivel de detalii îi invită pe oameni să examineze acuratețea informațiilor.

3. **Documentele istorice și arheologia confirmă acuratețea Bibliei.** Nu numai că Biblia include conținut spiritual plin de adevăr, dar de asemenea consemnează detalii istorice și geografice cu o acuratețe remarcabilă. De exemplu, arheologii au descoperit dovezi ale distrugerii Ierihonului care corelează cu relatarea biblică din cartea Iosua.[1] Inscripții aramaice care menționează „Casa lui David" au fost descoperite la Tel Dan.[2] Au fost descoperite o rampă de asediu și un mormânt comun care corespund invaziei asiriene din timpul domniei lui Ezechia.[3] Au fost găsite mult mai multe dovezi arheologice decât acestea.

---

1 Walter A. Elwell, *Evangelical Dictionary of Theology: Second Edition*, Baker Academic, Grand Rapids, MI, 2001 (în limba română: *Dicționar evanghelic de teologie*, Cartea Creștină, Oradea, 2012).
2 Ibid.
3 Nicholas R. Werse, „Hezekiah, King of Judah", ed. John D. Barry, David Bomar, Derek R. Brown, Rachel Klippenstein, Douglas Mangum, Carrie Sinclair Wolcott, Lazarus Wentz, Elliot Ritzema și Wendy Widder, *The Lexham Bible Dictionary*, Lexham Press, Bellingham, WA, 2016.

De asemenea, există documente istorice străvechi în care sunt consemnate detalii ale unor evenimente descrise în Scriptură. De exemplu, atât Matei, cât și Marcu descriu un întuneric neobișnuit și un cutremur care au avut loc când Isus a fost răstignit:

> De la ceasul al șaselea până la ceasul al nouălea s-a făcut întuneric peste toată țara... Isus a strigat iarăși cu glas tare și Și-a dat duhul. Și îndată, perdeaua dinăuntrul Templului s-a rupt în două, de sus până jos, pământul s-a cutremurat, stâncile s-au despicat, mormintele s-au deschis și multe trupuri ale sfinților care muriseră au înviat. (Mt. 27:45, 50-52)

Istorici seculari au descris evenimente similare. Istoricul grec Flegon a scris că în timpul domniei lui Tiberiu Cezar, aproximativ în perioada în care Isus a fost executat, s-a întunecat în miezul zilei ca noaptea și regiunea a fost zguduită de cutremure.[1] Un alt istoric pe nume Thallus scria că un întuneric cumplit a acoperit ținutul și stâncile au fost despicate de cutremure în Iudeea.[2] Aceste consemnări seculare corespund relatării biblice care menționează întuneric și cutremure atunci când a murit Isus.

4. Profețiile biblice au prezis cu acuratețe evenimente istorice cu mult timp înainte ca ele să aibă loc. Biblia conține sute de profeții, dintre care majoritatea s-au împlinit deja. (Cele care încă nu s-au întâmplat se aplică vremurilor din urmă, când Isus Se va întoarce.) Evenimentele prezise în Vechiul Testament și descrise în Noul Testament sunt câteva dintre cele mai precise profeții care s-au împlinit vreodată. Iată doar câteva dintre ele:

- Cu aproximativ 700 de ani înainte de nașterea lui Isus, Mica a scris că Mesia Se va naște în Betleem (Mica 5:2; Mt. 2:1-6).
- Zaharia a prezis că Isus va fi trădat pentru treizeci de arginți (Zah. 11:12; Mt. 26:14-15).
- David a profețit că mâinile și picioarele lui Isus vor fi străpunse (Ps. 22:16; Ioan 20:24-28).
- Isaia a prezis că trupul lui Isus va fi pus în mormântul unui om bogat (Is. 53:9; Mt. 27:57-60).
- Învierea lui Isus de asemenea a fost profețită în repetate rânduri (Ps. 16:8-11; Fapte 2:24-31).

---

1 Gary R. Habermas, *The Historical Jesus: Ancient Evidence for the Life of Christ*, College Press Publishing Company, Joplin, MO, 1996, p. 218.
2 Ibid., p. 196-197.

Poate că o persoană ar putea încerca să manipuleze unele detalii ale vieții sale pentru a împlini Scriptura, dar nimeni nu ar putea să schimbe locul unde s-a născut, modul în care va muri sau ce se va întâmpla cu trupul său după ce va muri. Oamenii nu pot să cunoască sau să controleze viitorul, însă *Dumnezeu poate să facă acest lucru și îl face.* Biblia prevestește cu acuratețe evenimente din viitor pentru că Autorul ei cunoaște „de la început ce are să se întâmple" (Is. 46:10).

5. Biblia conține informații stânjenitoare despre „eroii" săi. Numeroși istorici antici au exagerat victoriile conducătorilor și au minimalizat sau au eliminat eșecurile în încercarea de a promova ideologii sau cauze. Însă scriitorii Bibliei nu au făcut asemenea ajustări. Scriptura relatează deschis faptul că Avraam a avut un fiu cu servitoarea soției lui și că a mințit în legătură cu soția lui, numind-o sora lui. Iacov a mințit și a furat. Moise a comis o crimă. David a comis o crimă și adulter. Iona a fugit de Dumnezeu și apoi a detestat faptul că locuitorii din Ninive s-au pocăit. Petru s-a lepădat de Cristos de trei ori. Pavel a arestat ucenici ai lui Isus și a aprobat uciderea lor. Dacă Biblia ar fi fost făcută de oameni, probabil că ea nu ar da în vileag defectele eroilor ei, însă din fericire, Biblia a fost inspirată în mod divin pentru a-L glorifica pe Dumnezeu, nu pe oameni.

6. Biblia conține mai multe relatări ale unor martori oculari. Patru persoane diferite – Matei, Marcu (sub călăuzirea lui Petru), Luca și Ioan – au scris relatări ale vieții lui Isus. Dacă relatările lor ar fi fost într-u totul diferite, nu am putea să avem încredere în ele. Însă relatările lor sunt foarte similare, având doar mici diferențe care par să se datoreze personalității lor, detaliilor observate de ei și persoanelor cu care au vorbit. Diferențele pe care unii le numesc „inconsecvențe" sunt un motiv în plus pentru care *ar trebui* să avem încredere că aceste relatări sunt autentice.[1] Niște relatări identice de la patru bărbați foarte diferiți ar sugera cu tărie copierea sau editarea masivă. Atunci când citim evangheliile lui Matei, Marcu, Luca și Ioan, ele sunt similare, dar nu identice. Tocmai acesta este lucrul la care ne-am aștepta de la mai multe relatări adevărate ale acelorași evenimente.

7. Biblia prețuiește femeile și are încredere în mărturia lor. Culturile în care a fost scrisă Biblia nu respectau femeile. Cu toate acestea, Biblia laudă, răsplătește și celebrează femeile din nou și din nou.

---

1 J. Warner Wallace, *Cold-Case Christianity: A Homicide Detective Investigates the Claims of the Gospels*, David C Cook, Colorado Springs, CO, 2013.

Biblia relatează că niște femei au fost primele care au descoperit mormântul gol al lui Isus în timp ce bărbații se ascundeau de frică în spatele unor uși încuiate. Dacă autorii biblici, care erau bărbați, ar fi născocit povestea învierii, ei nu s-ar fi autodescris ca fiind niște lași, darămite să aleagă niște femei ca martori ai învierii lui Isus, deoarece în cultura lor, mărturia unei femei era considerată lipsită de valoare. Evangheliile de asemenea nu ezită să relateze că Isus le vorbea nu doar femeilor (inclusiv unora care erau prostituate), ci și străinilor, copiilor, leproșilor și vameșilor. El a vorbit deschis cu tot felul de persoane pe care cultura le considera respingătoare sau fără valoare. Deși aceste interacțiuni erau șocante, ucenicii lui Isus – inspirați în mod divin să scrie Povestea lui Dumnezeu cu o acuratețe infailibilă – totuși le-au consemnat. Biblia nu este un produs al culturii lor, ci este un produs al lui Dumnezeu.

8. În ultimul rând, poți să cunoști adevărul Bibliei în mod personal prin experiența proprie. Pe măsură ce citești Biblia în fiecare zi, adevărurile îți vor atrage atenția exact la momentul potrivit. Vei începe să observi profunzimea, claritatea și frumusețea Cuvântului lui Dumnezeu. Duhul Sfânt te va ajuta să vezi conexiuni între diferite părți ale Scripturii, dându-ți o înțelegere mai amplă asupra adevărurilor spirituale. Adesea, citirea Bibliei îți va dărui pace chiar dacă ceea ce citești nu descrie în mod direct sursele stresului tău. Acest lucru se datorează faptului că de fiecare dată când o citești, te întâlnești cu Autorul, iar întâlnirea cu Dumnezeu îți dăruiește pace.

Însă ce se întâmplă atunci când nu *simți* pacea lui Dumnezeu? Ce se întâmplă atunci când experimentezi incertitudine? Este normal să avem întrebări și îndoieli, în special atunci când suferim. Chiar și Ioan Botezătorul a avut îndoieli cu privire la Isus. Acest om trimis de Dumnezeu pentru a-I pregăti calea lui Isus – care a înfruntat cu îndrăzneală ipocrizia, a predicat pocăința și a declarat: „Iată Mielul lui Dumnezeu, care ridică păcatul lumii!" (Ioan 1:29) – a fost același om care a avut îndoieli cu privire la Isus în timp ce era întemnițat. Ioan Botezătorul și-a trimis ucenicii să-L întrebe pe Isus: „Tu ești Acela care are să vină sau să așteptăm pe altul?" (Lc. 7:19). Singur, flămând și întemnițat de hainul rege Irod, Ioan se întreba dacă Isus avea să instaureze împărăția din moment ce acest lucru nu se întâmplase încă.

Ca răspuns, Isus a oferit dovezi *cu ajutorul Scripturii*: „Duceţi-vă de spuneţi lui Ioan ce aţi văzut şi auzit: orbii văd, şchiopii umblă, leproşii sunt curăţiţi, surzii aud, morţii înviază, şi săracilor li se propovăduieşte Evanghelia" (Lc. 7:22). Isus spunea că El face tot ceea ce Scripturile spuneau că va face El, Mesia (Is. 35:5-6).

Dacă îndoiala te face să pui adevărul sub semnul întrebării, mergi înapoi la dovezi, aşa cum l-a încurajat Isus pe Ioan Botezătorul să facă. Aminteşte-ţi ce experienţe ai avut cu Dumnezeu. Lasă creaţia să te convingă din nou de existenţa lui Dumnezeu. Cufundă-te în Cuvântul lui Dumnezeu. Roagă-te asemenea acelui om care a strigat: „Cred, Doamne! Ajută necredinţei mele!" (Mc. 9:24).

> **Ai îndoieli?**
> **Gândeşte-te la**
> **Luca 11:9-10:**
> „De aceea şi Eu vă spun: Cereţi, şi vi se va da; căutaţi, şi veţi găsi; bateţi, şi vi se va deschide. Fiindcă oricine cere capătă; cine caută găseşte şi celui ce bate, i se deschide."

Însă îndoielile nu trebuie să facă parte din povestea ta. Un alt om al lui Dumnezeu, Pavel, de asemenea era întemniţat, iar execuţia lui se apropia cu repeziciune. Cu toate acestea, credinţa lui nu s-a clătinat. De ce era el atât de încrezător? Datorită credinţei. Dovezile faptice sunt esenţiale, însă ele pălesc în comparaţie cu încrederea născută din credinţă, care creşte prin intermediul unei relaţii statornice cu Dumnezeu. Pavel scria: „Nu mi-e ruşine, căci ştiu în cine am crezut" (2 Tim. 1:12). *În cine* a crezut era ceea ce îi liniştea inima, nu *ceea ce* a crezut. Atunci când suferi sau ai îndoieli, aminteşte-ţi *în cine* ai crezut. Rămâi în El.

Lasă Biblia să vorbească:

Citește 2 Timotei 3:14–4:8 (Opțional: Exod 24:4)

Lasă-ți mintea să gândească:

1. Care crezi că este cel mai convingător motiv pentru a avea
    încredere în Biblie?

2. După părerea ta, de ce cred oamenii că Biblia este lipsită
    de acuratețe și relevanță? Crezi tu că Biblia are acuratețe și
    relevanță? De ce da sau de ce nu? Ia-ți timp să lași Biblia să te
    ajute în orice domeniu unde există necredință.

3. În ce fel rămânerea în Isus ar putea să ajute pe cineva să-și
    crească încrederea în Cuvântul lui Dumnezeu?

Lasă-ți sufletul să se roage:

*Tată, Cuvântul Tău este adevărat. În întregime. Ajută-mă să-l cred
și să-l urmez pe deplin. Mă rog să cunosc adevărul, să-l cunosc cu
adevărat. Numai adevărul Tău mă va elibera (Ioan 8:32). Cuvântul
Tău este adevărul (Ioan 17:17). Doamne, fă ca relația noastră personală
să fie atât de reală, atât de apropiată, atât de solidă, încât să nu lase
loc îndoielii... În numele lui Isus, amin.*

Lasă-ți inima să dea ascultare:

(Ce te călăuzește Dumnezeu să știi, să prețuiești sau să faci?)

Fă un tur al Bibliei – carte cu carte

Cuvântul Tău este cu totul încercat, și robul Tău îl iubește.
Psalmul 119:140

Dacă Biblia ta ar putea vorbi, ce ți-ar spune ea? Ar împărtăși ea cum îți începi tu călătoria de-a lungul paginilor sale? Sau ți-ar ura un bun-revenit după o perioadă îndelungată de absență? Poate că ar împărtăși cât de mult se bucură de momentele voastre petrecute împreună zilnic. Însă dacă Biblia ta pare neglijată, astăzi te putem ajuta să te familiarizezi mai mult cu ea. Dacă te simți puțin intimidat de biblioteca Bibliei, alcătuită din șaizeci și șase de cărți, nu ești singurul. De unde să începi? Un mod excelent de a te simți mai confortabil pe un teritoriu nefamiliar este să faci un tur alături de un ghid.

Da, călătoria credinței pe care o vom face astăzi include un tur al Bibliei. În urma unei priviri de ansamblu asupra contextului ei și a conținutului ei de bază, vom descoperi cum anume Povestea lui Dumnezeu se potrivește laolaltă. De asemenea, vom ști mai bine unde să citim pentru a găsi ajutorul de care avem nevoie. Vom încheia turul nostru cu sugestii referitoare la părțile pe care ar fi bine să le citești mai întâi. Să începem!

Vom începe acolo unde începe Biblia: **Vechiul Testament**. Inițial scris în cea mai mare parte în limba ebraică, Vechiul Testament a fost compilat de-a lungul unei perioade de o mie de ani.[1] El poate fi împărțit în patru părți:

1. **Tora (Geneza-Deuteronom):** Tora, sau Legea iudaică scrisă, cuprinde primele cinci cărți ale Bibliei. Aceste cărți au fost date de Dumnezeu lui Moise și includ povestea creației, a potopului, a patriarhilor

---

1 Cărțile Vechiului Testament au fost scrise inițial în limba ebraică, cu excepția unor porțiuni din cartea Daniel, care au fost scrise inițial în limba aramaică.

și a rătăcirii prin pustiu a poporului evreu înainte de a intra în Țara Promisă. Ele includ de asemenea legile biblice ale iudaismului, începând cu Cele zece porunci. Tora mai este numită și Pentateuhul sau Cele cinci cărți ale lui Moise.

2. **Povestea poporului lui Dumnezeu (Iosua-Estera):** Următoarele douăsprezece cărți ale Bibliei continuă să relateze povestea poporului lui Dumnezeu aproximativ în ordine cronologică. Am parcurs deja povestea lor de la momentul creației până la trecerea Râului Iordan în Țara Promisă (Geneza-Iosua). Să ne întoarcem acum la punctul unde am rămas cu povestea.

În cartea **Iosua**, citim cum Dumnezeu i-a condus pe israeliți să cucerească Țara Promisă. La început, israeliții nu aveau un împărat; ei aveau judecători. În cartea **Judecători**, vedem cicluri de păcat nestăpânit și pocăință de scurtă durată, deoarece „nu era împărat [pământesc] în Israel, fiecare făcea ce-i plăcea" (Jud. 21:25). Așa cum se întâmplă adesea, păcatul poporului a dus la suferință. Dumnezeu a rămas credincios și a continuat să izbăvească poporul Său prin conducători – judecătorii – însă, din nefericire, israeliții s-au întors în mod repetat la o viață păcătoasă.[1] Ei L-au ignorat pe Dumnezeu și s-au închinat idolilor. În acest context al păcatului, găsim cartea **Rut**. Unii teologi cred că Rut este o carte scrisă din perspectiva unei femei. Cartea aceasta ne învață cum Dumnezeu include o femeie din afara poporului Israel în planul Său de salvare, făcând-o pe această femeie parte a genealogiei lui Isus.

În cele din urmă, israeliții au cerut un împărat, astfel încât să poată fi și ei la fel ca toate celelalte națiuni. Dumnezeu le-a dat ceea ce au cerut, iar în **1 Samuel** îl întâlnim pe primul împărat al lui Israel, Saul. Acest împărat în scurt timp s-a abătut de la calea lui Dumnezeu și a pierdut binecuvântarea lui Dumnezeu. În 1 Samuel 13, îl întâlnim pe David, a cărui domnie ca împărat al lui Israel este consemnată în **2 Samuel**. David a fost un om după inima lui Dumnezeu (1 Sam. 13:14) care a scris aproximativ jumătate din ceea ce citim în Psalmi. A fost de asemenea un om al războiului și avea multe defecte. Spre deosebire de Saul, David s-a pocăit și s-a întors la Dumnezeu atunci când a păcătuit. Dumnezeu l-a binecuvântat pe David, întărindu-i tronul pe vecie prin faptul că Mesia a venit din linia sa genealogică

---

1 Jud. 2:2–3, 11–13, 17, 19; 3:6, 7, 12; 4:1; 6:1, 10; 8:24–27, 33; 10:6; 13:1; 17:6; 21:25.

(2 Sam. 7:8-17). În **1 Împărați**, citim despre fiul lui David, Solomon, care a urmat la putere. El a fost cel mai înțelept dintre oameni, însă nu suficient de înțelept încât să evite căsătoria cu numeroase femei care se închinau altor dumnezei.

În **2 Împărați**, vedem din nou și din nou că împărații umani au fost distruși de păcat. Mulți dintre acești împărați au influențat poporul lor ca să se închine altor dumnezei și toată lumea a suportat consecințele. Mai întâi, națiunea lui Israel s-a împărțit în două regate separate – Iuda în sud (Regatul de Sud) și Israel în nord (Regatul de Nord). Apoi Dumnezeu a trimis amândouă regatele în captivitate pentru că poporul a refuzat să se pocăiască de păcatul său și de idolatrie. În cele din urmă, asirienii au cucerit Israelul, iar babilonienii au cucerit Iuda și au dus o mare parte din populația lui în **exil** în Babilon. Babilonienii au fost cuceriți mai târziu de către persani.

Perioada împăraților a durat aproximativ 345 de ani,[1] iar **1 și 2 Cronici** reexaminează numeroase evenimente-cheie din această perioadă: 1 Cronici repovestește o mare parte din 1 și 2 Samuel, iar 2 Cronici repetă o mare parte din 1 și 2 Împărați.

> **Exil:**
> Înlăturarea unei națiuni din țara ei. Atât în invazia asiriană, cât și în cea babiloniană, a fost lăsată în urmă o rămășiță – un grup mic de oameni – ca să lucreze pământul.

În cele din urmă, după șaptezeci de ani în exilul din Babilon, Dumnezeu a adus o parte din poporul Său înapoi acasă, întocmai cum profețiseră Scripturile.[2] În cartea **Ezra**, citim despre o perioadă de restaurare fizică, precum și spirituală. În timp ce persoanele întoarse din exil au reconstruit Templul din Ierusalim, preotul Ezra a ajutat poporul să se reconstruiască din punct de vedere spiritual, restaurând Legea lui Dumnezeu și reînnoind legământul lui Dumnezeu (un contract formal al relației dintre Dumnezeu și poporul Său). Cartea **Neemia** descrie reconstruirea zidului din jurul Ierusalimului, care a restabilit siguranța în ce privea dușmanii din apropiere. Mai important decât atât, zidul a ajutat la restaurarea identității națiunii și a încrederii sale în calitate de popor ales al lui Dumnezeu. În cartea **Estera**, învățăm despre o orfană evreică

---

1   K. A. Kitchen, *On the Reliability of the Old Testament*, William B. Eerdmans Publishing Company, Grand Rapids/Cambridge, 2006, p. 30-32.
2   Is. 23:15; Ier. 25:11–12.

incredibil de curajoasă, care a devenit împărăteasa Persiei. Prin poziția sa regală și curajul său, ea și-a riscat viața pentru a salva poporul lui Dumnezeu de la genocid.

3. Scrierile oamenilor lui Dumnezeu (Iov–Cântarea cântărilor): Următoarele cinci cărți ale Bibliei conțin răspunsuri ale unor oameni față de Dumnezeu, însă ele nu sunt cu nimic mai puțin inspirate de Dumnezeu. Aceste cărți se mai numesc și cărțile sapiențiale sau literatura sapiențială. Limbajul este adesea poetic, plin de imagini și de cuvinte puse laolaltă cu măiestrie. **Iov** relatează povestea credincioșiei unui om față de Dumnezeu în ciuda unei suferințe intense. **Psalmii** sunt o colecție de cântece de rugăciune și poeme, dedicate slavei lui Dumnezeu, care adesea exprimă emoție umană brută în lumina adevărului lui Dumnezeu. Împăratul Solomon a așternut în scris o parte din înțelepciunea sa în **Proverbe** și a descris deșertăciunea unei vieți fără Dumnezeu în **Eclesiastul**. De asemenea, a scris un poem de dragoste înflăcărată intitulat **Cântarea cântărilor**, numit și **Cântarea lui Solomon**. Această cântare poetică relatează o poveste romantică dintre un mire și mireasa lui. Unii teologi cred că simbolizează dragostea lui Dumnezeu pentru poporul Său și dragostea lui Isus pentru biserică.

4. Scrierile profeților (Isaia–Maleahi): Ultimele șaptesprezece cărți ale Vechiului Testament sunt răspunsurile lui Dumnezeu față de poporul Său. În aceste cărți, Dumnezeu exprimă marea Sa dragoste și compasiune, îndemnându-l pe poporul Său să se pocăiască și să se întoarcă la El. Dumnezeu de asemenea atenționează că oamenii care refuză să se pocăiască și să se încreadă în El vor îndura mânia Sa.

Prin poveștile oamenilor lui Dumnezeu, răspunsurile lor față de Dumnezeu și răspunsurile lui Dumnezeu față de ei, Vechiul Testament ne învață despre efectele devastatoare ale păcatului asupra relațiilor noastre unii cu alții, precum și asupra relației noastre cu Dumnezeu. Însă pe tot parcursul acestor povești, Dumnezeu promite în mod repetat că va trimite un Salvator. În acest sens, Vechiul Testament este o poveste a speranței și Noul Testament este împlinirea acelei speranțe.

Nu la mult timp după învierea lui Isus, nouă autori umani, inspirați de Dumnezeu, au scris cărțile **Noului Testament** în greaca koine, limba comună a acelei vremi.[1] Asemenea Vechiului Testament, Noul Testament poate fi împărțit în patru părți:

1. **Povestea lui Isus (Matei-Ioan):** Evangheliile lui Matei, Marcu, Luca și Ioan relatează povestea vieții lui Isus, a învățăturilor, a morții și a învierii Sale.

2. **Istoria bisericii (Faptele apostolilor):** Cartea Faptele apostolilor consemnează primii treizeci de ani ai bisericii primare și răspândirea creștinismului. Numită uneori Faptele Duhului Sfânt, cartea include coborârea Duhului Sfânt în Ziua Cincizecimii (vezi p. 1).

3. **Epistolele Noului Testament (Romani-Iuda):** Aceste epistole, scrise de conducători din biserica primară, explică teologia centrată în Isus. Ele de asemenea descriu cum să trăiești în comunitate cu alți credincioși și cum să-L reprezinți pe Isus înaintea celor necredincioși.

4. **Concluzia (Apocalipsa):** Această carte descrie sfârșitul vremurilor, când Isus Se va întoarce ca să domnească pentru totdeauna. Vom vedea mânia lui Dumnezeu revărsată asupra celor care rămân despărțiți de Dumnezeu prin păcatul lor. Însă de asemenea vedem exprimarea deplină a dragostei lui Dumnezeu și a prezenței Sale într-un cer nou și un pământ nou. Este o carte a unei mari speranțe în viața care va veni, o veșnicie fără durere și suferință pentru că Isus face toate lucrurile noi (Apoc. 21:4-5).

Acum că am făcut un tur rapid al Bibliei, iată câteva sugestii pentru a începe:

• Începe cu evangheliile. În calitate de ambasadori ai lui Isus, lucrul cel mai important pe care îl putem face este să învățăm despre El – cine este El, ce spune și ce face El, de ce anume Îi pasă Lui. Urmează-L, citind în mod repetat cărțile: Matei, Marcu, Luca și Ioan în orice ordine dorești. Vei ajunge să-L cunoști pe Salvatorul tău și vei deveni mai asemănător cu El. În timp ce citești, vei observa de asemenea că Isus a

---

1 James P. Sweeney, „Chronology of the New Testament", ed. John D. Barry, David Bomar, Derek R. Brown, Rachel Klippenstein, Douglas Mangum, Carrie Sinclair Wolcott, Lazarus Wentz, Elliot Ritzema și Wendy Widder, *The Lexham Bible Dictionary*, Lexham Press, Bellingham, WA, 2016.

citat frecvent din Deuteronom și Psalmi, așa că s-ar putea să vrei să citești apoi aceste două cărți. Pentru a înțelege mai bine cum să trăiești potrivit cu învățătura lui Isus, citește epistolele Noului Testament. Fiecare epistolă din Noul Testament a fost scrisă pentru a se adresa unei situații anume, așa că este esențial să citești toate cărțile în mod repetat.

- Când începi o carte, fă-ți timp să o citești în întregime într-una sau două reprize pentru a avea o privire de ansamblu asupra ei. Apoi începe să citești din nou cartea de la început, însă de această dată citește fără grabă. Concentrează-te asupra ideilor-cheie.

- Ia în considerare faptul de a utiliza un plan de citire zilnică, care să te călăuzească de-a lungul întregii Biblii. Poți să găsești mai multe planuri de citire online. De asemenea, multe Biblii includ planuri de citire pe prima sau pe ultima pagină.

Indiferent ce abordare de citire alegi, **țelul nu este ca noi să parcurgem toată Biblia, ci ca Biblia să pătrundă în noi**. Acum știi *unde* să citești în Biblie. Mâine vei învăța mai în detaliu *cum* să o citești astfel încât să întărești relația ta cu Dumnezeu.

Lasă Biblia să vorbească:
Citește Psalmul 119:1-56 (Opțional: 2 Petru 3:18)

Lasă-ți mintea să gândească:
1. În turul Bibliei pe care l-am făcut împreună, ce oprire pe care am făcut-o de-a lungul drumului a fost nouă pentru tine sau te-a surprins?

2. Citește prima parte a Psalmului 119 (v. 1-56). De ce este „ferice" de noi?

3. Vorbește cu un prieten referitor la ce carte a Bibliei să studiezi mai întâi. Poate că veți cădea de acord asupra unui plan de citire pe care să-l parcurgeți împreună. Apoi dați-vă socoteală unul altuia și discutați ce ați învățat. Pe măsură ce citiți fiecare carte, stabiliți care este locul ei în povestea mai amplă a lui Dumnezeu.

Lasă-ți sufletul să se roage:
Tată, Cuvântul Tău este atât de bogat, atât de îmbelșugat! Ajută-mă să-l studiez în fiecare zi. Pe măsură ce citesc evangheliile, ajută-mă să încep să acționez, să gândesc și să vorbesc asemenea lui Isus. Deschide-mi mintea și inima și „dă-mi pricepere, după făgăduința Ta" (Ps. 119:169)... În numele lui Isus, amin.

Lasă-ți inima să dea ascultare:
(Ce te călăuzește Dumnezeu să știi, să prețuiești sau să faci?)

Studiază Biblia – pas cu pas

Deschide-mi ochii, ca să văd lucrurile minunate ale Legii Tale!
Psalmul 119:18

Conducătorii religioși au așteptat toată viața lor tocmai acest moment. An după an, ei au petrecut timp învățând și împlinind poruncile Scripturii. Acești oameni se mândreau cu memorarea și interpretarea Bibliei ebraice (Vechiul Testament). Ei își învățau copiii, la fel cum și părinții lor i-au învățat pe ei, să se pregătească pentru Mesia care avea să vină. Iar când acest moment a venit, când Isus Se afla în fața lor, mulți dintre acești experți ai Legii nu L-au recunoscut. Nu pentru că Isus nu ar fi împlinit profețiile – El le-a împlinit. Nu pentru că ei ar fi fost confuzi – nu erau. Ei nu L-au văzut pentru că nu au văzut semnificația Scripturii. Isus le-a spus:

> Cercetați Scripturile, pentru că socotiți că în ele aveți viața veșnică, dar tocmai ele mărturisesc despre Mine. Și nu vreți să veniți la Mine, ca să aveți viața! (Ioan 5:39-40)

Ei se lăudau cu înțelegerea Scripturii, când tot timpul ea arăta spre Isus (Lc. 24:25-27). Isus le spunea: „Cum puteți să cunoașteți Scriptura și să nu Mă cunoașteți pe Mine?" În loc să se închine Cuvântului lui Dumnezeu (Isus), ei se închinau cuvintelor lui Dumnezeu. Ei se concentrau asupra unor reguli, nu asupra unei relații cu Dumnezeu – asupra unor legi, nu asupra dragostei lui Dumnezeu. Mintea le era plină de cunoștințe, dar inima lor rămânea neschimbată.

Astăzi, în timp ce învățăm cum să studiem Biblia, hai să folosim o abordare diferită. Să studiem Scriptura cu smerenie și cu dorința de a-L cunoaște și a-L urma pe Isus. Să creștem atât în adevăr, cât și în dragoste. Să-L înălțăm pe Isus, nu pe noi înșine, cu noile noastre cunoștințe. Fiindcă atunci când deschidem Biblia, putem avea așteptarea de a ne întâlni cu Dumnezeu. Faptul că Îl experimentăm pe Dumnezeu ne va face să simțim mai intens nevoia noastră de harul Lui și va intensifica dragostea noastră față de Isus.

Acum că știm să abordăm studiul biblic cu țelul de a avea o inimă transformată, nu doar cunoștințe la nivelul minții, să începem! Există multe modalități de a studia Biblia. Mai jos este o abordare alcătuită din cinci pași:

1. Roagă-te.

Înainte de a începe să citești, ROAGĂ-TE. Duhul Sfânt ne ajută să înțelegem Cuvântul lui Dumnezeu (1 Ioan 2:27). El ne călăuzește în tot adevărul (Ioan 16:13). Roagă-L să-ți dea înțelepciune și să-ți deschidă ochii spirituali pe măsură ce citești Cuvântul lui Dumnezeu (Ps. 119:18). Apoi ai încredere că El va face ce I-ai cerut (Iac. 1:5-7). Acum ești gata să citești.

2. Citește.

- Citește cu atenție. Când citești Biblia, fii atent. Citirea versetelor cu voce tare te poate ajuta să încetinești și să asculți cuvintele. Transcrierea versetelor te poate ajuta să încetinești și să te concentrezi. O abordare este să trasezi o linie verticală pe mijlocul unei bucăți de hârtie. În partea stângă, scrie pasajul, verset cu verset. În partea dreaptă, scrie notițe și gânduri în dreptul fiecărui verset. În timp ce citești și copiezi, caută indicii cu privire la mesaj: Cine vorbește? Cui i se adresează? Ce spune? De ce? Când?

- Citește în mod repetat. Acest lucru te va ajuta să găsești acele indicii. Dacă citești același pasaj de mai multe ori, vor ieși la iveală noi detalii, semnificații și aplicații personale. Este Cuvântul *viu* al lui Dumnezeu, ceea ce înseamnă că nu este static – este activ (Ev. 4:12). Cuvântul lui Dumnezeu pătrunde în viața noastră pentru a evalua ce este acolo.

- Citește cu sârguință. Studierea Bibliei necesită timp și efort. **Este important să aflăm contextul pasajelor și al relatărilor biblice; altminteri s-ar putea să le înțelegem greșit.** Ia-ți timp să descoperi contextul istoric/cultural, semnificația literală (ce spune pasajul) și natura literară a pasajului (care este locul lui în capitol și în carte). Gândește-te cum se raportează acel pasaj la întreaga poveste a lui Dumnezeu (Săptămâna 1) și cum ar putea să indice spre Isus (Lc. 24:13-17, 27). Atunci când citim ca să analizăm contextul – perspectiva mai largă – putem să înțelegem semnificația pasajului.

- Citește cu băgare de seamă. Observă de asemenea detaliile. Ce verbe sunt folosite? Ce cuvinte se repetă? Când un cuvânt sau un verset îți atrage atenția, scrie-l. Dacă Biblia ta are trimiteri, explorează-le. De asemenea, urmărește cuvintele de legătură. Dacă vezi *așadar*, citește secțiunea anterioară pentru a înțelege mai bine textul (de ce se află acest cuvânt aici?). Dacă vezi *însă/dar*, uită-te după o redirecționare de vreun fel. Dacă nu înțelegi un cuvânt, caută-l în alte locuri din Scriptură și folosește contextul pentru a stabili semnificația, așa cum am făcut în cazul cuvintelor: *sfânt* (Ziua 13) și *odihnă* (Ziua 28). Lasă Biblia să te ajute să interpretezi Biblia.

- Citește cu smerenie. Uneori Biblia va fi greu de citit pentru că s-ar putea să nu fim întotdeauna de acord cu ea. Când se întâmplă astfel, amintește-ți următorul lucru: căile lui Dumnezeu sunt mai sus decât căile noastre (Is. 55:9). Încrede-te în El și crede Cuvântul Lui. Alteori pasajul va părea familiar și s-ar putea să presupunem că deja îl înțelegem pe deplin. Când se întâmplă acest lucru, roagă-L pe Dumnezeu să-ți deschidă ochii ca să vezi noi detalii sau noi aplicații. În ultimul rând, în acele momente când nu poți să găsești informațiile sau răspunsurile pe care vrei să le găsești, adu-ți aminte: „Lucrurile ascunse sunt ale Domnului Dumnezeului nostru, iar lucrurile descoperite sunt ale noastre și ale copiilor noștri, pe vecie, ca să împlinim toate cuvintele legii acesteia" (Deut. 29:29). Concentrează-te asupra a ceea ce El ți-a *dat*, știind că va fi exact ceea ce ai nevoie.[1]

---

1 Secțiunea aceasta, „Citește", este modul în care am învățat eu să studiez Biblia. Am găsit majoritatea acestor concepte în această carte: Howard G. Hendricks și William D. Hendricks, *Living By the Book: The Art and Science of Reading the Bible*, Moody Publishers, Chicago, 2007, p. 79-131 (în limba română, *Trăirea după Biblie: Știința și arta studiului Bibliei*, Casa Cărții, Oradea, 2018).

3. Pune întrebări.

- <u>Ce le spunea Dumnezeu cititorilor inițiali?</u> Gândește-te la context. Ce s-a întâmplat de fapt în pasaj? Să nu ne grăbim să aplicăm Biblia la viața noastră înainte de a înțelege cum se aplica ea la cititorii inițiali. Încearcă să înțelegi ce spunea Duhul Sfânt în situația lor particulară.

- <u>Care era formatul?</u> Felul în care au fost prezentate aceste cuvinte este de asemenea important. Trebuia psalmul să fie rostit sau cântat? Trebuia să fie citit cu voce tare unui grup sau îi era destinat unei anumite persoane? Dacă suntem atenți la felul în care a fost transmis mesajul pentru prima dată, avem un context pentru a înțelege mai bine semnificația.

- <u>Există adevăruri eterne pentru creștinii de astăzi?</u> Există vreo promisiune sau vreo atenționare care este valabilă pentru toți oamenii din toate timpurile?

- <u>Ce-ți spune Scriptura despre Dumnezeu?</u> Despre persoana Sa? Despre caracterul Său? Despre promisiunile Sale?

- <u>Ce-ți spune Scriptura despre omenire?</u> Despre inima noastră? Despre nevoile noastre? Despre comportamentul nostru?

Dacă timpul este limitat, poți să întrebi pur și simplu: „Ce dorește Dumnezeu să știu, să prețuiesc sau să fac?

4. Aplică.

- <u>Ce-ți spune Biblia despre tine însuți?</u> Noi trebuie să aplicăm în mod personal Cuvântul lui Dumnezeu în viața noastră: „Fiți împlinitori ai Cuvântului, nu numai ascultători, înșelându-vă singuri" (Iac. 1:22). Nu uita, **Dumnezeu nu dorește doar informarea noastră; El dorește transformarea noastră. Scopul lui Dumnezeu este să devenim mai asemănători cu Cristos** (Rom. 8:29). Cu ajutorul Său, noi aplicăm Cuvântul Său la viața noastră de zi cu zi pentru a dezvolta un caracter, o atitudine și un comportament cristic.

- <u>Ai găsit o promisiune?</u> În Biblie sunt mii de promisiuni și multe dintre ele au condiții precise. De exemplu, Romani 10:9 afirmă că *dacă* spunem și credem că Isus este Domn, *atunci* vom fi mântuiți. Promisiunile condiționate ne arată ce să facem.

- <u>Ai găsit o poruncă?</u> Trebuie să acționezi în vreun fel în baza acestui pasaj?

- <u>Ai găsit o atenționare sau un avertisment?</u> Dumnezeu vrea să ne protejeze de pericol. Adesea natura noastră păcătoasă este cea mai mare amenințare a noastră. Avertismentele Sale ne ajută să evităm durerea inutilă.

5. **Roagă-te și scrie în jurnal.**
   - <u>Vorbește cu Dumnezeu.</u> Dacă El ți-a dat îndrumare, roagă-L să-ți clarifice următorul pas pe care să-l faci și să te ajute să înaintezi în credință. Dacă ți-a arătat păcat în viața ta, roagă-L să te ierte și să te elibereze de el. Dacă ți-a dat o promisiune, mulțumește-I pentru credincioșia Sa. Dacă ți-a arătat ceva despre Sine, mulțumește-I că ți S-a descoperit. Roagă-te lui Dumnezeu pe baza unor versete biblice. (Vom discuta despre rugăciunea pe baza Scripturii săptămâna viitoare, în Ziua 40.)

   - <u>Scrie în jurnal.</u> Scrie versete, rugăciuni și reflecții personale. Faptul că ții un simplu caiet în care să poți nota ceea ce înveți te va ajuta să-ți amintești de credincioșia lui Dumnezeu. S-ar putea ca acest lucru să-ți amintească și de lucruri pe care le-ai învățat și care pot să le fie utile și altora de-a lungul drumului. Și nu ezita să subliniezi sau să scrii notițe în Biblia ta. Ele pot să devină pietre de aducere aminte (Ziua 17) pentru a marca ceea ce ai învățat, modul în care Dumnezeu te-a ajutat

Promisiuni și legi în Biblie

Când aplici Cuvântul lui Dumnezeu la viața ta, ține minte că unele promisiuni le-au fost date numai anumitor persoane, într-un moment anume. De exemplu, promisiunea lui Dumnezeu că Maria va rămâne însărcinată și va da naștere Fiului lui Dumnezeu i se aplica numai Mariei. Nu toate promisiunile din Biblie sunt universale. În același fel, nu toate legile Vechiului Testament se aplică încă și astăzi. Numeroase legi levitice erau doar pentru preoți și erau menite să demonstreze că israeliții erau puși deoparte de către Dumnezeu. După ce Isus a venit și a dat posibilitatea ca oameni din toate națiunile să se alăture familiei lui Dumnezeu, unele legi s-au schimbat. De exemplu, tăierea împrejur spirituală a inimii, care are loc atunci când oamenii își pun credința în Cristos, a înlocuit tăierea împrejur fizică (Rom. 2:25-29). De asemenea, Dumnezeu a anulat legile alimentare, declarând curată toată hrana, după cum toți oamenii – iudei și neamuri deopotrivă – pot să devină curați din punct de vedere spiritual prin Isus (Fapte 10). Deși contextul este important, este esențial să ne amintim că Dumnezeu nu Își încalcă niciodată promisiunile. El este credincios.

într-o perioadă dificilă și cât de departe ai ajuns pe calea lui Dumnezeu.

După ce termini, ÎMPĂRTĂȘEȘTE. Spune-i cuiva despre experiența ta din Cuvântul lui Dumnezeu. Împărtășește ceea ce te învață Dumnezeu cu o atitudine smerită. Cere-le altora să împărtășească ceea ce învață. Transmite mai departe cunoștințele tale pe măsură ce Dumnezeu creează oportunități.

Alte sfaturi pentru studiu biblic:

1. Citește același pasaj în diferite traduceri ale Bibliei (dacă sunt disponibile) pentru a-l înțelege mai bine.

2. Dacă Biblia ta are trimiteri, caută acele versete și vezi cum apar ideile sau cuvintele-cheie în alte locuri din Biblie. Când comparăm Scriptura cu Scriptura, suntem protejați de interpretările greșite. Utilizarea trimiterilor ne ajută să înțelegem semnificația unui verset sau pasaj și legătura pe care s-ar putea ca el să o aibă cu alte părți din Biblie.

3. Când un verset ți se pare important, încetinește ritmul în care citești și analizează fiecare cuvânt. De exemplu, Isus i-a învățat pe ucenicii Săi să se roage în Matei 6:9-13. Gândește-te la fiecare cuvânt, începând cu primul cuvânt, „Tatăl." Ce îți spune acest apelativ despre relația ta cu Dumnezeu? Apoi mergi la cel de-al doilea cuvânt, „nostru." Ce îți arată acest cuvânt plural? Cine este inclus în „nostru"? Continuă să examinezi fiecare cuvânt fără grabă pentru a descoperi comori. (Notă: Folosește o traducere literală a Bibliei atunci când faci studii asupra unor cuvinte.)

Traduceri ale Bibliei

Atât limba ebraică din Vechiul Testament, cât și limba greacă din Noul Testament sunt limbi complexe. Structurile lor gramaticale și stilurile lor literare s-ar putea să nu existe în alte limbi, așa că traducerea Bibliei este o misiune complexă. Din fericire, datorită cercetărilor științifice avansate, numeroase traduceri moderne sunt superbe. Dacă ai mai multe traduceri din care poți să alegi, încearcă să folosești o traducere literală atunci când faci studii asupra unor cuvinte (de exemplu, English Standard Version). Când studiezi concepte pentru aplicație modernă, folosește traduceri ce redau ideile din original (de exemplu, New Living Translation). Pentru o abordare echilibrată, folosește traduceri intermediare (de exemplu, New International Version sau Christian Standard Bible).*

---

* Aceste traduceri ale Bibliei sunt disponibile în limba engleză (n.tr.)

4. Nu căuta înțelesuri ascunse. Biblia nu este un puzzle; este revelarea de către Dumnezeu a unor adevăruri eterne pentru toți oamenii. El dorește ca noi să o citim și să o înțelegem cu ajutorul Său, nu cu ispita noastră omenească de a manipula Scriptura pentru a susține ideile noastre sau a justifica poziția noastră.

5. Există numeroase resurse disponibile atât online, cât și în format fizic.[1] Mulți oameni au un dicționar biblic (pentru a defini numeroasele cuvinte dificile cuprinse în Biblie) și o concordanță (pentru a localiza în Biblie cuvintele biblice). S-ar putea să ai la finalul Bibliei tale unul dintre aceste instrumente sau pe amândouă. Când utilizezi comentarii, verifică interpretarea ta *după* ce faci analiza. Dacă nimeni altcineva nu a mai ajuns la concluzii similare, atunci probabil că interpretarea ta este incorectă.

Dacă te lupți cu o lipsă a dorinței de a studia Biblia, spune-I lui Dumnezeu. Roagă-L să-ți dea pasiune pentru Cuvântul Său. Aceasta este o rugăciune la care Îi face mare plăcere să răspundă. Dumnezeu dorește să ne bucurăm de timpul nostru cu El în Cuvântul Său. El dorește să dobândim putere, înțelepciune, pace și bucurie din paginile Cuvântului Său. Pe măsură ce facem acest lucru, putem să ne păzim împotriva sentimentelor de mândrie cu privire la cât de multe cunoștințe acumulăm. Ține minte, Isus dorește să-L cunoști pe El, nu doar să cunoști lucruri despre El. Invită-L pe Dumnezeu să-ți transforme mintea și inima pe măsură ce înveți voia Sa din Cuvântul Său.

---

1 Vizitează allinmin.org pentru mai multe resurse pe care le-am compilat pentru a te ajuta să studiezi și să aplici adevărul biblic în viața ta.

Lasă Biblia să vorbească:
Citește Psalmul 119:57-112 (Opțional: Filipeni 1:9-11)

Lasă-ți mintea să gândească:
1. Ce pași ai studiului biblic dintre cei prezentați mai sus faci deja?

2. Ce pași sunt noi pentru tine?

3. Care ar fi câteva modalități în care poți să aplici ceea ce înveți în urma studierii Bibliei? Dumnezeu nu este impresionat de cunoștințe (acumularea de informații); El dorește o relație (să faci ce spune El împreună cu El). Cum anume crezi că studierea Bibliei va îmbogăți povestea ta în ce privește cunoașterea Sa și slujirea Sa?

Lasă-ți sufletul să se roage:
Tată, ajută-mă să nu neglijez niciodată Cuvântul Tău (Ps. 119:16). Ajută-mă să studiez Biblia. Călăuzește-mă pe măsură ce o citesc și o aplic în viața mea. Dă-mi oportunități de a împărtăși altora ceea ce mă înveți Tu... În numele lui Isus, amin.

Lasă-ți inima să dea ascultare:
(Ce te călăuzește Dumnezeu să știi, să prețuiești sau să faci?)

Memorează Cuvântul lui Dumnezeu

Strâng Cuvântul Tău în inima mea, ca să
nu păcătuiesc împotriva Ta!
Psalmul 119:11

În fiecare zi, cu fiecare alegere pe care o facem, tu și eu răspundem la următoarele două întrebări: *Ce cred eu despre Dumnezeu?* Și *Ce cred eu despre mine însumi?* Indiferent dacă suntem sau nu conștienți de acest lucru, noi vedem viața printr-o lentilă a teologiei și a identității. De cele mai multe ori, nici măcar nu ne dăm seama că facem presupoziții și că tragem concluzii cu privire la Dumnezeu, la noi înșine și la lumea din jurul nostru. Setul nostru de convingeri (sau viziunea noastră asupra lumii) modelează conversațiile și prioritățile noastre. Sau, ca să o spunem altfel, ceea ce este în inima noastră „determină cursul" a tot ceea ce facem (Prov. 4:23, NLT).

Cuvântul lui Dumnezeu are multe de spus despre păzirea inimii noastre și umblarea după lucrurile de sus.[1] Avem nevoie de o viziune asupra lumii care să poată să explice, să călăuzească și să motiveze toate lucrurile spre ceea ce ne cheamă Dumnezeu să facem. Cunoașterea poveștii lui Dumnezeu alcătuite din patru părți (Săptămâna 1) ne ajută să înțelegem lumea și să răspundem în mod corespunzător. Avem nevoie însă și de principii biblice pentru toate domeniile și toate momentele din viața noastră. De aceea **este esențial să strângem Cuvântul lui Dumnezeu în inima noastră**.

Să ne uităm astăzi la motivele pentru care trebuie să memorăm Cuvântul lui Dumnezeu și cum să îl memorăm.

Memorarea Cuvântului lui Dumnezeu îl face disponibil în orice moment. Indiferent unde mergem sau ce facem, suntem întotdeauna pregătiți pentru orice ar veni în viața noastră. Cuvântul lui Dumnezeu

---

1 Pentru exemple despre păzirea inimii tale, vezi Prov. 4:23; 24:12; Flp. 4:7; Col. 3:1.

este unealta noastră puternică, personală și multifuncțională de transformare. Este o lumină pe cărarea noastră, un ciocan pentru a zdrobi păcatul, o oglindă pentru a ne cerceta sufletul, o sabie pentru a învinge dușmanii și multe altele. Când memorăm Cuvântul lui Dumnezeu, nimeni nu poate să ni-l ia și îl facem disponibil pentru ca Dumnezeu să-l folosească în orice moment. Scriptura poate să impregneze rugăciunile și conversațiile noastre „când [vom] fi acasă, când [vom] pleca în călătorie, când [ne vom] culca și când [ne vom] scula" (Deut. 6:7). Rugăciunea puternică și transformatoare poate să vină din Scriptură sau din inima noastră. Când memorăm Scriptura, le îmbinăm pe cele două. Duhul Sfânt ne aduce aminte de aceste adevăruri scrise în inima noastră, care sunt adesea răspunsurile la rugăciunile noastre.

Memorarea Cuvântului lui Dumnezeu ne mângâie pe noi și pe alții cu cuvintele potrivite, la momentul potrivit. Pentru că am trecut cu toții prin momente dificile, este o mare mângâiere pentru noi să fim susținuți de oameni care ne iubesc. Când avem Cuvântul lui Dumnezeu scris în inima noastră, Dumnezeu poate să-i încurajeze pe alții prin noi. Putem să ne uităm în ochii lor și să împărtășim cuvinte de dragoste și speranță în loc să ne uităm în jos, la Biblia noastră sau la telefonul nostru, ca să găsim un verset. Uneori noi suntem persoana care are nevoie de încurajare. Însă nimeni nu poate să fie cu noi în fiecare moment al fiecărei zile. Nicio altă ființă umană nu poate să poarte durerea noastră în locul nostru. Atunci Dumnezeu ne va aminti prin Scriptura pe care am „strâns-o" în inima noastră că El este acolo și că El lucrează. Cuvântul lui Dumnezeu ne alină tristețea. „Când am primit cuvintele Tale, le-am înghițit; cuvintele Tale au fost bucuria și veselia inimii mele, căci după Numele Tău sunt numit, Doamne, Dumnezeul oștirilor!" (Ier. 15:16).

Memorarea Cuvântului lui Dumnezeu ne transformă gândirea. Principiile din Biblie sunt în opoziție cu ceea ce promovează lumea și cu dorințele noastre egoiste. Ele pur și simplu nu sunt firești pentru noi, însă sunt esențiale pentru ca noi să rămânem în Cristos. Memorarea Scripturii permite gândurilor lui Dumnezeu să se cuibărească adânc în sufletul nostru pentru a ne întări, a ne corecta și a ne încuraja. Când se întâmplă acest lucru, putem să facem alegeri care sunt în opoziție cu tendința noastră firească. Gândurile noastre sunt transformate radical (Rom. 12:2). De exemplu, atunci când suntem acuzați sau trădați, răspunsul nostru firesc ar putea fi acela de a ne apăra sau a ne răzbuna. Cuvântul lui Dumnezeu ne amintește să ne liniștim: „Nu întoarceţi rău pentru rău, nici ocară pentru ocară; dimpotrivă, binecuvântaţi, căci la aceasta aţi fost chemaţi: să moşteniţi binecuvântarea" (1 Pet. 3:9). Când avem de înfruntat o persoană dificilă din familie, de la serviciu sau din biserică, Dumnezeu şopteşte: „Îngăduiţi-vă unii pe alţii în dragoste" (Ef. 4:2). Când ochii noştri sunt deschişi şi vedem mândria şi autoneprihănirea noastră, Dumnezeu ne aminteşte: „Smeriţi-vă" (Iac. 4:10). În loc să atragem atenţia asupra noastră, atragem atenţia asupra lui Dumnezeu. Atitudinea noastră critică se transformă în compasiune. Din persoane care sunt ofensate sau se mânie cu uşurinţă, devenim persoane împăciuitoare. Primim bine corecţia şi recunoaştem atunci când nu avem dreptate. Lucruri cu totul nefireşti – aceea este lucrarea Scripturii în inima noastră.

Memorarea Cuvântului lui Dumnezeu ne ajută să ne împlinim scopul. Cu cât studiem mai mult Scriptura, cu atât descoperim mai mult caracterul lui Dumnezeu şi chemarea noastră. Cuvântul lui Dumnezeu pătrunde în inima noastră, iar dragostea noastră pentru Dumnezeu se intensifică şi dragostea noastră pentru alţii de asemenea se intensifică. Vrem ca ei să aibă parte de o prietenie apropiată cu Isus. Vrem să-i vedem salvaţi din ghearele păcatului şi prosperând într-o viaţă nouă – acum şi pentru totdeauna. Însă scopul nostru de a-L iubi pe Dumnezeu, a-i iubi pe alţii şi a face ucenici înseamnă că trebuie să fim întotdeauna gata să împărtăşim speranţa noastră în Cristos (1 Pet. 3:15). Memorând Cuvântul lui Dumnezeu, putem să explicăm mesajul lui Dumnezeu cu cuvintele lui Dumnezeu. Îţi aminteşti de „Pâinea Evangheliei" din Ziua 18? Începe prin a memora câte un verset pentru fiecare dintre aceste patru ingrediente esenţiale:

- Dumnezeu ne iubeşte: „Fiindcă atât de mult a iubit Dumnezeu lumea, că a dat pe singurul Lui Fiu, pentru ca oricine crede în El să nu piară, ci să aibă viaţa veşnică" (Ioan 3:16).
- Păcatul ne desparte: „Căci toţi au păcătuit şi sunt lipsiţi de slava lui Dumnezeu" (Rom. 3:23).
- Isus ne mântuieşte: „Dar Dumnezeu Îşi arată dragostea faţă de noi prin faptul că, pe când eram noi încă păcătoşi, Cristos a murit pentru noi" (Rom. 5:8).
- Pocăinţa şi credinţa ne schimbă: „Dacă mărturiseşti deci cu gura ta pe Isus ca Domn şi dacă crezi în inima ta că Dumnezeu L-a înviat din morţi, vei fi mântuit. Căci prin credinţa din inimă se capătă neprihănirea şi prin mărturisirea cu gura se ajunge la mântuire" (Rom. 10:9-10).

Memorarea Cuvântului lui Dumnezeu ne ajută să ne împotrivim ispitei. „Strâng Cuvântul Tău în inima mea, ca să nu păcătuiesc împotriva Ta" (Ps. 119:11). Scriptura memorată este fără îndoială o armă puternică ce înfrânge păcatul atunci când o folosim: „Căci Cuvântul lui Dumnezeu este viu şi lucrător, mai tăietor decât orice sabie cu două tăişuri" (Ev. 4:12). Deşi Cuvântul lui Dumnezeu este întotdeauna „tăietor", uneori modul în care îl mânuim noi nu este pe măsură. Din fericire, putem să-l apucăm mai ferm prin faptul că îl memorăm. Nu avem un exemplu mai bun decât Isus. Aşa cum am învăţat în Ziua 26, El a apucat ferm Cuvântul lui Dumnezeu pentru a Se împotrivi ispitei. Noi putem să ne pregătim pentru lupta spirituală memorând Scriptura, în special versete care se referă la cele mai comune ispite şi slăbiciuni ale noastre. De exemplu:

Ispită	Memorează
Mânia	Nebunul îşi arată toată patima, dar înţeleptul o stăpâneşte. Proverbe 29:11 Orice om să fie grabnic la ascultare, încet la vorbire, zăbavnic la mânie, căci mânia omului nu lucrează neprihănirea lui Dumnezeu. Iacov 1:19-20
Mândria	Prin mândrie se aţâţă numai certuri, dar înţelepciunea este cu cel ce ascultă sfaturile. Proverbe 13:10 Dumnezeu stă împotriva celor mândri, dar dă har celor smeriţi. Iacov 4:6
Lipsa autocontrolului în ce priveşte cheltuirea banilor, mâncarea sau satisfacerea dorinţelor fizice	Supuneţi-vă dar lui Dumnezeu. Împotriviţi-vă diavolului, şi el va fugi de la voi. Iacov 4:7 Nu v-a ajuns nicio ispită care să nu fi fost potrivită cu puterea omenească. Şi Dumnezeu, care este credincios, nu va îngădui să fiţi ispitiţi peste puterile voastre, ci, împreună cu ispita, a pregătit şi mijlocul să ieşiţi din ea, ca s-o puteţi răbda. 1 Corinteni 10:13
O limbă nestăpânită	Niciun cuvânt stricat să nu vă iasă din gură, ci unul bun, pentru zidire, după cum e nevoie ca să dea har celor ce-l aud. Efeseni 4:29 Un răspuns blând potoleşte mânia, dar o vorbă aspră aţâţă mânia. Proverbe 15:1

Pofta după lucruri materiale	Negreşit, evlavia însoţită de mulţumire este un mare câştig. Căci noi n-am adus nimic în lume şi nici nu putem să luăm cu noi nimic din ea. Dacă avem dar cu ce să ne hrănim şi cu ce să ne îmbrăcăm, ne va fi de ajuns. 1 Timotei 6:6-8 Să nu fiţi iubitori de bani. Mulţumiţi-vă cu ce aveţi, căci El Însuşi a zis: „Nicidecum n-am să te las, cu niciun chip nu te voi părăsi." Evrei 13:5
Bârfa	Cine umblă cu bârfeli dă pe faţă lucruri ascunse, dar sufletul credincios ţine ce i s-a încredinţat. Proverbe 11:13 Dacă crede cineva că este religios şi nu-şi înfrânează limba, ci îşi înşală inima, religia unui astfel de om este zadarnică. Iacov 1:26
Îngrijorarea/ Teama	Întăreşte-te şi îmbărbătează-te[!] Nu te înspăimânta şi nu te îngrozi, căci Domnul Dumnezeul tău este cu tine în tot ce vei face. Iosua 1:9 Căci Dumnezeu nu ne-a dat un duh de frică, ci de putere, de dragoste şi de chibzuinţă. 2 Timotei 1:7

Vedem puterea memorării Scripturii, însă cei mai mulţi oameni renunţă pentru că nu ştiu cum să facă acest lucru. Dacă vrei să memorezi Scriptura, dar nu ştii de unde să începi, iată câteva sugestii care ţi-ar putea fi utile:

1. Alege un verset care înseamnă ceva pentru tine. Alege un pasaj pe care Dumnezeu să îl poată folosi pentru viaţa ta într-un mod anume.

   „**Sfinţeşte-i** *prin adevărul Tău: Cuvântul Tău este adevărul.*" (Ioan 17:17; sublinierea îmi aparţine)

> **A sfinţi:**
> a curăţi sau a face sfânt sau sacru.
> Ideea este ca oameni sau lucruri să fie puşi deoparte pentru închinarea înaintea lui Dumnezeu.

2. Spune referinţa versetului înainte şi după verset, ca să ştii unde să-l găseşti.

   Ioan 17:17 „Sfinţeşte-i prin adevărul Tău: Cuvântul Tău este adevărul." Ioan 17:17

3. Împarte versetul în segmente mai scurte şi memorează segment cu segment. **Concentrează-te asupra a ceea ce spune pasajul, astfel încât mesajul să fie scris în mintea şi inima ta:**

   Sfinţeşte-i prin adevărul Tău:/(Gândeşte-te: Adevărul transformă.)

Cuvântul Tău este adevărul. (Gândeşte-te: Cuvântul lui Dumnezeu este adevărul.)

4. Citeşte versetul cu voce tare de multe ori, accentuând cuvintele-cheie. Repetiţia este cheia învăţării, aşa că recapitulează adesea.

   SFINŢEŞTE-i prin adevărul Tău:/CUVÂNTUL Tău este adevărul.

5. Scrie versetul şi, fără să te uiţi la el, scrie iniţiala fiecărui cuvânt din verset.

   Ioan 17:17 Sfinţeşte-i prin adevărul Tău: Cuvântul Tău este adevărul. Ioan 17:17

   Ioan 17:17 S P A T C T E A. Ioan 17:17

Secretul memorării Scripturii nu este să încercăm să memorăm informaţii – litere, cuvinte şi fraze. Noi nu suntem computere, iar aceasta nu este o introducere a unor date. Noi angrenăm atât inima, cât şi mintea atunci când luăm decizii, aşa că memorează atât cu inima, cât şi cu mintea. Învaţă nu numai ceea ce este scris, ci şi de ce este scris. Înţelege legătura sau povestea sau semnificaţia. Atunci când selectezi un pasaj, concentrează-te asupra stilului şi substanţei a ceea ce este comunicat.

Noi credem adesea că nu putem să memorăm Scriptura, dar cu toţii memorăm lucruri care sunt importante pentru noi – date importante, parole, cântece şi chiar statistici sportive. Aşa cum am stabilit deja, lucrul asupra căruia ne concentrăm creşte. Dacă acordăm timp şi atenţie memorării, putem să o realizăm. Şi poţi să faci lucrul acesta aşa încât să fie distractiv. Încearcă să cânţi versete, să foloseşti mişcări ale mâinii sau să desenezi imagini. Unii oameni preferă să memoreze ascultând Cuvântul lui Dumnezeu. Există Biblii audio disponibile online şi în format fizic, care fac mai uşoară ascultarea şi memorarea.

Memorarea Cuvântului lui Dumnezeu nu înseamnă să fii în stare să-ţi aminteşti o înşiruire de cuvinte, ci înseamnă să te pregăteşti pentru orice te aşteaptă în călătoria ta. Când strângi Cuvântul lui Dumnezeu în inima ta, îţi iei la tine o lanternă ca să-ţi lumineze cărarea, apă ca să-ţi învioreze sufletul, pâine ca să-ţi hrănească duhul şi o sabie ca să lupţi împotriva duşmanului tău. Pregăteşte-ţi bine inima!

Lasă Biblia să vorbească:

Citeşte Psalmul 119:113-176 (Opţional: Iacov 1:22)

Lasă-ţi mintea să gândească:

1. De ce crezi că unor oameni le este greu să memoreze unele lucruri? De ce ar trebui să ne fie mai uşor să memorăm Cuvântul lui Dumnezeu?

2. Există unele domenii din viaţa ta unde simţi că Dumnezeu lucrează ca să te transforme? Găseşte un verset care să te ajute, să te întărească sau să te călăuzească în acel domeniu şi începe să-l memorezi acum.

3. Dintre numeroasele beneficii ale memorării versetelor biblice, care ţi se aplică cel mai mult?

Lasă-ţi sufletul să se roage:

Doamne, scrie Cuvântul Tău în inima mea. Fă ca mintea mea să fie asemenea unui burete care să absoarbă Scriptura. Călăuzeşte-mă ca să memorez versetele de care ştii că voi avea nevoie în călătoria mea. Pe măsură ce Cuvântul Tău prinde rădăcini în viaţa mea, schimbă-mi inima şi transformă-mi gândurile... În numele lui Isus, amin.

Lasă-ţi inima să dea ascultare:

(Ce te călăuzeşte Dumnezeu să ştii, să preţuieşti sau să faci?)

Recapitulează și pune în aplicare – Cuvântul lui Dumnezeu

Cartea aceasta a legii să nu se depărteze de gura
ta; cugetă asupra ei zi şi noapte, căutând să faci tot
ce este scris în ea, căci atunci vei izbândi în toate
lucrările tale şi atunci vei lucra cu înțelepciune.

Iosua 1:8

În vechime, oamenii călătoreau mulți kilometri şi stăteau la cozi lungi zile întregi pentru a se întâlni cu conducătorii spirituali. Ei căutau ajutor în privința deciziilor, căutau predicții pentru viitor, revelație divină sau o binecuvântare. În calitate de ucenici ai lui Isus, noi nu trebuie să călătorim sau să aşteptăm revelația lui Dumnezeu. Noi deschidem Biblia. Când facem acest lucru, Autorul Cărții ne călăuzeşte în adevăr. Indiferent de continent, cultură sau generație, Cuvântul lui Dumnezeu este dătător de viață pentru toți oamenii din toate timpurile şi transformă vieți.

Am învățat *multe* despre Cuvântul lui Dumnezeu în această săptămână, aşa că să ne luăm puțin timp ca să punem în practică ce am învățat (Mt. 7:24). Să aplicăm la un pasaj din Scriptură strategiile de studiu biblic din lecțiile acestei săptămâni şi să recapitulăm paşii prezentați în Ziua 33:

1. Înainte de a începe, *roagă-te*.
2. Citeşte pasajul cu atenție şi în mod repetat.
3. Pune întrebări despre ceea ce ai citit.
4. Aplică.
5. Roagă-te şi scrie în jurnal rugăciunile şi reflecțiile tale. Acest lucru te va ajuta să-ți aminteşti şi să împărtăşeşti altora ce ai învățat.

După cum vom vedea, persoanele care sunt la început în ce privește studierea Bibliei pot să învețe adevăruri spirituale importante fără să aibă vreo pregătire sau studii de specialitate. Să începem!

Pasul 1: Roagă-te acum.
Cere-I lui Dumnezeu înțelepciune și discernământ spiritual pentru a înțelege și a aplica acest pasaj din Scriptură la viața ta.

Pasul 2: Citește pasajul.
Citește-l cu smerenie și în mod deliberat. Observă detaliile. Apoi citește-l pentru a doua oară, subliniind cuvintele-cheie și scriind notițe pe marginea paginii.

Iacov 1:1-12

Iacov, rob al lui Dumnezeu și al Domnului Isus Cristos, către cele douăsprezece seminții care sunt împrăștiate: Sănătate!

Frații mei, să priviți ca o mare bucurie când treceți prin felurite încercări, ca unii care știți că încercarea credinței voastre lucrează răbdare. Dar răbdarea trebuie să-și facă desăvârșit lucrarea, pentru ca să fiți desăvârșiți, întregi și să nu duceți lipsă de nimic. Dacă vreunuia dintre voi îi lipsește înțelepciunea, s-o ceară de la Dumnezeu, care dă tuturor cu mână largă și fără mustrare, și ea îi va fi dată. Dar s-o ceară cu credință, fără să se îndoiască deloc, pentru că cine se îndoiește seamănă cu valul mării, tulburat și împins de vânt încoace și încolo. Un astfel de om să nu se aștepte să primească ceva de la Domnul, căci este un om nehotărât și nestatornic în toate căile sale.

Fratele dintr-o stare de jos să se laude cu înălțarea lui. Bogatul, dimpotrivă, să se laude cu smerirea lui, căci va trece ca floarea ierbii. Răsare soarele cu căldura lui arzătoare și usucă iarba: floarea ei cade jos, și frumusețea înfățișării ei piere – așa se va vesteji bogatul în umbletele lui.

Ferice de cel ce rabdă ispita. Căci, după ce a fost găsit bun, va primi cununa vieții pe care a făgăduit-o Dumnezeu celor ce-L iubesc.

Pasul 3: Pune întrebări.
(Important: Următoarele răspunsuri sunt un exemplu de interpretare a unui studiu biblic. Dumnezeu poate să vorbească diferit unor persoane diferite, folosind același pasaj.)

- Cine vorbește? *Iacov, rob al al Domnului.*
- Cui îi vorbește? *Credincioșilor împrăștiați printre națiuni.*
- Ce spune el? (ideea generală) *Iacov știe că toți credincioșii vor trece prin felurite încercări și le oferă o cale prin care să-și vadă încercările în lumina veșniciei.*

A răspunde la aceste prime trei întrebări este un început bun. Acum să ne uităm mai îndeaproape.

- <u>Ce le spunea Dumnezeu prin Iacov destinatarilor iniţiali ai epistolei?</u>
  - *Încercările pot să fie teste ale credinţei care produc perseverenţă.*
  - *Maturitatea spirituală necesită perseverenţă.*
  - *Dacă credincioşii au nevoie de înţelepciune pentru încercări, ei trebuie să I-o ceară lui Dumnezeu.*
  - *Dumnezeu dă înţelepciunea cu generozitate, fără ezitare, atât timp cât credinciosul cere fără a se îndoi că Dumnezeu va răspunde.*
  - *Sărac sau bogat, nimeni nu scapă de încercări sau de moarte.*
  - *Binecuvântarea vine în urma trecerii testului.*

- <u>Care era formatul?</u> *Cartea Iacov este o scrisoare de la un conducător pentru fraţii şi surorile sale în credinţă.*

- <u>Există adevăruri eterne pentru credincioşii de astăzi? Promisiuni? Atenţionări?</u>
  - *Toţi credincioşii vor trece prin încercări.*
  - *Credincioşii nu trebuie să îşi pună întrebări cu privire la scopul încercărilor. Ei pot să-I ceară lui Dumnezeu înţelepciune şi El le-o va da cu generozitate.*
  - *Statutul financiar nu are nicio legătură cu poziţia eternă înaintea lui Dumnezeu.*
  - *Cununa vieţii (a vieţii veşnice) care a fost promisă este pentru cei care Îl iubesc pe Dumnezeu, iar dovada acestei dragoste este arătată printr-o ascultare statornică în viaţa aceasta.*

- <u>Ce îţi spune pasajul acesta despre Dumnezeu?</u>
  - *Dumnezeu doreşte să creştem şi să devenim puternici din punct de vedere spiritual, astfel încât să nu fim superficiali, slabi şi nestatornici.*
  - *Dumnezeu nu risipeşte durerea. Încercările pot fi folosite pentru binele nostru.*
  - *Dumnezeu dă cu generozitate înţelepciunea Sa divină celor care I-o cer în mod sincer.*
  - *Dumnezeu creşte credinţa noastră, ajutându-ne să perseverăm în încercări, astfel încât să putem fi găsiţi buni şi să ne bucurăm de o veşnicie împreună cu El.*

- ○ *Dumnezeu ne binecuvântează atât aici pe pământ (maturitate spirituală prin încercări), cât și în veșnicie (cununa vieții, după ce am fost găsiți buni).*

- Ce îți spune pasajul acesta despre omenire?
  Toți credincioșii trebuie să se maturizeze în credință. Încercările pot fi folosite pentru a dezvolta perseverență, însă trebuie să alegem felul în care vedem încercările.

Pasul 4: Aplică ceea ce înveți.

- Ce îți spune pasajul acesta despre tine?
  Pasajul acesta îmi amintește de felul în care încercările scot la iveală ce tip de credință am. Răspunsul meu în fața adversității și a necazului arată ce cred eu și în ce îmi pun speranța. Atunci când mă încred în Dumnezeu în timpul încercărilor, El îmi dăruiește înțelepciunea, puterea și tăria Sa. Această bizuire pe Dumnezeu produce perseverență pentru a mă ajuta să mă maturizez și să rezist până la sfârșit.

  Îmi dau seama că am de făcut o alegere în ce privește modul în care înfrunt greutățile: să aleg bucuria și să mă încred în Dumnezeu, știind că El face o lucrare în mine, sau să aleg disperarea, crezând minciuna lui Satan și să mă îndoiesc de bunătatea lui Dumnezeu. În loc să văd încercările ca pe o consecință a lipsei credinței, pot să înfrunt greutățile știind că Dumnezeu lucrează pentru binele meu pământesc și veșnic.

- Există o promisiune? O poruncă? O atenționare?
  Dumnezeu promite că ne va da înțelepciune în timpul încercărilor dacă Îi cerem acest lucru și nu ne îndoim. Noi nu suntem lăsați singuri, încercând să depășim adversitățile sau să ne întrebăm care este scopul lui Dumnezeu pentru ele. Putem să Îi cerem lui Dumnezeu, și El ne promite înțelepciunea Sa. Dumnezeu de asemenea promite să ne binecuvânteze atât aici (maturitate spirituală), cât și în veșnicie (cununa vieții).

- Ce dorești să-ți amintești?
  Dezvoltarea perseverenței este asemenea dezvoltării mușchilor pentru a deveni puternic în credința mea, astfel încât să depășesc greutățile. Nu vreau să fiu un ucenic al lui Isus slab, care este „împins de vânt încoace și încolo" cu ușurință. Vreau să fiu puternic în Domnul. Trebuie să-mi amintesc să mă în-

cred în Dumnezeu în încercări, pentru că acest lucru duce la maturitate spirituală. Sunt în joc răsplătiri veşnice. Eu aleg bucuria.

Memorează: „Fraţii mei, să priviţi ca o mare bucurie când treceţi prin felurite încercări, ca unii care ştiţi că încercarea credinţei voastre lucrează răbdare" (Iac. 1:2-3).

Pasul 5: Roagă-te.

Doamne, Îţi mulţumesc că mă ajuţi să văd încercările din perspectiva Ta. Sunt recunoscător că încercările nu sunt nişte împrejurări irosite, ci pot fi folosite pentru scopuri bune şi eterne. Te rog să-mi dai înţelepciunea şi puterea Ta, ca să pot să învăţ şi să devin puternic în Tine. Ajută-mă să perseverez până la final cu o perspectivă după voia Ta – alegând bucuria. Pentru Tine merită să îndur orice încercare, pentru că Tu m-ai iubit mai întâi şi ai suferit pentru mine. Te iubesc. În numele lui Isus, amin.

Prin exemplul de mai sus, ai văzut cum ai putea să studiezi Biblia? În urma unei lecturi atente, am putut să învăţăm un adevăr spiritual care este la polul opus faţă de ceea ce spune majoritatea lumii despre încercări. Încercările nu sunt neapărat cauzate de o lipsă a credinţei, însă ele pot să crească credinţa noastră. Ia în considerare faptul de a citi întreaga carte Iacov pentru a vedea cum este dezvoltată această temă a încercărilor şi a creşterii în credinţă. O lecţie majoră din acest pasaj este că putem pur şi simplu să deschidem Cuvântul lui Dumnezeu şi să cerem înţelepciunea Sa.

Săptămâna aceasta am explorat puterea Cuvântului lui Dumnezeu. Săptămâna viitoare vom explora felul în care Cuvântul lui Dumnezeu dă putere rugăciunilor noastre. Isus promite: „Dacă rămâneţi în Mine şi dacă rămân în voi cuvintele Mele, cereţi orice veţi vrea şi vi se va da" (Ioan 15:7). **Studierea Cuvântului lui Dumnezeu şi rugăciunea pe baza lui alimentează rugăciuni care schimbă inimi şi mută munţi.**

Lasă Biblia să vorbească și mintea ta să gândească:

Acum este rândul tău. Ia-ți puțin timp ca să exersezi studierea Cuvântului lui Dumnezeu. În această săptămână ai citit deja cel mai lung capitol din Biblie, Psalmul 119. Pentru acest exercițiu, citește cel mai scurt capitol din Biblie, Psalmul 117.

1. Citește Psalmul 117 de mai jos. Urmează pașii de studiu biblic de mai sus. (Pentru instrucțiuni mai detaliate, uită-te din nou la Ziua 33.)
2. Subliniază, evidențiază sau încercuiește cuvintele-cheie chiar pe această pagină. Poți să scrii notițe despre versete pe marginea paginii.
3. Când ai terminat toți pașii, poți să alegi un verset pe care să-l memorezi. În cazul acesta, ai putea să memorezi întregul psalm.
4. Răspunde la întrebările pentru discuție din Săptămâna 5.

Psalmul 117
Lăudați pe Domnul, toate neamurile,
lăudați-L, toate popoarele!
Căci mare este bunătatea Lui față de noi
și credincioșia Lui ține în veci.
Lăudați pe Domnul!

Lasă-ți sufletul să se roage:

Doamne, Îți mulțumesc pentru Cuvântul Tău. El este de mare preț pentru mine. „Mai mult prețuiește pentru mine legea gurii Tale decât o mie de lucruri de aur și de argint" (Ps. 119:72). Ajută-mă să studiez Biblia în fiecare zi și ajută-mă să înțeleg ceea ce citesc. Mă rog ca nu doar să învăț despre Scriptură, ci să fiu transformat de ea. Transformă inima mea, gândurile mele, cuvintele mele și faptele mele. „Întărește-mi pașii în Cuvântul Tău" (Ps. 119:133)... În numele lui Isus, amin.

Lasă-ți inima să dea ascultare:

(Ce te călăuzește Dumnezeu să știi, să prețuiești sau să faci?)

ÎNTREBĂRI PENTRU DISCUȚIE DIN SĂPTĂMÂNA 5:

Recapitulează lecțiile din această săptămână și răspunde la întrebările de mai jos. Împărtășește-le prietenilor tăi răspunsurile tale când vă întâlniți în această săptămână.

1. Când ai citit pilda despre semințe și sol, ce ai învățat despre inima ta? Cum poți să devii mai receptiv la Cuvântul lui Dumnezeu?

2. Am explorat numeroase motive pentru care putem avea încredere în Cuvântul lui Dumnezeu. Ce motiv a fost nou pentru tine?

3. În turul nostru de-a lungul cărților Bibliei, am urmărit Povestea Bibliei de la creație la veșnicie. Cum reflectă povestea ta Povestea mai măreață pe care o găsim în Cuvântul lui Dumnezeu?
   ◦ Poporul Israel s-a aflat într-un ciclu de păcat și pocăință în vremea judecătorilor. Cum poate să te ajute faptul că înveți despre acest ciclu și despre cum să lupți împotriva lui în viața ta?
   ◦ Te-ai simțit vreodată distant în relația ta cu Dumnezeu, așa cum s-au simțit israeliții în exil? Cum poate memorarea Scripturii să te ajute să simți mai mult prezența Lui în viața ta?
   ◦ Cum poate studierea Cuvântului lui Dumnezeu să te ajute să experimentezi o părtășie apropiată cu Dumnezeu, asemenea dragostei exprimate în Cântarea cântărilor?
   ◦ Studierea Cuvântului lui Dumnezeu ne va ajuta să-L cunoaștem pe Isus mai bine, la fel ca oamenii din evanghelii. Cum poate studierea Cuvântului lui Dumnezeu să te ajute să rămâi în Isus?

4. După timpul pe care l-am petrecut împreună în studiul *Povestea ta adevărată*, dacă este posibil, cădeți de acord asupra unui plan de citire pe care grupul tău l-ar putea parcurge împreună și continuați să vă întâlniți pentru a discuta ceea ce învățați.

SĂPTĂMÂNA A ȘASEA

RUGĂCIUNEA – CONVERSAȚIE CU AUTORUL VIEȚII

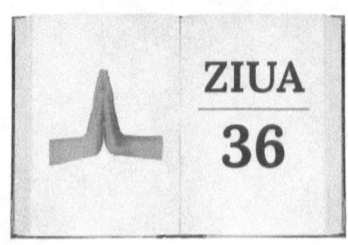

Vorbește cu Dumnezeu, schimbă-ți inima

Îndrăzneala pe care o avem la El este că, dacă cerem ceva după voia Lui, ne ascultă. Şi, dacă ştim că ne ascultă, orice I-am cere, ştim că suntem stăpâni pe lucrurile pe care I le-am cerut.
1 Ioan 5:14–15

Lui Dumnezeu Îi face plăcere să vorbească cu tine. El prețuiește rugăciunile tale pentru că ele sunt dovada prieteniei frumoase pe care o aveți. Gândește-te la modul în care poate că păstrezi o scrisoare ca să-ți amintească de o persoană sau ocazie importantă. Biblia spune că Dumnezeu păstrează rugăciunile tale în potire de aur și ele se înalță înaintea Lui ca o mireasmă plăcută (Apoc. 5:8; Ps. 141:2). El șoptește: „Rugați-vă neîncetat" (1 Tes. 5:17). De ce? Pentru că rugăciunea adâncește relația ta cu Dumnezeu. Prietenii devin mai apropiați cu cât vorbesc mai mult unul cu altul.

Îți poți imagina niște prieteni care nu vorbesc niciodată unul cu altul? Aceea nu ar fi tocmai o prietenie. Sau un cuplu căsătorit care nu și-ar vorbi niciodată direct unul altuia, ci ar comunica doar prin intermediul unui pastor sau al unui alt intermediar? Ei încă ar fi căsătoriți din punct de vedere legal, dar relația lor ar fi tensionată și rece. Fără rugăciune, relația ta cu Dumnezeu ar fi la fel de lipsită de viață. Rugăciunea menține relația ta cu Dumnezeu dinamică, vie și personală.

Rugăciunea este o conversație continuă care izvorăște dintr-o prietenie apropiată cu Dumnezeu. Când vorbești cu El, „ceea ce spui izvorăște din ceea ce este în inima ta" (Lc. 6:45, NLT). Părinții și copiii fac mai mult decât doar să își repete unii altora niște saluturi standard, memorate: „Bună!" „Cum ești?" „Bine. Tu cum ești?" „Bine." „Să ai o zi frumoasă!" „Pa!" Nu, în relațiile sănătoase, oamenii de asemenea vorbesc din inimă – spontan și sincer. Biblia conține exemple de rugăciune pe care le putem folosi pentru a vorbi cu Dumnezeu, însă putem de asemenea să vorbim cu Dumnezeu cu cuvintele noastre. El nu judecă și nu critică cuvintele noastre; El Se uită la inima noastră. El nu-Și face griji cu privire la gramatică și nu vrea rugăciuni care să sune impresionant. Lui Îi pasă de tine și Îl interesează ce ai de spus din inimă.

Însă unor oameni li se pare greu să vorbească cu cineva pe care nu pot să îl vadă. Poate că altora li se pare greu să se roage deoarece ei cred că Dumnezeu va face ce vrea indiferent de rugăciunile noastre. Gândește-te la următoarele idei cu privire la scopul și puterea rugăciunii.

Roagă-te să primești mai mult *din* Dumnezeu, nu doar să primești mai mult *de la* Dumnezeu. Da, lui Dumnezeu Îi face plăcere să răspundă la rugăciunile noastre și putem să Îi cerem tot ce dorește inima noastră (Ps. 37:4). Însă hai să-L dorim pe Dumnezeu mai mult decât orice altceva. Roagă-te ca gândurile tale să fie gândurile *Sale*; inima ta să fie inima *Sa*; voia ta să fie voia *Sa*. Apoi, când te rogi în conformitate cu dorințele *Sale* pentru tine, El va face ceea ce ceri la momentul perfect. „Orice veți cere în Numele Meu, voi face, pentru ca Tatăl să fie proslăvit în Fiul. Dacă veți cere ceva în Numele Meu, voi face" (Ioan 14:13-14). Isus spune că putem să cerem în autoritatea Lui, pentru înaintarea scopurilor Sale spre slava lui Dumnezeu. **Un scop al rugăciunii este să descoperim ceea ce este în inima lui Dumnezeu, astfel încât să putem să ne aliniem inima la inima Sa.**

Rugăciunea schimbă inima noastră, însă nu întotdeauna și împrejurările noastre. Când rugăciunile noastre se aliniază cu voia lui Dumnezeu, El promite că ne va asculta (1 Ioan 5:14-15). Răspunsul Său poate să fie „da" sau „nu acum". Dacă vreuna din cererile noastre este în afara voii Sale, El va spune „nu". Roagă-L pe Dumnezeu să lucreze în inima ta ca să te ajute să umbli în căile Sale, chiar dacă detaliile ți se par lipsite de sens. În grădina Ghetsimani, Isus S-a rugat să scape de suferința intensă de care știa că Îl mai despart doar câteva ore: „Tată, dacă este cu putință, depărtează de la Mine paharul acesta! Totuși nu cum voiesc Eu, ci cum voiești Tu" (Mt. 26:39). Isus dorea să scape de suferință, însă dorea *mai mult* voia lui Dumnezeu. El nu a primit răspunsul pe care l-a cerut, însă a ieșit din acea rugăciune cu o inimă cu totul supusă voii Tatălui Său și curajul de a vedea împlinită acea voie. Rugăciunea nu va schimba întotdeauna împrejurările noastre, însă ea ne *va* ajuta să ne încredem în Dumnezeu *în ciuda* împrejurărilor noastre.

Roagă-te cu autoritate pentru a te împotrivi uneltirilor diavolului. Rugăciunea nu este doar o conversație cu Dumnezeu, ci și o armă puternică în războiul spiritual. Așa cum am învățat în Zilele 26 și 27, atât Scriptura, cât și rugăciunea ne ajută să învingem poftele firii pământești și atacurile dușmanului. Isus a avut mereu autoritate asupra dușmanului și ne-a dat și nouă autoritate când l-a înfrânt pe Satan la cruce (Col. 2:15). **Acum trebuie să revendicăm victoria lui Isus pentru ca și noi să putem înfrânge puterea dușmanului (Lc. 10:19).** Bizuie-te pe puterea lui Dumnezeu și acționează prin rugăciune. Așa cum am discutat în Ziua 26, roagă-te cu voce tare și cu autoritate atunci când ispita lovește: „Sunt un copil al lui Dumnezeu și în Cristos am biruință asupra _____.” Completează spațiul liber cu orice păcat sau problemă cu care te confrunți. Ține minte că dușmanul nu poate să ne forțeze să păcătuim. **Noi avem autoritate prin Isus să ne împotrivim dușmanului și să ne punem sub protecția lui Dumnezeu.**

Să îmbinăm cunoștințele noastre cu privire la rugăciune cu câteva sfaturi practice care ne vor ajuta să ne rugăm, să ascultăm și să pășim înainte în voia lui Dumnezeu:

1. **Roagă-te în cadrul unui grup.** Rugăciunea de grup (numită uneori rugăciune colectivă) eficientă necesită concentrare și smerenie. Pe măsură ce ne rugăm, învoindu-ne asupra unui lucru, Duhul Sfânt ne va călăuzi într-un mod mai clar. Fii autentic și transparent atunci când simți îndemnul de a te ruga. Nu ezita să-ți aduci contribuția, fiind îngrijorat cu privire la părerea altora despre tine sau fiindu-ți teamă să nu faci vreo greșeală. Cu toții învățăm de la Duhul Sfânt și unii de la alții. Chiar și cei care sunt fluenți în rugăciune încă se maturizează în credința lor. Ai putea să spui ceva care să aducă încurajare sau claritate în cadrul unei întâlniri de rugăciune.

Pe de altă parte, să nu dominăm sau să ne rugăm un mesaj pentru ca să fie auzit de un alt participant. În schimb, smerește-te înaintea Domnului (Iac. 4:10). Rugăciunea împreună cu alți credincioși ne aduce mai aproape unii de alții și mai aproape de Dumnezeu (Mt. 18:20). Credincioșii din biserica primară manifestau devotament față de Dumnezeu și unii față de alții *închinându-se și rugându-se împreună* (Fapte 2:42-47).

2. **Roagă-te singur.** Cu toate că în rugăciune nu suntem niciodată singuri din punct de vedere *spiritual* (Rom. 8), faptul că ne rugăm

singuri din punct de vedere *fizic* păstrează curate motivațiile noastre. Suntem liberi de ispita de a-i impresiona pe alții sau a ne îngrijora cu privire la ceea ce cred alții. Rugăciunea privată este cea mai eficientă în lipsa unor lucruri care ne distrag atenția (telefon, ceas, computer). Isus spune: „Ci tu, când te rogi, intră în odăița ta, încuie-ți ușa și roagă-te Tatălui tău, care este în ascuns; și Tatăl tău, care vede în ascuns, îți va răsplăti" (Mt. 6:6). Rugăciunile noastre tainice – cele auzite doar de Dumnezeu – sunt deosebit de prețioase pentru El.

3. **Roagă-te în mod fizic.** Exprimă-ți sentimentele cu ajutorul trupului tău. O postură smerită este dovada unei inimi smerite, așa că ai putea încerca să-ți pleci genunchii înaintea lui Dumnezeu (Ps. 95:6). Ai putea de asemenea să te întorci cu fața spre cer (Ioan 17:1), să-ți deschizi mâinile ca să primești (Ezra 9:5) sau să cazi cu fața la pământ înaintea lui Dumnezeu (Mt. 26:39). Vino înaintea lui Dumnezeu cu o atitudine a corectă a inimii. El este Dumnezeu, iar noi suntem muritori. El ne dăruiește totul, iar noi nu avem nimic să-I oferim decât ceea ce ne dăruiește El. Roagă-te cu toată puterea ta.

4. **Roagă-te cu voce tare.** Faptul că vorbești cu voce tare te poate ajuta să-ți păstrezi focalizarea. Acest lucru îți va aminti că vorbești cu o persoană reală.

5. **Fă o schiță a rugăciunii tale.** Dacă trebuie să rămâi focalizat, scrie notițe (în jurnal dacă este posibil). Scrie întrebările sau laudele tale. Concentrează-te asupra lui Dumnezeu, apoi scrie ce versete îți vin în minte pe măsură ce **asculți gândurile lui Dumnezeu înăuntrul gândurilor tale.** Include aceste patru elemente atunci când te rogi: Adorare, Mărturisire, Mulțumire și Cerere. (Ține minte acronimul ACTS.*) Mâine vom învăța despre această schiță a rugăciunii din exemplul împăratului Iosafat.

Iacov 5:16 spune: „Mare putere are rugăciunea fierbinte a celui neprihănit." Lui Dumnezeu Îi face plăcere să vorbească cu tine, așa că petrece timp vorbind cu El acum. Apoi *ascultă* răspunsurile Sale. Rezultatele îți vor schimba viața.

---

* Inițialele celor patru elemente în limba engleză formează cuvântul ACTS (Adoration, Confession, Thanksgiving și Supplication), care înseamnă „fapte" și care este totodată denumirea în limba engleză a cărții Faptele apostolilor (n.tr.).

Lasă Biblia să vorbească:

Citește Matei 6:1-18 (Opțional: Psalmul 86)

Lasă-ți mintea să gândească:

1. Cum ai caracteriza rugăciunea ta? Pentru ca momentele tale de rugăciune să devină mai puternice, uită-te la rugăciunile din Biblie. Numeroase versete pot fi transformate în rugăciuni; versetele ce reflectează asupra caracterului și promisiunilor lui Dumnezeu pot fi parafrazate și rostite înaintea Lui.

2. Faci parte dintr-un grup de rugăciune? Dacă nu, există un grup de credincioși cu care ai putea să te întâlnești pentru rugăciune?

3. Ce te rogi astăzi? Gândește-te la posibilitatea de a crea un spațiu pentru rugăciune în colțul unei camere sau într-o încăpere mică. Lipește bilețele cu îndemnuri la rugăciune și versete biblice ca să te ajute să te rogi cu intenționalitate. Faptul de a dedica un spațiu exclusiv rugăciunii te va ajuta să prioritizezi rugăciunea.

Lasă-ți sufletul să se roage:

Tată, sunt uimit că Tu, Creatorul universului, vrei să vorbești cu mine. Îți mulțumesc! Crește-mă în rugăciune. Ajută-mă să mă rog neîncetat cu o inimă sinceră. Fă ca inima și mintea mea să fie după asemănarea Ta, astfel încât să pot să mă rog potrivit voii Tale... În numele lui Isus, amin.

Lasă-ți inima să dea ascultare:

(Ce te călăuzește Dumnezeu să știi, să prețuiești sau să faci?)

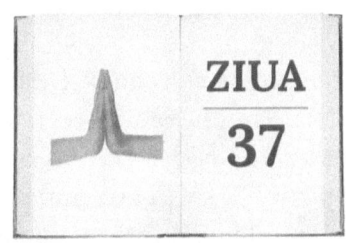

Roagă-te și ascultă

Cheamă-Mă, şi-ţi voi răspunde şi îţi voi vesti lucruri
mari, lucruri ascunse, pe care nu le cunoşti.
Ieremia 33:3

Nişte mesageri au alergat la Ierusalim cu un avertisment înspăimân-
tător cu privire la o armată invadatoare care se apropia de cetate.
„O mare mulţime înaintează împotriva ta" (2 Cron. 20:2). O alianţă de
naţiuni înaintau împotriva împăratului Iosafat şi a poporului lui Iuda.
Această veste neaşteptată a umplut de teamă inima împăratului. Însă
în loc să mobilizeze soldaţii şi să elaboreze planuri de luptă, împăratul
cel înţelept a răspuns cu credinţă. S-a dat un ordin pentru întreaga
naţiune: TOATĂ LUMEA SĂ POSTEASCĂ ŞI SĂ SE ROAGE! Oamenii au
întrerupt orice activitate şi au venit imediat din toate cetăţile lui Iuda
în capitală pentru a-L căuta pe Domnul împreună. Împăratul a venit
la Templul Domnului, şi-a înălţat glasul spre cer şi a condus întâlnirea
de rugăciune.

Dumnezeu a ascultat rugăciunile lor şi i-a salvat în mod miracu-
los: naţiunile care s-au aliat împotriva împăratului Iosafat s-au întors
unele împotriva altora. Oamenii din Iuda nici măcar nu au ridicat vreo
armă. Cu toate acestea, ei au înfrânt o armată atât de mare încât le-au
trebuit trei zile ca să adune toate posesiunile lăsate în urmă de ina-
micii lor.

Putem să învăţăm multe din rugăciunea împăratului Iosafat. Par-
tea sa în Povestea lui Dumnezeu a fost să aducă reformă spirituală în
Regatul de Sud, însă el a dat totodată un exemplu de rugăciune plină
de putere. Când privim îndeaproape la rugăciunea sa de la adunarea
poporului, descoperim că ea se compune din patru elemente princi-
pale: adorare, mărturisire, mulţumire şi cerere (AMMC*).

---

* În limba engleză, acronimul ACTS (n.tr.)

1. **Adorare:** Iosafat a început să se roage: „Doamne, Dumnezeul părinţilor noştri, nu eşti Tu Dumnezeu în ceruri şi nu stăpâneşti Tu peste toate împărăţiile neamurilor? Oare n-ai Tu în mână tăria şi puterea, aşa că nimeni nu Ţi se poate împotrivi?" (2 Cron. 20:6). Când ne începem rugăciunile cu adorare, ne amintim cui Îi vorbim – Dumnezeului celui Atotputernic. Imaginează-ţi că intri în sala tronului lui Dumnezeu (Ev. 4:16) şi îţi exprimi dragostea faţă de El. **Adorarea lui Dumnezeu alimentează credinţa noastră.** Problemele pe care le aducem înaintea Lui încep să se micşoreze înainte chiar să vorbim despre ele, atunci când le vedem în lumina puterii şi a măreţiei lui Dumnezeu. Să nu aşteptăm până când lupta ia sfârşit ca să-I dăm laudă Lui. Ia-ţi timp să-L onorezi pe Tatăl tău ceresc.

2. **Mărturisire:** Adorarea lui Iosafat a fost urmată de smerenie: „O, Dumnezeul nostru, nu-i vei judeca Tu pe ei? Căci noi suntem fără putere înaintea acestei mari mulţimi care înaintează împotriva noastră şi nu ştim ce să facem, dar ochii noştri sunt îndreptaţi spre Tine!" (2 Cron. 20:12). Împăratul Iosafat recunoştea că nu este suficient de puternic sau suficient de inteligent ca să înfrunte ceea ce urma. Însă el şi-a ţinut privirea aţintită asupra lui Dumnezeu. Şi noi putem să urmăm exemplul lui. După ce lauzi perfecţiunea lui Dumnezeu, **recunoaşte imperfecţiunea ta – nu doar păcatele evidente, ci şi slăbiciunile tale.** Când faci acest lucru, te înrădăcinezi în harul lui Dumnezeu (Ziua 24), ştiind că „Dumnezeu stă împotriva celor mândri, dar dă har celor smeriţi" (Iac. 4:6).

3. **Mulţumire:** Chiar dacă un pericol incredibil înainta împotriva lui, Iosafat a ales să fie recunoscător pentru modul în care Dumnezeu i-a purtat de grijă poporului Său în trecut:

> „Oare n-ai izgonit Tu, Dumnezeul nostru, pe locuitorii ţării acesteia dinaintea poporului Tău Israel şi n-ai dat-o Tu pentru totdeauna de moştenire seminţei lui Avraam, care Te iubea? Ei au locuit-o şi Ţi-au zidit în ea un locaş sfânt pentru Numele Tău, zicând: «Dacă va veni peste noi vreo nenorocire, sabia, judecata, ciuma sau foametea, ne vom înfăţişa înaintea casei acesteia şi înaintea Ta, căci Numele Tău este în casa aceasta; vom striga către Tine din mijlocul strâmtorării noastre, şi Tu ne vei asculta şi ne vei mântui!» Acum, iată, fiii lui Amon şi ai lui Moab şi cei din muntele Seir... [vin] să ne izgonească din moştenirea Ta, pe care ne-ai dat-o în stăpânire!" (2 Cron. 20:7-11)

Recunoștința ne ajută să vedem mâna ocrotitoare a lui Dumnezeu. Cu cât ne amintim mai mult de credincioșia Sa, cu atât credința noastră este mai puternică. Și cu cât căutăm mai mult mâna lui Dumnezeu în viața noastră, cu atât vedem mai mult mâna Sa în detaliile vieții noastre. Recunoaștem că orice dar bun este de la El, așa că nu ne lăsăm amăgiți (Iac. 1:16-17). După cum spune o vorbă, recunoștința face ca ceea ce avem să fie suficient. Împăratul Iosafat a ales să-și amintească de credincioșia și darurile lui Dumnezeu. El a decis că Dumnezeu avea să-i fie de ajuns. Hai să aducem mulțumire, să ne deschidem ochii ca să vedem ceea ce Dumnezeu ne-a oferit deja și să avem încredere că El ne va purta de grijă în viitor.

4. Cerere: Iosafat I-a cerut lui Dumnezeu să salveze poporul său de dușmanii lor deoarece știa că el însuși nu poate să facă acest lucru: „O, Dumnezeul nostru, nu-i vei judeca Tu pe ei? Căci noi suntem fără putere înaintea acestei mari mulțimi care înaintează împotriva noastră și nu știm ce să facem, dar ochii noștri sunt îndreptați spre Tine!" (2 Cron. 20:12).

Asemenea unui copil care este dependent de purtarea de grijă a unui părinte, noi suntem dependenți de Tatăl nostru ceresc. Dumnezeu ne invită să-I cerem ceea ce avem nevoie și Îi face plăcere să ne dea daruri bune (Mt. 7:11). Însă dacă nu apelăm la El sau nu ne încredem în El, nu Îl invităm în situația cu care ne confruntăm. „Nu aveți pentru că nu Îi cereți lui Dumnezeu" (Iac. 4:2, NIV). **Pune toate cererile tale în grija Sa și lasă-L *pe El* să hotărască ce este cel mai bine.** Care sunt nevoile tale? Roagă-L pe Dumnezeu să Se îngrijească de ele. Roagă-te de asemenea pentru nevoile altora. Ar trebui să „[ne rugăm] neîncetat pentru toți oamenii Domnului" (Ef. 6:18, NIV). Niciuna din cererile tale nu este prea mare și niciuna nu este prea mică. Ai putea să păstrezi o listă a cererilor tale în jurnalul tău și să o actualizezi săptămânal, notând în ea când și cum răspunde Dumnezeu rugăciunilor tale. Pe măsură ce vezi că Dumnezeu răspunde unor cereri concrete, încrederea ta în El va crește. Vom învăța mai multe despre rugăciunea pentru alții în Ziua 41.

Includerea elementelor rugăciunii (AMMC) ne va ajuta să ne păstrăm focalizarea. Dușmanul vrea să perturbe comunicarea noastră cu Dumnezeu și va încerca să ne distragă atenția. Împotrivește-te întreruperilor lui. Dacă gândurile care îți distrag atenția au legătură cu idei sau sarcini pe care trebuie să le duci la îndeplinire, notează-le și lasă-le în pace până când termini rugăciunea. Dacă gândurile care îți distrag atenția sunt persistente, respinge-le în numele lui Isus.

Când ne rugăm, fie singuri, fie împreună cu un grup, trebuie să ne aducem aminte să ne oprim și să-L *ascultăm* **pe Dumnezeu.** „El Îmi trezește în fiecare dimineață, El Îmi trezește urechea, să ascult cum ascultă niște ucenici" (Is. 50:4). Când te rogi, alternează vorbitul cu ascultatul, așa cum faci în conversațiile de zi cu zi cu oamenii. Roagă-te: „Vorbește, Doamne, căci robul Tău ascultă" (1 Sam. 3:9). Vocea lui Dumnezeu este adesea precum „un susur blând și subțire" (1 Împ. 19:12), așa că liniștește-ți inima ca s-o auzi. Stai liniștit și concentrează-te asupra lui Isus. El spune: „Oile Mele ascultă glasul Meu; Eu le cunosc și ele vin după Mine" (Ioan 10:27).

După ce Iosafat s-a rugat, el a ascultat răspunsul lui Dumnezeu. Dumnezeu i-a răspuns lui Iosafat, spunând: „Nu vă temeți și nu vă înspăimântați dinaintea acestei mari mulțimi, căci **nu voi veți lupta, ci Dumnezeu**... Nu veți avea de luptat în lupta aceasta; așezați-vă, stați acolo și veți vedea izbăvirea pe care v-o va da Domnul" (2 Cron. 20:15, 17; sublinierea îmi aparține). Uimitor! Nu este surprinzător că Iosafat a ascultat, iar salvarea lui Dumnezeu a venit așa cum i s-a promis. Și noi putem să avem aceeași încredere că El ne aude: „Domnul este lângă toți cei ce-L cheamă, lângă cei ce-L cheamă cu toată inima. El împlinește dorințele celor ce se tem de El, le aude strigătul și-i scapă. Domnul păzește pe toți cei ce-L iubesc" (Ps. 145:18-20).

Noi putem plănui să ascultăm înainte de a ne ruga, știind că El va lupta, nu noi, și El va câștiga. Iar apoi putem să ne lăsăm conduși de El.

Lasă Biblia să vorbească:

Citește 2 Cronici 20:1-23 (Opțional: 2 Cronici 6:1-11, 34-35)

Lasă-ți mintea să gândească:

Exersează scrierea rugăciunilor tale folosind următoarea schiță.
Păstrează-ți rugăciunile într-un jurnal și notează date, ca să poți să
te uiți în urmă și să vezi cum ți-a răspuns Dumnezeu (o piatră de
aducere aminte – Ziua 17).

1. Adorare (Închină-te lui Dumnezeu.)
2. Mărturisire (Mărturisește-ți păcatele și slăbiciunile.)
3. Mulțumire (Dă-I mulțumire pentru tot, chiar și pentru
   încercări.)
4. Cerere (Fă cereri.)
5. Ascultă răspunsurile lui Dumnezeu, *notează* ceea ce spune
   El, *cere-I* să-ți confirme și *ascultă*, lăsându-te condus de El.

Lasă-ți sufletul să se roage:

*Tată, învață-mă să mă rog. Acum când vin la Tine, fă-mă plin de
adorare, smerit, mulțumitor și încrezător în harul și puterea Ta.
Ajută-mă să fiu tot mai sensibil la vocea Ta. Învață-mă să ascult.
Ajută-mă să studiez Cuvântul Tău și să meditez asupra lui, astfel
încât să pot să mă rog potrivit voii Tale și să aud vocea Ta cu
claritate... În numele lui Isus, amin.*

Lasă-ți inima să dea ascultare:

(Ce te călăuzește Dumnezeu să știi, să prețuiești sau să faci?)

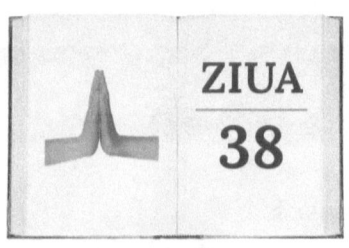

Evită piedicile care stau în calea rugăciunii

Atunci mă vor chema, şi nu voi răspunde;
mă vor căuta, şi nu mă vor găsi.
Pentru că au urât ştiinţa şi n-au ales frica de Domnul.
Proverbe 1:28–29

Probabil că nu vom trăi suficient de mult încât să învăţăm din toate greşelile noastre. Uneori este util să învăţăm din greşelile altora. Poate că tocmai asta făcea împăratul Iosafat. Ieri am văzut cum reacţia sa faţă de invazia mai multor naţiuni a fost să se roage şi să se bizuie pe Dumnezeu în smerenie. Cu ani în urmă, o altă ameninţare militară impunea răspunsul tatălui lui Iosafat, împăratul Asa. În loc să apeleze la Dumnezeu, el a apelat la o altă naţiune şi i-a plătit pe acei oameni să lupte pentru ei. Chiar dacă Asa experimentase în nenumărate rânduri puterea izbăvitoare a lui Dumnezeu, el căzuse pradă autosuficienţei şi îndoielii. Profetul Hanani l-a înfruntat pe împăratul Asa:

> „Căci Domnul Îşi întinde privirile peste tot pământul ca să sprijine pe aceia a căror inimă este întreagă a Lui. Ai lucrat ca un nebun în privinţa aceasta, căci de acum vei avea războaie." (2 Cron. 16:9)

Pentru că inima lui Asa nu a fost în întregime loială singurului Dumnezeu adevărat, tot restul vieţii sale avea să fie marcat de conflicte. Asemenea lui Iosafat, şi noi putem să învăţăm de la împăratul Asa să conştientizăm că Dumnezeu îi caută pe cei care Îi sunt devotaţi Lui. El doreşte credincioşi care Îl caută pe El cu toată inima. Când găseşte inimile noastre dedicate Lui, Dumnezeu răspunde rugăciunilor noastre şi Se arată puternic pentru noi.

Însă uneori când ne rugăm, Dumnezeu nu răspunde. Rugăciunile noastre parcă nici nu sunt auzite. Problema nu este că avem nevoie de un amplificator sau că trebuie să vorbim mai clar. Uneori Dumnezeu nu ne aude pentru că avem păcat în viața noastră care ne blochează rugăciunile (Ps. 66:16-20; Is. 5). Sau ne rugăm cu motivații greșite. Da, propriile noastre decizii proaste (*nu* deciziile proaste ale altora) pot să fie o piedică în calea rugăciunilor noastre. Te invit astăzi să identificăm greșelile majore pe care le pot face oamenii atunci când se apropie de Dumnezeu în rugăciune, astfel încât să putem să le identificăm. Această listă nu este completă, însă conține cele mai probabile șapte motive pentru care Dumnezeu nu răspunde rugăciunilor noastre.

1. **Păcatul nemărturisit:** Ai schimbat vreodată subiectul atunci când o conversație a devenit incomodă pentru tine? Noi facem acest lucru și cu Dumnezeu. Când El ne dezvăluie păcatul prin convingerea din partea Duhului Sfânt și noi evităm să-l mărturisim, continuând să ne rugăm cu privire la alte lucruri care ne preocupă, noi creăm o piedică. **Dumnezeu nu va da atenție rugăciunilor noastre până când nu mărturisim păcatul pe care El ni l-a descoperit deja.** De ce să ne așteptăm ca Dumnezeu să ne asculte și să ne răspundă când noi nu Îl ascultăm și nu Îi răspundem Lui? Psalmistul scrie: „Dacă aș fi cugetat lucruri nelegiuite în inima mea, nu m-ar fi ascultat Domnul" (Ps. 66:18). Păcatul nostru Îl întristează pe Dumnezeu, iar păcatul ar trebui să ne întristeze și pe noi (Ef. 4:30). De aceea trebuie să mărturisim păcatul de îndată ce Dumnezeu ne conștientizează de el. El este credincios să ne ierte (1 Ioan 1:9) și să restaureze relația noastră cu El. Lasă-L pe El să te restaureze.

2. **Neascultarea:** Pe lângă mărturisire, trebuie de asemenea să ne pocăim, renunțând la păcat și întorcându-ne cu fața spre Dumnezeu. Când suntem hotărâți să mergem pe propriul drum și să ignorăm poruncile lui Dumnezeu, rugăciunile noastre sunt fără valoare înaintea lui Dumnezeu. „Dacă cineva își întoarce urechea ca să n-asculte legea, chiar și rugăciunea lui este o scârbă" (Prov. 28:9). Există o diferență între cineva care se supune domniei lui Isus, dar uneori îi este greu să asculte și cineva care se roagă lui Dumnezeu pentru binecuvântare, dar Îl sfidează pe Dumnezeu în mod deliberat. Când ne dorim binecuvântările lui Dumnezeu, dar respingem căile lui Dumnezeu, rugăciunile noastre pot fi împiedicate, indiferent cât de multe alte lucruri bune facem. „Îi plac Domnului mai mult arderile-de-tot

şi jertfele decât ascultarea de glasul Domnului? Ascultarea face mai mult decât jertfele şi păzirea cuvântului Său face mai mult decât grăsimea berbecilor" (1 Sam. 15:22). Dumnezeu ne cunoaşte inima şi tânjeşte să ne ierte, însă noi trebuie să ne încredem în El şi să-L urmăm.

3. **Egoismul:** Egoismul – indiferenţa faţă de nevoile altora – sabotează rugăciunea. Dumnezeu vrea ca noi să avem grijă de noi înşine, dar trebuie de asemenea să fim sensibili la nevoile celor din jurul nostru. Voia lui Dumnezeu ne modelează rugăciunile, iar o parte din voia Sa este ca noi să-i iubim şi să-i slujim pe alţii: „Fiecare din voi să se uite nu la foloasele lui, ci şi la foloasele altora" (Flp. 2:4). Dumnezeu vede întotdeauna adevăratele noastre motivaţii. „Cereţi şi nu căpătaţi, pentru că cereţi rău, cu gând să risipiţi în plăcerile voastre" (Iac. 4:3). Când rugăciunile noastre sunt egoiste, s-ar putea ca Dumnezeu să nu răspundă la ele.

4. **Îndoiala:** Când ne rugăm cu credinţă, avem încredere în cine este Dumnezeu şi ce a făcut El. În contrast, când ne rugăm *fără* credinţă, ne îndoim de promisiunile şi abilităţile Sale. **A-I cere lui Dumnezeu ceva fără să crezi că Dumnezeu te va ajuta este o dovadă de îndoială.** Te rogi tu cu îndoială sau cu credinţă? „Când cereţi, trebuie să credeţi şi să nu vă îndoiţi, fiindcă cel ce se îndoieşte este asemenea unui val al mării, purtat de vânt şi dus încoace şi încolo. Acea persoană să nu se aştepte să primească ceva de la Domnul" (Iac. 1:6-7, NIV). Este normal să ne îndoim uneori de Dumnezeu, iar când se întâmplă acest lucru, putem să-I cerem lui Dumnezeu să ne întărească credinţa, rugându-ne asemenea acelui om care a strigat către Isus: „Cred, Doamne! Ajută necredinţei mele!" (Mc. 9:24). **Roagă-te cu credinţă, ceea ce înseamnă cu credinţă în *bunătatea lui Dumnezeu*, nu credinţă că El va face tot ce cerem noi.** Dorinţa noastră sinceră după ceva nu Îl sileşte să ne asculte cererea. Nu uita: *Dumnezeu este bun, orice s-ar întâmpla.* Când credem acest lucru, suntem încrezători în răspunsul Său la orice lucru cu care ne confruntăm. Dacă ne îndoim că Dumnezeu este bun, atunci ne vom îndoi că răspunsul Său va fi bun, indiferent dacă răspunsul Său este „da", „nu" sau „nu acum". **Cere cu credinţă şi lasă-L pe *Dumnezeu* să decidă rezultatul**, aducându-ţi aminte că „El îi răsplăteşte pe cei care-L caută cu sinceritate" (Ev. 11:6, NLT).

5. **Refuzul de a ierta:** Dacă avem ranchiună faţă de cineva, s-ar putea ca Dumnezeu să nu asculte rugăciunile noastre. Refuzul de a-i ierta

pe alții indică faptul că nu înțelegem costul imens al jertfei lui Isus pentru noi. Însă atunci când creștem în harul lui Dumnezeu și conștientizăm dimensiunea iertării Sale, îi iertăm pe alții așa cum am fost iertați noi – chiar și atunci când oamenii ne rănesc în mod repetat. „Petru s-a apropiat de El și I-a zis: «Doamne, de câte ori să iert pe fratele meu când va păcătui împotriva mea? Până la șapte ori?» Isus i-a zis: «Eu nu-ți zic până la șapte ori, ci până la șaptezeci de ori câte șapte»" (Mt. 18:21-22). Faptul că îi ierți pe alții, chiar și atunci când – și în special atunci când – lucrurile sunt complicate, Îi dă multă slavă lui Dumnezeu și este o dovadă a credinței noastre în El. Este unul dintre cele mai semnificative moduri în care noi, în calitate de ucenici ai lui Isus, dovedim cine suntem noi în Cristos. (Uită-te la Ziua 10 și Ziua 25 pentru o discuție mai amplă asupra iertării.)

Să clarificăm un lucru: a-i ierta pe alții nu înseamnă că trebuie să rămânem în situații de abuz. Nu trebuie să te pui în vreo situație periculoasă. Așa cum a mai fost menționat, iertarea înseamnă să renunți la orice mânie sau amărăciune față de abuzatorii tăi și să permiți dragostei și harului *lui Dumnezeu* să te vindece. Iertarea te eliberează astfel încât să poți experimenta iertarea lui Dumnezeu în viața ta. **Chiar dacă alții nu merită acest lucru, iartă-i pentru că *tu* ai fost iertat de Dumnezeu când *tu* nu meritai acest lucru.** În cele din urmă, iertarea te eliberează și îți eliberează rugăciunile.

6. **Ofensa:** Ai greșit față de cineva sau ai ofensat pe cineva? Isus spune că trebuie să reparăm lucrurile înainte de a veni înaintea lui Dumnezeu în rugăciune: „Așa că, dacă îți aduci darul la altar și acolo îți aduci aminte că fratele tău are ceva împotriva ta, lasă-ți darul acolo, înaintea altarului, și du-te întâi de împacă-te cu fratele tău; apoi vino de adu-ți darul" (Mt. 5:23-24). Uneori s-ar putea să nu știm cu ce am greșit. Persoana respectivă acționează diferit sau se distanțează de noi. Cel mai bine este să mergem la ea și să o întrebăm dacă i-am făcut ceva. Să ne cerem scuze. Să ne cerem iertare. Să îndreptăm lucrurile. Când Zacheu L-a întâlnit pe Isus, el s-a pocăit de furt. A îndreptat lucrurile dând săracilor jumătate din posesiunile sale și plătind înapoi oamenilor de patru ori mai mult decât a luat de la ei (Lc. 19:8). Când ne pocăim înaintea lui Dumnezeu și îndreptăm lucrurile în relația cu alții, putem să facem mai mult decât ceea ce se cere. Uneori persoana față de care am greșit refuză să ierte chiar și după ce am încercat să îndreptăm lucrurile. Trebuie să ne amintim că fiecare persoană

procesează durerea în mod diferit și că s-ar putea să aibă nevoie de mai mult timp. Când se întâmplă acest lucru, roagă-te și să știi că **Dumnezeu este Cel care schimbă inimi, nu noi.** Lasă rezultatele în mâna Lui, știind că ai făcut ceea ce te-a chemat El să faci. Pavel ne învață: „Dacă este cu putință, întrucât atârnă de voi, trăiți în pace cu toți oamenii" (Rom. 12:18).

7. **Conflictul marital:** Neînțelegerile dintr-o căsnicie pot de asemenea să fie o piedică în calea rugăciunii. Apostolul Petru ne învață: „Bărbaților, purtați-vă și voi, la rândul vostru, cu înțelepciune cu nevestele voastre, dând cinste femeii ca unui vas mai slab, ca unele care vor moșteni împreună cu voi harul vieții, ca să nu fie împiedicate rugăciunile voastre" (1 Pet. 3:7). Chiar dacă Petru adresează acest verset soților, nici soțiile nu pot să creeze conflict în căsnicia lor fără consecințe. Dacă creăm probleme în căsnicia noastră, de asemenea vom deteriora relația noastră cu Dumnezeu. Să nu-ți faci griji cu privire la atitudinile și acțiunile soțului/soției tale; doar asigură-te că atitudinile și acțiunile *tale* Îl onorează pe Dumnezeu.

Dacă învățăm din aceste greșeli, putem evita să le repetăm și noi. Dumnezeu ia în serios păcatul pentru că ne iubește. Dacă ne-ar îngădui să avem o viață de rugăciune plină de vitalitate în timp ce păcatul încă blochează relația noastră, El ar accepta atitudini și acțiuni care contravin naturii Sale sfinte, iar acest lucru ne face rău. Dumnezeu ne iubește prea mult ca să facă acest lucru.

Așa că dacă te confrunți cu vreuna din aceste piedici în calea rugăciunii, să știi că Dumnezeu tânjește să te ierte. Dacă te îndoiești, cere-I lui Dumnezeu să te întărească în credință. Dacă duci povara păcatului nemărturisit, a neascultării sau a egoismului, mărturisește-I lui Dumnezeu. Apoi mergi mai departe, în pocăință. Dacă dușmănești pe cineva, renunță la dușmănie. Dacă ai ofensat pe cineva sau ești în conflict cu soțul sau soția ta, îndreaptă lucrurile. Atunci prietenia ta apropiată cu Domnul va fi restaurată. „Iată, ochiul Domnului privește peste cei ce se tem de El, peste cei ce nădăjduiesc în bunătatea Lui" (Ps. 33:18). Lui Dumnezeu într-adevăr Îi face plăcere să audă rugăciunile tale și să le răspundă.

Lasă Biblia să vorbească:

Citește Isaia 59 (Opțional: Psalmul 66)

Lasă-ți mintea să gândească:

1. Există piedici în calea rugăciunii tale? După ce ai citit lecția de astăzi, ce anume crezi că s-ar putea să-ți blocheze rugăciunile?

2. Când te rogi, ești mai motivat de voia lui Dumnezeu sau de dorințele proprii? De ce crezi că este adevărat acest lucru?

3. Te rogi tu cu credință sau te lupți cu îndoiala? Ce ai putea să faci pentru a-ți mări credința?

Lasă-ți sufletul să se roage:

Tată, arată-mi toate piedicile care stau în calea rugăciunilor mele. Dă-mi curajul de a curăța păcatul din viața mea, astfel încât să mă pot bucura de o comunicare clară cu Tine. De îndată ce apare vreo piedică, fă-mă conștient de ea, așa încât să pot să mă ocup de ea imediat. Ascultă-mi rugăciunile. Vorbește-mi. Ajută-mă să Te ascult... În numele lui Isus, amin.

Lasă-ți inima să dea ascultare:

(Ce te călăuzește Dumnezeu să știi, să prețuiești sau să faci?)

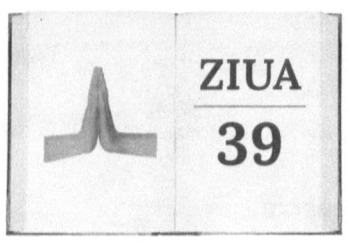

ZIUA
39

Stai în post și rugăciune

Atunci tu vei chema, şi Domnul va răspunde,
vei striga, şi El va zice: „Iată-Mă!"
Isaia 58:9

Există momente în viaţa fiecăruia când doar rugăciunea nu este sufi-
cientă. Împrejurările sunt prea grele. Nevoile sunt prea mari. Deciziile
sunt prea importante. Există momente când avem nevoie să primim
răspuns de la Dumnezeu şi avem nevoie de un răspuns imediat.

**Gândeşte-te la împărăteasa Estera şi la rolul jucat de ea în Poves-
tea lui Dumnezeu.** Ea şi-a riscat viaţa pentru a salva poporul evreu de
la un plan cumplit de genocid (Est. 4). Prim-ministrul împăratului îi
dispreţuia pe evrei atât de mult încât a pus la cale un plan pentru a-i
nimici de pe tot cuprinsul imperiului. El a stabilit o dată pentru pieirea
lor. Estera, o orfană evreică ce s-a căsătorit cu împăratul persan, tre-
buia să intre în curtea împăratului neanunţată ca să-i ceară acestuia
îndurare pentru poporul ei, însă acest lucru era motiv de execuţie.
Situaţia era disperată. Mardoheu, vărul şi ocrotitorul Esterei, i-a lan-
sat acesteia o provocare: „Cine ştie dacă nu *pentru o vreme ca aceasta*
ai ajuns la împărăţie?" (Est. 4:14; sublinierea îmi aparţine). Estera avea
nevoie de curaj, iar evreii aveau nevoie de salvare. Cu toţii aveau
nevoie să fie ocrotiţi de rău. Aşa că s-au rugat şi au postit timp de trei
zile. Prin credinţă, Estera a intrat cu smerenie în curtea împăratului,
lăsând rezultatul în mâna lui Dumnezeu. În bunătatea Sa, Dumnezeu
i-a dat trecere înaintea împăratului. Încă o dată, Dumnezeu l-a salvat
pe poporul Său când acesta s-a întors la El.[1]

În nenumărate rânduri, vedem în Biblie când este adecvat să
te rogi *şi să posteşti*, fie individual, fie la nivel de grup. Rugăciunea

---

1 Citeşte cartea Estera pentru a înţelege mai bine grija providenţială a lui Dumnezeu faţă de
poporul Său.

intensă de genul acesta este serioasă pentru că situaţia este serioasă. Ceea ce diferenţiază postul biblic de alte tipuri de post este motivaţia: căutarea inimii lui Dumnezeu. Uneori până la lacrimi. Domnul spune: „Întoarceţi-vă la Mine cu toată inima, cu post, cu plânset şi bocet!" (Ioel 2:12). Postul nu înseamnă doar renunţare la mâncare, ci înseamnă rugăciune profundă, însoţită de pocăinţă, mijlocire sau agonie. Isus de asemenea a vorbit despre o vreme de durere, când ucenicii Săi aveau să postească. „Vor veni zile când va fi luat mirele [Isus] de la ei, şi atunci vor posti în ziua aceea" (Mc. 2:20). Însă ce este postul biblic şi cum putem să-l practicăm într-un mod plăcut Domnului?

Postul este o exprimare exterioară a unei rugăciuni interioare. Este un act de lepădare de sine prin care ne redirecţionăm atenţia dinspre noi înşine (nevoile noastre fizice) pentru a ne focaliza asupra lui Dumnezeu. Postul *nu* este o dietă pentru slăbit, o pedeapsă sau o condiţie necesară pentru mântuire. Când postim, noi nu ne târguim cu Dumnezeu; faptul că ne lipsim de ceva nu ne face să câştigăm bunăvoinţa Sa. În schimb, postul nostru însoţit de rugăciune exprimă disperarea noastră ca Dumnezeu să intervină în felul *Său* şi încrederea noastră că El va face acest lucru. Există putere în post.

Când postim, ne lipsim de hrană solidă pentru a arăta foamea noastră după Dumnezeu. Privarea de lucrurile fizice ne conştientizează mai mult de cele spirituale pe măsură ce trupul nostru se supune Duhului. În loc să căutăm mâncare când ne simţim flămânzi, îngăduim acestor dureri ale foamei să devină îndemnuri la rugăciune care ne îndreaptă spre Dumnezeu. Foamea sau oboseala noastră ne aminteşte de slăbiciunea noastră umană şi de nevoia harului continuu al lui Dumnezeu. Pe măsură ce continuăm să ne rugăm şi să ne hrănim din Cuvântul Său, rezultatul este o mai profundă dependenţă de Dumnezeu şi comuniune cu El. Din acest motiv, unele tradiţii creştine au forme de post ca parte a practicii lor regulate. Un bun exemplu este Postul Paştelui (cele patruzeci de zile de dinaintea duminicii de Paşte) cu scopul de a pregăti inima pentru sărbătorirea învierii lui Cristos.

Există diferite tipuri de post. De obicei, postul înseamnă să te abţii de la mâncare şi să bei numai apă timp de douăzeci şi patru de ore, începând după o masă de seară. (Îţi aminteşti de împăratul Iosafat în Ziua 37? Poporul a postit în felul acesta.) **Înainte de a elimina hrana din dieta ta, consultă-ţi medicul.** *Un post în care se consumă numai* *apă nu este încurajat fără supraveghere medicală.* O altă abordare a postului este consumul de apă, cafea/ceai și sucuri naturale pe tot parcursul zilei, întrerupând postul doar pentru o masă de seară. Ai putea de asemenea să elimini o masă pe zi sau să-ți limitezi dieta la legume, supe, sucuri naturale, cafea/ceai și apă timp de mai multe zile. Aceste tipuri de post mai puțin riguros îți permit să ai suficientă energie încât să faci față zilei.

Dacă te abții atât de la hrană, cât și de la apă (acesta se numește „post total"), postul tău ar trebui să fie foarte scurt. El nu ar trebui practicat niciodată fără pregătire fizică, sfaturi și supraveghere. Dacă ai sub optsprezece ani, ești însărcinată sau ai o problemă medicală ce nu îți permite să postești de la mâncare, ai putea decide să renunți la altceva.[1] De pildă, ai putea să postești de la tehnologie (de ex., telefon, computer, rețele de socializare) sau divertisment (de ex., televizor, filme, muzică).

Lui Dumnezeu nu Îi pasă atât de mult de la ce anume postim cât Îi pasă de *motivul* pentru care postim. Așa cum am învățat ieri, motivațiile sunt importante pentru Dumnezeu.

De-a lungul secolelor, israeliții au devenit legaliști în privința postului, iar Dumnezeu le-a dat în vileag ipocrizia. Ei se comportau ca și cum ar fi vrut să-L glorifice pe Dumnezeu, însă în realitate, nu le păsa de altceva decât să-i impresioneze pe alții. Erau mândri de rigurozitatea lor religioasă și se gândeau că și Dumnezeu ar trebui să fie mândru. Se întrebau de ce Dumnezeu nu laudă eforturile lor, așa că El le-a spus limpede: „Pentru că... în ziua postului vostru vă lăsați în voia pornirilor voastre și asupriți pe simbriașii voștri. Iată, postiți ca să vă ciorovăiți și să vă certați, ca să bateți răutăcios cu pumnul; nu postiți cum cere ziua aceea, ca să vi se audă strigătul sus" (Is. 58:3-4). Postul lor, prin care se glorificau pe ei înșiși, precum și păcatul lor nemărturisit, Îl mâniau pe Dumnezeu. Isus a avertizat: „Când postiți, să nu vă luați o înfățișare posomorâtă, ca fățarnicii, care își sluțesc fețele, ca să se arate oamenilor că postesc. Adevărat vă spun că și-au luat răsplata (Mt. 6:16). **Dumnezeu urăște postul făcut pentru a atrage atenția.**

---

1 Biblia nu vorbește despre post în cazul copiilor. Copiii nu sunt încurajați să postească de la mâncare datorită nevoilor lor metabolice și nutritive. Dacă ai un istoric de probleme medicale sau ești însărcinată sau ai diabet, poți totuși să practici rugăciunea focalizată în spiritul postului (în timp ce rămâi la dieta ta recomandată de medic), luând în calcul posibilitatea de a renunța la altceva în locul mâncării.

Postul nostru ar trebui să arate foarte diferit de postul pe care l-a condamnat Isus în Matei 6. El le spune în schimb credincioşilor: „Ci tu, când posteşti, unge-ţi capul şi spală-ţi faţa, ca să te arăţi că posteşti nu oamenilor, ci Tatălui tău, care este în ascuns; şi Tatăl tău, care vede în ascuns, îţi va răsplăti" (Mt. 6:17-18). Discreţia îţi va păstra motivaţiile curate. Când posteşti împreună cu un grup, alţii vor şti că posteşti, dar să nu atragi atenţia asupra ta. **Lui Dumnezeu Îi place postul discret.**

Există numeroase motive[1] biblice pentru a posti, însă astăzi ne vom concentra asupra a două dintre ele: postul pentru rezolvarea unei probleme şi postul pentru înnoire spirituală. Când profetul Ezra s-a întors din exilul în Persia la Ierusalim, el avea o problemă. Rolul său în Povestea lui Dumnezeu era să instituie din nou Legea lui Dumnezeu împreună cu alţi preoţi ai Domnului, însă inamicii din zonele înconjurătoare le-au stat împotrivă. Aceasta era o ameninţare serioasă, însă israeliţilor le era prea teamă şi ruşine să ceară ajutorul împăratului Persiei. Ezra a relatat: „am vestit un post de smerire înaintea Dumnezeului nostru" (Ezra 8:21). Dumnezeu a răspuns, iar Ezra a continuat: „Pentru aceasta am postit şi am chemat pe Dumnezeul nostru. Şi El ne-a ascultat" (Ezra 8:23). Dumnezeu a aprobat postul lui Ezra şi al comunităţii sale, aşa că putem să ne uităm la acest post pentru călăuzire. Aici se evidenţiază trei puncte:

1. **Ezra le-a cerut tuturor celor afectaţi de problemă să postească.** Dacă o problemă afectează un grup, cercul persoanelor care postesc ar trebui să fie cât mai mare posibil. (O problemă privată necesită un post privat.)[2]

2. **Ei au postit cu seriozitate şi smerenie.** Erau disperaţi după o rezolvare de la Dumnezeu, căutând cu sinceritate ajutorul Lui. Fii stăruitor în rugăciune atunci când posteşti.

---

1 Cuvântul lui Dumnezeu ne oferă o mulţime de exemple de post pe care să le urmăm. În Vechiul Testament, poporul lui Dumnezeu s-a pocăit şi a postit pentru înnoire spirituală (1 Sam. 7:1-8), pentru siguranţă şi rezolvarea problemelor (Ezra 8:21-23), pentru îndurare şi bunăvoinţă (Neem. 1-2), pentru bunăstare fizică (Dan. 1:12-20) şi pentru păzire de rău (Est. 4:16). În Noul Testament, credincioşii de asemenea au postit pentru consacrare personală (Lc. 2:37), pentru consacrare de grup (colectivă) (Fapte 13:2) şi pentru pregătire în vederea lucrării de slujire (Fapte 14:23).

2 Elmer L. Towns, *Fasting for Spiritual Breakthrough: A Guide to Nine Biblical Fasts*, Regal Books, Ventura, CA, 1996, p. 46-47.

3. **Ei au postit *înainte* de a încerca să rezolve problema.** Să nu acționezi până când nu te-ai rugat, nu ai postit și nu ai primit răspuns din partea lui Dumnezeu. Este de o importanță critică să *așteptăm* răspunsul Său.

Poate că nu te confrunți cu o problemă care îți pune viața în pericol, cum a fost în cazul lui Ezra, însă postul însoțit de rugăciune te va ajuta pe măsură ce cauți înțelepciune pentru a putea să iei decizii cu mai multă claritate.

S-ar putea ca Dumnezeu să te cheme la un post pentru înnoire spirituală – un post pentru libertate spirituală, pentru trezire, pentru o întoarcere la Dumnezeu în căsnicia ta, în comunitatea ta, în națiunea ta sau chiar în propria viață. Profetul Samuel a chemat poporul lui Dumnezeu să postească deoarece ei fuseseră slabi din punct de vedere spiritual și îndărătnici ani la rând. Chivotul legământului, care simboliza prezența lui Dumnezeu, fusese furat din cauza păcatului israeliților. Acestora li se părea că Dumnezeu îi abandonase, așa că Samuel a chemat poporul să postească. Înainte de a se ruga pentru popor, el le-a poruncit să scoată din mijlocul lor toți dumnezeii lor falși. Ei au vărsat apă înaintea lui Dumnezeu într-o ceremonie, simbolizând curățirea și înnoirea spirituală. „Și au postit în ziua aceea, zicând: «Am păcătuit împotriva Domnului!»" (1 Sam. 7:6). Dumnezeu a răspuns înfrângându-i pe dușmanii lor și încredințându-le din nou chivotul. Postul lui Samuel ne dă două puncte călăuzitoare:

1. **Asemenea lui Ezra, Samuel a implicat pe toată lumea în post.** Întreaga comunitate își dorea înnoire spirituală, așa că întreaga comunitate a postit.

2. **Ei și-au mărturisit păcatele și s-au pocăit de ele împreună.**[1] Și-au asumat răspunderea pentru păcatul care îi îndepărtase de Dumnezeu și le provocase înfometare spirituală. „Am păcătuit împotriva Domnului!" (1 Sam. 7:6). Ei nu doar că și-au mărturisit păcatul, ci s-au și pocăit, distrugându-și idolii și întorcându-se la El.

Putem să ne uităm la partea lor din Povestea lui Dumnezeu și să învățăm din exemplul lor. Disciplina postului nu este ceva care să fie tratat cu ușurătate. Postul este pentru situații ce reclamă o atenție

---

1 Ibid., p. 66-89.

serioasă. Dumnezeu ne invită să postim şi să ne rugăm pentru că acest lucru Îl onorează pe El şi ne este de folos nouă prin faptul că ne ajută să conştientizăm mai intens prezenţa Sa în situaţia noastră. Când te gândeşti la viaţa ta, poate că poţi să te identifici cu strigătele lui Ezra şi Samuel după intervenţia lui Dumnezeu. Dacă Dumnezeu te călăuzeşte să posteşti, reflectează asupra întrebărilor de mai jos înainte de a începe:

1. Identifică scopul postului tău. De ce posteşti?
2. Declară credinţa ta în abilitatea lui Dumnezeu de a interveni (Is. 59:1).
3. Hotărăşte cum vei posti (doar apă şi sucuri naturale, doar o masă pe zi etc.). **Consultă-ţi medicul înainte de a elimina mâncarea din dieta ta.**
4. Decide când vei începe postul şi când îl vei încheia.
5. Găseşte o promisiune din Biblie care să te încurajeze în timp ce posteşti: „Atunci tu vei chema, şi Domnul va răspunde, vei striga, şi El va zice: «Iată-Mă!»" (Is. 58:9).

Postul ne arată nouă şi lui Dumnezeu că suntem sinceri în relaţia noastră cu El. Când posteşti cu inima centrată în voia lui Dumnezeu, aşteaptă-te la răspunsuri din partea Celui care te iubeşte şi tânjeşte să fie găsit de tine (Ier. 29:13). Apropie-te mai mult de Dumnezeu şi întăreşte-ţi credinţa pe măsură ce te închini lui Dumnezeu prin rugăciune şi post.

Lasă Biblia să vorbească:

Citește Isaia 58 (Opțional: Estera 4)

Lasă-ți mintea să gândească:

1. Ai stat vreodată în post și rugăciune? Dacă da, simți că acest lucru ți-a îmbogățit timpul de rugăciune? Explică.

2. Vezi în viața ta sau în comunitatea ta probleme ce reclamă ținerea unui post?

3. Există posibilitatea ca tu și prietenii tăi să aveți în vedere postul pentru înnoire spirituală? Dacă da, vorbiți unii cu alții și rugați-vă cu privire la posibilitatea de a posti împreună.[1]

Lasă-ți sufletul să se roage:

Tată, ajută-mă să mă maturizez din punct de vedere spiritual, știind cum și când să postesc. Când postesc, ajută-mă să nu cad pradă auto-compătimirii sau mândriei, ci ajută-mă în schimb să mă dedic unei rugăciuni disperate și pline de credință. Ajută-mă să flămânzesc întotdeauna după Tine mai presus de orice altceva... În numele lui Isus, amin.

Lasă-ți inima să dea ascultare:

(Ce te călăuzește Dumnezeu să știi, să prețuiești sau să faci?)

---

1 Vizitează allinmin.org pentru a descărca unelte utile pentru postul în grup.

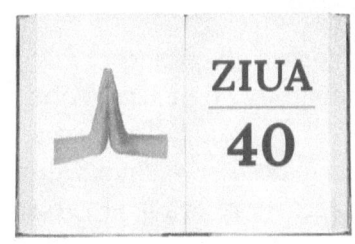

Roagă-te Cuvântul lui Dumnezeu, descoperă voia lui Dumnezeu

Dacă rămâneți în Mine și dacă rămân în voi cuvintele
Mele, cereți orice veți vrea și vi se va da.
Ioan 15:7

Indiferent în ce parte a lumii trăiești, vei descoperi că oamenii sunt ființe ale rutinei. Ne trezim la aceeași oră în fiecare dimineață. Preparăm aceleași mâncăruri în fiecare zi. Avem tendința să ne așezăm pe aceleași locuri la întâlnirile săptămânale de la biserică. Însă cu toate că rutina vieții de zi cu zi poate să fie utilă, creând un mediu al ordinii și al predictibilității, ea poate de asemenea să fie nocivă pentru obiceiurile noastre de rugăciune regulată. Faptul că ne apropiem de Dumnezeu în mod mecanic în același fel, cu aceeași rugăciune, zi după zi, poate face ca relația noastră cu El să ni se pară searbădă și fără viață. Uneori este nevoie să insuflăm viață rugăciunilor noastre și putem să facem acest lucru cu ajutorul Scripturii insuflate de Dumnezeu.

Rugăciunea pe baza Scripturii aprinde comunicarea cu Dumnezeu. Vedem această practică exemplificată pe tot cuprinsul Bibliei de marii credincioși – și de Însuși Domnul nostru Isus – care s-au rugat cuvintele Scripturii cu încredere. Rugăciunile scripturale pot să ne ajute să păstrăm comunicarea noastră cu Dumnezeu vie, eficientă și concentrată asupra *Sa* (nu asupra noastră) și asupra gloriei *Sale* (nu a noastră). **Folosind cuvintele *Sale*, căutăm să aliniem gândirea noastră cu gândirea *Sa* și să ne rugăm în voia *Sa*.** Avem încredere în promisiunea că El aude rugăciunile care se aliniază voii Sale și le răspunde (1 Ioan 5:14-15). Din acest motiv, psalmistul David spunea cu încredere: „Domnul să-ți fie desfătarea și El îți va da tot ce-ți dorește inima" (Ps. 37:4).

Însă unii oameni folosesc greșit aceste cuvinte ale Scripturii ca și cum ele ar fi niște formule unice pentru a obține ce doresc ei. *Domnul să-mi fie desfătarea? În regulă. Te iubesc, Doamne! Îmi place să Te laud, Doamne! Mi-ar plăcea să răspunzi la toate rugăciunile mele acum, Doamne.* Nu la asta se referă acel verset. Ca Domnul să-ți fie desfătarea înseamnă să-L dorești pe El, iar El îți va da dorințe noi – dorințele Sale. Ce dorește Dumnezeu? Voia Sa este întotdeauna

- pentru slava Sa (Rom. 11:36);
- să aibă o relație cu noi (Mt. 23:37);
- să ne aducă la El prin Cristos (Rom. 5:1);
- să devenim asemenea lui Cristos (Rom. 8:29);
- să ne bucurăm, să dăm mulțumire și să ne rugăm neîncetat (1 Tes. 5:16-18);
- pentru sfințenia noastră și puritatea noastră sexuală (1 Tes. 4:3);
- ca toți oamenii să vină la El (2 Pet. 3:9);
- ca adevărul să locuiască din belșug în noi (Col. 3:16);
- pentru inima noastră mai mult decât pentru faptele noastre (Osea 6:6);
- ca noi să rămânem în El și să ne bucurăm de viață din belșug (Ioan 10:10; 15:1-17).

Știm că aceste lucruri sunt voia lui Dumnezeu deoarece Cuvântul Său spune astfel, iar noi putem să ne rugăm cu încredere ca El să lucreze pentru a duce la îndeplinire ceea ce dorește El. Cu toate acestea, când este vorba despre decizii mai concrete și personale – de exemplu, unde să ne mutăm sau găsirea unui loc de muncă – nu vom găsi în Biblie instrucțiuni detaliate. Acest lucru s-ar putea să sune descurajant la început. Însă pe măsură ce continuăm să ne înrădăcinăm în Cuvântul lui Dumnezeu, mintea noastră este transformată. Și vom deveni mai buni la a discerne voia Sa *unică* pentru noi și a recunoaște mâna Sa în lucrurile care ne preocupă. Secretul este să înlocuim gândirea lumească cu gândirea lui Cristos: „Să nu vă potriviți chipului veacului acestuia, ci să vă prefaceți prin înnoirea minții voastre, ca să puteți deosebi bine voia lui Dumnezeu: cea bună, plăcută și desăvârșită" (Rom. 12:2).

Uneori, chiar dacă ne rugăm și încercăm să discernem ce dorește Dumnezeu, pur și simplu nu mai știm ce să ne rugăm. Când nu știm ce să spunem, Scriptura poate să ne dea cuvintele. Și putem de asemenea să ne bizuim pe Duhul Sfânt ca să Se roage *pentru* noi. Dumnezeu cunoaște fiecare dorință și nevoie a noastră, chiar și pe cele pe care încă nu le identificăm. Putem să ne încredem în El ca să aranjeze împrejurările și să ne poarte de grijă la momentul potrivit, în modul potrivit, chiar și atunci când nu avem cuvintele potrivite:

> Duhul ne ajută în slăbiciunea noastră, căci nu știm cum trebuie să ne rugăm. Dar Însuși Duhul mijlocește pentru noi cu suspine negrăite. Și Cel ce cercetează inimile știe care este năzuința Duhului, pentru că El mijlocește pentru sfinți după voia lui Dumnezeu. (Rom. 8:26-27)

Cu acest ajutor din partea Duhului Sfânt, putem să-I încredințăm lui Dumnezeu îngrijorările noastre, având încredere că El va direcționa rezultatul în conformitate cu voia Sa. Noi nu trebuie să discernem voia lui Dumnezeu *înainte* de a ne ruga. **Rugăciunea ne conduce să descoperim voia lui Dumnezeu.** Prin rugăciune, Dumnezeu îți schimbă inima așa încât să se alinieze voii Sale. Roagă-te în smerenie pentru ceea ce dorești, dar roagă-te cu o inimă predată scopurilor Sale: „Totuși facă-se nu voia Mea, ci a Ta" (Lc. 22:42). Pe măsură ce Dumnezeu începe să-ți arate voia Sa, continuă să te încrezi în El, făcând următorii pași de ascultare. Apostolul Pavel a exemplificat acest lucru cu credincioșie. De trei ori L-a rugat pe Dumnezeu să ia de la el „un țepuș în carne, un sol al Satanei" și de trei ori Dumnezeu i-a refuzat cererea (2 Cor. 12:7-10).

Cu toate acestea, Pavel I-a rămas credincios lui Dumnezeu pentru că dorința sa era ca mai presus de toate să se împlinească voia lui Dumnezeu. El a învățat prin acea experiență că harul lui Dumnezeu este suficient pentru a duce la îndeplinire voia lui Dumnezeu. Prin urmare, Pavel și-a „isprăvit alergarea" și a „păzit credința" până la sfârșit (2 Tim. 4:7), iar Dumnezeu a fost mult glorificat prin viața sa.

Când ne bizuim pe Dumnezeu și pe Cuvântul Său în rugăciune, în special în vremurile dificile, găsim mai multă putere de la El pentru a trăi potrivit planului Său. **Poate că în acele vremuri dificile observăm cel mai mult cum Scriptura întărește rugăciunile noastre. Rugăciunea pe baza Cuvântului lui Dumnezeu dezlănțuie puterea lui Dumnezeu de a transforma inimi și împrejurări.** Cuvântul Său de asemenea este „[insuflat] de Dumnezeu și de folos ca să învețe, să mustre, să îndrepte, să dea înțelepciune în neprihănire, pentru ca omul lui Dumnezeu să fie desăvârșit și cu totul destoinic pentru orice lucrare bună" (2 Tim. 3:16-17). Cuvântul lui Dumnezeu nu greșește niciodată; el ne vorbește și ne echipează pentru planurile lui Dumnezeu.

Știind că Cuvântul lui Dumnezeu întotdeauna își duce la îndeplinire lucrarea, putem să ne bizuim cu îndrăzneală pe promisiunile Sale și să avem încredere că El Își va ține promisiunile. Există peste șapte mii de promisiuni în Scriptură, iar majoritatea dintre ele sunt condiționate. Unele promisiuni sunt pentru anumite persoane, iar unele promisiuni impun o acțiune anume. Când citești o promisiune, analizează cu atenție contextul original ca să vezi dacă este o promisiune condiționată. Fii atent dacă trebuie ca *tu* să faci ceva înainte ca *Dumnezeu* să facă ceva. Când țesem în rugăciunea noastră promisiuni condiționate, Îl rugăm pe Dumnezeu să ne ajute să ne îndeplinim responsabilitatea. Apoi Îl chemăm să răspundă ascultării noastre după cum a promis. Iată câteva exemple:

- „Supuneți-vă dar lui Dumnezeu. Împotriviți-vă diavolului, și el va fugi de la voi. Apropiați-vă de Dumnezeu și El Se va apropia de voi" (Iac. 4:7-8).

   Doamne, ajută-mă să mă predau Ție și să mă împotrivesc dușmanului, astfel încât el să mă lase în pace. Ajută-mă să Te caut. Mă apropii de Tine în inima mea chiar acum. Te rog să Te apropii de mine, Doamne.

- „Dacă ne mărturisim păcatele, El este credincios și drept ca să ne ierte păcatele și să ne curățească de orice nelegiuire" (1 Ioan 1:9).

   Tată, Îți mulțumesc pentru credincioșia Ta de a mă ierta. Mărturisesc că am _____.Te rog să mă curățești de orice nelegiuire și să mă ajuți să trăiesc prin Duhul Tău, spre slava Ta.

- „Căutați mai întâi Împărăția lui Dumnezeu și neprihănirea Lui, și toate aceste lucruri vi se vor da pe deasupra" (Mt. 6:33).

   Doamne, ajută-mă să prioritizez scopurile Tale și să trăiesc după principiile Tale, punându-le mai presus de lucrurile acestei lumi. Știu că atunci când voi face acest lucru, Tu vei împlini toate nevoile mele. Mă încred în Tine.

Rugăciunea activează promisiunile lui Dumnezeu în viața noastră. **Poate că nu știm când sau cum va împlini Dumnezeu promisiunea, dar știm că dacă ne rugăm promisiunea Sa, acest lucru ne ajută să ne încredem în El și să trăim potrivit voii Sale.** „În adevăr, făgăduințele lui Dumnezeu, oricâte ar fi ele, toate în El sunt «Da»; de aceea și «Amin» pe care-l spunem noi, prin El, este spre slava lui Dumnezeu" (2 Cor. 1:20). Dumnezeu ne iubește și dorește ca noi să ne rugăm, să rostim Cuvântul Său cu credință, să ne bizuim pe promisiunile Sale și să ne punem toată speranța în El. „Amintește-Ți promisiunea Ta pentru mine; ea este singura mea speranță" (Ps. 119:49, NLT).

ZIUA 40

Lasă Biblia să vorbească:
Citește Matei 6:9-13 (Opțional: Romani 12:1-2)

Lasă-ți mintea să gândească:
1. Cunoașterea voii lui Dumnezeu ne ajută să înfruntăm problemele și să luăm decizii. Pe ce promisiune din Scriptură te bizui tu? Găsește astăzi una care să te ajute în vreun fel.

2. S-au schimbat dorințele inimii tale pe măsură ce prietenia ta cu Dumnezeu a devenit tot mai apropiată? Explică.

3. Dacă te confrunți cu dificultăți într-un anumit domeniu, găsește acum un verset sau pasaj din Scriptură care să te ajute să-ți depășești problema. Scrie unul și memorează-l (Ziua 34). Roagă-te aceste cuvinte din Scriptură cu regularitate. Lui Dumnezeu Îi place să audă Cuvântul Său, Îi place să-I vorbești și să audă cum te poate ajuta să învingi.

Lasă-ți sufletul să se roage:
Tată, Cuvântul Tău este puternic. Ajută-mă să mă rog din Cuvântul Tău, astfel încât să mă rog după voia Ta. Arată-mi ce promisiuni împlinești în viața mea și ajută-mă să le memorez și să mă rog acele promisiuni. Dă-mi dorințele inimii Tale... În numele lui Isus, amin.

Lasă-ți inima să dea ascultare:
(Ce te călăuzește Dumnezeu să știi, să prețuiești sau să faci?)

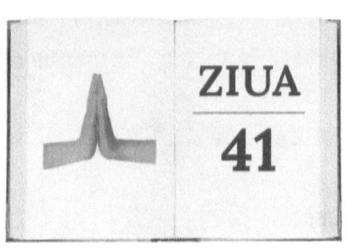

ZIUA
41

Roagă-te pentru alții – marea putere a mijlocirii

Vă îndemn dar, înainte de toate, să faceți rugăciuni,
cereri, mijlociri, mulțumiri pentru toți oamenii.
1 Timotei 2:1

În ultimele clipe înainte ca Isus să Se lase prins ca să fie răstignit, El le-a dat ucenicilor Săi un dar incomensurabil. El S-*a rugat* pentru ei – și pentru *tine*.[1]

Rugăciunea constantă caracteriza relația lui Isus cu ucenicii Săi. El S-a rugat înainte de a-i alege (Lc. 6:12-16). S-a rugat pentru ei pe toată perioada lucrării Sale. Iar rugăciunile Sale pentru ei și pentru tine nu s-au oprit când El S-a înălțat la cer. **Astăzi, chiar acum, Isus continuă să Se roage pentru tine de pe tronul Său din cer (Rom. 8:34; Ev. 7:25).** Isus îi învăluie în rugăciune pe cei pe care îi iubește, așa că și noi – în calitate de ambasadori ai Săi – facem la fel.

Pentru cine dorește Dumnezeu să ne rugăm?

- Autorități (1 Tim. 2:1-2)
- Credincioșii din lumea întreagă (Ef. 6:18)
- Oamenii bolnavi (Iac. 5:14-15)
- Alți păcătoși ca noi (Iac. 5:15-16)
- Dușmani (Mt. 5:44; Lc. 6:28)
- Cei care culeg recoltele (Mt. 9:38)
- TOȚI oamenii (1 Tim. 2:1)

De ce este atât de importantă mijlocirea (rugăciunea pentru alții)? Rugăciunea pentru alții Îl invită pe Dumnezeu în relație – ea ne leagă în dragoste și unitate. Mijlocirea ne schimbă inima față de o

---

1 Poți găsi această rugăciune – cea mai lungă rugăciune din Biblie în afara Psalmilor – în Ioan 17.

persoană pe măsură ce ne smerim, uitându-ne „nu la foloasele [noastre], ci și la foloasele altora" (Flp. 2:4). Noi nu umblăm pe calea lui Dumnezeu singuri. Avem frați și surori care ne însoțesc în această umblare și suntem chemați să ne pese de ei și să-i încurajăm. **Însă ne este greu să facem pentru oameni orice lucru de o importanță semnificativă *înainte* de a ne ruga pentru ei. *După* ce ne rugăm pentru ei, orice vorbă bună sau faptă bună are în ea puterea lui Dumnezeu.** Vezi aceste exemple biblice de mijlocire:

- Avraam a mijlocit pentru Lot, iar Dumnezeu l-a salvat pe acesta de la nimicirea Sodomei (Gen. 18).
- Moise a mijlocit pentru o întreagă națiune – israeliții cei răzvrătiți – și Dumnezeu nu i-a mai nimicit (Ex. 32-33; Ps. 106:23).
- Samuel a mijlocit pentru poporul lui Dumnezeu, iar Dumnezeu le-a iertat păcatul și i-a înfrânt pe inamicii lor (1 Sam. 7).
- Ilie a mijlocit pentru țară, iar Dumnezeu a trimis ploaie (1 Împ. 18:41-46).
- Iov a mijlocit pentru prietenii săi care l-au acuzat pe nedrept, iar Dumnezeu i-a iertat (Iov 42).
- Estera a mijlocit pentru evrei, iar Dumnezeu i-a izbăvit de persani (Est. 4:15-17).
- Biserica primară a mijlocit pentru Petru când acesta era întemnițat, iar Dumnezeu a deschis ușile temniței (Fapte 12).
- Isus a mijlocit pentru noi, iar Dumnezeu ne-a salvat din păcatul nostru (Is. 53:12).

Avem numeroase exemple de mijlocire în Cuvântul lui Dumnezeu, deoarece acest lucru este extrem de important pentru El. O parte din voia Sa pentru noi este să mijlocim pentru cei pe care El îi iubește. Așa că trebuie să-L rugăm să ne ajute să-i vedem pe alții așa cum îi vede El. **Dumnezeu îți va da înțelepciune și discernământ cu privire la modul în care să te rogi pentru nevoile aduse în atenția ta.** Dacă un prieten suferă din cauza persecuției, poate că El te va călăuzi să te rogi pentru răbdare sau alinare. Dacă acea persoană suferă din cauza unor alegeri proaste, poate că El te va călăuzi să te rogi pentru *pocăință* și izbăvire. Când Dumnezeu îți schimbă inima ca să-i vezi pe alții așa cum îi vede El, rugăciunile tale de asemenea se vor schimba.

Poate că nu te vei ruga: „*Doamne, rezolvă problemele lor*", „*Pune capăt durerii lor*", „*Trimite-le bani.*" În schimb, s-ar putea să te rogi:

Doamne, dă-le cele mai mari binecuvântări ale Tale, chiar dacă primirea acelor binecuvântări presupune durere. Adu alinare cât mai curând posibil și între timp dă-le multă putere. Izbăvește-i de cel rău. Eliberează-i de păcat și de orice lucru care este o piedică în calea relației lor cu Tine. Fii glorificat în viața lor. Dă-le răbdare și ajută-i să Te cunoască acum mai mult ca oricând. Dă-le bucuria și pacea Ta. Arată-mi cum pot să-i ajut și să-i încurajez.

Pe măsură ce mijlocim pentru alții, trebuie să ne amintim că rugăciunile spuse cu credință și însoțite de acțiune Îl onorează pe Dumnezeu și îi binecuvântează pe alții. Ți se pare că nu ai suficientă credință? Dacă Dumnezeu ți-a dat credință ca să vii la Isus, ai deja suficientă credință ca să-i aduci pe alții la Isus în rugăciune. Chiar și o credință de mărimea unui bob de muștar poate să mute obstacole uriașe. „Adevărat vă spun că, dacă ați avea credință cât un grăunte de muștar, ați zice muntelui acestuia: «Mută-te de aici colo», și s-ar muta; nimic nu v-ar fi cu neputință" (Mt. 17:20). Răspunsul lui Dumnezeu la rugăciunile noastre nu are legătură cu dimensiunea credinței noastre. Indiferent de câtă vreme ești credincios sau cât de mult ai păcătuit în trecut sau cât de slabă pare credința ta, rugăciunile tale pot să mute munții. Noi putem să ne rugăm rugăciuni mari cu privire la situații imposibile chiar și dacă avem o credință foarte mică. *Toate lucrurile sunt cu putință la Dumnezeul nostru atotștiutor, atotputernic și atotprezent* (Mt. 19:26; Mc. 10:27).

În cele din urmă, **amintește-ți să te rogi și să acționezi**. „Dedicați-vă rugăciunii cu o minte alertă și o inimă mulțumitoare" (Col. 4:2, NLT). Dacă vezi o persoană sau o problemă care are nevoie de rugăciune, roagă-te chiar atunci. Dacă amânăm, s-ar putea ca atenția să ne fie distrasă. Dacă cineva te invită să te rogi pentru el/ea, consideră acest lucru un privilegiu și păstrează confidențialitatea în ce privește cererile sale de rugăciune. Când mijlocești pentru alții, s-ar putea ca Dumnezeu să-ți arate cum să-i ajuți.

- Dacă te rogi pentru cineva ca să găsească un loc de muncă și îți vine în minte o persoană care face angajări și care ar putea fi de ajutor, pune-l pe prietenul tău în legătură cu persoana care face angajări.

- Dacă te rogi pentru un prieten bolnav și îți dai seama că ai o mâncare hrănitoare pe care o poți împărți, du-i mâncare prietenului tău.
- Dacă te rogi pentru cineva ca să-L cunoască pe Cristos, caută o oportunitate de a-i împărtăși despre Isus.
- Dacă ești căsătorit cu o persoană necredincioasă, rugăciunile tale și faptele tale evlavioase îl vor influența pe partenerul tău de viață. Apostolul Petru spunea cu privire la soții necredincioși: „Dacă unii nu ascultă Cuvântul, să fie câștigați fără cuvânt, prin purtarea nevestelor lor, când vă vor vedea felul vostru de trai: curat și în temere" (1 Pet. 3:1-2).

Rugăciunea nu este pasivă. Rugăciunea este activă. Nu amâna atunci când poți să faci un bine (Prov. 3:28).

Capacitatea noastră fizică este limitată, însă capacitatea noastră în rugăciune este nemărginită. Noi putem să determinăm înaintarea Evangheliei la nivel global prin mijlocire și să influențăm milioane de oameni spre slava lui Dumnezeu!

Lasă Biblia să vorbească:

Citește Ioan 17 (Opțional: Coloseni 1:9-12; 3; 4:2-6)

Lasă-ți mintea să gândească:

Îți amintești noua noastră perspectivă în calitate de ambasadori ai lui Cristos (Zilele 17-19)? Lasă astăzi acea chemare să-ți călăuzească rugăciunea în timp ce te rogi din Coloseni.

1. **Roagă-te pentru generația următoare (Col. 1:9-12).** Roagă-te ca ei să-L cunoască pe Dumnezeu, să înțeleagă voia Sa (v. 9), să aibă o viață roditoare (v. 10), să experimenteze puterea lui Dumnezeu (v. 11) și să aducă mulțumiri Tatălui cu bucurie (v. 12).

2. **Roagă-te pentru vecinii tăi și pentru națiuni (Col. 4:2-6).** Roagă-te pentru oportunități de a-L împărtăși pe Cristos (v. 3) și a-L reprezenta bine printr-o trăire înțeleaptă și o vorbire plină de har (v. 5-6).

3. **Roagă-te pentru a-I da slavă lui Dumnezeu (Col. 3).** Roagă-L pe Dumnezeu să te ajute să te concentrezi asupra lui Cristos (v. 1) și să te ajute să faci din slava Sa cel mai înalt țel al tău (v. 3). Roagă-te ca viața ta să fie îmbrăcată în îndurare, bunătate, smerenie, blândețe și îndelungă răbdare – o viață sfântă, trăită spre slava Sa, iubindu-i și iertându-i pe alții cu generozitate (v. 5-15).

Lasă-ți sufletul să se roage:

Tată, Tu spui: „Când Mă va chema, îi voi răspunde; voi fi cu el în strâmtorare, îl voi izbăvi și-l voi proslăvi" (Ps. 91:15). Ajută-mă să nu ezit niciodată să Te chem pentru mine sau pentru alții... În numele lui Isus, amin.

Lasă-ți inima să dea ascultare:

(Ce te călăuzește Dumnezeu să știi, să prețuiești sau să faci?)

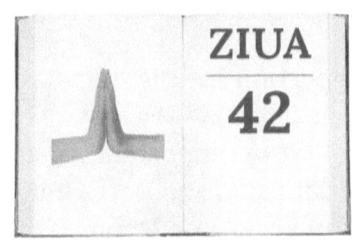

Roagă-te mai întâi de toate. Roagă-te întotdeauna. Roagă-te acum.

Dedicați-vă rugăciunii cu o minte alertă și o inimă mulțumitoare.
Coloseni 4:2, NLT

Una dintre cele mai importante, cele mai profunde și cele mai minunate realități din întregul univers este aceasta: **Dumnezeu răspunde la rugăciune**. Să nu ne obișnuim niciodată cu acest adevăr extraordinar. Să nu luăm niciodată cu ușurătate faptul că Dumnezeu ascultă rugăciunile noastre și le răspunde. El răspunde rugăciunilor noastre datorită a cine este El. Răspunsul nostru la harul Său și bunătatea Sa: Să vină Împărăția lui Dumnezeu și să se facă voia Sa în viața noastră, căsnicia noastră, familia noastră, biserica noastră și națiunea noastră (Mt. 6:10). În săptămâna aceasta am învățat multe despre acest privilegiu special pe care îl avem cu Dumnezeu:

- Rugăciunea izvorăște din relația ta cu Dumnezeu și intensifică această relație.
- Rugăciunea este o conversație cu Dumnezeu care uneori schimbă împrejurările în care te găsești și *întotdeauna* îți schimbă inima.
- Trebuie să fim atenți la obstacolele care stau în calea rugăciunii și să ne ocupăm de ele imediat.
- Putem să postim sau să ne rugăm din Scriptură pentru a întări viața noastră de rugăciune.
- Ne rugăm pentru alții pe care îi cunoaștem personal și, după cum ne călăuzește Dumnezeu, pentru nenumărate alte persoane.

Aspectul cel mai important este că scopul rugăciunii e să cunoaștem inima lui Dumnezeu, iar El adesea ne arată inima Sa prin Cuvântul Său. De aceea este atât de important să studiem Scriptura și să o memorăm. Cuvântul lui Dumnezeu este modul Său de a ne vorbi. Când studiem și învățăm Scriptura, Duhul Sfânt ne va aduce aminte de versete exact la momentul potrivit (Ioan 14:26). Atunci când El face acest lucru pentru tine, roagă-te cu privire la acele versete.

Dumnezeu vorbește și în alte moduri. „«În zilele de pe urmă», zice Dumnezeu, «voi turna din Duhul Meu peste orice făptură; feciorii voştri şi fetele voastre vor proroci, tinerii voştri vor avea vedenii şi bătrânii voştri vor visa visuri!»" (Fapte 2:17). Uneori Dumnezeu vorbește prin împrejurări, impresii, fluxuri spontane ale gândirii, vise, vedenii sau prin alte persoane din biserică. Există mai multe exemple biblice în acest sens:

- **Dumnezeu a vorbit** lui Avraam (Gen. 12:1), lui Agar (Gen. 16:7-13), lui Moise (Ex. 3:5), tututor profeților, lui Saul (Pavel) (Fapte 9:5) şi lui Ioan (Apoc. 1:17-18).
- **Dumnezeu a trimis vise** lui Iacov (Gen. 28:12), lui Iosif (fiul lui Iacov) (Gen. 37:5), lui Faraon (Gen. 41), lui Nebucadnețar (Dan. 2), lui Iosif (soțul Mariei) (Mt. 1:20-21; 2:13) și magilor (Mt. 2:12).
- **Dumnezeu a dat vedenii** lui Isaia (Is. 2:1), lui Ieremia (Ier. 24:1), lui Ezechiel (Ezec. 1:1), lui Daniel (Dan. 10), lui Petru (Fapte 10:9-16), lui Pavel (Fapte 16:9), lui Ioan (Apoc. 1) și multor altora.
- **Dumnezeu a dat biserica** oamenilor din Iudeea, Galileea, Samaria (Fapte 9:31), Antiohia (Fapte 13), Ierusalim (Fapte 15) și nouă.

Modul în care ne vorbește Dumnezeu nu este atât de important precum modul în care *răspundem* la ceea ce credem că spune El. Este fascinant să știm că Dumnezeu ne vorbește într-o varietate de moduri, dar ai grijă. Înțelegerea greșită a ceea ce spune Dumnezeu poate produce stricăciuni. **Un lucru este sigur – când Dumnezeu ne vorbește, El nu va contrazice niciodată Cuvântul Său.** Unii au încercat să prezică vremurile din urmă, crezând că au primit o revelație specială, însă Cuvântul lui Dumnezeu spune că nimeni nu va ști ziua sau ora în care Isus Se va întoarce (Mt. 24:36). Unii conducători susțin că *orice* boală este un rezultat al păcatului care nu este urmat de pocăință. Însă Biblia ne învață că întreaga omenire suferă consecințele păcatului, aici fiind inclusă și boala (Rom. 8:20-22).

Atunci când crezi că Dumnezeu ți-a vorbit, cere-I lui Dumnezeu să confirme mesajul. Când faci acest lucru, s-ar putea ca un pastor sau un prieten să aducă în discuție fără să-și dea seama un verset care se aplică situației tale. Sau poate că la timpul tău devoțional cu Domnul, atenția îți este atrasă de un verset care confirmă ceea ce ai auzit. Credincioșii maturi și conducătorii înțelepți ai bisericii pot de asemenea să te ajute să discerni dacă un mesaj a fost de la Dumnezeu. Când ți se confirmă că într-adevăr Dumnezeu ți-a vorbit, ascultă de El întru totul și fără întârziere. Duhul Său Sfânt îți va da putere să te lași condus de El. O ascultare întârziată sau parțială este neascultare și, așa cum am învățat mai devreme, neascultarea poate să fie o piedică în calea rugăciunilor noastre.

Pe măsură ce ne continuăm călătoria rugăciunii împreună cu Dumnezeu, iată trei sugestii pentru a consolida momentele noastre de rugăciune:

1. **Planifică rugăciunea.** Putem să ne simțim liberi să-I împărtășim lui Dumnezeu ce avem pe inimă în mod nestingherit și spontan, dar trebuie de asemenea să avem intenționalitate cu privire la *ceea ce ne rugăm* – **să includem închinarea (adorarea), mărturisirea, mulțumirea și cererea** (Ziua 37). Altminteri, s-ar putea să sărim peste adorare și să ne petrecem tot timpul cerându-I lucruri lui Dumnezeu sau s-ar putea să ne pierdem în mărturisire și să uităm să dăm mulțumire. Așa cum a fost sugerat în Ziua 37, ține o listă cu motive de rugăciune pe care o actualizezi săptămânal și scrie notițe, descriind când și cum răspunde Dumnezeu la acele rugăciuni. Ai putea chiar să-ți stabilești un program săptămânal de rugăciune pentru partea de „cerere" a timpului tău de rugăciune, astfel încât să poți să te concentrezi asupra anumitor persoane sau situații în fiecare zi a săptămânii. De exemplu:

Duminică: lucruri personale și săptămâna care urmează
Luni: misionari și lucrări de slujire (binecuvântare și har)
Marți: profesori, conducători ai guvernului, armată și poliție (înțelepciune și protecție)
Miercuri: membri ai familiei (motive de rugăciune)
Joi: prieteni (motive de rugăciune)
Vineri: vecini și națiuni (pentru revitalizare, trezire spirituală și pacea Ierusalimului [Ps. 122:6-9])
Sâmbătă: pastori (să se odihnească bine și să predice cu puterea lui Dumnezeu)

Dacă sunt disponibile în comunitatea ta de închinare – fie la biserica ta, fie online – ai putea de asemenea să ai în vedere folosirea unor schițe de rugăciune, ghiduri pentru rugăciune sau calendare de rugăciune.

2. **Prioritizează rugăciunea.** Isus Se ducea adesea într-un loc retras ca să-Și înceapă ziua în rugăciune și să comunice cu Tatăl Său pe tot parcursul zilei. El Se uita la Tatăl Său. Făcea ceea ce Îl vedea pe Tatăl Său făcând (Ioan 5:19). Asculta cuvintele Tatălui Său și spunea ce Îl auzea pe Tatăl Său spunând (Ioan 12:49). Ucenicii lui Isus au văzut cu ochii lor faptul că El Se bizuia pe rugăciune. Când ei au devenit lideri în biserica primară, au delegat alte sarcini pentru ca ei să se dedice rugăciunii și predicării Cuvântului lui Dumnezeu (Fapte 6:4). Duhul Sfânt a lucrat cu putere ca răspuns la rugăciunile lor (Fapte 1:14–2:4). El poate să facă același lucru și pentru noi.

3. **Imaginează-ți că te rogi în sala tronului lui Dumnezeu.** Rugăciunea nu este doar o acțiune, ci și un loc. „Să ne apropiem dar cu deplină încredere de scaunul harului ca să căpătăm îndurare și să găsim har, pentru ca să fim ajutați la vreme de nevoie" (Ev. 4:16). Când ne rugăm, ne apropiem de tronul lui Dumnezeu. Scriitorul Epistolei către evrei ne amintește că Isus este Marele nostru Preot (Ev. 2:17; 4:14) și ne îndeamnă să ne apropiem cu încredere de tronul lui Dumnezeu. Perceperea rugăciunii în felul acesta schimbă modul în care ne apropiem de Dumnezeu cu rugăciunile noastre. Poți alege să îngenunchezi sau să-ți pleci capul ca să te pregătești fizic pentru această întâlnire.

Tronul lui Dumnezeu este diferit de orice tron de pe pământ. Dumnezeu este așezat pe un tron al harului. El ne dăruiește har. Harul Său este suficient ca să ne împlinească nevoile la momentul potrivit. Pentru că Isus este Marele nostru Preot, putem să ne apropiem de „scaunul harului". Domnul spune: „Harul Meu îți este de ajuns, căci puterea Mea în slăbiciune este făcută desăvârșită" (2 Cor. 12:9). Noi suntem chemați să răbdăm și avem har care să ne însoțească în călătoria noastră – povestea noastră adevărată împreună cu Dumnezeu și scopul Său pentru noi. Ce imagine frumoasă și glorioasă ne putem aduce aminte când ne apropiem de Dumnezeu în rugăciune!

Prieten drag, ești invitat să te bucuri de o conversație continuă cu Dumnezeu din clipa în care te trezești și pe tot parcursul zilei. Crede că Cel căruia I te rogi este „milostiv și plin de îndurare, îndelung răbdător și plin de bunătate" (Ps. 145:8). El este Tatăl nostru bun și Îi face plăcere să audă rugăciunile copiilor Săi (Prov. 15:8).

Lasă Biblia să vorbească:
Citește Luca 18:1-14 (Opțional: Evrei 4:14-16)

Lasă-ți mintea să gândească:
1. În ce fel faptul că știi că te apropii de tronul harului lui Dumnezeu îți schimbă modul în care abordezi rugăciunea?

2. Răspunde la întrebările pentru discuție din Săptămâna 6.

Lasă-ți sufletul să se roage:
Tată, Îți mulțumesc că mă inviți la tronul harului Tău. Călăuzește-mă atunci când mă rog. Ce binecuvântare este faptul că Tu dorești să-Ți vorbesc, că dorești să-mi vărs inima înaintea Ta! Te rog, ajută-mă să cunosc inima Ta pe măsură ce încep această conversație continuă cu Tine... În numele lui Isus, amin.

Lasă-ți inima să dea ascultare:
(Ce te călăuzește Dumnezeu să știi, să prețuiești sau să faci?)

ÎNTREBĂRI PENTRU DISCUȚIE
DIN SĂPTĂMÂNA 6:

Recapitulează lecțiile din această săptămână și răspunde la întrebările de mai jos. Împărtășește-le prietenilor tăi răspunsurile tale când vă întâlniți în această săptămână.

1. Ce anume te ajută să te concentrezi atunci când te rogi? Să te rogi cu voce tare? Să îngenunchezi? Să scrii în jurnal? Să faci o schiță a rugăciunilor? Altceva?

2. Am discutat patru elemente principale (AMMC) ale rugăciunii: adorare, mărturisire, mulțumire și cerere. Pe care dintre acestea îți este cel mai ușor să-l practici? Pe care ai dori să-l dezvolți mai mult? Rugăciunea „Tatăl nostru" este un minunat exemplu care include aceste părți principale. Dacă nu știi rugăciunea „Tatăl nostru", deschide Biblia la Matei 6:9-13 și citește-o acum.

3. Când a folosit Dumnezeu rugăciunea pentru a-ți schimba inima fără să-ți schimbe împrejurările? Care este cel mai mare răspuns la rugăciune pe care ți-l aduci aminte?

4. Există în viața ta piedici în calea rugăciunii? Ce măsuri vei lua astăzi pentru a învinge aceste piedici? Roagă pe cineva să-ți ceară socoteală cu privire la schimbarea pe care te cheamă Dumnezeu să o faci.

5. Împărtășiți nevoi de rugăciune și practicați mijlocirea, rugându-vă unii pentru alții. Spune-le celorlalți dacă și când a răspuns Dumnezeu acelor rugăciuni.

SĂPTĂMÂNA A ȘAPTEA

DUHUL SFÂNT –
TRĂIEȘTE-ȚI POVESTEA PRIN
PUTEREA LUI DUMNEZEU

ZIUA
43

Cunoaște puterea lui Dumnezeu în tine

Și Eu voi ruga pe Tatăl, și El vă va da un alt Mângâietor, care să rămână cu voi în veac; și anume Duhul adevărului, pe care lumea nu-L poate primi, pentru că nu-L vede și nu-L cunoaște, dar voi Îl cunoașteți, căci rămâne cu voi și va fi în voi.
Ioan 14:16–17

Am păstrat darul cel mai extraordinar pentru ultima noastră săptămână împreună. Ai auzit despre El pe tot parcursul acestei călătorii, pentru că este imposibil să nu vorbim despre El. Însă acum să facem cunoștință în mod oficial cu Cel care te ajută să-L cunoști pe Dumnezeu, să rămâi în Isus și să împlinești partea ta din Povestea lui Dumnezeu. Acum este timpul să-L cunoaștem pe Duhul Sfânt și să descoperim cum să ne bucurăm de prezența Sa.

Realitatea este că mulți credincioși din întreaga lume înțeleg că Duhul Sfânt există, însă nu știu cum să interacționeze cu El. Poate că ei frecventează cu regularitate biserica, studiază Biblia și fac voluntariat în lucrarea de slujire. Cu toate acestea, ceva pare să lipsească din relația lor cu Dumnezeu. Poate că ei se întreabă de ce le lipsește bucuria sau experimentează puțină victorie asupra păcatului sau se simt neliniștiți și frustrați. Ei nu își dau seama că ceea ce lipsește din viața lor nu este ceva, ci este cineva. Nimeni nu i-a învățat cum să aibă o relație zilnică și însuflețitoare cu Dumnezeu prin Duhul Sfânt, pe baza lucrării încheiate a lui Isus. Dumnezeu nu a intenționat niciodată ca cei care sunt copiii Lui să se simtă astfel. De aceea atunci când Isus S-a dus în cer, El ne-a lăsat trei lucruri:

1. Trupul Său: Biserica (Col. 1:18)

Biserica este familia lui Dumnezeu, nu o clădire.[1] Biblia numește

---

1 Citește secțiunea „Cum să găsești o biserică bună" de la Ziua 12.

această adunare de credincioși „trupul lui Cristos" (Ziua 12). Așa cum diferite părți ale trupului îndeplinesc diferite funcții, dar alcătuiesc o persoană, noi, credincioșii, alcătuim trupul lui Cristos. Noi ne încurajăm și ne sprijinim unii pe alții. **Duhul Sfânt ne dă abilități speciale – daruri spirituale – pentru a lucra împreună ca familie a credinței (1 Cor. 12).** Pentru că nu avem cu toții aceleași daruri, ne binecuvântăm unii pe alții în moduri diferite, dar întotdeauna cu scopul de a ne ajuta unii pe alții spre slava lui Dumnezeu. Duhul Sfânt și biserica lucrează împreună în Scriptură.

2. Gândul Său: Cuvântul lui Dumnezeu (1 Cor. 2:16)

Isus Cristos este Cuvântul care S-a făcut trup (Ioan 1:14). Când Isus (Cuvântul lui Dumnezeu în formă *umană*) S-a întors în cer, Scripturile (Cuvântul lui Dumnezeu în formă *scrisă*) au rămas cu noi. Prin Cuvântul lui Dumnezeu, cunoaștem gândul lui Dumnezeu – voia Sa și gândurile Sale – și ne înnoim mintea (Rom. 12:1-2). **Prin Duhul Sfânt, gândul lui Isus Cristos este dat și înțeles.** „Dumnezeu [ne-a descoperit aceste lucruri] prin Duhul Său... «Cine a cunoscut gândul Domnului, ca să-I poată da învățătură?» Noi însă avem gândul lui Cristos" (1 Cor. 2:10, 16). Duhul Sfânt și Evanghelia merg mână în mână în Scriptură.[1]

3. Duhul lui Dumnezeu: Duhul Sfânt (Rom. 8)

Isus de asemenea ne-a lăsat Duhul Sfânt, Mângâietorul, Duhul adevărului. Duhul Sfânt nu este separat de Dumnezeu, ci *este* Dumnezeu (2 Cor. 3:17). Când ne întoarcem de la păcatul nostru și ne punem toată încrederea în Isus pentru mântuirea noastră, Dumnezeu ne iartă de păcatele noastre și *ne înnoiește* prin Duhul Sfânt (Tit 3:5). **Duhul Sfânt ne umple, ne mângâie, ne învață, Se roagă pentru noi și ne dă putere.** În ultimele cuvinte adresate de Isus ucenicilor Săi, El S-a concentrat asupra acestui dar al Duhului Sfânt (Ioan 14:15-27; Fapte 1:8). Duhul Sfânt și credinciosul născut din nou sunt întotdeauna una în Scriptură.[2]

Da, Duhul Sfânt este Cel care lucrează în și prin biserică, făcând cunoscut „gândul lui Cristos" și ajutându-ne să trăim viața de credință. Abilitatea noastră de a împlini scopul lui Dumnezeu depinde de relația noastră cu Dumnezeu prin Duhul Sfânt. Noi trebuie să învățăm despre El și trebuie să ne bizuim pe El pe măsură ce El ne îndreaptă atenția spre Isus (Ioan 15:26). Acum să facem prezentările.

---

1 J. D. Greear, *Jesus, Continued...: Why the Spirit Inside You Is Better than Jesus Beside You*, Zondervan, Grand Rapids, MI, 2014, p. 21.

2 Isus a folosit termenul „născut din nou" când a vorbit cu un conducător religios despre mântuire (Ioan 3:3-8).

Cine este Duhul Sfânt? Biblia descrie Duhul Sfânt ca fiind Dumnezeu pe deplin. Împreună cu Dumnezeu Tatăl și Dumnezeu Fiul (Isus), Dumnezeu Duhul este cea de-a treia persoană a Trinității. Un singur Dumnezeu în trei persoane – împreună, și totuși distincte. Vedem Trinitatea prezentă la creație (Gen. 1:2, 26), activă în botezul lui Isus (Mt. 3:16-17), declarată în Marea Trimitere (Mt. 28:19), menționată în epistolele Noului Testament (2 Cor. 13:14) și întrețesută în întreaga Scriptură. Deoarece Duhul Sfânt este Dumnezeu, El este egal cu Dumnezeu Tatăl și Dumnezeu Fiul din toate punctele de vedere.

La fel ca Tatăl și Fiul, Duhul de asemenea este o *persoană*, nu o putere vagă. Duhul Sfânt nu este o forță impersonală, ci o persoană cu intelect, emoții și voință proprii. El relaționează cu noi, comunică cu noi și ne ajută în mod activ. El este „Duhul cel veșnic" (Ev. 9:14) care va fi cu noi *pentru totdeauna* (Ioan 14:16).

Când timpul Său pe pământ se apropia de sfârșit, Isus le-a spus ucenicilor Săi: „Vă este de folos să Mă duc" (Ioan 16:7). De folos? Gândește-te la această afirmație. Cum putea să fie de folos ca Isus să plece? Isus a explicat apoi: „Dacă nu Mă duc Eu, Mângâietorul nu va veni la voi, dar, dacă Mă duc, vi-L voi trimite" (Ioan 16:7). Numai după plecarea lui Isus avea să vină la ei Mângâietorul, Duhul Sfânt. **Isus știa că este mai bine ca Dumnezeu Duhul să locuiască *în* ei decât ca Dumnezeu Fiul să locuiască *lângă* ei.** Este inimaginabil, dar adevărat.

Duhul Sfânt este dat tuturor credincioșilor. Chiar în momentul de față, Duhul Sfânt locuiește în tine. Tu ești acum templul lui Dumnezeu.[1] Noi fiind lăcașuri sfinte, vii, Duhul Sfânt lucrează în noi și prin noi pentru a aduce lumii lumina și dragostea lui Isus. Noi nu doar că suntem mântuiți *din* păcatele noastre; suntem de asemenea mântuiți *pentru* scopurile lui Dumnezeu și întăriți prin Duhul Sfânt al lui Dumnezeu. Noi nu putem să facem de unii singuri nimic care să aibă valoare trainică sau care să fie spre slava lui Dumnezeu. „«Nici prin putere, nici prin tărie, ci prin Duhul Meu», zice Domnul oștirilor" (Zah. 4:6).

Pentru a îndeplini rolul nostru în Povestea lui Dumnezeu, avem nevoie de Duhul Sfânt în fiecare domeniu al vieții noastre ca să ne fie:

- Învățător permanent – revelându-ne și amintindu-ne adevărul din Cuvântul lui Dumnezeu (Ioan 14:26).
- Mângâietor veșnic – conducându-ne și ajutându-ne în permanență (Ioan 14:16).

---

1 1 Cor. 3:9, 16-17; 6:17-19.

- Îndrumător de misiune – împuternicindu-ne ca martori ai lui Isus înaintea lumii (Fapte 1:8).
- Mijlocitor în rugăciune – rugându-Se pentru noi când nu știm ce să ne rugăm (Rom. 8:26).
- Distrugător al păcatului – eliberându-ne de păcat (Rom. 8:2, 12-13).
- Revelator al adevărului – călăuzindu-ne în tot adevărul (Ioan 16:13).
- Dătător de daruri – echipându-ne cu daruri spirituale (Rom. 12:3-8; 1 Cor. 12).
- Cel care aduce roade – culegând roade spirituale din viața noastră (Gal. 5:22-23).
- Pecetluitorul mântuirii – pecetluind statutul nostru veșnic de copii ai lui Dumnezeu (Ef. 1:13-14).

De aceea Isus a vorbit *din nou* despre El după învierea Sa. Cu câteva clipe înainte de a Se întoarce în cer, Isus le-a promis ucenicilor Săi:

> Voi veți primi o putere, când Se va coborî Duhul Sfânt peste voi, și-Mi veți fi martori în Ierusalim, în toată Iudeea, în Samaria și până la marginile pământului. (Fapte 1:8)

Prin puterea Duhului Sfânt, ei aveau să-L reprezinte pe Isus la nivel local (Ierusalim), în regiunea din jur (Iudeea), în locuri pe care unii oameni le evită (Samaria) și în restul lumii. Dintre toate sfaturile și încurajările pe care ar fi putut să le ofere Isus ucenicilor Săi, ultimele Sale cuvinte au fost despre Duhul Sfânt. Viața lui Isus a fost dependentă de Duhul Sfânt – de la nașterea și botezul Său la ungerea Sa, direcția vieții Sale și moartea Sa.[1] În cele din urmă, Isus a fost înviat din morți de către Duhul (Rom. 8:11). Dacă Isus a depins de Duhul Sfânt în timpul vieții Sale de pe pământ, cum putem noi să trăim altfel? Pune-ți următoarele întrebări:

- Am eu nevoie de discernământ pentru a înțelege Scriptura? (Ioan 14:26; 1 Cor. 2:13-14)
- Aș dori eu să mi se aducă aminte de Cuvântul lui Dumnezeu la momentul potrivit? (Ioan 14:26)
- Vreau eu să primesc putere pentru a împlini scopurile lui Dumnezeu? (Fapte 1:8)

---

1 Lc. 1:35; Lc. 3:22; Lc. 4:18; Lc. 4:1; Ev. 9:14.

- Sunt eu dornic să fiu călăuzit de Duhul Sfânt? (Rom. 8:14; Gal. 5:18)
- Am eu nevoie de ajutor uneori când mă rog? (Rom. 8:26-27)
- Aș dori eu să fiu eliberat de sub puterea păcatului? (Rom. 8:2, 12-13)
- Doresc eu să ascult de Cuvântul lui Dumnezeu? (Ezec. 36:27)
- Caut eu să cresc în evlavie? (2 Cor. 3:18: 2 Tes. 2:13)
- Am eu nevoie de răspunsuri înțelepte când mi se pun întrebări cu privire la Dumnezeu? (Lc. 12:12)

Dacă ai răspuns afirmativ la vreuna din întrebările de mai sus, ești gata ca Duhul Sfânt să Își facă lucrarea mai mult prin tine. Și El este de asemenea gata să lucreze împreună cu tine. Cu cât Îi dai mai mult Duhului Sfânt acces deplin în viața ta, cu atât vei fi mai conștient de prezența statornică și iubitoare a lui Dumnezeu. Rezultatul este o dragoste mai profundă pentru Isus – exact motivul pentru care a venit Duhul Sfânt. Așa cum Isus a venit pe pământ ca să-L înalțe și să-L descopere pe Tatăl (Mt. 11:27), Duhul Sfânt a venit pe pământ ca să-L înalțe și să-L glorifice pe Isus (Ioan 16:13-14).

> „În zilele de pe urmă, zice Dumnezeu, voi turna din Duhul Meu peste orice făptură... Atunci, oricine va chema Numele Domnului va fi mântuit." (Fapte 2:17, 21)

În Vechiul Testament, mulți oameni L-au ignorat pe Dumnezeu Tatăl. În Noul Testament, mulți oameni L-au ignorat pe Dumnezeu Fiul. Astăzi, să nu facem greșeala de a-L neglija pe Dumnezeu Duhul. În schimb, să întărim legătura noastră cu Dumnezeu prin Duhul Sfânt, invitându-L să lucreze în și prin noi. El va face acest lucru. Mâine vei afla cum. Vom avea o ultimă săptămână minunată împreună.

Lasă Biblia să vorbească:

Citește Ioan 14:15-27 (Opțional: Faptele apostolilor 1-4. În funcție de cât îți permite timpul în această săptămână, **citește cartea Faptele apostolilor din Noul Testament** – numită adesea „Faptele Duhului Sfânt" – pentru a-L înțelege mai bine pe Duhul Sfânt și felul în care lucrează El în viața celor credincioși.)

Lasă-ți mintea să gândească:

1. Cine este Duhul Sfânt? Recitește o parte din versetele biblice de mai sus și descrie-L pe Duhul Sfânt cu cuvintele tale.

2. În ce moduri poate El să influențeze viața ta?

3. Suntem atât de obișnuiți ca oamenii să lucreze împreună cu noi sau pentru noi! Ce înseamnă ca Duhul Sfânt să lucreze *prin* noi?

Lasă-ți sufletul să se roage:

Tată, Îți mulțumesc pentru darul minunat al Duhului Tău Sfânt. Vreau să am o relație profundă și însuflețitoare cu Tine, prin Duhul Sfânt, pe baza lucrării încheiate a lui Isus. Ajută-mă să-mi găsesc plăcerea în Duhul Tău pe măsură ce umblu pe căile Tale. Despărțit de Tine, nu pot să fac nimic. Amintește-mi să deschid darul Duhului Tău în fiecare zi, trăind prin harul Tău, pentru slava Ta... În numele lui Isus, amin.

Lasă-ți inima să dea ascultare:

(Ce te călăuzește Dumnezeu să știi, să prețuiești sau să faci?)

Fii plin de Duhul Sfânt – predă-te Lui

Fiți plini de Duh.
Efeseni 5:18

Ce ai face dacă Isus ar veni să te viziteze în persoană? Probabil că I-ai ura bun-venit, L-ai servi cu cea mai bună mâncare și I-ai prezenta cea mai bună parte a vieții tale. Dar dacă ți-ar spune că va locui cu tine *pentru totdeauna*? Totul s-ar schimba. Poate că te-ai relaxa și I-ai da acces la fiecare parte din viața ta. În fiecare zi ai trăi în realitatea prezenței lui Isus, a dragostei Sale pentru tine și a capacității Sale de a rezolva orice problemă. Viața ar fi atât de diferită!

Exact așa poate să fie viața acum. Duhul Sfânt este cu noi și nu doar cu noi, ci în noi. Odată ce Îl rugăm pe Isus să fie Domnul nostru, Duhul Sfânt este întotdeauna gata să ne ajute și să ne călăuzească – în fiecare domeniu din viața noastră. Nu, nu va merge totul așa cum vrem noi sau când vrem noi, însă nu avem niciun motiv să ne îngrijorăm pentru că știm că putem să stăm liniștiți în grija Sa. De unde știm acest lucru?

Dumnezeu ne dă Duhul Sfânt atunci când credem în Isus.[1] Nu doar pentru un moment, ci pentru totdeauna. Isus promite că Duhul Sfânt va locui în noi *pentru totdeauna* (Ioan 14:15-17). Însă faptul că Duhul Sfânt locuiește în noi în momentul mântuirii noastre este diferit de *umplerea* noastră cu Duhul Sfânt. Noi nu decidem ca Duhul Sfânt să locuiască în noi atunci când ne punem credința în Isus – aceea este o binecuvântare automată și necondiționată (Ef. 1:13). Noi *alegem* să ne predăm Duhului Sfânt pentru ca El să lucreze în și prin noi – aceasta este o binecuvântare condiționată (Ef. 5:18).

---

1 Ioan 7:37-39; Rom. 8:9; 1 Cor. 12:13; Gal. 3:2; Ef. 1:13-14. Există numeroase discuții asupra acestui subiect, însă credincioșii din întreaga lume sunt de acord că Dumnezeu dorește să lucreze în și prin copiii Săi. Pentru mai multe informații, te rog să continui să citești.

Vedem această relaţie în cartea Faptele apostolilor. Duhul Sfânt Şi-a manifestat puterea în credincioşii care erau „plini de Duhul Sfânt". Observă că aceste versete vorbesc explicit despre umplerea cu Duhul Sfânt:

- „Atunci Petru, plin de Duhul Sfânt, le-a zis: «Mai-mari ai norodului şi bătrâni ai lui Israel!»" (Fapte 4:8).

- „După ce s-au rugat ei, s-a cutremurat locul unde erau adunaţi; toţi s-au umplut de Duhul Sfânt şi vesteau Cuvântul lui Dumnezeu cu îndrăzneală" (Fapte 4:31).

- „De aceea, fraţilor, alegeţi dintre voi şapte bărbaţi vorbiţi de bine, plini de Duhul Sfânt şi înţelepciune, pe care îi vom pune la slujba aceasta" (Fapte 6:3).

- „Au ales pe Ştefan, bărbat plin de credinţă şi de Duhul Sfânt" (Fapte 6:5).

- „Dar Ştefan, plin de Duhul Sfânt, şi-a pironit ochii spre cer, a văzut slava lui Dumnezeu şi pe Isus stând în picioare la dreapta lui Dumnezeu" (Fapte 7:55).

- „Căci Barnaba era un om de bine, plin de Duhul Sfânt şi de credinţă. Şi destul de mult norod s-a adăugat la Domnul" (Fapte 11:24).

- „Atunci, Saul, care se mai numeşte şi Pavel, fiind plin de Duhul Sfânt, s-a uitat ţintă la el şi a zis: «Om plin de toată viclenia şi de toată răutatea, fiul dracului, vrăjmaş al oricărei neprihăniri...»" (Fapte 13:9-10).

Vederea unui crâmpei de cer? Predicare cu putere? Conducere cu îndrăzneală? Da, toţi aceşti credincioşi, cunoscuţi pentru credinţa lor şi puterea lor în Domnul, au fost *plini* de Duhul Sfânt. Dumnezeu le-a dat putere, i-a echipat şi i-a unit ca să vestească mesajul lui Isus de la Ierusalim până la marginile pământului. Iată adevărul: Dumnezeu doreşte să ne umple astăzi cu aceeaşi putere a Duhului Sfânt (Ef. 1:19). Cum face El acest lucru?

Să ne uităm mai îndeaproape la Efeseni 5:18. Cuvântul original grecesc folosit pentru „plini" în acest pasaj este atât o poruncă, cât şi un verb la timpul prezent, o realitate continuă. Analizând limba originală, aflăm că *numai Dumnezeu* realizează umplerea, nu noi. Dumnezeu de asemenea ne *porunceşte* să fim umpluţi, în mod repetat, ceea ce înseamnă că este un proces continuu, similar nevoii noastre de a rămâne în Isus în mod continuu (Săptămâna 4).

Poate că te întrebi: „Cum pot să primesc mai mult din Duhul Sfânt?" **Noi nu trebuie să** *primim* **mai mult din Duhul Sfânt; trebuie să ne** *dăm* **pe noi înșine mai mult Duhului Sfânt.** „Dumnezeu [nu] dă Duhul cu măsură" (Ioan 3:34). Duhul lui Dumnezeu va umple orice spațiu pe care I-l faci disponibil. Uneori, noi permitem altor lucruri să ne umple, nu Duhului Sfânt. O viață plină de păcat nu poate fi umplută cu Duhul Sfânt, la fel cum nici o găleată plină cu noroi nu poate fi umplută cu apă proaspătă. Cel mai mare obstacol în calea unei relații cu Duhul Sfânt este refuzul de a coopera cu El. Credincioșii pot fi indiferenți și nepreocupați de a deveni ucenici ai lui Cristos eficienți sau victorioși și se întreabă de ce le lipsește bucuria sau se simt înfrânți. Dacă nu Îi facem loc Duhului Sfânt, vom fi frustrați și superficiali în credința noastră. Nu uita, nouă nu ni s-a cerut niciodată să trăim ca ucenici ai lui Cristos prin puterea *noastră*.

Vrei să-I faci loc Duhului Sfânt? Mai întâi, fă un inventar a ceea ce este în inima ta chiar acum. *Roagă-te* și răspunde cu sinceritate la întrebările de mai jos. Când ai terminat, uită-te la acele domenii din viața ta unde te umpli cu altceva, nu cu Duhul Sfânt al lui Dumnezeu.

1. Dragoste – Ofer eu timpul și atenția mea altora, inclusiv celor pe care îi consider dificili sau diferiți de mine?
2. Bucurie – Mă bucur eu de reușita altora sau mi se pare greu să sărbătoresc împreună cu ei?
3. Pace – Urmăresc eu pacea cu alții, cerând iertare atunci când este nevoie?
4. Îndelungă răbdare – Sunt eu controlat de adevăr sau de emoțiile și circumstanțele mele?
5. Bunătate – Sunt eu consecvent în bunătate sau sunt critic ori irascibil cu alții?
6. Facere de bine – Port eu poverile altora sau mă bucur pe ascuns de eșecurile lor?
7. Credincioșie – Sunt eu credincios, dedicat în gândurile și faptele mele relațiilor mele de prietenie (sau, dacă sunt căsătorit, soțului/soției mele)?

8. Blândeţe – Sunt eu blând cu alţii sau le răspund cu asprime?

9. Înfrânare a poftelor – Creez eu obiceiuri bune sau sunt dependent de ceva ce îmi face rău mie sau altora?

10. Recunoştinţă – Sunt eu de obicei recunoscător sau mă plâng adesea?

11. Smerenie – Mă smeresc eu pentru a-i sluji pe alţii sau consider că anumite sarcini sunt sub demnitatea mea?

12. Generozitate – Îl împărtăşesc eu pe Isus altora atunci când simt îndemnul Duhului Sfânt?

13. Ascultare – Ascult eu de Dumnezeu sau amân ascultarea?

14. Mulţumire sufletească – Sunt eu mulţumit de ceea ce mi-a dat Dumnezeu sau îmi doresc ceea ce au alţii?

15. Iertare – Am oferit eu iertarea celor care m-au rănit sau am refuzat să le-o ofer?

16. Încurajare – Încerc eu să-i încurajez pe alţii sau încerc să-i impresionez?

17. Evlavie – Mă las eu învăţat şi sunt dornic să învăţ sau devin defensiv atunci când sunt corectat şi mă împotrivesc dării de socoteală biblice?

18. Încredere – Sunt eu încrezător în cine sunt eu în Cristos sau sunt preocupat de mine însumi?

19. Nobleţe – Întrerup eu bârfa sau îmi place bârfa ori o trec cu vederea prin faptul că tac atunci când se bârfeşte în prezenţa mea?

20. Comunitate biblică – Sunt eu credincios bisericii mele sau comunitatea biblică nu reprezintă o prioritate pentru mine?

21. Sfinţenie – Urmăresc eu sfinţenia în ceea ce spun, ce fac, ce privesc, ce ascult sau ce citesc?

Deşi aceste întrebări s-ar putea să fie dure, autoexaminarea este necesară (2 Cor. 13:5). Bucură-te de domeniile unde lucrarea lui Dumnezeu de transformare are loc în viaţa ta. Recunoaşte păcatele pe care ţi le-a dezvăluit această listă şi pocăieşte-te de ele. „Pocăiţi-vă dar şi întoarceţi-vă la Dumnezeu, pentru ca să vi se şteargă păcatele, ca să vină de la Domnul vremurile de înviorare" (Fapte 3:19). Pocăinţa este dificilă, este o muncă continuă, nu un eveniment singular, însă Dumnezeu este *deja* de partea ta. **Duhul Sfânt este Ajutorul nostru,**

iar Tatăl nostru ceresc este nerăbdător să ne ierte. „Care Dumnezeu este ca Tine, care ierţi nelegiuirea şi treci cu vederea păcatele rămăşiţei moştenirii Tale? El nu-Şi ţine mânia pe vecie, ci Îi place îndurarea!" (Mica 7:18). **Atunci când ne cerem iertare în mod autentic, Dumnezeu spune: „Te-am iertat!" Putem să ne odihnim în harul lui Dumnezeu şi în libertatea răscumpărării.** Acum „nu este nicio osândire pentru cei ce sunt în Cristos Isus... legea Duhului de viaţă în Cristos Isus m-a izbăvit de legea păcatului şi a morţii" (Rom. 8:1-2).

Un cuvânt de atenţionare: Schimbarea direcţiei pentru a-L urma pe Duhul Sfânt în loc să urmăm vechile noastre tipare păcătoase va necesita intenţionalitate şi perseverenţă. În Matei 12:43-45, Isus ne învaţă că o casă măturată, dar lăsată *neocupată* este ca şi cum am face curăţenie în viaţa noastră, scoţând din ea influenţele negative, dar *fără* a-I permite apoi Duhului Sfânt să umple noul spaţiu pe care l-am creat. Este ca şi cum am invita duşmanul să se mute înapoi acolo cu şi mai multă influenţă demonică, lăsându-ne într-o stare mai rea decât înainte. La modul practic, asta înseamnă că înlocuim obiceiurile rele şi dependenţele păcătoase cu tipare de gândire şi practici noi şi plăcute lui Dumnezeu, *prin puterea Duhului Sfânt*. Un fost alcoolic, plin de Duhul Sfânt, găseşte o modalitate sănătoasă de a se relaxa sau a socializa. În felul acesta, el nu este dus în ispită (Iac. 1:13-18). O gândire plină de Duhul Sfânt ajută la crearea comportamentelor corecte şi la înlăturarea duşmanului. Roagă-te pentru a-ţi păstra „casa" plină cu Duhul Sfânt.

Acest următor pas decisiv din călătoria ta pe calea credinţei poate transforma povestea ta adevărată dintr-una obişnuită într-una extraordinară. Eşti tu gata să-I predai viaţa ta Duhului Sfânt? Nu este nevoie să învingi orice păcat înainte ca acest lucru să se poată întâmpla. Duhul Sfânt te va ajuta.

1. **Mărturiseşte-I lui Dumnezeu păcatele tale.** Începe cu mărturisirea răului pe care l-ai făcut, a binelui pe care nu l-ai făcut şi a lucrurilor pe care le-ai ascuns de Dumnezeu. Smereşte-te.

2. **Pocăieşte-te.** „Depărtează-te de rău şi fă binele" (Ps. 34:14). Predă-I lui Dumnezeu tot ce eşti şi tot ce ai. Duhul Sfânt adesea ne atrage atenţia atunci când facem ceva ce El interzice (Îl „întristăm" [Ef. 4:30-31]) sau nu împlinim poruncile Lui

(Îl „stingem" [1 Tes. 5:16-19]). Ia aminte la îndemnurile Sale, ascultă-L numaidecât și ocupă-te repede de problema păcatului.

3. **Cere-I Duhului Sfânt să te umple și crede că El va face acest lucru.** Lui Dumnezeu Îi face plăcere să ne umple cu Duhul Sfânt: „Deci, dacă voi, care sunteţi răi, ştiţi să daţi daruri bune copiilor voştri, cu cât mai mult Tatăl vostru cel din ceruri va da Duhul Sfânt celor ce I-L cer!" (Lc. 11:13). Și El poruncește să fim umpluţi de El: „Fiţi plini de Duh" (Ef. 5:18). Ai credinţă în această promisiune, având încredere că El te va umple.

4. **Împlineşte misiunea lui Dumnezeu pe măsură ce te umpli cu Cuvântul lui Dumnezeu.** „Cuvântul lui Cristos să locuiască din belşug în voi" (Col. 3:16). Duhul Sfânt dezvăluie voia lui Dumnezeu în Cuvântul lui Dumnezeu. **Când căutăm să împlinim misiunea lui Dumnezeu, ne poziţionăm astfel încât Duhul Sfânt să ne umple şi să Se reverse prin noi pentru a-i binecuvânta pe alţii.** Verifică să vezi cum eşti poziţionat. Vei găsi disponibile mari resurse spirituale şi o mare putere atunci când faci ceea ce te îndeamnă Duhul Sfânt să faci potrivit cu Cuvântul lui Dumnezeu. Roagă-te atunci când El te călăuzeşte să te rogi. Împărtăşeşte-L pe Isus atunci când El Îţi spune să-L împărtăşeşti.

Poate că nu Îl simţi pe Duhul Sfânt lucrând în tine şi prin tine, dar să ştii că El lucrează în moduri spectaculoase şi clare. Vei găsi mai multă eficacitate, credinţă, putere şi dragoste în timp ce trăieşti povestea ta adevărată. Aşa cum am învăţat săptămâna trecută, dacă cerem ceva potrivit cu voia lui Dumnezeu, El ne va auzi şi ne va da ceea ce cerem (1 Ioan 5:14-15). Voia lui Dumnezeu este ca Duhul Sfânt să te umple – în mod repetat (Ef. 5:18). Vei experimenta o bucurie şi o apropiere de Isus de nedescris pe măsură ce **Duhul Sfânt te umple şi Îl face pe Isus mai real pentru tine.** Prieten drag, fii plin de Duhul Sfânt!

Lasă Biblia să vorbească:

Citește Romani 6 și 8:1-17 (Opțional: Faptele apostolilor 5-8)

Lasă-ți mintea să gândească:

1. Cum ne poziționează pocăința și ascultarea astfel încât să fim umpluți cu Duhul Sfânt? De ce atitudine ai nevoie pentru a te preda pe deplin Duhului Sfânt în toate lucrurile?

2. Ce ți-a spus lista de mai devreme despre lucrurile de care ești umplut în prezent?

3. Cum poți să-I faci mai mult loc Duhului Sfânt în viața ta? Dacă Duhul este în tine, ce altceva mai este adevărat cu privire la tine acum (Rom. 8:10)?

4. Ia-ți câteva clipe să-ți mărturisești atitudinile greșite și păcatele și pocăiește-te. Roagă-L pe Dumnezeu să te umple cu Duhul Său și crede că El va face acest lucru.

Lasă-ți sufletul să se roage:

Doamne, umple-mă cu Duhul Tău Sfânt. Vreau ca Isus să fie mai real pentru mine. Nu vreau să-L întristez pe Duhul Sfânt păcătuind și nu vreau nici să sting Duhul Tău ignorând ceea ce îmi spui Tu să fac. Mărturisesc că m-am umplut cu lucruri mai puțin importante. Iartă-mă. Arată-mi cum să mă schimb. Călăuzește-mi și îndrumă-mi gândurile, cuvintele, faptele și emoțiile, astfel încât ele să fie plăcute Ție... În numele lui Isus, amin.

Lasă-ți inima să dea ascultare:

(Ce te călăuzește Dumnezeu să știi, să prețuiești sau să faci?)

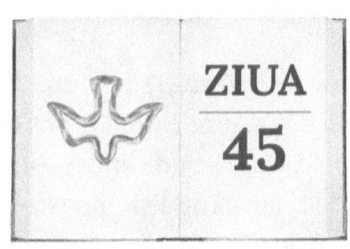

ZIUA 45

Fii curățit pentru o viață a învierii – sfințire

Dumnezeul păcii să vă sfințească El Însuşi pe deplin şi duhul
vostru, sufletul vostru şi trupul vostru să fie păzite întregi,
fără prihană la venirea Domnului nostru Isus Cristos.
1 Tesaloniceni 5:23

Dumnezeu nu ne-a mântuit doar ca să ne facă nişte oameni mai buni.
El ne-a mântuit ca să ne salveze de pedeapsa pentru păcatele noastre
şi să restabilească relaţia noastră cu El – spre slava Sa. Noi devenim
oameni mai buni *prin acea relaţie*: „Căci, dacă este cineva în Cristos,
este o făptură nouă. Cele vechi s-au dus, iată că toate lucrurile s-au
făcut noi" (2 Cor. 5:17). Totul este nou! **Dumnezeu ne mântuieşte** *prin*
Isus şi apoi, prin puterea Duhului Sfânt, ne transformă ca să *fim*
asemenea **lui Isus.**

Da, acest proces al schimbării – numit
sfințire – rămâne cu noi pentru tot restul
călătoriei noastre de credinţă. Faptul de a de-
veni credincios este doar începutul călătoriei
noastre de sfinţire. Procesul de a trăi diferit şi
a deveni asemenea lui Isus necesită atât timp,
cât şi ajutor din partea lui Dumnezeu. Duhul
Sfânt este responsabil să ne facă *sfinţi* – re-
creându-ne ca să fim asemenea Celui al cărui
chip am fost creaţi să-l purtăm (Gen. 1:27).

> **Sfinţire:**
> A fi făcut sfânt.
> Cuvântul original
> grecesc, *hagiazo*,
> înseamnă „separat",
> „pus deoparte" sau
> „a face sfânt". „Să
> creştem în toate
> privinţele, ca să
> ajungem la Cel ce
> este Capul, Cristos"
> (Ef. 4:15).

În zilele care ne stau înainte, vom învăţa
cum Duhul Sfânt ne maturizează prin slujire, prin faptul că-L împăr-
tăşim pe Isus şi chiar prin suferinţă. Astăzi să învăţăm cum cooperăm
cu El.

Sfinţirea presupune ascultare (1 Pet. 1:2). După ce Cuvântul lui Dumnezeu ne spune ce să facem, Duhul Sfânt ne ajută să discernem răspunsul nostru (Rom. 8). Când medităm asupra Cuvântului lui Dumnezeu, ne înnoim mintea, iar gândurile noastre încep să se schimbe (Rom. 12:1-2). Începem să ne gândim mai mult la ceea ce este „excelent şi vrednic de laudă" (Flp. 4:8, NLT). Gândurile noastre ne modelează cuvintele şi faptele, astfel încât să spunem ceea ce este „bun, pentru zidire" (Ef. 4:29) şi să „[trăim] în neprihănire" (1 Ioan 2:29).

Însă sfinţirea nu înseamnă a urma nişte reguli. Sfinţirea înseamnă a-L urma pe Isus. Dumnezeu este mai interesat de ceea ce devenim decât de modul în care ne comportăm. **Dacă devenim asemenea lui Cristos, ne *vom* comporta mai mult asemenea Lui şi vom găsi mai multă împlinire numai în El.** Comportamentul asemenea lui Cristos izvorăşte dintr-o inimă asemenea lui Cristos, nu din legalismul religios despre care am învăţat în Ziua 25. Isus îi condamna pe farisei deoarece comportamentul lor arăta curat pe dinafară, însă inima lor era murdară pe dinăuntru:

> „Vai de voi, cărturari şi farisei făţarnici! Pentru că voi curăţiţi partea de afară a paharului şi a blidului, dar înăuntru sunt pline de răpire şi de necumpătare... Tot aşa şi voi, pe dinafară vă arătaţi neprihăniţi oamenilor, dar pe dinăuntru sunteţi plini de făţărnicie şi de fărădelege." (Mt. 23:25, 28)

Noi trebuie să ne concentrăm nu asupra comportamentului exterior, ci asupra unei *inimi* care creşte tot mai mult în asemănare cu Cristos (Ef. 4:15). Nu este vorba despre nişte reguli, ci este vorba despre o *relaţie*. Pentru a înţelege mai bine acest proces, să ne uităm la una dintre ilustraţiile lui Isus. În repetate rânduri în Scriptură, Isus îi compară pe oameni cu grâul. Analizând modul în care creşte grâul, învăţăm mai multe despre creşterea noastră în Cristos.

1. **Noi nu putem să forţăm maturitatea spirituală, aşa că trebuie să avem credinţă în *Duhul Sfânt* ca să ne crească.** Un bob de grâu nu se forţează să crească. El nu spune în gândul lui: „Trebuie să încolţesc. Acum trebuie să fac să-mi crească o tulpină, iar după aceea trebuie să mă forţez să scot nişte grăunţe." Apostolul Pavel era frustrat din cauza credincioşilor care s-au încrezut în Cristos ca să-i salveze din păcat, dar nu s-au încrezut în Cristos pentru creştere spirituală.

Galatenii erau obsedați să urmeze niște reguli și să răspândească în-
vățăturile false conform cărora mântuirea presupunea niște reguli
suplimentare. Pavel i-a întrebat: „Sunteți așa de nechibzuiți? După ce
ați început prin Duhul, vreți acum să sfârșiți prin firea pământească?"
(Gal. 3:3). Noi trebuie să-I permitem Duhului Sfânt să facă lucrarea
Sa în noi. Să fim umpluți de El (Ziua 44). Putem să vedem creșterea
produsă de El în timp:

> „Cu Împărăția lui Dumnezeu este ca atunci când aruncă un om sămânța
> în pământ; fie că doarme noaptea, fie că stă treaz ziua, sămânța încol-
> țește și crește fără să știe el cum. Pământul rodește singur: întâi un fir
> verde, apoi spic, după aceea grâu deplin în spic." (Mc. 4:26-28)

2. **Noi cooperăm cu Duhul Sfânt cultivând condiții favorabile creș-
terii.** Nici chiar cele mai sănătoase grăunțe nu vor crește fără un pă-
mânt bun, apă și lumina soarelui. Boabe de grâu care au fost găsite
păstrate în vase antice timp de mii de ani ar putea părea că nu mai
sunt în perioada de viabilitate, însă de îndată ce au fost găsite și plan-
tate de arheologi într-un pământ bun, ele au crescut întocmai cum
te-ai aștepta să crească orice grăunțe bune. Același principiu ni se
aplică și nouă. Dacă vrei să crești în Cristos, ai nevoie de trei lucruri:

- Un pământ bun: Este inima ta un pământ bun? Te încrezi tu în
  Dumnezeu și asculți de El prin Cuvântul Său (Ziua 30)?
- Apă proaspătă: Dezvolți tu rădăcini adânci în Cuvântul lui
  Dumnezeu, astfel încât să poți absorbi apa vie a Duhului Sfânt
  (Ziua 24)? Rămâi tu în El?
- Lumina soarelui: Umbli tu în lumina lui Isus? Îi ceri tu lui
  Dumnezeu să scoată la lumină păcatul tău, astfel încât să te
  poată vindeca (Ziua 26)?

Observă că mediul pe care îl creezi are mai multă legătură cu
inima ta decât cu împrejurările tale. Chiar dacă trăiești într-un loc
ostil unor ucenici ai lui Isus sau experimentezi lupte, poți să cultivi
condiții sănătoase pentru creștere spirituală în inima și mintea ta.

3. **Creșterea spirituală are loc în comunitate.** Dacă este plantat sin-
gur, un lujer de grâu nu va supraviețui. El nu poate să-și susțină înăl-
țimea și, înainte de a ajunge la maturitate, va cădea, lipsit de vigoare
sau cu totul rupt. Însă când este plantat pe un ogor cu milioane de

alte semințe de grâu, acel singur lujer de grâu va rămâne în picioare
în timp ce furtunile vor trece pe deasupra lui. Chiar și atunci când
vântul este puternic, lujerii se susțin unii pe alții și se leagănă ca un
singur tot, într-o armonie grațioasă. Același lucru este adevărat și în
cazul nostru. **Noi nu putem să creștem singuri.** Dacă nu ai o familie
a credinței, cere-I lui Dumnezeu să te ajute. Caută o biserică în care
Cuvântul lui Dumnezeu este predicat și trăit cu credincioșie (vezi
Ziua 12, „Cum să găsești o biserică bună"). Dacă locuiești într-o zonă
unde bisericile sunt rare, întâlnește-te regulat cu cel puțin unul sau
doi prieteni care Îl urmează pe Isus (vezi Ziua 17, „Întâlniri săptămâ-
nale"). Duhul Sfânt va folosi familia ta de credință pentru a te încuraja
și a te ajuta să te maturizezi spiritual.

4. **Creșterea spirituală are loc atunci când murim față de vechiul
nostru mod de viață.** Cum crește și se înmulțește grâul? Isus ne în-
vață: „Adevărat, adevărat vă spun că, dacă grăuntele de grâu care a
căzut pe pământ nu moare, rămâne singur, dar dacă moare, aduce
multă roadă" (Ioan 12:24). Pentru ca generațiile de grâu să continue să
se înmulțească, trebuie ca niște boabe individuale să cadă la pământ
și să moară. Învelișul semínței se despică, iar hrana depozitată în ea
este folosită pentru a alimenta noua viață a plantei care acum se dez-
voltă. Pe măsură ce se maturizează, ea este capabilă să producă mult
mai multe grăunțe decât acel singur grăunte din care provine ea.

În calitate de ucenici ai lui Cristos, noi de asemenea trecem prin
procesul de a muri în mai multe moduri:

- Mai întâi murim față de **păcat** atunci când ne punem credința
  în Cristos. Suntem „[răstigniți] împreună cu Cristos" și „morți
  față de păcat" (Gal. 2:20; Rom. 6:11).
- Pe măsură ce Îl urmăm pe Isus, continuăm să murim în fi-
  ecare zi față de **vechiul nostru mod de viață**. „Dacă voiește
  cineva să vină după Mine, să se lepede de sine, să-și ia crucea
  în fiecare zi și să Mă urmeze" (Lc. 9:23).
- Murim zilnic față de **dorințele noastre lumești** pe măsură ce
  ne împotrivim ispitei și omorâm păcatul prin puterea Duhului
  Sfânt (Rom. 8:13; Col. 3:5).
- Murim zilnic față de **egoismul nostru** pe măsură ce împlinim
  nevoile altora și îi binecuvântăm chiar dacă noi suntem în
  dezavantaj (Flp. 2:4).

Procesul acesta de a muri poate părea înfricoșător, dar noi, fiind credincioși, **putem să *îmbrățișăm* moartea pentru că ea duce la învierе**. Isus ne învață: „Fiindcă oricine va voi să-și scape viața o va pierde, dar oricine își va pierde viața pentru Mine o va mântui" (Lc. 9:24). **Sfințirea este procesul de a muri față de păcat și față de sine, astfel încât viața lui Cristos să poată să ne umple mai mult și mai mult.** Când Duhul Sfânt te cheamă să mori față de tine însuți în vreun fel, adu-ți aminte că El este nerăbdător să umple acel spațiu cu viața lui Dumnezeu.

Isus era atât de preocupat de sfințirea noastră încât cu câteva momente înainte de a fi arestat, El S-a rugat pentru noi: „Ei nu sunt din lume, după cum nici Eu nu sunt din lume. Sfințește-i prin adevărul Tău: Cuvântul Tău este adevărul" (Ioan 17:16-17). Isus știa că lumea și vechea noastră natură păcătoasă vor lupta împotriva lucrării Duhului Sfânt în noi. El de asemenea știa că acea opoziție poate fi învinsă de Cuvântul lui Dumnezeu. De aceea practica *zilnică* a timpului petrecut concentrându-ne asupra relației noastre cu Dumnezeu prin Cuvântul Său este atât de importantă! Prin Cuvântul lui Dumnezeu, Duhul Sfânt ne arată ce trebuie să se schimbe și ne dă harul de a face acele schimbări (Gal. 5:16-17). Puțin câte puțin, Duhul Sfânt ne crește în sfințenie. El transformă gândirea noastră (Rom. 12:2) și ucide rădăcinile păcatului în viața noastră. **Încearcă următorul lucru data viitoare când îți este greu să asculți:**

1. Cere ajutorul Duhului Sfânt (Lc. 11:13).
2. Îngăduie-I să-ți deschidă ochii și inima pentru a descoperi care este obstacolul cu care te confrunți. Caută răspunsuri în Cuvântul lui Dumnezeu.
3. Așteaptă-L pe Dumnezeu. Pocăiește-te dacă simți îndemnul la pocăință. Roagă-te cu autoritate (Ziua 36)! În timp ce faci acest lucru, El va da la o parte orice straturi de necredință sau împietrire a inimii. Vei găsi împlinire în Isus Cristos. În cele din urmă vei renunța la orice altceva pentru a-L câștiga pe El mai mult (Flp. 3:8).

Iată un exemplu al modului în care se întâmplă acest lucru: să zicem că te lupți cu păcatul bârfei. Ești ispitit să vorbești de rău pe cineva în fața unui prieten, dar apoi îți amintești să te rogi. Îi ceri lui Dumnezeu să te ajute să-ți înfrânezi limba (Iac. 1:26). Duhul îți arată unde anume ai fost orb din punct de vedere spiritual (Ps. 119:18). Când El îți deschide ochii, începi să-l vezi pe celălalt cu mai multă compasiune, mai asemănător cu modul în care îl vede El. De asemenea, vezi clar cât de rea este bârfa. Alegi să nu vorbești despre acel prieten. Acel pas transformator al ascultării îți schimbă inima și comportamentul. Bucuria ta în Domnul aduce împlinire în inima ta, astfel încât comportamentul tău anterior – dorința de a bârfi – devine mai puțin atrăgător.

Adu-ți aminte să fii răbdător cu tine însuți. Sfințirea necesită timp, însă treptat vei vedea reale îmbunătățiri în caracterul tău și obiceiurile tale. Vei deveni mai iubitor, mai plin de compasiune și mai răbdător pe măsură ce rămâi în Cristos și asculți de Cuvântul lui Dumnezeu. În loc să mai plângi, vei fi mulțumitor. Izbucnirile de mânie vor deveni mai rare, iar lauda spontană va deveni mai frecventă. Valoarea și identitatea ta vor fi găsite numai în Cristos. Studiul biblic și rugăciunea vor deveni o parte minunată a rutinei tale zilnice. Vei începe să vezi lucrurile din punctul de vedere al lui Dumnezeu și vei dori voia Sa mai presus de orice altceva.

Când vedem schimbări pozitive, putem fi încurajați că Duhul ne transformă zi de zi. „Noi toți privim cu fața descoperită, ca într-o oglindă, slava Domnului și suntem schimbați în același chip al Lui, din slavă în slavă, prin Duhul Domnului" (2 Cor. 3:18). Noi suntem schimbați în singurul mod care contează – din interior spre exterior, pentru a oglindi slava lui Dumnezeu!

Lasă Biblia să vorbească:
Citește Efeseni 4:1-16 (Opțional: Faptele apostolilor 9-12)

Lasă-ți mintea să gândească:
1. Asemenea grâului, noi creștem în comunitate. De ce este comunitatea atât de importantă pentru ucenicii lui Isus?

2. Dacă nu ai o legătură cu o biserică sau nu o ai o familie apropiată a credinței, ce poți să faci pentru a lua legătura cu alți credincioși?

3. În ce mod te face mai bun faptul că mori zilnic față de tine însuți? În ce mod acest lucru face ca relațiile tale cu alții să fie mai bune, inclusiv cu familia ta de credință?

Lasă-ți sufletul să se roage:
Tată, crește-mă Tu prin sfințire. Fă-mă mai mult asemenea lui Isus în fiecare zi. Întărește familia mea de credință ca să putem să creștem împreună. Ajută-ne să murim zilnic față de noi înșine, astfel încât Duhul Tău Sfânt să ne umple din ce în ce mai mult... În numele lui Isus, amin.

Lasă-ți inima să dea ascultare:
(Ce te călăuzește Dumnezeu să știi, să prețuiești sau să faci?)

ZIUA
46

Crește în Duhul – slujește

Oricare va vrea să fie mare între voi să fie slujitorul vostru;
și oricare va vrea să fie cel dintâi între voi să vă fie rob.
Pentru că nici Fiul omului n-a venit să I se slujească, ci El să
slujească și să-Și dea viața ca răscumpărare pentru mulți.
Matei 20:26–28

Dumnezeu nu are nevoie de slujirea noastră. Dumnezeu ne invită să slujim pentru că *El ne iubește*. Pe măsură ce slujești împreună cu El, ai ocazia să-L cunoști mai bine. Experimentezi dragostea Sa care se revarsă prin tine spre alții, lucru care dă viață și schimbă vieți. Da, a-L sluji pe Dumnezeu slujindu-i pe alții este un alt mod în care Duhul Sfânt ne sfințește. Pe măsură ce înțelegem cum putem să devenim mâinile și picioarele lui Isus, slujim cu o atitudine în care slujirea este o oportunitate, nu o obligație. Uneori însă, poate că refuzăm să slujim. Poate că ne simțim chemați să slujim, dar ne luptăm cu detaliile – ce ar trebui să facem, unde sau când ar trebui să facem sau chiar pe cine să ajutăm. Nu suntem singuri. Moise de asemenea s-a luptat cu aceste detalii.

Moise este unul dintre cei mai mari conducători din întreaga istorie a evreilor și unul dintre puținii credincioși conduși de Duhul Sfânt menționați în Vechiul Testament. Cu toate acestea, el aproape că a ratat îndeplinirea rolului său în Povestea lui Dumnezeu. Am învățat puțin despre povestea lui Moise în Săptămâna 3. Adu-ți aminte că Dumnezeu l-a chemat pe Moise ca să-l scoată pe poporul Său din robia egipteană și apoi să instituie Legea lui Dumnezeu în mijlocul lui. Când Dumnezeu l-a chemat pe Moise să slujească, acesta a spus: „Trimite pe cine vei vrea să trimiți!" Refuzul lui Moise L-a mâniat pe Dumnezeu (Ex. 4:13-14). Dumnezeu i Se arătase lui Moise sub forma unui rug aprins, iar Dumnezeu ar fi putut să-l mistuie cu ușurință pe Moise în flăcări. Însă nu a făcut acest lucru. El a fost răbdător cu Moise și este răbdător și cu noi (1 Tim. 1:16).

Observă cum Dumnezeu a folosit detaliile vieții lui Moise.[1] Prin împrejurări neobișnuite, Moise a fost un băiat evreu care a crescut la palatul regelui egiptean, ca nepot al lui Faraon. Iată câteva moduri în care contextul din care venea el l-a ajutat să împlinească chemarea lui Dumnezeu pentru viața sa:

- A primit o educație, lucru care i-a fost util când Dumnezeu l-a inspirat să scrie primele cinci cărți ale Bibliei.
- A fost învățat să stea înaintea unor regi, lucru care i-a fost util când Dumnezeu l-a chemat să-i vorbească noului faraon.
- A învățat deprinderi de conducere și organizare, lucru care i-a fost util când Dumnezeu l-a chemat să conducă poporul Israel.
- Când a fugit în Madian (înainte de chemarea sa de a conduce poporul evreu), el a învățat răbdarea și de asemenea a învățat cum să se descurce prin pustiu, lucru care i-a fost util în timpul celor patruzeci de ani de rătăcire prin pustiu.

Poate că nu suntem chemați cu toții să conducem la fel ca Moise, însă suntem chemați *cu toții* să slujim. În ce mod s-ar putea să fii chemat să slujești? Începe prin a te uita la biografia ta. Unde locuiești? Ce limbi vorbești? Ce abilități și talente ai? Prin ce încercări ai trecut? În timp ce răspunzi la astfel de întrebări, roagă-te și cere-I Duhului Sfânt să te ajute să identifici părți ale poveștii tale pe care s-ar putea ca Dumnezeu să vrea să le folosească în slujba Sa.

În timp ce Îl întrebi pe Dumnezeu cum ai putea să-L slujești, gândește-te de asemenea la ceea ce îți *place* să faci.[2]

1. În trecut, când ai experimentat cea mai mare bucurie și rodire în slujirea lui Dumnezeu?
2. Când L-ai simțit pe Dumnezeu cel mai mult lucrând în tine și prin tine?

---

1 Jill Briscoe, *Here Am I, Lord... Send Somebody Else: How God Uses Ordinary People to Do Extraordinary Things*, W Publishing, Nashville, 2004.
2 Glenn Reese, pastor al Bisericii Chets Creek din Jacksonville, FL, într-o discuție cu autoarea, 10 august 2010.

3. Pe baza acestor răspunsuri, cum poți să ai cel mai mare impact pentru Împărăția lui Dumnezeu?

Dacă te afli abia la început, uită-te care sunt nevoile cele mai mari din biserica sau comunitatea ta. Gândește-te în ce fel pasiunile și abilitățile tale ar putea să împlinească unele din acele nevoi. Îți place să te rogi? Știi să gătești sau să cânți? Să fii antrenor sportiv sau să regizezi piese de teatru? Ai hobbyuri care ar putea veni în întâmpinarea nevoilor altora (de exemplu, să tricotezi pături pentru adăpostul local al oamenilor străzii)? Te pricepi să-i înveți pe alții sau să organizezi întâlniri? Ești priceput în a pune bazele unor afaceri sau a gestiona resursele financiare? Chiar și faptul de a fi un bun ascultător este o abilitate de mare necesitate și valoroasă. *Toată lumea* are ceva de oferit. Poate că nu știi dinainte ce să faci, dar **Dumnezeu îți va descoperi darurile tale *pe măsură ce slujești*.** Oferă-ți permisiunea de a încerca lucruri și a învăța pe parcurs; este nevoie de timp ca să găsești ce ți se potrivește, iar acest lucru nu trebuie să se întâmple imediat. Încrede-te în Dumnezeu ca să-ți dezvăluie următorul pas și apoi pășește mai departe cu credincioșie. Nu după mult timp vei vedea desfășurându-se planul mai amplu și vei experimenta binecuvântarea de a sluji. Lui Isus Îi face plăcere să te binecuvânteze pe *tine* pe măsură ce îi binecuvântează pe alții *prin* tine. De aceea El a spus: „Este mai ferice să dai decât să primești" (Fapte 20:35).

O parte a acelei binecuvântări vine sub forma unei creșteri spirituale: **Duhul Sfânt *ne* crește pe măsură ce Îl slujim pe Dumnezeu slujindu-i pe *alții*.** Duhul Sfânt mai este numit și Duhul lui Isus (Flp. 1:19) și așa cum Isus S-a smerit pentru a deveni un slujitor al tuturor, Duhul lui Isus te va face și pe tine un slujitor pe măsură ce crești în asemănare cu chipul Său. În Cristos, noi „slujim lui Dumnezeu într-un duh nou", cu putere de la Dumnezeu, nu de la noi înșine (Rom. 7:6). **Duhul ne motivează cu *dragoste*, nu cu un sentiment al datoriei, ca să lucrăm spre *slava lui Dumnezeu*, nu a noastră.** Pe măsură ce „slujim lui Dumnezeu prin Duhul lui Dumnezeu", trebuie să ne bizuim pe puterea lui Cristos și să „nu ne punem încrederea în lucrurile pământești" (Flp. 3:3). **Noi găsim bucuria adevărată atunci când facem ceea ce ne-a creat Dumnezeu să facem prin puterea Sa, spre slava Sa.** Și ține minte, Dumnezeu nu-ți va cere niciodată să slujești în vreun fel fără să-ți dea apoi harul și puterea de a sluji (Ios. 1:9; 2 Cor. 12:9).

Numai tu ai partea *ta* unică în Povestea lui Dumnezeu. Să învățăm cum să slujim *bine*. Apostolul Pavel ne învață câteva moduri de a sluji:

1. **Slujire cu jertfire.** A-i sluji pe alții *numai atunci când ne este comod* este aproape imposibil. Rareori ne programăm activități de voluntariat când găsim timp liber în agenda noastră. Trebuie să slujim cu intenție, iar acest lucru presupune un sacrificiu al timpului și al resurselor noastre – sau al ambelor. Când slujim, ne facem pe noi înșine „o jertfă vie" (Rom. 12:1), care este o ofrandă frumoasă adusă Domnului. Punem nevoile altora mai presus de ale noastre, așa cum a făcut Isus. Isus Și-a sacrificat confortul cu mult înainte de a-Și sacrifica viața pe cruce. Când era epuizat de cerințele lucrării de slujire, El Și-a lăsat la o parte nevoile individuale pentru a le da învățătură și hrană oamenilor din jurul Său – al căror număr era adesea de ordinul miilor (Mc. 6). Atunci când faci sacrificii mici sau mari – îți sacrifici confortul, odihna și timpul – „slujirea [ta] cu credincioșie este o jertfă adusă lui Dumnezeu" (Flp. 2:17, NLT).

2. **Slujire cu smerenie.** Uneori suntem tentați să slujim pentru a-i impresiona pe alții. Pierdem din vedere obiectivul de a-L înălța pe Isus, nu pe noi înșine, atunci când întâmpinăm nevoile altora. Isus a spus: „Luați seama să nu vă îndepliniți neprihănirea voastră înaintea oamenilor, ca să fiți văzuți de ei; altminteri, nu veți avea răsplată de la Tatăl vostru, care este în ceruri" (Mt. 6:1). A ne smeri pe noi înșine, slujindu-i pe alții fără să căutăm atenție, face parte din călătoria noastră de a ne îndepărta de egoism. Când slujim cu o reală smerenie, ne gândim la nevoile altora la fel de mult ca la cele proprii (Rom. 12:10). Pavel le-a scris în mod repetat bisericilor primare, accentuând importanța de a sluji cu smerenie. „Nu faceți nimic din duh de ceartă sau din slavă deșartă; ci, în smerenie, fiecare să privească pe altul mai presus de el însuși. Fiecare din voi să se uite nu la foloasele lui, ci și la foloasele altora" (Flp. 2:3-4). El i-a învățat să-i slujească pe toți, indiferent de poziția sau statutul lor social (Rom. 12:16).

Isus, Regele regilor, a fost un exemplu desăvârșit de slujire cu smerenie. El „n-a crezut ca un lucru de apucat să fie deopotrivă cu Dumnezeu, ci S-a dezbrăcat pe Sine Însuși și a luat un chip de rob" (Flp. 2:6-7). **Cel pe care toți ar trebui să-L slujească a devenit slujitorul**

tuturor! Isus le-a împărtășit ucenicilor Săi acest paradox: „Dacă vrea cineva să fie cel dintâi, trebuie să fie cel mai de pe urmă din toți și slujitorul tuturor!" (Mc. 9:35). Smerește-te, și *Dumnezeu* te va înălța (Iac. 4:10). **Valoarea ta nu stă în ceea ce faci sau ceea ce spun alții; valoarea ta vine de la cine ești tu în Cristos.**

3. **Slujire cu dragoste.** Ai primit vreodată un dar din obligație? Sau poate că cineva te-a ajutat cu un proiect, însă a făcut asta cu amărăciune? Nu este un sentiment plăcut. Poate că ai prefera ca acea persoană să-și păstreze darul sau să nu ajute deloc. Când slujim fără dragoste, este ca și cum I-am da un dar lui Dumnezeu în acest mod. Orice act de slujire – oricât de excepțional ar fi el – este lipsit de valoare dacă este făcut fără dragoste (1 Cor. 13:3). În Ziua 6, am învățat că vom fi răsplătiți în funcție de cât de bine am *iubit*, nu în funcție de faptele bune pe care le-am făcut. Cum slujește dragostea?

- Dragostea slujește cu generozitate, practicând ospitalitatea (Rom. 12:13).
- Dragostea slujește în mod activ, venind în întâmpinarea unor nevoi reale (1 Ioan 3:18).
- Dragostea slujește cu compasiune, manifestând o milă autentică (Rom. 12:15).
- Dragostea slujește pașnic, trăind în armonie cu alții indiferent de statutul social (Rom. 12:16, 18).
- Dragostea slujește cu har, binecuvântându-i în mod activ pe dușmanii săi (Rom. 12:14, 17, 19-20).

4. **Slujire în Duhul.** Când noi, credincioșii, ne punem credința în Isus pentru mântuire, Duhul Sfânt ne dă daruri speciale – daruri spirituale.[1] Bărbați și femei de toate vârstele *lucrează împreună* pentru a îndeplini misiunea lui Dumnezeu.[2] Fiecare persoană are un rol esențial în a sluji în calitate de ființă creată după chipul lui Dumnezeu. **Duhul Sfânt produce *roada* Duhului în tine pe măsură ce folosești *darurile***

---

1 Pentru liste ale unor daruri spirituale concrete găsite în Biblie, citește Romani 12:3-8, 1 Corinteni 12:8-11 și Efeseni 4:10-12.
2 Din cauza unei lipse a instruirii, femei din lumea întreagă au adesea așteptări neclare cu privire la modul în care ele pot să slujească biserica sau să contribuie la înaintarea Evangheliei. Vezi Faptele apostolilor și epistolele Noului Testament pentru exemple de bărbați și femei care lucrează împreună, în echipe. Femeile, indiferent în ce perioadă din viața lor s-ar afla, primesc daruri spirituale pentru a-și îndeplini rolul esențial în comunitate, în biserică sau acasă.

Duhului spre slava lui Dumnezeu. Privește cum Duhul Sfânt te crește atât pe tine, cât și darurile tale atunci când le folosești. Așa cum am învățat, biserica este numită un trup pentru că fiecare parte, deși diferită, este esențială funcționării întregului. Așa cum diferitele părți ale trupului lucrează împreună, credincioșii diferiți trebuie să vină împreună, folosindu-și darurile pentru zidirea trupului lui Cristos spre slava lui Dumnezeu (Ef. 4:12). Când îi slujim pe frații și pe surorile noastre, onorăm jertfa lui Cristos pentru biserică (Ef. 5:25) și devenim mai mult asemenea comunității pe care o avea în minte Dumnezeu la creație – o comunitate a unității, a dragostei și a creativității.

Noi trebuie să ne slujim și propria familie. Lui Dumnezeu Îi pasă mult de slujirea noastră față de familia noastră de credință, însă slujirea față de ei nu ne scutește de responsabilitățile noastre față de familia noastră naturală. Nu putem să-i slujim bine pe alții din biserică dacă familia noastră este în neorânduială acasă. De aceea una dintre cerințele pentru conducătorii bisericii este o familie în bună orânduială (Tit 1:6-7). „Căci dacă cineva nu știe să-și cârmuiască bine casa lui, cum va îngriji de Biserica lui Dumnezeu?” (1 Tim. 3:5). Isus i-a mustrat pe conducătorii religioși pentru că treceau cu vederea decizia oamenilor de a da resurse unei comunități religioase în loc să se îngrijească de nevoile părinților lor (Mc. 7:11). Și Pavel a predicat același lucru: „Dacă nu poartă cineva grijă de ai lui, și mai ales de cei din casa lui, s-a lepădat de credință și este mai rău decât un necredincios" (1 Tim. 5:8). Dumnezeu nu dorește să alegem între a sluji familia noastră de credință și familia nostră biologică. El dorește ca noi să le slujim pe *amândouă*. Însă El nu te cheamă să slujești fără să-ți dea harul Său pentru fiecare pas pe care-l faci.

Slujirea este încă o oportunitate pentru ca Duhul Sfânt să te crească – să te recreeze – ca să devii mai asemănător cu Cristos, Mântuitorul slujitor. Slujind, vei descoperi noi daruri pe care ți le-a dat Dumnezeu și vei învăța cum să te bizui mai mult pe El. Vei avea relații mai profunde și vei începe relații noi pe măsură ce cauți să *slu-jești*, nu să *fii slujit*. Cel mai bun lucru dintre toate este că prietenia ta cu Dumnezeu crește pe măsură ce slujiți împreună, iar tu trăiești partea ta din Povestea Sa.

Lasă Biblia să vorbească:

Citește 1 Corinteni 12-13 (Opțional: Faptele apostolilor 13-16))

Lasă-ți mintea să gândească:

Aceste întrebări din pasajul de citit pentru astăzi s-ar putea să te ajute să descoperi daruri și pasiuni pentru slujire:

1. Când ai experimentat cea mai mare bucurie și rodire în slujirea lui Dumnezeu?

2. Când L-ai simțit cel mai mult pe Dumnezeu lucrând în tine și prin tine?

3. Pe baza acestor răspunsuri, cum poți să ai cel mai mare impact pentru Împărăția lui Dumnezeu?

Lasă-ți sufletul să se roage:

Tată, Îți dau viața mea ca să fac orice dorești Tu să fac, să merg oriunde dorești Tu să merg și să spun orice dorești Tu să spun. Ajută-mă să folosesc spre slava Ta darurile spirituale pe care le-am primit. Fă-mă asemenea lui Isus, slujitorul tuturor. Îți mulțumesc, Doamne, pentru slujirea Ta pentru noi cu jertfire, cu smerenie și dragoste... În numele lui Isus, amin.

Lasă-ți inima să dea ascultare:

(Ce te călăuzește Dumnezeu să știi, să prețuiești sau să faci?)

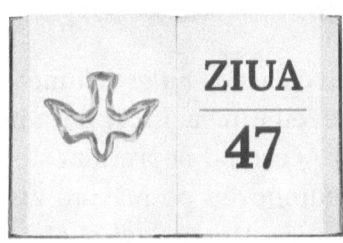

Crește în Duhul –
împărtășește

„Toată puterea Mi-a fost dată în cer și pe pământ. Duceți-vă
și faceți ucenici din toate neamurile, botezându-i în
Numele Tatălui și al Fiului și al Sfântului Duh. Și învățați-i
să păzească tot ce v-am poruncit. Și iată că Eu sunt cu
voi în toate zilele, până la sfârșitul veacului. Amin."
Matei 28:18–20

Imaginează-ți o lume în care Dumnezeu a hotărât să nu ne implice în
a le împărtăși altora vestea bună a lui Isus. În schimb, El salvează oa-
menii fără vreo implicare din partea credincioșilor. Cum ar arăta acea
lume? Să ne imaginăm că în această lume stranie mergi la o biserică
unde toată lumea a devenit un ucenic al lui Isus fără vreo interven-
ție omenească. Găsești un loc unde să te așezi, iar muzica începe.
Însă cântecele sunt foarte diferite în această lume stranie. „Mărețul
har" și alte cântece bazate pe învățăturile Noului Testament nu există
pentru că Noul Testament nu a fost scris.

În lumea noastră, Noul Testament a fost scris de către niște uce-
nici cărora li s-a dat însărcinarea de a face mai mulți ucenici. Însă
dacă nu ar exista nicio însărcinare dată oamenilor de a face ucenici,
nu ar exista niciun motiv să scriem despre misiunea lui Dumnezeu.

Într-o astfel de lume, scopul nostru – întreaga noastră existen-
ță – s-ar schimba în rău. Bucuria noastră de a-L împărtăși altora pe
Isus și învățăturile Sale ar dispărea. Am rata plăcerea de a vedea pe
cineva trecând de la moarte spirituală la viață spirituală. Privilegiul
nostru de a fi unealta lui Dumnezeu pentru transformarea unui su-
flet omenesc ar fi pierdut. Atitudinile, acțiunile și chemările noastre
ar fi foarte diferite. Dacă Dumnezeu nu ne-ar fi invitat să fim parte a
lucrării Sale de mântuire, viața noastră ar fi privată de atâta bucurie,
speranță și scop!

Slavă lui Dumnezeu că aceea *nu* este lumea noastră! **Fiindcă atât de mult a iubit Dumnezeu lumea, încât ne-a încredințat slujba împăcării (2 Cor. 5:18-20).** Acest dar neprețuit este pentru binele nostru. Noi ne apropiem de Dumnezeu pe măsură ce *lucrăm împreună cu El* ca să facem ucenici. Da, Dumnezeu poate să salveze și salvează oameni fără să-i implice pe alții, dar este un privilegiu că Dumnezeu alege să răspândească vestea bună *prin noi* (2 Cor. 2:14). Noi primim acest dar de a-L împărtăși pe Isus altora astfel încât ei să poată fi iertați, înnoiți și împăcați cu familia veșnică a lui Dumnezeu. Noi avem un medicament care schimbă veșnicia, pe care să-l dăm oamenilor care mor din punct de vedere spiritual. Noi nu putem să ținem doar pentru noi darul harului lui Dumnezeu. Isus a făcut deja partea cea mai grea. Tot ce avem noi de făcut este să împărtășim povestea Sa. Iar când facem acest lucru, *nu există sentiment mai minunat* ca atunci când Dumnezeu lucrează prin noi pentru a-i salva pe cei care merg pe calea greșită. Când aceștia se întorc de la păcatele lor și Îi spun „da" lui Isus, veșnicia lor se schimbă chiar în fața ochilor noștri!

În mod surprinzător, unele biserici și unii credincioși trăiesc ca și cum și-ar duce existența în lumea stranie pe care doar ne-am imaginat-o. Ei sunt neimplicați; faptul de a împărtăși altora vestea bună a lui Isus (ceea ce se numește evanghelizare) nu este o prioritate. În schimb, ei pun deoparte Marea Trimitere dată de Isus, ascunzând-o ca și cum ar ascunde banii de cheltuieli într-un sertar. Poate că le lipsește bucuria, creșterea, speranța, unitatea sau scopul. Poate că se întreabă de ce nu cresc la nivel personal sau colectiv. Nu sunt conștienți de faptul că nu fac ceea ce i-a creat Dumnezeu să facă. Fiindcă adevărul este că **neîmpărtășirea Evangheliei este o încălcare a poruncii lui Dumnezeu.**

Din fericire, misiunea lui Isus este *întotdeauna* să caute și să mântuiască ce este pierdut (Lc. 19:10). Prin Duhul Sfânt, aceste biserici și credincioși *pot* să se schimbe. Duhul Sfânt poate să creeze familii de credință sănătoase, unde cei noi în credință au ca mentori niște credincioși maturi. Ai tu nevoie de un nou început? Dumnezeu poate să te ajute să te întorci la principalele motive pentru care exiști:

Să-L iubești pe Dumnezeu,

Să iubești pe toată lumea și

Să faci ucenici!

Formarea de ucenici începe cu Isus – vestea Sa bună şi Marea Sa Trimitere. Când Isus le-a încredinţat mesajul Său ucenicilor Săi, El le-a dat instrucţiuni concrete, care se găsesc în Matei 28:18-20. Acum este rândul nostru. Dumnezeu ne-a încredinţat Evanghelia, aşa că hai să analizăm acest pasaj şi să facem ucenici în această generaţie!

1. Isus a primit **„toată autoritatea"** (Mt. 28:18, NLT) – Pentru a face ucenici, trebuie să fim ucenici. Mai devreme în Matei, Isus a spus: „Dacă voieşte cineva să vină după Mine, să se lepede de sine, să-şi ia crucea şi să Mă urmeze" (Mt. 16:24). Ne-am lepădat de noi înşine pentru a-L urma pe Isus şi a ne supune autorităţii Sale?

2. **„Duceţi-vă"** – Dată fiind autoritatea lui Isus, suntem noi dispuşi să ne ducem şi să împărtăşim?

3. **„faceţi ucenici"** – Această poruncă înseamnă să facem ucenici, credincioşi care învaţă tot mai mult despre El. Vom împărtăşi noi dragostea lui Isus, vom trăi asemenea lui Isus şi vom vesti Cuvântul lui Isus?

4. **„toate neamurile"** – Fiecare suflet contează pentru Dumnezeu. Suntem noi dispuşi să-L împărtăşim pe Isus tuturor?

5. **„botezându-i"** – Botezul este un semn exterior al unei schimbări lăuntrice şi primul pas de ascultare al credincioşilor. Suntem noi botezaţi? Îi vom conduce pe alţii spre a fi botezaţi?

6. **„Şi învăţaţi-i să păzească tot ce v-am poruncit"** – Noi suntem îndemnaţi să păzim învăţăturile lui Isus, nu doar să le cunoaştem. Îi vom învăţa noi pe alţii mesajul lui Isus şi *îl vom păzi*?

7. **„Eu sunt cu voi în toate zilele"** – Credem noi că Isus este cu noi „în toate zilele"? Ne vom încrede noi în El?

Dumnezeu te-a ales să fii ambasadorul Său.
Isus promite că va fi cu tine.
Duhul Sfânt îţi dă putere să împlineşti această poruncă (Fapte 1:8).
Poţi să faci acest lucru.

Isus spune: „Cum M-a trimis pe Mine Tatăl, aşa vă trimit şi Eu pe voi" (Ioan 20:21). **Când faci paşi în ascultare, Dumnezeu te echipează cu tot ce ai nevoie pentru a face voia Sa.** Când împărtăşeşti, Duhul

Sfânt îți dă putere și cuvinte.[1] În acest proces, Duhul Sfânt îți mărește credința – te sfințește – prin faptul că faci ucenici.

Cum putem să facem ucenici? Să ne uităm la chemarea la rugăciune a lui Isus: „Mare este secerișul, dar puțini sunt lucrătorii! Rugați dar pe Domnul secerișului să scoată lucrători la secerișul Său" (Lc. 10:2). Isus a folosit semnificația simbolică a secerișului pentru a explica felul în care oamenii sunt gata să fie adunați în familia lui Dumnezeu. Asemenea unui ogor gata pentru seceriș, oamenii sunt gata pentru a primi Evanghelia. Îi cerem lui Dumnezeu, Domnul secerișului (Mt. 9:38), să scoată lucrători la seceriș și mergem împreună cu El atunci când El ne trimite. Formarea de ucenici presupune adesea un proces al recoltei alcătuit din patru părți:[2]

1. **Plantează** semințe ale Evangheliei cu rugăciune. Așa cum a cerut Isus, începe cu rugăciune. Când ne rugăm, aruncăm semințe dătătoare de viață ale Evangheliei. Mergem pe ogoare, adică în locurile unde oamenii sunt departe de Dumnezeu (peste drum de noi sau la celălalt capăt al lumii).

2. **Udă** acele semințe cu Povestea lui Dumnezeu – Evanghelia. Când împărtășim Povestea lui Dumnezeu și povestea noastră în calitate de martori ai Săi, semințele Evangheliei se dezvoltă în viața oamenilor.

3. **Crește** acele semințe încolțite cu lumina Cuvântului lui Dumnezeu. Pe măsură ce noii credincioși învață de la tine, ajută-i să se roage și să studieze Biblia ei înșiși pentru ca să poată deveni puternici.

4. **Recoltează** ogoarele, adunând credincioși care să alcătuiască biserica. În calitate de credincioși, noi suntem adunați laolaltă pentru încurajare, ucenicie și comunitate. Pregătim noi lucrători care să fie trimiși pe ogoare noi, ca să semene și să ude semințe ale Evangheliei în viața altora. Această trimitere începe din nou procesul formării de ucenici.

Acum să luăm uneltele pe care le-am învățat de-a lungul acestei călătorii a credinței și să vedem care este locul lor în procesul de formare a ucenicilor, alcătuit din patru părți:

---

1 Mt. 10:19; Lc. 12:12; Fapte 1:8; 2 Cor. 5:20.
2 Mișcările de plantare a bisericilor din lumea întreagă urmează un proces similar, intitulat „Cele patru ogoare".

1. **Plantează** semințe ale Evangheliei cu rugăciune.
   a. Creează o **hartă a relațiilor** cu persoanele din viața ta care sunt departe de Dumnezeu (Anexă). Roagă-te pentru oportunități de a împărtăși dragostea lui Isus și fă-ți planuri în acest sens.
   b. Roagă-te pentru alții, roagă-te cu autoritate, roagă-te și postește pentru trezire spirituală (Săptămâna 6).

2. **Udă** acele semințe cu Povestea lui Dumnezeu – Evanghelia.
   a. Împărtășește Povestea lui Dumnezeu, îmbinând ingredientele **Pâinii Evangheliei** (Ziua 18).
   b. Începe conversații spirituale, folosind abordarea **Ascultă, Află, Dragoste, Domnul** (Ziua 18).
   c. Împărtășește povestea ta folosind ca ghid „**Împărtășește povestea ta**" (Ziua 18).

3. **Crește** acele semințe încolțite într-o mică întâlnire săptămânală cu scopul instruirii și al sprijinului.
   a. Adună laolaltă între trei și cinci noi credincioși, folosind formatul „**Întâlniri săptămânale**" (Ziua 17).
   b. Învață-i pe credincioși să păzească învățăturile lui Isus (Săptămânile 3-7).
   c. Folosește un plan de citire a Bibliei pentru a **studia Biblia împreună** (Ziua 33).

4. **Recoltează** ogoarele, adunând credincioși care să alcătuiască biserica și lăsându-i apoi să facă alți ucenici.
   a. Adunați-vă laolaltă ca o familie a credinței pentru închinare, Cina Domnului, slujire și instruire (Zilele 12 și 43).
   b. Învață-i pe credincioși cum să își folosească darurile spirituale pentru a-L sluji pe Isus și a-i sluji pe alții (Ziua 46).
   c. Încurajează credincioșii să meargă împreună pe ogoare noi, folosind unealta **Ascultă, Află, Dragoste, Domnul** (Anexă). Recapitulați-o săptămânal pentru rugăciune și dare de socoteală (vezi Luca 10:1-11).

Cum știi dacă abordarea formării de ucenici este eficientă? Dovada stă în viețile schimbate. Poți întotdeauna să îmbunătățești procesul sau uneltele enumerate mai sus, dar să știi că numai Dumnezeu este Cel care face să crească recolta Sa de oameni (1 Cor. 3:6-7). Poate

că nu putem să ucenicizăm pe toată lumea, dar putem să ucenici-
zăm o persoană. Apoi încurajează acea persoană să ucenicizeze o altă
persoană și preia un nou discipol. Chiar dacă ești nou în credință,
poți totuși să faci ucenici.

Gândește-te ce s-ar întâmpla dacă ai ucenicza câte o persoa-
nă în fiecare an. Apoi, în anul următor, acea persoană ar începe să
ucenicizeze câte o persoană în fiecare an. Apoi toți cei care au fost
ucenicizați ar continua să ucenicizeze câte o persoană nouă în fie-
care an. În treizeci de ani, dacă acest ciclu al formării de ucenici ar
continua, peste un miliard de persoane ar veni la credința în Cristos!
Gândește-te la acest lucru. Dumnezeu ar putea să schimbe familia ta,
localitatea ta și națiunea ta prin tine!

Lasă Biblia să vorbească:

Citește Luca 10:1-22; Romani 10:9-17 (Opțional: Faptele apostolilor 17-20)

Lasă-ți mintea să gândească:

1. Cunoști pe cineva care are nevoie sau dorește să fie ucenicizat? Cere-I Duhului Sfânt să te conducă spre două sau trei persoane noi în credință pentru a forma o întâlnire săptămânală cu scopul de a face ucenici.

2. Analizează Luca 10:1-11 și descoperă tot ce i-a învățat Isus pe ucenici să facă și să nu facă înainte de a-i trimite ca lucrători la secerișul Său. Care dintre aceste lucruri îți atrag atenția?

3. Completează sau recapitulează unealta **Ascultă, Află, Dragoste, Domnul** din anexă și recapituleaz-o cu regularitate împreună cu grupul tău (1 Pet. 3:15).

Lasă-ți sufletul să se roage:

Tată, Îți mulțumesc că mi-ai încredințat slujba împăcării. Creează oportunități pentru mine ca să-L prezint oamenilor pe Cristos. Aju-tă-mă să împărtășesc dragostea lui Isus, să trăiesc asemenea lui Isus și să-i învăț Cuvântul lui Isus pe toți cei pe care Tu îi pui în viața mea. Vreau să fiu un ucenic care face ucenici prin puterea Ta și doar spre slava Ta... În numele lui Isus, amin.

Lasă-ți inima să dea ascultare:

(Ce te călăuzește Dumnezeu să știi, să prețuiești sau să faci?)

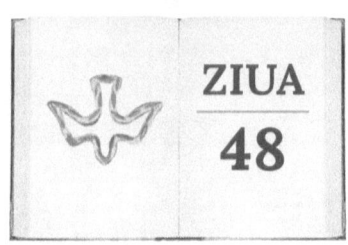

Creşte în Duhul – suferă

Fraţii mei, să priviţi ca o mare bucurie când treceţi prin felurite
încercări, ca unii care ştiţi că încercarea credinţei voastre lucrează
răbdare. Dar răbdarea trebuie să-şi facă desăvârşit lucrarea,
pentru ca să fiţi desăvârşiţi, întregi şi să nu duceţi lipsă de nimic.
Iacov 1:2–4 NIV

Poate că tu şi eu suntem tentaţi să credem că dacă trăim o viaţă bună
vom primi binecuvântări materiale şi lumea va fi atrasă la Isus. Ar
putea fi posibil ca întreaga lume să-L urmeze pe Isus dacă El ar face
ca problemele noastre să dispară şi bogăţia noastră să crească, însă
atunci s-ar putea să nu mai avem creştinism. În schimb, probabil că
am avea o idolatrie teribilă – oamenii ar veni la Cristos pentru ceea
ce *dăruieşte* El, nu pentru cine *este* El. Mărturia noastră este adesea
cea mai puternică atunci când pare că nu avem nimic altceva decât
suferinţă, dar putem totuşi să spunem: „Isus este suficient."

Pentru a îmbrăţişa pe deplin acest adevăr, este nevoie de credinţă
şi uneori de experienţe în care Dumnezeu ne ocroteşte, ne ajută şi ne
schimbă prin încercări. Modul în care *reacţionăm* faţă de acele gre-
utăţi este cel care defineşte caracterul nostru şi stabileşte dacă vom
creşte sau vom fi dărâmaţi. Putem să alegem mânia sau bucuria; pu-
tem alege să deţinem controlul cu pumnii încleştaţi sau să ne predăm
cu mâinile deschise. **Răspunsul nostru faţă de încercări dezvăluie
tipul de relaţie pe care o avem cu Isus.** Pe măsură ce Duhul Sfânt ne
maturizează prin slujire şi împărtăşire, El de asemenea ne maturi-
zează prin suferinţă.

Necazul aduce răbdare, răbdarea aduce biruinţă în încercare, iar biru-
inţa aceasta aduce nădejdea. Însă nădejdea aceasta nu înşală, pentru
că dragostea lui Dumnezeu a fost turnată în inimile noastre prin Duhul
Sfânt, care ne-a fost dat. (Rom. 5:3-5)

Ai observat că Dumnezeu toarnă dragoste în inima noastră prin Duhul Sfânt? Această dragoste ne ajută să trecem prin suferință. Ea este de asemenea o dragoste care se revarsă prin noi spre alții. Suferința nu doar că ne ajută să dezvoltăm un caracter cristic, ci de asemenea îi atrage pe alții la El. Nimic nu este mai impresionant decât să vezi pe cineva care suferă cu demnitate şi bucurie atunci când are speranța lui Cristos.

Trebuie să recunoaştem că uneori suferința este rezultatul păcatului; alegerile noastre proaste au consecințe. Însă astăzi să ne concentrăm asupra suferinței care este lucrarea duşmanului. Isus a spus: „Hoțul nu vine decât să fure, să înjunghie şi să prăpădească. Eu am venit ca oile să aibă viață, şi s-o aibă din belşug" (Ioan 10:10). Suferința în sine *este* rea şi *este* folosită de Satan ca „să fure, să înjunghie şi să prăpădească", însă **Isus duce război împotriva suferinței. El lucrează ca să o oprească sau să o aline şi, în oricare dintre cazuri, El o foloseşte *întotdeauna* spre bine.**

Îți aduci aminte de Iosif (Ziua 15)? El a fost vândut în robie şi întemnițat pe nedrept. Cu toate acestea, el le-a spus fraților săi: „Voi, negreşit, v-ați gândit să-mi faceți rău, dar Dumnezeu a schimbat răul în bine, ca să împlinească ceea ce se vede azi, şi anume *să scape viața unui popor în mare număr*" (Gen. 50:20; sublinierea îmi aparține). Mulți au fost salvați în urma faptului că Iosif a suferit multe încercări grele. Indiferent cât de dureroasă este suferința ta, să ştii că „*toate lucrurile* lucrează împreună spre *binele celor ce iubesc pe Dumnezeu*, şi anume spre binele celor ce sunt chemați după planul Său" (Rom. 8:28; sublinierea îmi aparține). *Toate lucrurile* – cele bune, cele rele şi toate celelalte cuprinse între acestea – sunt folosite de Dumnezeu *spre binele celor ce-L iubesc pe El*. Asta înseamnă că **uneori cel mai mare bine al nostru *nu* este confortul nostru imediat.** Versetul 29 explică: „Căci, pe aceia pe care i-a cunoscut mai dinainte, i-a şi hotărât mai dinainte să fie *asemenea chipului Fiului Său*" (sublinierea îmi aparține). Când citim aceste două versete împreună, putem să concluzionăm cu încredere că cel mai mare bine al nostru este să devenim asemenea lui Cristos. Isus ne avertizează:

> „Dacă vă urăşte lumea, ştiți că pe Mine M-a urât înaintea voastră. Dacă ați fi din lume, lumea ar iubi ce este al ei, dar, pentru că nu sunteți din lume şi pentru că Eu v-am ales din mijlocul lumii, de aceea vă urăşte lumea.

Aduceţi-vă aminte de vorba pe care v-am spus-o: «Robul nu este mai mare decât stăpânul său.» Dacă M-au prigonit pe Mine, şi pe voi vă vor prigoni." (Ioan 15:18-20)

Trebuie să ne aşteptăm la ostilitate şi discriminare faţă de credincioşi pentru credinţa lor în Cristos.[1] În ţările cu guverne care Îl văd pe Isus ca pe o ameninţare la adresa puterii lor sau unde religia este legată de identitatea culturală, creştinii sunt maltrataţi cumplit. Aceste guverne adesea le refuză credincioşilor libertăţi umane fundamentale. Aşadar, nu ar trebui să fim surprinşi când suntem persecutaţi sau când ni se cere să ne rugăm pentru biserica persecutată. „Toţi cei ce voiesc să trăiască cu evlavie în Cristos Isus vor fi prigoniţi" (2 Tim. 3:12).

Aşa că acum când ştim că trebuie să ne aşteptăm la acest lucru, cum putem să trăim victorios în timp ce suferim persecuţie? Îndurăm persecuţia rămânând în Cristos, Mântuitorul nostru plin de compasiune, care a suferit persecuţie *pentru* noi şi încă suferă *împreună cu* noi. Când Isus l-a înfruntat pe Saul (cunoscut mai târziu ca apostolul Pavel) pentru faptul că îi persecuta pe credincioşi, El a întrebat: „Saule, Saule, pentru ce Mă prigoneşti?" (Fapte 9:4). Isus nu S-a identificat pe Sine ca fiind „Isus, Domnul celor pe care-i prigoneşti". Nu, ci El a spus: „Eu sunt Isus, *pe care-L prigoneşti*" (Fapte 9:5; sublinierea îmi aparţine). Isus ia personal persecuţia credincioşilor. Când rămânem în El şi El în noi, El nu doar că Se uită la noi cum suferim persecuţia; El suferă persecuţia împreună cu noi. **Apropierea de Cristos este una dintre cele mai mari binecuvântări ale persecuţiei.** Pe măsură ce experimentăm persecuţia, putem să-L îmbrăţişăm pe Isus şi să ştim că suntem binecuvântaţi.[2]

Până în ziua aceea când vom fi în prezenţa Sa şi toate lacrimile vor fi şterse (Apoc. 21:4), avem nevoie de un plan pentru a răspunde la suferinţă şi persecuţie. Să ne uităm la Cuvântul lui Dumnezeu:

1. **Strigă către Dumnezeu.** David a declarat: „Dar, în strâmtorarea mea, am chemat pe Domnul şi am strigat către Dumnezeul meu: din locaşul Lui, El mi-a auzit glasul, şi strigătul meu a ajuns până la El, până la urechile Lui" (Ps. 18:6). David de asemenea a spus: „Doamne, eu Te chem; vino degrabă la mine! Ia aminte la glasul meu când Te

---

1 Fapte 14:22; 1 Pet. 4:12.
2 Mt. 5:11-12; 2 Cor. 4:15-18; 1 Pet. 4:14, 16.

chem!" (Ps. 141:1). Chiar și Isus a strigat către Dumnezeu în Ghetsimani. Poți să vii la Dumnezeu cu mânia ta, cu lacrimile tale. Bizuie-te pe ajutorul Său. Pavel scria că a experimentat o suferință copleșitoare, ajungând aproape în punctul de a muri. El de asemenea a scris că în acele clipe a strigat către Dumnezeu, care l-a salvat (2 Cor. 1:8-9). Bizuie-te pe Dumnezeu. El va avea grijă de tine. El îți va da ce ai nevoie și îți va arăta unde trebuie să mergi (Mt. 10:16-23).

2. **Trăiește-ți viața luând zilele una câte una.** Isus ne avertizează că nu ar trebui să ne concentrăm excesiv asupra viitorului, îngrijorându-ne cu privire la el, când fiecare zi are suficient necaz (Mt. 6:34). Chiar înainte de a spune acest lucru, El de asemenea ne oferă soluția de a trăi liberi de îngrijorare: „Căutați mai întâi Împărăția lui Dumnezeu și neprihănirea Lui, și toate aceste lucruri vi se vor da pe deasupra" (Mt. 6:33). Căutând *mai întâi* Împărăția lui Dumnezeu, putem să privim viața dintr-o perspectivă a Împărăției și să ne stabilim prioritățile acolo, nu în această lume complicată. Când dezvoltăm o perspectivă a Împărăției, ne concentrăm mai puțin asupra a ceea ce lipsește. De asemenea, ne concentrăm mai mult asupra a ceea ce face Dumnezeu *în prezent* și cum Se îngrijește El de nevoile noastre *în prezent*. Pe măsură ce perspectiva noastră se schimbă, s-ar putea să vedem un scop mai înalt în încercări: ele pot produce perseverența de care avem nevoie atunci când vremurile sunt dificile, iar Dumnezeu poate să primească slava pentru că puterea Sa lucrează cel mai bine în slăbiciunea noastră (2 Cor. 12:9).

3. **Fii tare.** Prieten drag, fii tare în credință, fii om, întărește-te! (1 Cor. 16:13). Singura modalitate în care putem reuși să fim tari în credință este să alegem să rămânem în Isus și să primim puterea Sa (Ioan 15). Putem să ne rugăm, cerându-I lui Dumnezeu să schimbe împrejurările noastre, să ne dea înțelepciune și să fie tot ce avem nevoie în dificultățile noastre. Putem să ne rugăm și să spunem: „Doamne, Tu ești tăria mea. Tu ești refugiul meu. Tu ești Izbăvitorul meu în care mă încred" (vezi Ps. 18:2). Faptul că ne încredem în Dumnezeu și Îi încredințăm fiecare îngrijorare ne ajută să fim tari. Putem să ne aducem aminte de numeroasele exemple ale credincioșiei lui Dumnezeu, revelate în Cuvântul Său și în viața noastră (pietre de aducere aminte). „Fiți tari, neclintiți, sporiți totdeauna în lucrul Domnului, căci știți că osteneala voastră în Domnul nu este zadarnică" (1 Cor. 15:58).

4. **Primește și împărtășește mângâierea lui Dumnezeu.** Dumnezeu folosește Cuvântul Său pentru a Se îngriji de cele mai adânci părți ale sufletului nostru. Cartea Psalmilor este plină de exemple frumoase ale modului în care Dumnezeu Se apropie de cei aflați în suferință și cu inima zdrobită (Ps. 34:18). El de asemenea ne folosește pe *noi* pentru a ne apropia unii de alții, pentru a ne oferi unii altora un sprijin tangibil și practic – o vizită oportună, o masă caldă, o îmbrățișare încurajatoare și plină de empatie. Pe măsură ce primim mângâiere din partea Sa și a altor credincioși, suntem întăriți și avem capacitatea de a fi o binecuvântare pentru alții.

> [El] ne mângâie în toate necazurile noastre, pentru ca, prin mângâierea cu care noi înșine suntem mângâiați de Dumnezeu, să putem mângâia pe cei ce se află în vreun necaz! Căci, după cum avem parte din belșug de suferințele lui Cristos, tot așa, prin Cristos avem parte din belșug și de mângâiere. (2 Cor. 1:4-5)

Experiențele noastre dureroase ne ajută să empatizăm cu alții care suferă. Când avem noi nevoie de ajutor, să nu ne fie teamă să fim vulnerabili și să-l *primim*. Așa cum am învățat de-a lungul acestei călătorii, dorința lui Isus este ca noi să fim un singur trup, lucrând împreună și sprijinindu-ne unii pe alții (1 Cor. 12:12-27). Când ne mângâiem unii pe alții cu mângâierea pe care am primit-o, mângâierea noastră se multiplică, iar gloria este a lui Dumnezeu.

5. **Iubește-ți dușmanii.** Noi iertăm așa cum am fost iertați. Isus i-a iertat pe cei care Îl executau chiar în timp ce atârna sângerând pe o cruce. El a spus: „Ați auzit că s-a zis: «Să iubești pe aproapele tău și să urăști pe vrăjmașul tău.» Dar Eu vă spun: Iubiți pe vrăjmașii voștri, binecuvântați pe cei ce vă blestemă, faceți bine celor ce vă urăsc și rugați-vă pentru cei ce vă asupresc și vă prigonesc" (Mt. 5:43-44). Amintește-ți că noi eram odinioară dușmani ai lui Dumnezeu, și El totuși ne-a iubit (Rom. 5:8). El dorește să-i salveze pe prigonitorii noștri la fel de mult cum dorește să ne salveze pe noi. Cu toții suntem creați după chipul Său. **Vei fi tu un canal al dragostei lui Dumnezeu pentru ei?**

Chiar înainte de moartea Sa, Ștefan L-a rugat pe Dumnezeu să-i ierte pe prigonitorii săi, inclusiv pe Saul, care îi persecuta pe credincioși și care și-a dat acordul pentru executarea lui Ștefan (Fapte 7-8).

În scurt timp, Dumnezeu a răspuns rugăciunii lui Ștefan, salvându-l pe Saul, cunoscut de asemenea ca Pavel. Un om care le făcuse atât de mult rău credincioșilor a fost transformat de dragostea lui Cristos și făcut apostol (Fapte 8-9; 13). Pavel a suferit multă persecuție pentru credința sa și, la un moment dat, l-a condus pe unul din persecutorii *săi* – un temnicer – la Cristos. Prieten drag, renunță la orice amărăciune și gânduri de răzbunare și roagă-te pentru cei care te persecută. Dumnezeu are un plan pentru ei și dorește să-i salveze cu același braț lung al dragostei pe care l-a folosit ca să te salveze pe tine (Is. 59:1).

În timp ce suntem în așteptarea casei noastre cerești, adu-ți aminte că pentru Isus merită să trecem prin toate încercările pe care le-am putea îndura pe pământ pentru faptul că Îl urmăm pe El. Putem să avem încredere în El când spune: „În lume veți avea necazuri, dar îndrăzniți, Eu am biruit lumea" (Ioan 16:33).

Viața este scurtă, iar suferința este temporară, însă Isus este cu tine *în toate zilele* (Mt. 28:20). Continuă-ți alergarea – *perseverează* – spre slava lui Dumnezeu (Ev. 12:1-3)! „Dumnezeul oricărui har, care v-a chemat în Cristos Isus la slava Sa veșnică, după ce veți suferi puțină vreme, vă va desăvârși, vă va întări, vă va da putere și vă va face neclintiți" (1 Pet. 5:10). Duhul Sfânt te va întări ca să poți răbda suferința pe pământ până când îți vei primi răsplata în cer. Până atunci, Duhul te ajută să crești în asemănare cu Cristos, recreându-te și restaurând chipul lui Dumnezeu în tine. Aceste lucru este *întotdeauna* bun.

Lasă Biblia să vorbească:

Citește Evrei 11:1–12:3 (Opțional: Faptele apostolilor 21-24)

Lasă-ți mintea să gândească:

1. Citește Evrei 11:32-40. Ce i-a ajutat pe acești oameni credincioși
    să persevereze în ciuda circumstanțelor? Cum crezi că au fost
    ei întăriți?

2. Persecuția ia numeroase forme. Poate fi vorba de pierderea
    unei slujbe. Poate fi vorba de niște vecini care se feresc de tine
    din pricina credinței tale. Sau, așa cum am văzut în Biblie și
    în evenimentele actuale, poate fi vorba de tratamente aspre și
    chiar moarte. Descrie o ocazie în care ai fost persecutat pentru
    faptul că Îl urmezi pe Isus. Cum ai reacționat? Ce te-a ajutat să
    rămâi focalizat asupra lui Isus și nu asupra împrejurărilor?

3. Când L-ai văzut pe Dumnezeu folosind răul spre bine în viața ta?

Lasă-ți sufletul să se roage:

*Tată, Îți mulțumesc pentru că Cristos poartă poverile mele și
empatizează cu suferința mea. Întărește-mă ca să îndur suferința
spre slava Ta. Ajută-mă să mă bizui pe Tine, să primesc mângâierea
Ta și să o împărtășesc altora, să-mi iubesc dușmanii și să fiu tare.
Pentru Tine merită să îndur orice... În numele lui Isus, amin.*

Lasă-ți inima să dea ascultare:

(Ce te călăuzește Dumnezeu să știi, să prețuiești sau să faci?)

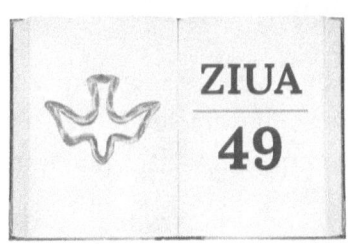

Trezește-te, veghează, lucrează – Isus Cristos vine

Luați seama, vegheați și rugați-vă, căci nu
știți când va veni vremea aceea.
Marcu 13:33

Să începem astăzi cu cea mai bună veste a tuturor timpurilor: **Isus Se va întoarce ca să ne ia la El**. Una dintre cele mai extraordinare promisiuni pe care le așteptăm cu nerăbdare noi, credincioșii, este revenirea Sa. Suferința și persecuția pe care poate că le experimentăm acum nu sunt veșnice. Povestea lui Dumnezeu, inclusiv povestea ta adevărată, are un final minunat. Isus le-a spus ucenicilor Săi în noaptea de dinaintea răstignirii Sale: „Și după ce Mă voi duce și vă voi pregăti un loc, Mă voi întoarce și vă voi lua cu Mine, ca, acolo unde sunt Eu, să fiți și voi" (Ioan 14:3). Această promisiune ne dă speranța și ne încurajează să trăim astfel încât să fim gata să-L întâlnim pe El.

Potrivit Cuvântului lui Dumnezeu, noi trăim vremurile din urmă. Apostolul Pavel scria: „Este ceasul să vă treziți în sfârșit din somn, căci acum mântuirea este mai aproape de noi decât atunci când am crezut" (Rom. 13:11). Nimeni nu știe cu exactitate ziua când Cristos Se va întoarce (Mc. 13:32), însă *știm* că timpul nostru aici este limitat. Chiar și dacă trăiești o sută de ani, aceea este doar o suflare scurtă în comparație cu veșnicia. Ce ar trebui să facem cu timpul care ne-a mai rămas? „Sfârșitul tuturor lucrurilor este aproape. Fiți înțelepți dar și vegheați în vederea rugăciunii" (1 Pet. 4:7). Rămâi veghetor, reflectând asupra Cuvântului lui Dumnezeu și rugându-te.

Dacă rămânem veghetori din punct de vedere spiritual, vom recunoaște învățăturile false despre Isus. Isus ne avertizează că în zilele din urmă vom vedea o creştere a numărului de învăţători falşi; ei vor pretinde că vorbesc în numele lui Cristos chiar dacă sunt duşmanii Lui. Ei vor distorsiona Cuvântul lui Dumnezeu şi-i vor amăgi pe mulţi:

- „Oamenii nu vor putea să sufere învăţătura sănătoasă, ci îi vor gâdila urechile să audă lucruri plăcute şi îşi vor da învăţători după poftele lor. Îşi vor întoarce urechea de la adevăr şi se vor îndrepta spre istorisiri închipuite" (2 Tim. 4:3-4).

- „Păziţi-vă de proroci mincinoşi. Ei vin la voi îmbrăcaţi în haine de oi, dar pe dinăuntru sunt nişte lupi răpitori" (Mt. 7:15).

- „Oamenii aceştia sunt nişte apostoli mincinoşi, nişte lucrători înşelători, care se pre

> ### Toate religiile duc la Dumnezeu?
> Nu. Este adevărat că toţi oamenii vor sta faţă în faţă cu singurul Dumnezeu adevărat când vor muri – indiferent dacă L-au slujit sau L-au respins. (Vezi Ziua 6.) Însă nu toţi oamenii merg în cer ca să trăiască într-o relaţie cu Dumnezeu desăvârşită şi plină de dragoste. Când vom sta înaintea lui Dumnezeu, vor intra numai cei care sunt iertaţi de păcat, care rămân tari în credinţă şi sunt îmbrăcaţi în neprihănirea lui Isus Cristos. Cei ce se bizuie pe neprihănirea propriilor fapte şi a propriei religii nu vor intra.

fac în apostoli ai lui Cristos. Şi nu este de mirare, căci chiar Satana se preface într-un înger de lumină. Nu este mare lucru dar dacă şi slujitorii lui se prefac în slujitori ai neprihănirii. Sfârşitul lor va fi după faptele lor" (2 Cor. 11:13-15).

Singura modalitate de a recunoaşte şi a respinge învăţătura falsă este compararea ei cu ceea ce este adevărat. **Putem să ne păzim de învăţătura falsă studiind Cuvântul lui Dumnezeu.** Putem să fim asemenea locuitorilor din Bereea, care verificau toate cuvintele lui Pavel în lumina Scripturii pentru a le confirma veridicitatea (Fapte 17:11). Biblia ne dezvăluie numeroase semne ale amăgirii pe care le vom vedea în zilele din urmă. Ea ne spune concret ce să respingem:

1. **Să respingem orice învăţătură care Îl minimalizează pe Isus şi crucea Sa.** „Orice duh care nu mărturiseşte pe Isus nu este de la Dumnezeu, ci este duhul anticristului, de a cărui venire aţi auzit. El chiar este în lume acum" (1 Ioan 4:3). Cuvântul *anticrist* înseamnă „împotriva lui Cristos". Învăţătura influenţată de duhul anticristului

distorsionează adevărul despre persoana şi lucrarea lui Cristos. **Isus Cristos este Dumnezeu şi singura sursă a mântuirii.** „În nimeni altul nu este mântuire, căci nu este sub cer niciun alt Nume dat oamenilor în care trebuie să fim mântuiţi" (Fapte 4:12). **Reţine: dacă ar mai exista vreo altă cale prin care să putem fi mântuiţi, atunci Isus *nu* ar fi trebuit să moară pe cruce.** Unii oameni propagă falsa învăţătură că trebuie să adăugăm faptele noastre la lucrarea lui Isus pe cruce pentru a fi mântuiţi. Să ne aducem aminte care au fost ultimele cuvinte rostite de Isus pe cruce: „S-a isprăvit", ceea ce înseamnă că păcatul nostru, datoria noastră, a fost plătită pe deplin (Ioan 19:30). Noi ascultăm de Dumnezeu din prisosul dragostei noastre faţă de El, nu ca să dobândim mântuirea. Orice învăţătură care *neagă* că Isus este Dumnezeu, că Isus este singura cale sau că lucrarea lui Isus pe cruce este suficientă, este falsă. Doar Isus este suprem:

> El este chipul Dumnezeului celui nevăzut... Toate au fost făcute prin El şi pentru El. El este mai înainte de toate lucrurile şi toate se ţin prin El. El este Capul trupului, al Bisericii. El este începutul, Cel Întâi Născut dintre cei morţi, pentru ca în toate lucrurile să aibă întâietate. (Col. 1:15-18)

2. Să respingem orice învăţătură care glorifică oameni sau conducători umani. Isus a dat semne detaliate ale vremurilor din urmă (Mt. 24). El a avertizat că învăţătorii falşi se vor glorifica pe ei înşişi şi vor face minuni pentru a-i amăgi pe oameni (Mt. 24:24). *Cu toţii* ne naştem păcătoşi (Ps. 51:5), total dependenţi de Dumnezeu (Ioan 15:5; Fapte 17:25). Fereşte-te de orice învăţătură care face din conducătorii umani – chiar şi din cei evlavioşi – alţi mântuitori. Pavel i-a corectat pe credincioşii care erau ispitiţi în felul acesta:

> Tot lumeşti sunteţi... Când unul zice: „Eu sunt al lui Pavel!" şi altul: „Eu sunt al lui Apolo", nu sunteţi voi oameni de lume? Cine este Pavel? Şi cine este Apolo? Nişte slujitori ai lui Dumnezeu prin care aţi crezut; şi fiecare, după puterea dată lui de Domnul. Eu am sădit, Apolo a udat, dar Dumnezeu a făcut să crească, aşa că nici cel ce sădeşte, nici cel ce udă nu sunt nimic, ci Dumnezeu, care face să crească. (1 Cor. 3:3-7)

Noi nu doar că trebuie să evităm să glorificăm conducătorii, ci trebuie de asemenea să fugim de conducătorii care se glorifică pe ei înşişi. Dacă ei nu conduc asemenea unor slujitori, asemenea exemplului dat de Isus pentru toată lumea, atunci ei nu conduc într-un mod plăcut lui Dumnezeu, iar Dumnezeu îi va smeri (Mt. 23:12).

3. Să respingem orice învățătură care promite confort lumesc, bogății și sănătate. Există o învățătură falsă care îi determină pe credincioși să Îl *folosească pe Dumnezeu* în loc să se *încreadă în Dumnezeu*. Ei afirmă adesea că printr-o vorbire pozitivă sau donații financiare, credincioșii pot să obțină binecuvântări financiare excesive și bunăstare fizică deplină aici și acum. Această învățătură falsă se concentrează asupra darului, nu asupra Dătătorului; asupra prezentului, nu asupra veșniciei. Această învățătură produce multă confuzie.

Dorește Dumnezeu să te binecuvânteze? Da, și El te binecuvântează atât din punct de vedere spiritual, cât și din punct de vedere fizic. „El va șterge orice lacrimă din ochii lor. Și moartea nu va mai fi. Nu va mai fi nici tânguire, nici țipăt, nici durere" (Apoc. 21:4). Putem să Îi cerem vindecare fizică și să credem că El va da vindecare. Însă *trebuie să avem încredere în momentul ales de El*, indiferent dacă vindecarea va avea loc în viața aceasta sau în veșnicie. Cu excepția cazului în care Isus Se va întoarce, toți cei care trăim astăzi vom muri de cauze fizice. Însă în cele din urmă vom fi vindecați în cer.

Dorește Dumnezeu să Se îngrijească de nevoile tale? Da, Biblia oferă numeroase exemple ale modului în care Dumnezeu Se îngrijește de noi. Ca orice tată bun, Dumnezeu dorește ca noi să-I cerem să împlinească nevoile noastre. „Pâinea noastră cea de toate zilele dă-ne-o nouă astăzi" (Mt. 6:11). Dumnezeu știe ce este cel mai bun pentru noi, dar din nou, *avem încredere în momentul ales de El* și în căile Sale pentru întâmpinarea nevoilor noastre. Adu-ți aminte de Psalmul 23 (Ziua 22): „Domnul este Păstorul meu: nu voi duce lipsă de nimic" (v. 1).

Când rugăciunile pentru vindecare sau purtare de grijă par neascultate, învățătorii falși adesea arată spre lipsa de credință a credinciosului sau lipsa dărniciei ca fiind problema. Ei nu arată spre Isus și învățătura Sa ca fiind exemplul și direcția noastră. Isus a spus să ne strângem comori *cerești* și a avertizat împotriva concentrării asupra plăcerilor pământești.[1] Dacă suntem vindecați, iar nevoile noastre sunt împlinite, Îl glorificăm pe Dumnezeu! Dacă nu, avem încredere că Dumnezeu lucrează spre binele nostru (Ziua 48). Continuă să te rogi și să rămâi în Isus.

---

1 Mt. 6:19-24; Lc. 12:33-34; 18:24; 1 Tim. 6:9; 1 Ioan 2:15-17.

4. Să respingem orice învăţătură care impune ascultarea de reguli stricte care nu se găsesc în Cuvântul lui Dumnezeu. Unii credincioşi cer respectarea unor tradiţii nebiblice pentru a dovedi că sunt mântuiţi. Ei adesea cred că tradiţiile bisericeşti sunt egale cu autoritatea Bibliei sau mai presus de aceasta. Aşa cum am învăţat în Ziua 31, numai Biblia este Cuvântul inspirat al lui Dumnezeu (2 Tim. 3:16). Isus i-a mustrat pe oameni pentru că au adăugat regulile lor la poruncile lui Dumnezeu (Mt. 23:4; Mc. 7:1-23). Pavel a avertizat împotriva concentrării asupra realizărilor exterioare mai mult decât asupra unei schimbări lăuntrice a inimii:

> Dacă aţi murit împreună cu Cristos faţă de învăţăturile începătoare ale lumii, de ce, ca şi cum aţi trăi încă în lume, vă supuneţi la porunci ca acestea: „Nu lua, nu gusta, nu atinge cutare lucru"? Toate aceste lucruri, care pier odată cu întrebuinţarea lor şi sunt întemeiate pe porunci şi învăţături omeneşti, au, în adevăr, o înfăţişare de înţelepciune într-o închinare voită, o smerenie şi asprime faţă de trup, dar nu sunt de niciun preţ împotriva gâdilării firii pământeşti. (Col. 2:20-23)

Nu faptul că urmăm nişte reguli în plus ne face mai sfinţi, ci faptul că Îl urmăm pe Isus. „Cristos ne-a izbăvit ca să fim slobozi. Rămâneţi dar tari şi nu vă plecaţi iarăşi sub jugul robiei" (Gal. 4:31–5:1). Gata cu robia faţă de activitatea legalistă care aduce slavă oamenilor, nu lui Dumnezeu! Acum suntem „nişte robi ai lui Cristos, care fac din inimă voia lui Dumnezeu" (Ef. 6:6).

5. Să respingem orice învăţătură care scuză păcatul. Orice învăţătură care permite păcatul săvârşit în mod intenţionat şi continuu este o batjocură la adresa jertfei lui Isus pentru păcat. Asemenea învăţători falşi „vorbesc cu trufie lucruri de nimic, momesc cu poftele cărnii şi cu desfrânări pe cei ce de-abia au scăpat de cei ce trăiesc în rătăcire. Le făgăduiesc slobozenia, în timp ce ei înşişi sunt robi ai stricăciunii. Căci fiecare este robul lucrului de care este biruit" (2 Pet. 2:18-19). Isus nu ne-a eliberat de păcat pentru ca să putem continua să păcătuim. „Să păcătuim mereu ca să se înmulţească harul? Nicidecum! Noi, care am murit faţă de păcat, cum să mai trăim în păcat?" (Rom. 6:1-2). Mântuirea nu este doar un eveniment care are loc o singură dată, salvându-ne de la iad, ci este o viaţă întreagă de transformare ca făpturi noi în Cristos, eliberate din robia păcatului. Noi nu trăim cum trăiam altădată, înainte ca Isus să ne mântuiască. Cartea Evrei ne avertizează împotriva trăirii unei vieți creștine indiferente. „Cum vom scăpa noi dacă stăm nepăsători față de o mântuire așa de mare?" (Ev. 2:3). Noi suntem schimbați de Isus, iar această schimbare afectează fiecare aspect al vieții noastre. „Fraților, voi ați fost chemați la slobozenie. Numai nu faceți din slobozenie o pricină ca să trăiți pentru firea pământească, ci slujiți-vă unii altora în dragoste" (Gal. 5:13).

Prieten drag, fii încurajat! Dumnezeu a așezat conducători smeriți în întreaga lume care Îl recunosc pe Isus ca Domn, care dau învățături în conformitate cu Scriptura și care încurajează un comportament neprihănit. **Duhul Sfânt – Duhul adevărului – ne va călăuzi și ne va proteja de învățăturile false.** El ne va ajuta să împărtășim altora adevărul lui Dumnezeu și să facem acest lucru *cu dragoste*. La momentul potrivit, Isus va reveni. Veghează, ferește-te de învățăturile false și slujește-L pe Isus cu sârguință până când El Se va întoarce sau te va chema acasă în cer. Credincioșia ta va fi răsplătită când vei auzi cuvintele cele mai prețioase ale Domnului și Regelui nostru: „Bine, rob bun și credincios" (Mt. 25:23).

Lasă Biblia să vorbească:

Citește Matei 24; 2 Petru 2:1-3 (Opțional: Faptele apostolilor 25-28)

Lasă-ți mintea să gândească:

1. Recapitulează lista care detaliază modul în care poți să respingi învățătorii falși. Ce îți atrage atenția din această listă? Cum poți să te pregătești pentru a respinge învățătorii falși?

2. De ce crezi că unii învățători sunt atât de populari în culturile zilelor noastre? De ce crezi că este greu pentru oameni să creadă pur și simplu mesajul Evangheliei și să se încreadă în Isus?

3. Ce te va ajuta să deosebești adevărata învățătură din Cuvântul lui Dumnezeu de învățătura falsă a celor care poate că întreabă, asemenea șarpelui din Geneza 3:1: „Oare a zis Dumnezeu cu adevărat...?"

Lasă-ți sufletul să se roage:

Tată, trezește-mă. Ancorează-mă în Cuvântul Tău ca să nu fiu amăgit de învățăturile false. Ajută-mă să-i îndrept pe alții spre adevăr și să fac acest lucru cu dragoste. Atunci când obosesc, întărește-mă cu harul Tău, spre slava Ta. Atunci când vei reveni, doresc să mă găsești credincios, astfel încât să pot auzi prețioasele Tale cuvinte: „Bine, rob bun"... În numele lui Isus, amin.

Lasă-ți inima să dea ascultare:

(Ce te călăuzește Dumnezeu să știi, să prețuiești sau să faci?)

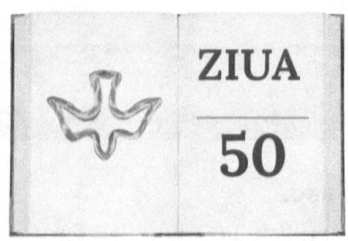

Celebrează povestea ta adevărată

Apoi să prăznuieşti Sărbătoarea Săptămânilor şi să aduci daruri de bunăvoie, după binecuvântarea pe care ţi-o va da Domnul Dumnezeul tău. Să te bucuri înaintea Domnului Dumnezeului tău.
Deuteronom 16:10–11

Să mergem înapoi în timp la zilele care au urmat după învierea lui Isus din morţi. Să ne întoarcem în oraşul unde s-a petrecut totul.

La cincizeci de zile după primul sfârşit de săptămână al Paştelui, Ierusalimul era plin de festivităţi, mâncare şi străini. Vreme de sute de ani, iudeii au celebrat Sărbătoarea Săptămânilor (sau a Secerişului) la cincizeci de zile după Paşte (Lev. 23:9-20). Cu cât se apropia mai mult Ziua 50, se intensifica anticipaţia lor pentru această sărbătoare a recoltei şi a mulţumirii. Casele erau decorate cu flori. Fiecare familie avea pe masă nişte pâini speciale. Pe străzi, oamenii duceau cu ei noua ofrandă din grâne. Boi şi capre, miei şi berbeci mergeau printre mulţimi. O procesiune de pelerini evrei veniţi din tărâmuri îndepărtate se îndreptau spre Ierusalim. Încotro mergeau toţi aceşti oameni – tineri şi bătrâni, bogaţi şi săraci, localnici şi străini? Ei mergeau spre Templu pentru o adunare sfântă.

În loc să se alăture acelei celebrări vesele, ucenicii lui Isus – bărbaţi şi femei – s-au adunat laolaltă într-un loc ascuns şi cu mâinile goale (Fapte 1:12-14). Ce jertfă aveau ei de adus pentru adunarea sfântă? Cu doar câteva săptămâni mai devreme – după ce au jelit pierderea Prietenului, Conducătorului şi Împăratului lor – inima li s-a umplut de bucurie când L-au văzut pe Isus din nou viu. Au mâncat, au râs, au plâns şi au vorbit cu Isus cel înviat. O bucurie absolută. Însă după patruzeci de zile, El a plecat din nou. De data aceasta, Isus S-a înălțat direct la cer înaintea ochilor lor. El le-a spus să aștepte un dar plin de putere – Duhul Sfânt (Fapte 1:4-8). Însă așteptarea este grea. Ei se uitau unii la alții, secătuiți și nesiguri, în timp ce mulțimea de oameni trecea pe lângă ușa lor. Spre deosebire de restul Ierusalimului, ei nu aveau niciun dar să-I ofere lui Dumnezeu astăzi.

Pentru ei, ziua cea sfântă, Ziua 50, era unică într-un mod diferit. Cu peste 1.500 de ani mai devreme, israeliții eliberați din robie au ajuns la Muntele Sinai, unde Moise s-a întâlnit cu Dumnezeu. La cincizeci de zile după primul Paște în Egipt, Dumnezeu i-a dat lui Moise Cele zece porunci. Aceste legi nu erau doar niște simple reguli care arătau cum funcționează cel mai bine viața, ci erau un dar pentru noi toți, pentru că ele expuneau păcatul nostru (Rom. 7:7) și *nevoia noastră de un Salvator.*

Ziua 50 avea extrem de multă semnificație – daruri *de la* Dumnezeu și daruri *pentru* Dumnezeu – însă multe se schimbaseră pentru ucenici când a venit această a cincizecea zi:

- Ucenicii știau că Salvatorul – darul cel promis – venise. *Legea și Profeții se împliniseră.*
- Ucenicii erau martori ai Poveștii lui Dumnezeu, însă *erau prea nesiguri ca să o spună.*
- Ucenicii știau că trebuie să aștepte. *Ei nu cunoșteau vremurile, datele sau detaliile.*

În cele din urmă, așteptarea a luat sfârșit și meritase din plin. În acea duminică glorioasă, Duhul Sfânt a venit peste întreaga casă unde se ascundeau ei, *întocmai cum promisese Isus.*

> Deodată, a venit din cer un sunet ca vâjâitul unui vânt puternic și a umplut toată casa unde ședeau ei. Niște limbi ca de foc au fost văzute împărțindu-se printre ei și s-au așezat câte una pe fiecare din ei. Și toți s-au umplut de Duh Sfânt și au început să vorbească în alte limbi, după cum le dădea Duhul să vorbească. (Fapte 2:2-4)

Ucenicii au țâșnit afară din casă. O mulțime de pretutindeni a început să asculte în timp ce ucenicii vorbeau, și toată lumea era uimită: „Îi auzim vorbind în limbile noastre lucrurile minunate ale lui Dumnezeu!" (Fapte 2:11). Ei nu puteau să țină Duhul Sfânt doar pentru ei, deoarece Duhul Sfânt nu poate fi ținut ascuns într-o cameră sau într-o parte a vieţii noastre sau într-o zi a săptămânii. El i-a *umplut* pe ucenici şi S-a revărsat prin ei spre lume. La cincizeci de zile după Paşte/Vinerea Mare, când Isus ne-a dăruit *totul* – Duhul Sfânt S-a revărsat *peste toţi* (Fapte 2:17). Bărbaţi şi femei. Bătrâni şi tineri. Nimeni nu a rămas pe dinafară. Nicio seminţie, naţiune sau grup nu a fost respins. Isus, şi acum Duhul Sfânt, a venit pentru toţi. Apostolul Petru s-a adresat mulţimii cu îndrăzneală şi l-a citat pe profetul Ioel:

> „În zilele de pe urmă", zice Dumnezeu, „voi turna din Duhul Meu peste orice făptură; feciorii voştri şi fetele voastre vor proroci, tinerii voştri vor avea vedenii şi bătrânii voştri vor visa visuri! Da, chiar şi peste robii Mei şi peste roabele Mele voi turna, în zilele acelea, din Duhul Meu şi vor proroci... Atunci, oricine va chema Numele Domnului va fi mântuit." (Fapte 2:17-18, 21)

Cunoscută pentru totdeauna ca Ziua Cincizecimii, această a cincizecea zi a marcat naşterea bisericii. În timp ce ucenicii proclamau Evanghelia în limbi diferite, oamenii adunaţi în mod divin dintre naţiuni au răspuns – o recoltă de trei mii de suflete au fost mântuite în acea zi de sărbătoare a recoltei (Fapte 2:41). Acei noi credincioşi aveau să schimbe lumea după ce s-au întors în ţara lor şi au împărtăşit Povestea adevărată a lui Dumnezeu. Totul pentru că darul Duhului Sfânt le-a dat credincioşilor capacitatea de a împărtăşi darul oferit de Isus, al naşterii din nou (Ioan 3:3). Ştim că aceste lucruri sunt adevărate:

- Toţi credincioşii au **daruri spirituale** pentru a împărtăşi Povestea adevărată a lui Dumnezeu.
- Toţi credincioşii **lucrează împreună** pentru a duce mai departe Povestea adevărată a lui Dumnezeu.
- Toţi credincioşii **de toate vârstele** au un rol important în Povestea adevărată a lui Dumnezeu.
- Toţi credincioşii sunt **schimbaţi** de Povestea adevărată a lui Dumnezeu şi **aduc schimbare** în lume!

A avut loc o schimbare frumoasă: în loc ca Legea lui Dumnezeu să fie scrisă pe piatră, Legea avea să fie scrisă în inimi (Ier. 31:31-33). În loc să I se aducă lui Dumnezeu o jertfă a roadelor, Isus – Domnul secerişului – a dăruit Duhul Sfânt. Cincizecimea a adus o nouă celebrare pentru noua biserică. Aşa cum acei ucenici şi-au împlinit rolul în Povestea lui Dumnezeu, este rândul tău să faci la fel.

Astăzi este Ziua 50 *pentru tine*!

În calendarul Împărăției, timpul tău a sosit. Dumnezeu a stabilit acest timp și acest loc ca tu să-L cunoști pe El și să cunoști rolul tău în Povestea lui Dumnezeu (Fapte 17:26-27). Așa cum Cincizecimea a adus o nouă revelație pentru apostoli, studiul acesta ți-a adus ție o nouă revelație. Pe măsură ce Duhul Sfânt te umple pentru a te face tot mai mult asemenea chipului lui Dumnezeu, poți să te eliberezi de orice lucru care te împiedică să fii tot ceea ce te-a chemat El să fii. **Poți să-ți găsești plăcerea în Cel ce este bun, minunat, înțelept, curat, frumos, eroic și adevărat.**

Este timpul să sărbătorești! Este timpul să-I mulțumești lui Dumnezeu pentru ceea ce a făcut în și prin tine în aceste ultime șapte săptămâni! Să ne luăm câteva momente ca să ne amintim tot ce a făcut El pentru tine în fiecare săptămână.

Săptămâna întâi: Povestea lui Dumnezeu

Tu ești parte a Poveștii lui Dumnezeu. Știi cum a început totul (creația), cum a fost distrus totul (păcatul), cum poate fi salvat totul (Isus) și cum se va încheia totul (recrearea).

Săptămâna a doua: Povestea ta

Tu ești un copil ales, iertat, închinător, înfiat, acceptat și sfânt al lui Dumnezeu. Viața ta cea nouă are însemnătate și scop. Ești nespus de iubit de Dumnezeu.

Săptămâna a treia: Scopul tău divin

Tu înțelegi ce te-a creat Dumnezeu să faci *împreună cu* El. Scopul tău are efect asupra cerului și Îl glorifică pe Dumnezeu pe măsură ce Îl iubești pe El, îi iubești pe alții și faci ucenici.

Săptămâna a patra: Prietenia ta statornică

Tu ești numit prieten al lui Dumnezeu. Cunoști planurile Sale și rămâi în Isus. Rămâi în adevărata Viță și primești tot ce ai nevoie de la El, Sursa ta suficientă. Știi cum să te împotrivești ispitei, iar Dumnezeu aduce rod prin tine.

Săptămâna a cincea: Studiul biblic care-ți schimbă viața

Știi că Dumnezeu a inspirat scrierea Bibliei și ai făcut un tur al ei. Știi cum să o studiezi, să o memorezi și să lupți victorios împotriva dușmanului cu ajutorul ei.

Săptămâna a șasea: Viața ta puternică de rugăciune

Știi că lui Dumnezeu Îi face plăcere să vorbească cu tine și să aducă inima ta în armonie cu inima Sa. Știi cum să postești și să te rogi, să înlături obstacolele, să te rogi pentru alții și să obții acces la o pace supranaturală.

Săptămâna a șaptea: Sfătuitorul tău spiritual

Ai învățat cum să fii umplut de Duhul Sfânt, astfel încât El să te elibereze din ghearele păcatului, să te ajute să crești în evlavie, să te ajute să faci ucenici, să te protejeze de învățături false și să te mângâie în suferință.

Ai ajuns la final! Nu ai renunțat. Poate că nu simți dorința de a sărbători, dar ar trebui să faci asta. Împreună cu Dumnezeu, ai parcurs niște pași dificili și sfinți în această călătorie a credinței pentru a descoperi povestea ta adevărată. Asemenea ucenicilor în Ziua Cincizecimii, tu te-ai schimbat. Acum ești chemat să aduci schimbare în lume.

În Ziua 1, ai scris care a fost povestea ta cu Dumnezeu până acum. Ia-ți câteva minute ca să scrii cum s-a desfășurat povestea ta de-a lungul acestei călătorii de 50 de zile a credinței. Compară-le pe cele două. Cum ai crescut în relația ta cu Dumnezeu?

Privește în urmă la călătoria credinței tale și să știi că această cărare este ceea ce a intenționat Dumnezeu pentru tine dintotdeauna. Dumnezeu te-a ales și te-a așezat exact acolo unde ești „pentru o vreme ca aceasta" (Est. 4:14). Dumnezeu țese laolaltă povestea ta – și este una frumoasă. Noul tău capitol începe acum.

Prieten drag, acum când această călătorie de 50 de zile a credinței a ajuns la final, vreau să-ți mulțumesc pentru că ai răspuns la chemarea lui Dumnezeu de a descoperi *Povestea ta adevărată*. A fost o onoare să te însoțesc. Mă rog ca binecuvântările lui Dumnezeu să se reverse peste viața ta, astfel încât dragostea ta să crească odată cu cunoștința și să umbli în neprihănire spre slava lui Dumnezeu (Flp. 1:9-11). Într-o zi, când vom fi cu toții împreună în cer, voi ovaționa în timp ce Regele nostru Isus te va înfățișa neprihănit:

> Iar Aceluia care poate să vă păzească de orice cădere și să vă facă să vă înfățișați fără prihană și plini de bucurie înaintea slavei Sale, singurului Dumnezeu, Mântuitorul nostru, prin Isus Cristos, Domnul nostru, să fie slavă, măreție, putere și stăpânire, mai înainte de toți vecii, și acum, și în veci. Amin. (Iuda v. 24-25)

Lasă Biblia să vorbească:

Citește Efeseni 3:14-21 (Opțional: Cartea Rut – Citită în mod obișnuit cu ocazia Șavuotului [Cincizecimii], această scurtă narațiune oferă speranță și răscumpărare și dezvăluie planul lui Dumnezeu de salvare cu o temă a secerișului.)

Lasă-ți mintea să gândească:

1. În timp ce te gândești la viața ta în Cristos, descrie celebrarea ta personală. Ce anume din călătoria ta de 50 de zile te face cel mai mulțumitor?

2. Răspunde la întrebările pentru discuție din Săptămâna 7.

Lasă-ți sufletul să se roage:

Tată, Îți mulțumesc pentru Tine. Îți mulțumesc că L-ai trimis pe Fiul Tău, Isus, și că ai revărsat Duhul Tău peste lume. Îți mulțumesc că mi-ai îngăduit să fac parte din Povestea Ta adevărată. Ajută-mă să rămân în Isus și să fiu umplut cu Duhul Sfânt doar spre slava Ta. „Soarta mea este în mâna Ta" (Ps. 31:15)... În numele lui Isus, amin.

Lasă-ți inima să dea ascultare:

(Ce te călăuzește Dumnezeu să știi, să prețuiești sau să faci?)

Hai să rămânem prieteni:

Te rugăm să accesezi linkul: www.yourtruestorybook.com pentru a ne anunța că ai finalizat acest studiu biblic. Vrem să sărbătorim acest lucru și să-ți oferim videoclipuri, fișiere descărcabile și altele. Vei primi o diplomă pentru finalizarea studiului și rugăciunile noastre. Îți mulțumim.

ÎNTREBĂRI PENTRU DISCUȚIE DIN SĂPTĂMÂNA 7:

Recapitulează lecțiile din această săptămână și răspunde la întrebările de mai jos. Împărtășește-le prietenilor tăi răspunsurile tale când vă întâlniți în această săptămână.

1. Isus le-a spus ucenicilor Săi că este bine ca El să plece de la ei și să Se întoarcă în cer pentru că în absența Sa va trimite Duhul Sfânt. De ce este Duhul Sfânt atât de valoros? Cum îi ajută Duhul Sfânt pe credincioși?

2. Cum poate Duhul Sfânt să ne ajute să creștem prin slujire? Împărtășește un exemplu în acest sens dacă ai unul. Ce atitudine ar trebui să avem când slujim? Există vreo persoană pe care îți este greu să o slujești? Cum poți să-i arăți dragostea lui Dumnezeu în această săptămână?

3. Citește Romani 8:28-29. Cum ar putea Dumnezeu să scoată ceva bun din dificultățile noastre? Cum ar putea să te încurajeze acest lucru să perseverezi când treci prin suferință?

4. Ai întâlnit vreo învățătură falsă și de unde ai știut că este falsă? Cum poți să rămâi motivat în timp ce trăiești povestea ta împreună cu Dumnezeu?

5. **Repetiția este cheia învățării. Întreabă-L pe Dumnezeu pe cine să inviți pentru a parcurge din nou acest studiu.** Este cineva nou în credință sau cineva care Îl caută pe Dumnezeu și pe care l-ai putea ucenici utilizând această unealtă?

Mulțumiri

Cărțile se scriu în comunitate, iar *Povestea ta adevărată* nu face excepție de la acestă regulă. Prin harul lui Dumnezeu și multe rugăciuni, credincioși din diverse tradiții creștine au contribuit la această călătorie a credinței.

Înainte ca eu să scriu vreun cuvânt, grupul de rugăciune din cadrul organizației noastre mi-a deschis drumul cu rugăciunile lor puternice. Vă iubesc, Christy Price, Missy Blanton, Hilary Windsor, Linda Reppert, Diane Engelhardt, Paddy Creveling, Cynthia Webb, Jenny Krishnarao, Riann Boyd și Melanie Gauthier.

Îi sunt nespus de recunoscătoare lui Mary Ann Wilmer pentru munca ei asiduă și dorința ei de a ajuta la o bună lansare a acestui proiect. Multe mulțumiri lui Dr. Archie England, Danita Brooks, Kim Driggers, Tara Krishnarao și Wayne Hastings & Co., care ne-au ajutat să ducem proiectul la bun sfârșit.

Multe mulțumiri echipei All In Ministries International și susținătorilor noștri pentru că au testat materialele, în special prima evaluare făcută de Glenn Reese, Kelley Hastings, Christy Price, Erin Crider și Amy Tiede. Mulțumiri deosebite Bisericii Chets Creek pentru încurajarea și ajutorul vostru.

Familiei mele: vă sunt recunoscătoare pentru dragostea și sprijinul vostru neclintit. (Mamă, îți mulțumesc pentru tot!) Fiii mei, nepoatele și nepoții mei au fost inspirația mea. Vă predau această călătorie a credinței, asemenea unei ștafete, ca să alergați în cursa voastră din Evrei 12:1-3. Nu renunțați niciodată! Isus merită tot efortul nostru.

Celui mai bun prieten al meu, Brett: abordarea ta asupra căsniciei noastre – la care suntem chemați în mod egal, cum spui tu – a făcut posibilă această călătorie a credinței în mai multe privințe. Este onoarea vieții mele să-ți fiu soție. Te iubesc nespus de mult.

Mai mult decât orice, Îi sunt veșnic recunoscătoare lui Dumnezeu – Autorul nostru – pentru că a scris poveștile noastre adevărate. Fie ca Dumnezeu să primească toată slava din roadele acestei lucrări!

Nu nouă, Doamne, nu nouă, ci Numelui Tău dă slavă
pentru bunătatea Ta, pentru credincioșia Ta!
Psalmul 115:1

SCHIȚA ÎNTÂLNIRILOR SĂPTĂMÂNALE

Pentru a dezvolta relații autentice în contextul formării de ucenici, ai în vedere utilizarea abordării de mai jos pentru grupurile tale mici săptămânale.* Împarte timpul vostru de întâlnire în următoarele trei părți și invită-L pe Duhul Sfânt să preia controlul:

1 TRECUT

Grijă:

- Pentru ce ești recunoscător în această săptămână?
- Care ar fi o îngrijorare a ta?

Rugăciune/închinare:

O persoană se roagă și îl invită pe Dumnezeu să conducă acest timp petrecut împreună.

Dare de socoteală:

Recapitulați obiectivele stabilite în săptămâna precedentă, de a vă cere socoteală unii altora cu *dragoste*.

Misiune:

Recapitulați misiunea/viziunea grupului (de exemplu: „Să ne bucurăm de Dumnezeu și să-L înălțăm" sau „Să fim ucenici care fac ucenici").

2 PREZENT

Lecție:

Citiți un pasaj din Scriptură *de două ori*, în traduceri diferite, dacă sunt disponibile.

Întreabă:

- Ce înveți despre Dumnezeu?
- Ce înveți despre oameni?
- Ce dorește Dumnezeu să știi, să prețuiești sau să faci?

(Ocazional, ai în vedere să folosești acest timp pentru a învăța o unealtă de instruire pentru formarea de ucenici. Asigură-te că exersați aceste unelte în cadrul grupului vostru înainte de a merge mai departe.)

3 VIITOR

Stabilește țeluri:

Invită pe toată lumea să se roage în tăcere, întrebându-L pe Dumnezeu cum ar trebui să răspundem.

Răspunde:

- Cum poți să acționezi pe baza a ceea ce ai învățat?
- Pe cine vei instrui cu ajutorul acestui pasaj?
- Cui îi vei împărtăși Evanghelia?

Notează și împărtășește obiective

Fiecare persoană își notează obiectivele sale în jurnal/telefon. Împărtășește-i grupului obiectivele tale.

Încheiere:

O persoană încheie cu rugăciune.

---

* Adaptare a abordării #NoPlaceLeft 3/3rds.

Anexă

Unelte pentru a-ți împărtăși credința

Pași pentru împărtășirea Poveștii lui Dumnezeu utilizând 3 cercuri

1. **Desenează un cerc în stânga cu o inimă** – explică dragostea lui Dumnezeu și planul Său pentru viața noastră.

2. **Desenează un cerc în dreapta și o săgeată a păcatului** – explică faptul că noi toți alegem să mergem pe propria cale în loc să ne încredem în Dumnezeu. Acesta se numește păcat și produce nefericire în relații, începând cu relația noastră cu Dumnezeu.

3. **Desenează trei săgeți** de la cercul nefericirii într-o direcție departe de Dumnezeu. Explică faptul că fiecare săgeată reprezintă moduri în care oamenii încearcă să își rezolve problema nefericirii – prin realizări, posesiuni, religie, adicții sau încercând să fie buni. Numai o relație cu Dumnezeu poate să îi restaureze.

4. **Desenează cercul de jos** – explică faptul că Dumnezeu L-a trimis pe singurul Său Fiu, Isus **(desenează o săgeată în jos)**, ca să ia pedeapsa noastră pentru păcat, murind pe o cruce **(desenează o cruce)**. Isus a înviat din morți **(desenează o săgeată în sus)**, învingând moartea și dovedind lumii că El este Dumnezeu, Mântuitorul nostru.

5. **Desenează o săgeată de la nefericire la Isus** – explică faptul că atunci când ne întoarcem de la căile noastre (ne pocăim) și Îl urmăm pe Isus în calitate de Conducător al nostru **(desenează o coroană deasupra cercului)**, relația noastră cu Dumnezeu este restaurată **(desenează o săgeată înapoi spre Dumnezeu)**.

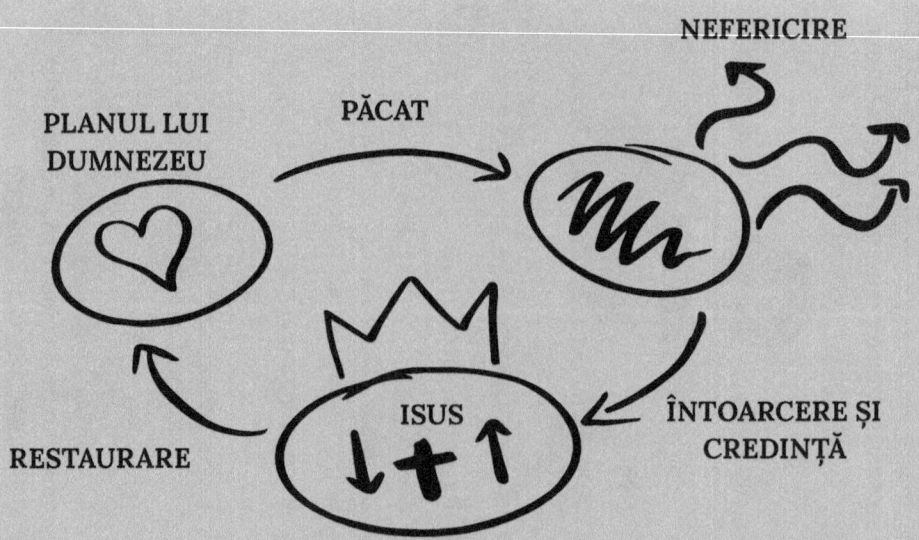

Ascultă

Creează o **hartă a relațiilor**, numind persoane pe care le cunoști și care sunt departe de Dumnezeu.

Roagă-te pentru discernământ din partea Duhului Sfânt și scrie-ți numele în cercul din mijloc.

1. În cercurile atașate cercului tău, completează numele unor persoane pe care le cunoști și care sunt departe de Dumnezeu. Adaugă cercuri după cum este nevoie.

2. Adaugă cercuri la cercurile lor, cu persoane pe care le cunosc ele și care de asemenea sunt departe de Dumnezeu (soț sau soție/coleg de muncă).

3. Începe să te rogi pentru cei pe care îi cunoști și pentru cei cu care interacționează ei. În Ioan 17:20, Isus S-a rugat pentru cei care vor crede prin alții. Să ne rugăm și noi în felul acesta.

4.

Tu

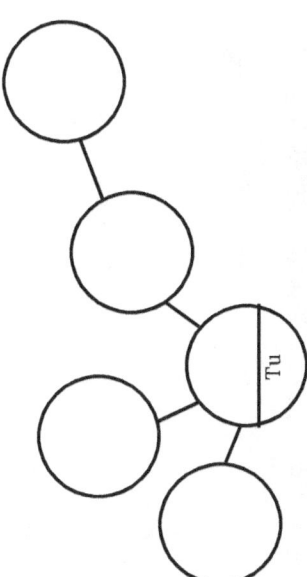

Află

Află povestea lor și ceea ce cred ei. Găsește o conexiune ca să **împărtășești povestea pe care o ai tu cu Dumnezeu.**

- Ai convingeri spirituale?
- Crezi în Dumnezeu?
- Cine crezi că este Isus?
- Ți-a mai împărtășit cineva vreodată Evanghelia?

Creează povestea ta cu Dumnezeu și exersează împărtășirea ei în 15-20 de secunde. Iată o sugestie de abordare:

„A existat o vreme în viața mea când eram...

_____

_____

(Introdu două cuvinte/sintagme care descriu viața ta dinainte de Isus.)

„Apoi am fost iertat de Isus și am ales să-L urmez."

„Viața mea s-a schimbat. Acum eu...

_____

_____

(Introdu două cuvinte/sintagme care descriu viața ta după ce L-ai întâlnit pe Isus.)

Întreabă: „Ai tu o poveste asemănătoare?"

Dragoste

Împărtășește Povestea lui Dumnezeu și include cele patru ingrediente ale Pâinii Evangheliei: dragoste, păcat, Isus, pocăință și credință.

Exersează desenarea Poveștii cu Dumnezeu reprezentată prin 3 cercuri:

Întreabă: Există ceva ce te împiedică să primești iertarea lui Dumnezeu și să-L urmezi pe Isus în calitate de conducător al vieții tale?

Împărtășește elementele rugăciunii pentru mântuire: credință, iertare, ajutor.

Domnul

Angajamentul tău față de Isus.

În calitate de persoană nouă în Cristos, eu, _____, sunt ambasadorul lui Isus și El are autoritate asupra întregii mele vieți (2 Cor. 5:17-21).

Rămânând în Isus, voi asculta de porunca Sa de a face ucenici, știind că El este cu mine întotdeauna și că Duhul Sfânt mă va ajuta (Ioan 15; Mt. 28:18-20; Fapte 1:8).

- Mă voi ruga pentru persoanele de pe harta relațiilor mele

  (Introdu momente ale zilei/zile când te vei ruga; de ex., dimineața sau în zilele de luni.)

- Voi împărtăși Povestea lui Dumnezeu cuiva de pe harta relațiilor mele

  (Introdu frecvența cu care vei împărtăși; de exemplu, odată pe săptămână sau lună.)

- Voi ucenicza o persoană care este deja credincioasă ca să facă ucenici la rândul ei

  (Introdu frecvența și metoda de ucenicizare; de exemplu, convorbiri telefonice săptămânale.)

_____
(Semnătura și data)

Bibliografie

Alcorn, Randy C., *Heaven Study Guide*, Tyndale House Publishers, Carol Stream, IL, 2006.

Barry, J. D. și L. Wentz, *The Lexham Bible Dictionary*, Lexham Press, Bellingham, WA, 2016.

Blue, Ron și Karen Guess, *Never Enough? 3 Keys to Financial Contentment*, B & H Publishing Group, Nashville, TN, 2017.

Briscoe, Jill, *Here Am I, Lord – Send Somebody Else: How God Uses Ordinary People to Do Extraordinary Things*, W Pub. Group, Nashville, 2004.

Chan, Francis și Lisa Chan, *You and Me Forever: Marriage in Light of Eternity*, Imprint Edition, Singapore, 2015 (în limba română: Francis și Lisa Chan, *Împreună pentru totdeauna: Căsătoria în lumina veșniciei*, Casa Literaturii Creștine, Brașov, 2015).

Danker, Frederick W., *Lexical Evolution & Linguistic Hazard: An Introduction to A Greek-English Lexicon of the New Testament and Other Early Christian Literature*, ediția a treia (BDAG), editat de Frederick William Danker, bazat pe Walter Bauer, *Griechish-Deutsches Wörterbuch Zu Den Schriften Des Neuen Testaments Und Der frühchristlichen Literatur*, ediția a șasea, ed. Kurt Aland și Barbara Aland, cu Viktor Reichmann și în edițiile anterioare în limba engleză de W.F. Arndt, F.W. Gingrich și F.W. Danker, University of Chicago Press, Chicago, 2000.

Elwell, Walter A., *Evangelical Dictionary of Biblical Theology*, Baker Books, Grand Rapids, MI, 2001.

Gangel, Kenneth O. și Max E. Anders, *John*, Holman Reference, Nashville, TN, 2000.

Geisler, Norman L., *Systematic Theology: In One Volume*, Bethany House Publishers, Minneapolis, 2011.

Greear, J. D., *Jesus, Continued...: Why the Spirit Inside You Is Better than Jesus Beside You*, Zondervan, Grand Rapids, MI, 2014.

Grudem, Wayne, *Systematic Theology: An Introduction to Biblical Doctrine*, Inter-Varsity, Leicester, 2007 (în limba română: *Teologie sistematică: Introducere în doctrinele biblice*, Editura Făclia și Editura Universității Emanuel, Oradea, 2004).

Habermas, Gary R., *The Historical Jesus: Ancient Evidence for the Life of Christ*, College Press, Joplin, MO, 1996.

Hauer, Cheryl, „God's Invitations", Bridges for Peace, 21 noiembrie 2017, https://www.bridgesforpeace.com/letter/gods-invitations/.

Hendricks, Howard G. și William Hendricks, *Living by the Book: The Art and Science of Reading the Bible*, Moody Press, Chicago, 2007 (în limba română: *Trăirea după Biblie: Știința și arta studiului Bibliei*, Casa Cărții, Oradea, 2018).

Holladay, William Lee și Ludwig Hugo Koehler, A Concise Hebrew and Aramaic Lexicon of the Old Testament, W.B. Eerdmans Pub. Co., Grand Rapids, MI, 1993.

Hughes, R. Kent, John: That You May Believe, Crossway Books, Wheaton, IL, 1999.

Jones, Ian F., The Counsel of Heaven on Earth: Foundations for Biblical Christian Counseling, Broadman & Holman Publishers, Nashville, TN, 2006.

Keller, Timothy, Walking with God through Pain and Suffering, Hodder & Stoughton, Londra, 2015.

Kitchen, K. A., On the Reliability of the Old Testament, William B. Eerdmans, Grand Rapids, MI, 2006.

Kroll, Woodrow Michael, Facing Your Final Job Review: The Judgment Seat of Christ, Salvation, and Eternal Rewards, Crossway Books, Wheaton, IL, 2008.

MacDonald, James, Walk in the Word Radio, AM 550, Jacksonville, FL, 2009.

Miller, Mike și Michael Sharp, notițe de la cursul intensiv de „Conducerea închinării": Trei etape ale închinării, New Orleans, Seminarul Teologic Baptist din New Orleans, mai 2014.

„Mitzvot", ReligionFacts, 22 iunie 2017, http://www.religionfacts.com/mitzvot.

NoPlaceLeft International Coalition, https://noplaceleft.net.

Pratt, Zane, „Making Disciples in Another Culture", seminar, conferința „Send", Orlando, FL, 26 iulie 2017.

Towns, Elmer L., Fasting for Spiritual Breakthrough: A Guide to Nine Biblical Fasts, Regal Books, Ventura, CA, 1996.

Tripp, Paul, „Why Do I Need the Bible?", Paul Tripp Ministries, Inc., 13 mai 2019, https://www.paultripp.com/app-read-bible-study/posts/001-why-do-i-need-the-bible.

Vine's Complete Expository Dictionary of Old and New Testament Words, T. Nelson, Nashville, 1984.

Wallace, J. Warner, Cold-Case Christianity: a Homicide Detective Investigates the Claims of the Gospels, David C Cook, Colorado Springs, CO, 2013.

Whelchel, Hugh, „The Four-Chapter Gospel: The Grand Metanarrative Told by the Bible", Institute for Faith, Work & Economics, 14 februarie 2012, https://tifwe.org/the-four-chapter-gospel-the-grand-metanarrative-told-by-the-bible/.

Whitacre, Rodney A., John, Inter-Varsity Press, Downers Grove, IL, fără dată.

Wilbur, Hervey, The Assembly's Shorter Catechism, with the Scripture Proofs in Reference: with an Appendix on the Systematick Attention of the Young to Scriptural Knowledge, tipărit de Wm. B. Allen & Co., Newburyport, 1816.

Cadoul nostru pentru tine

Ai reușit! Vrem să sărbătorim acest lucru și să-ți oferim videoclipuri, fișiere descărcabile și altele. Vei primi o diplomă pentru finalizarea studiului și rugăciunile noastre. Te rugăm să accesezi linkul: *www.yourtruestorybook.com* pentru a ne anunța că ai finalizat acest studiu biblic.

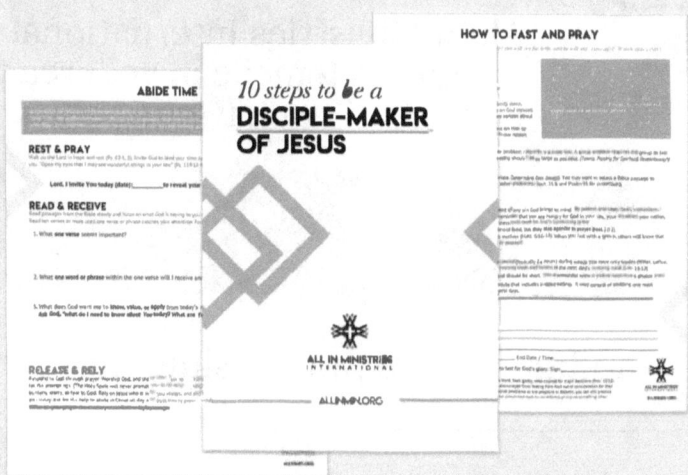

Hai să fim prieteni

Am călătorit împreună timp de 50 de zile și nu vreau să ne luăm rămas-bun.

Păstrează legătura cu noi și împărtășește povestea ta adevărată aici:

Facebook – www.facebook.com/allinmin

Instagram – @allinministriesinternational

YouTube – All In Ministries International

Povestea ta adevărată este pentru toți oamenii de pretutindeni.

ALL IN MINISTRIES
INTERNATIONAL

All In Ministries International echipează femeile în vederea formării de ucenici pentru Isus.

Dă o mână de ajutor femeilor lipsite de resurse. Echipează lideri. Alătură-te acestei mișcări.

3 moduri în care putem sluji împreună:

Oferă instruire altora

Poți să oferi instruire în domeniul formării de ucenici femeilor din localitatea ta sau din lumea întreagă în cadrul unor misiuni. Resursele noastre online și cursul nostru de instruire te vor echipa.

Fii partenera noastră

Ești misionară sau slujești alături de o organizație de misiune umanitară? Putem să fim parteneri în a duce întreaga Evanghelie întregii biserici.

Invită-ne

Conferințele și atelierele sunt adaptate în funcție de grupul tău și conțin mesajul formării de ucenici la nivel mondial. Onorariile sprijină misiunile noastre.

All In Ministries International Incorporated este o organizație nonprofit 501c3.

**Pentru a afla mai multe, vizitează allinmin.org.
Schimbă lumea schimbând câte o femeie rând pe rând**